循环经济法
基本问题研究

Fundamental Issues of Circular Economy Law

刘佳奇 著

科学出版社

北 京

内 容 简 介

发展循环经济是我国经济社会发展的一项重大战略。在全面推进依法治国的新时代，发展循环经济必须有效发挥法治固根本、稳预期、利长远的保障作用。作为基础理论研究成果，本书由法学视角切入循环经济这一研究领域，从"理论前提—基本描述—法的价值—法律原则—核心立法—法律制度—调整机制"入手，展示并构造了具有系统性和自洽性的循环经济法基本理论框架，为我国循环经济法治建设提供了有力的理论支撑。

本书适合环境与资源保护法学专业的本科生、研究生，以及对环境资源法、循环经济法理论感兴趣的人士阅读。

图书在版编目（CIP）数据

循环经济法基本问题研究 / 刘佳奇著. —北京：科学出版社，2024.3
ISBN 978-7-03-078138-3

Ⅰ. ①循⋯　Ⅱ. ①刘⋯　Ⅲ. ①循环经济法-研究-中国
Ⅳ. ①D922.604

中国国家版本馆 CIP 数据核字（2024）第 042457 号

责任编辑：刘英红　赵瑞萍 / 责任校对：贾娜娜
责任印制：师艳茹 / 封面设计：无极书装

科 学 出 版 社 出版
北京东黄城根北街 16 号
邮政编码：100717
http://www.sciencep.com

北京中科印刷有限公司印刷

科学出版社发行　各地新华书店经销
*

2024 年 3 月第 一 版　开本：720×1000　1/16
2024 年 3 月第一次印刷　印张：22
字数：394000

定价：**198.00 元**
（如有印装质量问题，我社负责调换）

国家社科基金后期资助项目
出版说明

　　后期资助项目是国家社科基金设立的一类重要项目，旨在鼓励广大社科研究者潜心治学，支持基础研究多出优秀成果。它是经过严格评审，从接近完成的科研成果中遴选立项的。为扩大后期资助项目的影响，更好地推动学术发展，促进成果转化，全国哲学社会科学工作办公室按照"统一设计、统一标识、统一版式、形成系列"的总体要求，组织出版国家社科基金后期资助项目成果。

全国哲学社会科学工作办公室

目　　录

第一章 循环经济法的理论前提

第一节 发展之殇——循环经济的缘起

随着资本主义工场手工业的发展，18 世纪中叶起，英、美、法、德等国先后兴起产业革命，建立起以蒸汽为动力和以煤炭为主要能源的近代大机器工业体系。随之而来的，是西方式现代化——激进式的资本主义工业化、城市化进程。但正如奥地利经济学家约瑟夫·熊彼特（Joseph Schumpeter）所指出的那样，资本主义是"一场产生创造性毁灭的持久大风"[1]。所谓"创造性毁灭"：一方面，大机器生产重组了人类的能源结构，实现了从木材燃料向化石燃料的转型，极大地提高了人类改造自然的能力和生产力水平，给人类社会带来了新的生产生活方式；另一方面，大机器生产建立了一种单向流动的线性经济，人类大量开采和消耗资源，却又不加任何处理地向自然界排放废弃物。[2]随着科学技术的发展，到了 20 世纪，特别是 20 世纪 40 年代之后，这种"线性经济模式"又有了新的、更为迅速的发展。不仅大机器工业的规模和生产能力越来越强，且石油逐渐取代煤炭成为西方主要发达国家的基础性能源。大机器工业的发展既极大地提升了生产力水平，也造成了人与自然的"对立冲突"状态；传统的"线性经济模式"不仅带来了物质生活的极大繁荣，也考验着地球的极限——资源枯竭、环境污染、生态破坏。其间，人类在追求经济发展的同时，也开始思考如何解决"线性经济模式"所带来的一系列问题。

第二次世界大战刚刚结束，皮尔逊（F.A. Pearson）和哈珀（F.A. Harper）的著作《世界的饥饿》引发了人类对自身命运和发展的关注；1949 年澳格特（W. Vogtd）的著作《生存之路》使人们看到了人口膨胀、食物短缺、贫困和饥饿、生态退化、环境破坏以及人类与自然的关系、人类面临的困境等问题；1954 年汤普森的《人口问题》和 1956 年赫茨勒的《世界人口

---

[1]　转引自〔美〕Brian Walker，David Salt：《弹性思维：不断变化的世界中社会-生态系统的可持续性》，彭少麟、陈宝明、赵琼等译，高等教育出版社 2010 年版，第 74 页。

[2]　孙文营：《循环经济哲学维度研究》，光明日报出版社 2013 年版，第 25 页。

危机》，促使人类更加关注自身的生存与发展。[①]特别是，美国海洋生物学家蕾切尔·卡逊（Rachel Carson）于 1962 年出版的《寂静的春天》一书，第一次对人类意识的绝对正确性提出了质疑。书中对"杀虫剂"等化学农药破坏食物链和生物链的恶果进行了猛烈的抨击，敲响了工业社会环境危机的警钟。[②]

然而，随着工业化进程的加快，工业化进程中那些曾经的"副产品"不仅严重危及人类的生存和发展，并且危害还有进一步扩大和增长之势。一方面，源自工业污染的"八大公害事件"震惊了全世界。[③]尽管自 20 世纪 60 年代以来，人类社会一直在努力解决生态环境问题，但对全球生态环境的压力却依旧在不断增加。另一方面，二战后重工业和化学工业的高度发展，导致西方发达国家的经济对石油的依赖程度日益加深。[④]然而，20 世纪 70 年代爆发的两次石油危机给美国等西方石油进口国带来巨大冲击。[⑤]"请允许我发动我的汽车"，这是当时美国报纸的一个头条标题；石油危机对高度依赖石油消费的西方国家和日本经济都造成了重创，使这些国家陷入了严重的经济衰退。[⑥]人类社会反思自身所创造的工业文明似乎已迫在眉睫。

1972 年，环境保护运动的先驱组织、著名的罗马俱乐部给世界的第一个报告——《增长的极限》，系统地阐述了人口、资源、环境与经济发展之间的基本联系。该书给人类社会的传统发展模式敲响了第一声警钟："如果在世界人口、工业化、污染、粮食生产和资源消耗等方面现有的趋势继续下去，这个行星上增长的极限有朝一日将在今后一百年中发生。"[⑦]同年在瑞典首都斯德哥尔摩召开的联合国人类环境会议，是世界各国政府代表第一次共聚一堂讨论生态环境问题。此次大会共有 183 个国家和地区的

---

① 中关村国际环保产业促进中心：《循环经济：国际趋势与中国实践》，人民出版社 2005 年版，第 78 页。

② 陈泉生等：《循环经济法研究》，中国环境科学出版社 2009 年版，第 2 页。

③ "八大公害事件"具体是指：比利时马斯河谷烟雾事件、美国多诺拉烟雾事件、伦敦烟雾事件、美国洛杉矶光化学烟雾事件、日本水俣病事件、日本骨痛病事件、日本四日市哮喘病事件以及日本米糠油事件。

④ 高中路：《石油危机对日本经济的影响》，载《外国问题研究》1984 年第 1 期，第 23 页。

⑤ 两次石油危机分别是 1973 年第四次中东战争爆发促成的阿拉伯产油国发起的针对美国等西方国家的石油减产、禁运和提价行动，导致世界性石油短缺和油价大涨，以及由于 1978—1979 年发生的伊朗伊斯兰革命导致其石油出口的中断进而引起的国际油价暴涨。

⑥ 刘上洋主编：《中外应对危机 100 例》，江西教育出版社 2009 年版，第 79 页。

⑦ 〔美〕丹尼斯·米都斯等：《增长的极限：罗马俱乐部关于人类困境的研究报告》，李宝恒译，四川人民出版社 1983 年版，第 19 页。

代表团参加，102 位国家元首与会。这是一次史无前例的大会，也是人类环境与发展史上影响深远的一次盛会。[①]大会通过的《人类环境宣言》明确指出："在地球上许多地区，我们可以看到周围有越来越多的说明人为的损害的迹象：在水、空气、土壤以及生物中污染达到危险的程度；生物界的生态平衡受到严重和不适当的扰乱；一些无法取代的资源受到破坏或陷于枯竭……"[②]

综上，传统的"线性经济模式"下人类社会要面对的可谓是"双重困境"：一是传统经济发展模式内含环境保护与经济发展之间的两难困境，且二者似乎是不可调和的、对立的双方；二是传统经济发展模式对社会和人类的发展造成消极影响，继续沿着这条路走下去，社会和人类的发展迟早会走到尽头。为了解决这两大困境，"悲观论"者选择了资源环境，主张人类应重新走进丛林，以经济社会"零增长"来应对日益严峻的生态环境问题；"乐观论"者选择了发展，坚信科技的力量将会解决发展所带来的一切生态环境问题。但严峻的现实表明，无论是选择资源环境还是选择经济社会发展，都不是这一问题的理想答案，因为不管是经济零增长甚至负增长的国家还是经济高速增长的国家，生态环境问题都不但没有解决，而且在日益恶化。我们不想再次走进丛林，同时我们也不想失去我们这个可爱的家园。[③]很显然，我们需要寻求"第三条道路"，那就是在防止资源枯竭和环境污染的同时，经济依然继续保持适度的增长。[④]正是在这样的背景下，人类社会开始逐渐意识到高投入、高消耗、高排放的传统经济增长模式必须改变，新的经济发展思路也在痛苦和反思中开始凝练、形成。

第二节　循环经济的梳理及流变

20 世纪 60 年代以来，人类社会尤其是西方主要发达国家就在反思工业生产方式的局限性（将自然视为为经济系统提供资源，以增加人的价值，然后接受由此产生的废物）。随着生产技术的进步，传统的线性经济模式发展到了"生产过程末端治理模式"，其基本特征是"先污染，后治理"[⑤]。

---

① 何立波：《周恩来说治理环境污染要"化害为利 变废为宝"》，网址：http://zhouenlai.people.cn/n1/2020/1208/c409117-31959362-5.html。

② 《斯德哥尔摩人类环境宣言》，载《世界环境》1983 年第 1 期，第 4 页。

③ 吕忠梅：《环境与发展综合决策的法律思考》，载《甘肃社会科学》2006 年第 6 期，第 10 页。

④ 高辉清：《效率与代际公平：循环经济的经济学分析与政策选择》，浙江大学出版社 2008 年版，第 15 页。

⑤ 孙文营：《循环经济哲学维度研究》，光明日报出版社 2013 年版，第 25 页。

这虽然能在一定程度上改善生态环境，但事实一再证明，这种"头痛医头，脚痛医脚"的方式不可能从根本上解决日益严重的生态环境问题。因为线型经济的特点是只有一个使用（消费）阶段，然后就是废弃。因此，建立在此基础上的"末端治理模式"无法从根本上扭转经济社会系统与自然生态系统的"错位"关系，依然置资源环境于"既定"的地位而不是将其作为经济增长的内涵因素，并不注意污染物排放的总量和资源、能源的利用效率，以及是否应该从生产和消费的源头上防止污染产生。[①]正如冯之浚先生所言，末端治理模式的"整个物质流动过程依然是线性的，仍然会造成环境质量下降、资源供应枯竭，最终将导致人类生存环境的恶化"[②]。因此，人类社会还需要为自己寻找一条新的出路，从而摆脱人和自然两败俱伤的危机。

一、循环经济思想的提出

1966 年，美国经济学家肯尼思·艾瓦特·博尔丁（Kenneth Ewart Boulding）在《即将到来的宇宙飞船地球经济学》"The Economics of the Coming Spaceship Earth"一文中，提出了著名的"宇宙飞船经济理论"。博尔丁质疑当时一个熟悉的观点，即持续增加商品的生产和消费本身是可取的。他认为，鉴于技术的进步和人口的增长，人们越来越清楚地看到，地球是一艘自给自足的宇宙飞船，新的材料来源越来越少，废物处理的空间越来越小。[③]人口和经济的无序增长迟早会使船内有限的资源耗尽，而生产和消费过程中排出的废料将污染飞船，毒害船内的乘客，此时飞船会坠落，社会随之崩溃。为了避免这种悲剧，我们要转向宇宙飞船式的经济，每一种东西都循环使用。[④]这被公认是现代循环经济思想的起源。正如博尔丁在另外一篇文章——《人类没有第二次机会》"No Second Chance for Man"中所指出的那样："对于未来的知识或技术我们不可能作出任何详细的预测。不过有一件事情是清楚的，不论未来的社会如何，人类将不得不生活于一个资源极其有限的'宇宙飞船地球'之中，它不得不开发出一

---

① Theo Geerken, Jannick Schmidt, Katrien Boonen, Maarten Christis, Stefano Merciai.Assessment of the potential of a circular economy in open economies— Case of Belgium.Journal of Cleaner Production. 2019, 227(4), pp.683-699.

② 冯之浚主编：《循环经济导论》，人民出版社 2004 年版，第 86 页。

③ Kenneth E. Boulding, Harold J. Barnett, et al.Environmental Quality in a Growing Economy: Essays from the Sixth RFF Forum. Published by The Johns Hopkins Press. 1966, pp.3-14.

④ 参见〔美〕肯尼斯·博尔丁：《经济学与科学》，丁寒译，今日世界出版社 1977 年版，第 23—52 页。

个循环的或者说闭环的物质经济"。①

此后的 20 世纪 70 年代，物质循环的思想越来越多地被提及。1971 年，巴里·康芒纳（Barry Commoner）在其出版的《封闭的循环》一书中提出"地球上的生命系统和环境的非生命成分的相互内在联系的发展"。同时，他警告人们："我们破坏了生命的循环，把它的没有终点的圆圈变成了人工的直线性的过程。"因此，"为了生存，我们必须再度封闭这个圈子"②。无独有偶，1972 年问世的《增长的极限》一书中把"全球均衡状态"作为全球性生态环境问题的综合性对策。具体包括：收集废料的新方法，以减少污染，并使被抛弃的物质可以用于再循环；更有效的再循环技术，以降低资源消耗率；更好的产品设计，以延长产品寿命和便于修理，结果使资本的折旧率最小等。③可见，其中所阐述的"全球均衡状态"就包含了废弃物循环利用的思想。

20 世纪 70 年代初，能源价格上涨，失业率居高不下。作为一名曾经的建筑师，瑞士经济学家瓦尔特·施塔尔（Walter R. Stahel）十分清楚翻修建筑物比建造新建筑需要更多的人力和更少的资源。1976 年，其与吉纳维芙·瑞代穆维（Genevieve Reday-Mulvey）在提交给欧盟委员会的一份报告——《劳动力替代能源的潜力》中，首次描述了现代意义上"循环（闭环）经济"（economy in loops）的概念。这份报告，后于 1981 年以《未来的工作：劳动力替代能源的潜力》（*Jobs for Tomorrow: The Potential for Substituting Manpower for Energy*）为题出版。④因此说，瓦尔特·施塔尔提出的"循环（闭环）经济"概念，产生于用劳动力代替能源的想法。⑤具体而言：一是通过设计使用寿命长的产品和修理、再制造、升级和改造来促进再利用，以减少每种产品的"废物"数量；二是与之相反的路径，使旧货通过回收利用，成为新的资源。

总的来说，现代循环经济思想的提出具备很强的问题指向——工业化进程中产生的生态环境问题。受此影响，环境污染物、废弃物的末端处理

① Kenneth E. Boulding. No Second Chance for Man, In: The Progressive, College division of Scott., Foresman and Company, eds. The Crisis of Survive. Glenview: Foresman and Company, 1970, pp.9-14.

② 〔美〕巴里·康芒纳：《封闭的循环：自然、人和技术》，侯文蕙译，吉林人民出版社 1997 年版，第 8、15、242 页。

③ 〔美〕丹尼斯·米都斯等：《增长的极限：罗马俱乐部关于人类困境的研究报告》，李宝恒译，四川人民出版社 1983 年版，第 205 页。

④ Walter R. Stahel, Genevieve Reday-Mulvey. Jobs for Tomorrow: The Potential for Substituting Manpower for Energy. New York: Vantage Press, 1981, pp.33-91.

⑤ Walter R. Stahel. The circular economy. Nature, 2016, 531(7595), pp.435-438.

（如回收、再循环等）以及资源的有效利用也自然成为这一时期循环经济思想的主要关注点。质言之，早期的循环经济思想，虽然已经"超前性"地预见到了生态环境问题的产生和应对必须回归经济过程，但其核心在于实现经济活动本身的"物质循环"。

二、循环经济理论体系的确立

自 20 世纪 80 年代以来，人类社会一直在寻求替代废物末端治理的可持续性方案。这条道路上的最新发展无疑就是循环经济的出现，其目的是关闭当前线性经济的循环。[①]20 世纪 90 年代初，由于人类关注工业活动对生态环境的影响，工业生态学应运而生。1989 年，美国通用汽车公司的罗伯特·弗罗什（Robert Frosch）和尼古拉斯·加洛布劳斯（Nicolas Gallopoulos）在《科学美国人》"Scientific American"上发表了《制造业的战略》"Strategies for manufacturing"一文，提出了"工业生态系统"的概念，该文被认为是工业生态学领域的开创性论述。在文中，他们认为投入原材料的制造过程、产品的销售过程、废物处理过程应该转变成一个更完整的模式—— 一个工业生态系统。工业生态系统将发挥类似生物生态系统的作用。即，在这样的系统中，能源和材料的消耗得到了优化，废物的产生也得到了改善。并且，一个过程的废弃物，将作为另一个过程的原料。[②]可见，工业生态学是将生态系统过程作为设计工业系统过程的类比，基于物质和能量的闭环流动以经济地减少工业对生态环境的影响。[③]这种理论不仅高度契合循环经济的思想，而且对实现循环的具体模式探索，已经达到了相当成熟的理论状态。时至今日，工业生态学都被认为是循环经济的主要理论根源之一。[④]

1990 年，英国环境经济学家大卫·皮尔斯（David Pearce）和凯瑞·特纳（Kerry Turner）于《自然资源与环境经济学》一书第二章中，提出了以"The Circular Economy"命名的理论模型，首次在严格意义上明确提出了

---

① Erkki-Jussi Antero Nyléna, Jani Markus Salminen. How does the circular economy discourse affect policy-making? The case of streamlining waste utilisation in Finnish earthworks. Resources, Conservation & Recycling. 2019, 149(6), pp.532-540.

② Robert A. Frosch, Nicholas E. Gallopoulos. Strategies for manufacturing. Scientific American. 1989, 261(9), pp.144-152.

③ Ehrenfeld J. Industrial ecology: A new field or only a metaphor? Journal of Cleaner Production. 2004, 12(8-10), pp.825-831.

④ Bocken N, Olivetti E A, Cullen J M, Potting J, Lifset R. Taking the circularity to the next level: A special issue on the circular economy. J. Ind. Ecol. 2017, 21(3), pp.476-482.

当今世界范围内普遍采用的"循环经济"概念。[1]他们认为，循环经济模型由自然循环和工业循环组成。两种循环都为再生产提供原料，也就是为再生产和消费提供物质基础，产生超过消费的直接效用（如欣赏美景）。自然循环就是（生态）环境吸收消化废弃物，吸收的废弃物假定作为经济资源进入经济系统，工业循环则有助于减少自然同化能力的压力，同时产生额外的资源。此外，循环也有利于降低对（生态）环境同化能力的压力。[2]

　　总体上看，这一时期循环经济的思想已经较博尔丁时代有了进一步的发展。不仅明确提出了严格意义上的"循环经济"这一概念，更是在"物质循环"的基础上，将发展循环经济的目的定位于使经济社会系统与自然生态系统达到"功能均衡"，代表了一种把人类经济子系统纳入自然生态母系统大循环之中的强烈愿望。[3]至此，现代意义上的循环经济思想已经趋于成熟，循环经济的话语体系已经初步确立。

三、循环经济理论与模式的发展

　　早在 1987 年，格罗·H.布伦特兰领导的世界环境与发展委员会就向联合国大会提交了《我们共同的未来》这一著名报告。为实现报告中所提出的"可持续发展"模式，报告指出："工业和工业过程应当向以下几个方面发展，即更有效地利用资源、更少地产生污染和废物、更立足于可再生资源而不是不可再生资源，最大限度地减少对人体健康和环境的不可逆转的影响。"因此，生态环境问题必须纳入政府和企业的工业规划和决策过程中。"这样做，就可以通过提高资源使用的效率、减少废物以及鼓励资源回收和循环，从而逐步减少未来发展中能源和资源的消耗量。"[4]可见，该报告已经将工业领域的减排、对资源的回收和循环作为实现可持续发展的重要手段之一。20 世纪 90 年代以来，尤其是 1992 年里约热内卢联合国环境与发展大会召开以来，可持续发展战略已经在全世界范围内得到广泛认可。发达国家和地区纷纷把发展循环经济看作实施可持续发展战略的重要途径之一。有鉴于此，循环经济的理论和实践都得到了发展。

　　一方面，循环经济的理论得到了进一步丰富。虽然，循环经济的思想、

---

[1] David pearce, Kerry Turner. Economics of Natural Resource and the Environment. The Johns Hopkins University Press, 1990. pp.29-42.
[2] 李岩：《日本循环经济研究》，经济科学出版社 2013 年版，第 36 页。
[3] 朱红伟：《经济循环和循环经济》，社会科学文献出版社 2009 年版，第 48 页。
[4] 世界环境与发展委员会：《我们共同的未来》，王之佳、柯金良等译，吉林人民出版社 1997 年版，第 277、284 页。

概念、理论框架均有相应的首创者。但是，没有明确的迹象表明循环经济在今天仅存在单一的理论来源，相反，它是基于业已确立的多种理论体系和思想流派。[①]特别是当前循环经济的理论流派众多，各流派之间对循环经济的理解也存在差别。但不同的研究视角、方法、观点等，无疑进一步丰富了循环经济的理论，也为循环经济的实现提供了更为多元化的理论支持（表1-1）。

表 1-1 当前循环经济的主要理论流派及其代表人物

循环经济的理论流派	主要代表人物
工业生态学	R.A.Frosch
环境经济学	D.W. Pearce, R.K.Turner
生态经济	K.E.Boulding
生物模拟	J.M.Benyus
自然资本论	H. Lovins, A. Lovins, P. Hawkins
再生设计	J.T.Lyle
从"摇篮"到"摇篮"	M.Braungart
蓝色经济	G.Pauli
绩效经济	W.R.Stahel

另一方面，在不断丰富的循环经济理论指引下，此前零敲碎打的废物回收利用和减量化的做法这才开始整合成为一套系统的、以避免废物产生为特征的循环经济战略。[②]这种战略不仅存在于企业及工业园区层面，还上升到了国家或地区经济社会运行的宏观决策高度。例如，美国加利福尼亚州在 1989 年通过了《综合废弃物管理法令》，要求在 2000 年以前实现 50%废弃物可通过源削减和再循环的方式进行处理；瑞典于 1990 年制定了《废弃物管理纲要》，以限制有害废弃物的排放及废弃物中有害成分的含量，提高废弃物再循环和回收利用的程度。再如，日本于 2000 年制定了《循环型社会形成推进基本法》，该法定位于综合和有计划推进废弃物和再生利用对策的基本法。根据该法，日本专门制定了《循环型社会形成推进基本计划》，为该国循环型社会的建设进行了系统性顶层设计。

---

① Sue Lin Ngana, Bing Shen Howb, Sin Yong Tengc, Michael Angelo B. Promentillad, Puan Yatime, Ah Choy Erf, Hon Loong Lama. Prioritization of sustainability indicators for promoting the circular economy: The case of developing countries. Renewable and Sustainable Energy Reviews. 2019, 111 (5), pp.314-331.

② 陈泉生等：《循环经济法研究》，中国环境科学出版社 2009 年版，第 3 页。

当前，绿色低碳循环发展成为全球共识，世界主要经济体更是普遍把发展循环经济作为破解资源环境约束、应对气候变化、培育经济新增长点的基本路径。在刚刚过去的十年，循环经济已成为提高全球福利，同时尽量减少经济活动对生态环境的影响的一种"有吸引力的模式"[①]（表1-2）。根据美国国际贸易委员会的数据，该国2009—2011年再制造产业的产值迅速增长，预计至少为430亿美元，支持180 000个全职就业岗位。[②]2015年12月，欧盟委员会通过了"循环经济行动计划"，旨在刺激欧洲向循环经济过渡，以期提升全球竞争力。欧盟委员会第一副主席弗朗斯·蒂默曼斯（Frans Timmermans）甚至表示，循环经济是推动欧盟经济走上可持续发展道路并实现全球可持续发展目标的关键。[③]

表1-2　2010—2020年西方主要发达国家或地区发展循环经济的表现

国家/地区	时间、具体举措	主要内容或目标
法国	2013年法国政府第二次环境大会上，奥朗德总统提出了建设"循环经济"的构想	改变对传统能源的依赖，使经济发展不仅不以牺牲环境为代价，同时促进就业和技术创新
新加坡	2014年11月推出"新加坡循环经济发展蓝图"	计划在2030年至少达到80%的绿色建筑覆盖率，2020年取得350百万瓦的太阳能使用量目标
欧盟	2015年12月发布"循环经济行动计划"	2030年，欧盟共同目标回收65%的城市垃圾，回收75%的包装废弃物，减少废弃物填埋最大允许容量为10%
加拿大	安大略省制定"151号法案"	其中包括《资源回收和循环经济法案》(2016)，转向循环经济模式的废物管理，重点是扩大生产者的责任
意大利	2016年2月实施"Collegato ambientale"法案	法案包括一个可持续消费和生产的国家计划，以及关于废物、资源和循环经济目标的新政策和筹资计划
荷兰	2016年9月提出"循环经济2050蓝图"	到2030年将主要原材料的使用量减少一半，到2050年实现100%的循环经济
芬兰	2016年9月提出"芬兰循环经济路线图2016—2025"	使该国到2025年成为循环经济的全球领导者

---

① Franco Donatia, Glenn A. Aguilar-Hernandeza, Carlos Pablo Sigüenza-Sánchezа, Arjan de Koninga, João F.D. Rodriguesa, Arnold Tukkera. Modeling the circular economy in environmentally extended input-output tables: Methods, software and case study.Resources, Conservation & Recycling, 2020, 152(1), pp. 1-12.

② United States International Trade Commission. Remanufactured Goods: An Overview of the U.S. and Global Industries, Markets, and Trade (2012), Investigation No. 332-525, Publication 4356.

③ 中国循环经济协会：《欧盟发布循环经济行动计划实施综合报告》，网址：https://www.chinacace.org/news/view?id=10421。

续表

国家/地区	时间、具体举措	主要内容或目标
法国	2018 年 4 月推出"循环经济路线图"	在公共项目订单中增加回收塑料的使用，对某些回收塑料制作的产品实行优惠税收政策
欧盟	2020 年 3 月发布"新版循环经济行动计划"	加快改变线性经济发展方式，减少资源消耗和"碳足迹"，增加可循环材料使用率，引领全球循环经济发展

综上，循环经济产生和发展的过程，是人类社会对自身经济社会发展和生态环境问题的认识不断发展的过程。在这一过程中，循环经济的思想不断得到充实、完善和具体化。[①]

首先，循环经济是针对工业化运动以来高投入、高消耗、高排放的"线性经济模式"而言的，是一种面向未来的、善待地球的经济发展模式。[②]时至今日，循环经济无疑应当是一个科学的系统，是一个涉及社会各个环节的整体性经济运作方式，而不能片面地将其看作生态环境治理操作的具体方式。[③]

其次，经济社会发展和生态环境问题的双重压力是循环经济产生和发展的直接原因和原动力，故协调保护与发展的关系进而实现二者的共赢是发展循环经济的目标。正如日本《環境と経済の好循環ビジョン～健やかで美しく豊かな環境先進国へ向けて～》中所描绘的那样，2025 年远景目标是"实现环境和经济良性循环的社会。"[④]因此，循环经济既是经济社会发展的新模式，也是一种从根本上解决生态环境问题的新模式。

最后也是最为重要的，循环经济作为实现人类经济社会可持续发展的重要途径和工具，更是一种新的社会发展模式。时至今日，仍有人认为"循环"只是在经济过程的中端、末端解决生态环境问题的众多方式之一；[⑤]循环经济的目标是把废物转化为资源，并设法把生产和消费活动联系起来。[⑥]诚然，循环经济最初源自废弃物的回收和再利用。但相比单纯的废弃物管

① 朱红伟：《经济循环和循环经济》，社会科学文献出版社 2009 年版，第 31 页。
② 诸大建：《可持续发展呼唤循环经济》，载《科技导报》1998 年第 9 期，第 39 页。
③ 彭峰、陈思琦：《欧盟"循环经济"立法：起源、概念与演进》，载《上海政法学院学报（法治论丛）》2017 年第 6 期，第 28 页。
④ 参见《環境と経済の好循環ビジョン～健やかで美しく豊かな環境先進国へ向けて～》（平成 16 年 5 月 中央環境審議会答申），网址：http://www.env.go.jp/council/toshin/t024-h1601/t024-h1601.pdf。
⑤ 董溯战：《循环经济促进法中的政府责任研究》，立信会计出版社 2010 年版，第 5 页。
⑥ Thiago L.M. Albuquerque, Claudia A. Mattos, Gabriela Scur, Kumiko Kissimoto. Life cycle costing and externalities to analyze circular economy strategy: Comparison between aluminum packaging and tinplate. Journal of Cleaner Production. 2019, 234(6), pp.477-486.

理，循环经济是一种在根本上不同的方法，是一种彻底改变了的思维和行动[1]，其并非简单的"垃圾经济""废物经济"。从前述循环经济理论和实践不断发展的过程可知，循环经济的内涵不仅局限在微观层面（产品、公司、消费者）对废弃物的"物质循环"，更包括中观层面（园区）、宏观层面（城市、地区、国家）所欲实现的经济社会系统与自然生态系统之间的"功能循环"[2]（图 1-1）。质言之，当前语境下所言之"循环经济"实质上已经包含和具有了"目标管理"的内涵，通过强化生态循环圈和经济循环圈的双重转换机制，将"经济—社会—环境"纳入统一协调的范畴，以寻求生态循环圈和经济循环圈的协同发展。[3]

图 1-1　循环经济历史演进的基本脉络

资料来源：Vanessa Prieto-Sandoval, Carmen Jaca, Marta Ormazabal. Towards a consensus on the circular economy. Journal of Cleaner Production. 2018, 179(1), pp.605-615.

第三节　循环经济的理论内涵

一、概念界定：循环经济的理论内核

必须承认，循环经济虽然已经在相当范围和程度上得到接受并得以实施，但其至今仍是一个包含不同含义的"伞式"概念。[4]关于循环经济的定义，可谓见仁见智、尚未统一。目前，国内外有关循环经济的概念界定中较具代表性的如下所述。

在国外，欧盟委员会认为，循环经济系统能尽可能长时间地保持产品

---

[1]　Chris Backes. Law for a Circular Economy. Eleven International Publishing. 2017, p.14.

[2]　Kirchherr, J. Barriers to the circular economy: Evidence from the European Union (EU). Ecol. Econ. 2017, 150(12), pp.264-272.

[3]　中关村国际环保产业促进中心：《循环经济：国际趋势与中国实践》，人民出版社 2005 年版，第 125 页。

[4]　Gustavo Moragaa, Sophie Huysvelda, Fabrice Mathieuxc, Gian Andrea Blenginic, Luc Alaertsd, Karel Van Ackerd, Steven de Meesterb, Jo Dewulfa. Circular economy indicators: What do they measure?. Conservation & Recycling. 2019, 146 (3), pp.452-461.

的附加值, 消除浪费。当一种产品将要走向它生命周期的终结时, 循环经济会将资源保存在经济中, 使得它们可以被一次又一次地有效地使用, 从而创造更多的价值。[①]艾伦·麦克阿瑟基金会认为, 循环经济是一种通过设计来恢复和再生的经济, 其目的是使产品、部件和材料在技术和生命周期的任何时候都保持其最高的效用和价值。这种新的经济模式寻求最终将全球经济发展与有限的资源消费脱钩, 以实现经济增长、创造就业机会、减少环境影响 (包括减少碳排放) 等关键性政策目标。[②]索韦 (Sauve) 等人认为, 循环经济是通过闭环的物质流, 将与原始资源开采和废物产生相关的环境外部性内部化的商品生产和消费模式。[③]盖斯多夫 (Geissdoerfer) 等人则把循环经济定义为一个再生系统, 通过长期的设计、维护、修理、再利用、再制造、翻新和回收, 这个系统中资源投入、废物排放、能源消耗等可以通过减缓、关闭和缩小材料和能源的循环而最小化。[④]

在国内, 吴季松认为, 循环经济就是要不断提高资源利用效率, 把传统的、依赖资源净消耗线性增加的发展, 转变为依靠生态型资源循环来发展的经济;[⑤]吴绍中认为, 循环经济就是要控制废弃物的产生, 建立起反复利用自然的循环机制, 把人类的生产活动纳入自然循环中去, 维护自然生态平衡;[⑥]曲格平以对循环经济基本内涵和外部特性的认识为基础, 将其本质界定为生态经济, 认为它要求运用生态学规律而不是机械论规律来指导人类社会的经济活动。[⑦]2004 年 9 月 27 日, 国家发改委主任马凯在《贯彻和落实科学发展观 大力推进循环经济发展》的讲话中将循环经济定义为, "以资源的高效利用和循环利用为核心, 以'减量化、再利用、资源化'为原则, 以低消耗、低排放、高效率为基本特征, 符合可持续发展理念的经济增长模式"。[⑧]2008 年出台的《循环经济促进法》也对循环经济

① European Commission. Closing the loop – An EU action plan for the circular economy, https://eur-lex.europa.eu/legal-content/EN/TXT/?uri=CELEX: 52015DC0614.
② Ellen MacArthur Foundation. Delivering the circular economy: A toolkit for policymakers. https://emf.thirdlight.com/file/24/neVTuDFno5ajUene-man5IbBE/Delivering%20the%20circular%20economy%3A%20a%20toolkit%20for%20policymakers.pdf.
③ Sauve S, Bernard S, Sloan P. Environmental sciences, sustainable development and circular economy: Alternative concepts for trans-disciplinary research. Environmental Development. 2016, 17(1), pp.48-56.
④ Geissdoerfer M. The Circular Economy — A new sustainability paradigm ?. Journal of Cleaner Production. 2017, 143(1), pp.757-768.
⑤ 吴季松:《循环经济: 全面建设小康社会的必由之路》, 北京出版社 2003 年版, 第 3 页。
⑥ 吴绍中:《循环经济是经济发展的新增长点》, 载《社会科学》1998 年第 10 期, 第 18 页。
⑦ 曲格平:《发展循环经济是 21 世纪的大趋势》, 载《中国环保产业》2001 年第 S1 期, 第 6 页。
⑧ 马凯:《贯彻和落实科学发展观 大力推进循环经济发展》, 载《中国经济导报》2004 年 9 月 30 日, 第 B01 版。

的概念做出界定，即"本法所称循环经济，是指在生产、流通和消费等过程中进行的减量化、再利用、资源化活动的总称"。

综上可知，循环经济（circular economy）既可以是一个整体概念，也可以是一个操作概念。①但无论具体表述为何，其基本内容包括物质闭环流动的过程；其直接目的是变革"大量生产、大量消费、大量废弃"的"线性经济模式"；其终极目的是通过经济社会系统与自然生态系统的良性互动实现可持续发展。

二、"四个转变"：循环经济的基本立场

（一）发展观之转变：经济社会发展与生态环境保护从相克到共赢

诚然，科学技术的飞速发展使得人类认识自然、改造自然的能力增强。科学技术甚至能够不断提升人类利用资源环境的效率，并帮助人类寻找各类新的替代资源能源。但正如《增长的极限》一书所言，与科学技术的不断发展终究没有成为现实一样，科学技术的进步似乎是人类维系传统经济发展模式的一把利刃。科学技术的发展固然有助于缓解资源环境稀缺给社会和人的持续发展带来的压力，但效率的提高不等于物质消耗总量的减少，科学技术的进步终究无法彻底解决有限的资源环境日益稀缺的问题。更为严重的是，由于技术进步而不断提升的资源环境利用效率、利用能力，其对资源环境的作用并非都体现在有助于生态环境效益的正增长，有时也会表现出对资源环境更强大的影响甚至摧毁能力。例如，电动伐木机的发明就极大地提升了人类开发利用森林资源的效率，但同时也提升了人类破坏森林资源的能力。质言之，科学技术这把"双刃剑"如果继续沿着传统经济发展模式被不断发展和利用下去，人类收获的就可能不是持续发展，而是适得其反。

究其原因，就在于传统发展模式下科学进步和产业发展的同时，也造成了人类改造自然，甚至征服自然、主宰自然的"人类中心主义"发展观日益膨胀。维护人的价值和权利成为人类活动的最根本的出发点和最终价值依据②，而不顾及对资源环境的损害。"产品高价""资源低价""环境无价"就是这种发展观的最好诠释。其结果是经济社会发展创造并积累了大量的物质财富，但也带来了环境污染、资源枯竭、生态破坏等一系列

① Ana de Jesus, Paula Antunes, Rui Santos, Sandro Mendonça.Eco-innovation pathways to a circular economy: Envisioning priorities through a Delphi approach. Journal of Cleaner Production. 2019, 228 (Aug.10), pp.1494-1513.

② 孙佑海、张蕾等编著：《中国循环经济法论》，科学出版社2008年版，第8页。

问题,并且已经严重困扰人类的发展。如果这样的发展观不被革新,传统经济发展模式就难以从根本上获得转变,人类社会最终不是征服或战胜自然,而是被自然界一次次无情的"报复"和"回击"所"征服"。因此,即使有科学技术的不断进步,人类也不能把生态环境当作任意索取和处置的客体,不能以牺牲后续的发展和子孙后代的发展为代价来换取当代发展的高速度。①

为了彻底反思人类传统发展观的弊端,联合国于 1992 年在里约热内卢召开了联合国环境与发展大会。以促进现有社会转变为可持续发展的社会,使人类生存方式与地球的有限承受能力相适应为宗旨,会议通过了没有反对票和弃权票的决议——《21 世纪议程》。②从此,可持续发展作为新的发展观为全世界所认同,如法国 2004 年《环境宪章》第 6 条规定:"公共政策应当促进可持续发展,为此,它们要协调环境的保护和利用、经济的发展和社会的进步。"③可持续发展观尊重的不仅仅是人的生命与尊严,也关注人类之外的动物以及生态系统各组成部分的生命与尊严。其强调的协调发展是建立在人与自然和谐的基础上,关注的视角包括但不限于人类自身。亦即,在人与自然界整体的关系中,自然界整体是决定者,作为局部要素的人是被决定者;自然界整体的规律性和动态结构的阈限构成了人类实践活动的绝对限度。④故人的本性不再是对自然无节制地征服与改造,而是在尊重和敬畏自然的前提下遵循自然规律,寻求人与自然的和谐共生以及人口、资源、环境与发展的内在协调。无疑,这是对传统经济发展模式下生态环境保护与经济社会发展之间存在天然矛盾和对立这一困境的化解与突破。同时,可持续发展又是对人类社会未来应如何发展的最好诠释。完整意义上的循环经济(即"物质循环"+"功能循环"),则要求人在生产和消费时不再把自己置身事外,更不能将自己与自然相互对立,而是将自己作为系统的一个部分,以人与自然的和谐共处维持生态平衡作为自己行动的目标。⑤可见,循环经济作为实现可持续发展的工具,首先是对传统发展观的变革,是对可持续发展观的诠释与践行。

① 方世南:《马克思的环境意识与当代发展观的转换》,载《马克思主义研究》2002 年第 3 期,第 54 页。
② 吕忠梅:《论可持续发展与环境法的更新》,载《科技与法律》2005 年第 2 期,第 111 页。
③ 赖荣发、王建学译:《法国 2004 年环境宪章》,网址:http://www.calaw.cn/article/default.asp?id=3894.
④ 刘福森、宋文新:《价值观的革命:可持续发展观的价值取向》,载《吉林大学社会科学学报》1999 年第 2 期,第 60 页。
⑤ 吕忠梅:《循环经济立法之定位》,载《法商研究》2007 年第 1 期,第 40 页。

（二）经济发展模式之转变：从经济效益最大化到综合效益最大化

传统的经济发展模式是一种高投入、高消耗、高污染的线性（开环型）模式，其打破了经济社会系统与自然生态系统之间的均衡。一方面，这种模式需要以大量投入和消耗资源为支撑；另一方面，在投入和消耗大量资源的同时，又产生了大量的废物进入生态环境。正如赫尔曼·戴利所言："在一个能量守恒的有限生态系统中，经济控制的越多，自然自发控制的就越少。当我们向生态系统索求和排放的规模增大时，生态系统中诱发的质变也必定会有所增加。"①这就如同一个人的心脏搏出的动脉血液不断增加，而回流到心脏的静脉血液不变或减少必然导致心力衰竭或末端淤血一样，传统的经济发展模式没有能够实现自然资源的循环再利用，在人类社会经济活动中的生产者、消费者和分解者，已经无法完成物质在三者之间的流动与循环，物质循环出了问题，必然导致（生态）环境问题的出现。②

为了转变传统"三高"经济发展模式给资源环境带来的种种弊端，人类要探索新的"最优化"经济发展模式，其理念应在于确信生态环境保护与经济社会发展是有机统一的，二者是并不矛盾的。在这样一个前提下，这种新经济发展模式必须具有如下功能：它必须能够使"有限"的资源变得"无限"，它必须能够把"无限"的废弃物变得"有限"。③循环经济在理论上正是具有如此功能的经济发展模式。这一点，从循环经济应当遵循的"3R"原则便可见一斑。学术界一般认为，循环经济应当遵循减量化原则（reduce）、再利用原则（reuse）、资源化原则（recycle），简称为"3R"原则（图1-2）。"3R"原则是对循环经济理论下经济发展模式转变的高度概括，其贯穿产品生产、流通、消费的整个生命周期，包括输入端控制、过程性控制、输出端控制三个层次。④具体而言：减量化原则是指尽量减少从生态环境中提取资源，并减少人类活动产生的废物。⑤亦即，从源头上减少一次能源和原材料的投入，极大地改善环境污染状况。再利

---

① 〔美〕赫尔曼·E.戴利：《超越增长：可持续发展的经济学》，诸大建、胡圣译，上海译文出版社2006年版，第69页。

② 孙文营：《循环经济哲学维度研究》，光明日报出版社2013年版，第27页。

③ 孙文营：《循环经济哲学维度研究》，光明日报出版社2013年版，第32页。

④ 事实上，"3R"只是循环经济中最具代表性或最突出的原则或属性，而非循环经济的全部。对于循环经济而言，全过程中还包括无害化处置等其他必要的阶段或者"3R"本身还可能被进一步细化的情况。例如，欧盟《关于废弃物的第2008/98号指令》，就为废弃物的减量化与管理制定了五个层级的等级序列。分别是：减量化、再使用、再利用、其他利用方式、处置。

⑤ Gillian Foster.Circular economy strategies for adaptive reuse of cultural heritage buildings to reduce environmental impacts. Resources, Conservation & Recycling. 2020, 152 (1), pp.1-12.

用原则是指摒弃一次性使用而追求利润的思维，延长整个产品或其部件的使用寿命，防止其过早地成为废物。资源化原则是指对废料的再处理，把废弃物变为资源以减少环境污染并节约对原生资源的使用量。①如此一来，原本"有限"的资源通过资源化、再利用变得"无限"；而原本"无限"的废弃物在减量化、再利用、资源化的过程中变得"有限"。不仅通过节约资源、保护生态环境保障了公众健康，更通过发展相关产业、增加新的就业机会，为经济提供新的增长点，从而使经济、生态环境、社会等综合效益得以最大化，以创造新的、可持续的竞争优势。

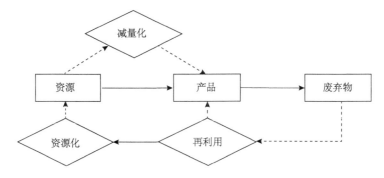

图 1-2 循环经济"3R"原则示意图

（三）消费方式之转变：从消费主义到绿色消费

经济社会的不断发展、社会物质财富的增加，给人类带来了追求物质享受的可能。同时，技术又为人类消费物质提供了基本手段，技术进步的净结果往往加强了人类的消费能力和规模。因此，人类物质消费总量的上升是绝对的。②但是，在消费绝对上升的同时，也引起人与自然之间的尖锐矛盾。这是因为，资源环境本身是有限的，而传统意义上人类的物质享受是建立在掠夺和占有自然资源的基础之上的，与之相适应的生产也是以追求交换价值为中心目的。生产者的目的是卖产品，产品卖出越多，收益就越好；消费者的目的是拥有，认为自己拥有的东西越多，生活水平就越

---

① 需要说明的是："3R"中每项原则的关注焦点因地理区域而异。例如，中国较多地关注减量化问题，而欧盟则认为再利用是三者中最重要的循环经济原则，并且更加关注资源化问题。可参见 Edurne A. Inigo, Vincent Blok. Strengthening the socio-ethical foundations of the circular economy: Lessons from responsible research and innovation. Journal of Cleaner Production. 2019, 233 (Oct.1), pp.280-291.

② 参见段宁、邓华：《"上升式多峰论"与循环经济》，载《世界有色金属》2004 年第 10 期，第 7 页。

高。这种传统的消费方式，可以被称为消费主义。①在消费主义现象的驱动下，导致资源枯竭和环境恶化。②不列颠哥伦比亚大学某研究组织估计，普通北美人每年人均消耗的资源相当于 12 英亩（英亩是英美制面积单位，1 英亩≈0.004047 平方千米）农田和林地提供的可再生资源。全世界的人若都按照这一速度消费，需要拥有相当于 4 个地球的生产用地。③这显然是大大超出了资源环境的承载能力。消费主义的另一恶果是消费者及其"单一用途"的生活方式，使地球成为一个"索取、制造、处置"的世界。④亦即，人们消费的过程中往往不会考虑废弃物的回收和利用问题，从而在大量消费后又引起了废弃物的环境污染和对资源的浪费。

上述情况说明，人类对经济发展模式的反思不能仅停留在生产环节，消费主义对大量生产、大量废弃的诱导作用使我们必须把消费方式的变革均纳入发展循环经济的范畴之内。相关最新研究结果表明，消费水平是影响循环经济实现的关键因素。由于持续高消费导致生态系统服务的枯竭，即使在工业领域积极实施循环经济，生态系统的崩溃也仍然无法避免。⑤只有当保护生态环境和节约资源的理念真正为广大社会成员所接受，并成为他们自觉的生活方式和消费行为时⑥，循环经济才有可能在社会层面得到推进和实现。这就意味着，发展循环经济不可忽视的一点就是要转变人们的消费方式——引导人们学会"绿色消费"。所谓"绿色消费"，并不是放弃对物质生活的追求，回到原生态的生活方式，而是超越和扬弃传统不合理的消费模式。⑦具体而言：其一，绿色消费是以满足实际需要而非购买和拥有商品或服务为目的，即追求商品或服务的使用价值而非交换价值；

---

① 关于什么是"消费主义"，日本学者池田大作有着形象且精辟的表述："现代人在全速猛进，沉溺于自己对物质的占有和消费的恶化，使得全球性的对物质、粮食、服务的需求极为膨胀。而且人为制造的必需品，不断地更新流行热，设计技术上迟早要报废的新产品，巧妙地扩大人为地当作不可缺少的物品的范围"。参见〔日〕池田大作、〔意〕奥锐里欧·贝恰：《21 世纪的警钟》，卞立强译，中国国际广播出版社 1988 年版，第 14 页。

② Claudio Sassanelli, Paolo Rosa, Roberto Rocca, Sergio Terzi. Circular economy performance assessment methods: A systematic literature review. Journal of Cleaner Production. 2019, 229 (Aug.20), pp.440-453.

③ 牛桂敏：《循环经济发展模式与预测》，天津社会科学院出版社 2008 年版，第 11 页。

④ Mark Esposito, Terence Tse, Khaled Soufani. Introducing a circular economy: Introducing a circular economy: New thinking with new managerial and policy implications. California Management Review. 2018, 60(3), pp.5-19.

⑤ Neeraj C. Hanumantea, Yogendra Shastrib, Andrew Hoadleyc.Assessment of circular economy for global sustainability using an integrated model. Resources, Conservation and Recycling. 2019, 151 (12), p.13.

⑥ 中关村国际环保产业促进中心：《循环经济：国际趋势与中国实践》，人民出版社 2005 年版，第 156 页。

⑦ 钟玉秀：《水生态文明建设的实践路径认识及政策建议》，载《中国水利》2013 年第 15 期，第 29 页。

其二，绿色消费对于消费者而言是确立了一种新的社会规则，即倡导和建立一种可持续的生活方式。[1]为此，消费者应当选择资源消耗最小、可循环利用和可回收利用、废弃物排放最少和对环境友好的产品或服务。所以说，绿色消费是符合循环经济发展模式的消费方式，是循环经济理论的基本立场之一。

（四）生态环境治理模式之转变：从片面、孤立、被动到整体、整合、主动

面对日益严重的生态环境问题，人类社会最初关注于经济活动造成的生态环境后果，即实施末端治理。例如，对生活垃圾进行掩埋、焚烧，对废旧电池进行处置等。然而，这种治理模式的局限性十分明显：首先，末端治理是一种片面的、孤立的、被动的补救做法，其"头痛医头、脚痛医脚"的思维方式，没有全面也无法从根本上解决经济发展过程所产生的环境污染、生态破坏、资源枯竭。其结果是随着经济社会的不断发展，面对数量和种类越来越多的废弃物只能是"防不胜防、治不胜治"。其次，末端治理的经济成本较高，在很大程度上"抵消"了经济增长的收益。如果"算总账"的话，末端治理往往在经济上是最不合算的。再次，末端治理是对已有技术体系的进一步强化。它使企业满足于达标排放而不愿投资开发污染少的生产方式，一些本可回收利用的资源被变成"三废"处理或排放掉。[2]最后，某些生态环境问题一旦出现就具有严重性和不可逆转性，末端治理可能为时已晚。例如，被镉等重金属污染的土壤，不仅修复成本极高，而且即使修复也难以完全恢复其原有的生态功能。

相比之下，循环经济体现的是一种"整体、整合、主动"的方法论。首先，循环经济所要实现的是对生产、流通、消费全过程进行整体控制的生态环境治理模式。无论是企业内部的闭路物质循环、园区层面的上下游产业链条，还是整体意义上的社会大循环，循环经济对生态环境问题的解决是通过系统整体良性运行而非仅对系统内某个部分的管制而实现的。其次，与传统的生态环境管理手段（再回收利用、污染防治、能源有效利用、清洁技术等）不同，循环经济的新意在于它在整合过程中能够横向联合部门间的工作，新的管理模式意味着服务整合、发展整合政策、生态工业园、

---

① Jean-Paul Peronard, Anne Gammelgaard Ballantyne. Broadening the understanding of the role of consumer services in the circular economy: Toward a conceptualization of value creation processes. Journal of Cleaner Production. 2019, 239 (Dec.1), pp.1-9.

② 牛桂敏：《循环经济发展模式与预测》，天津社会科学院出版社 2008 年版，第 14 页。

工业生物群落、新型伙伴关系。①这一点，也是循环经济与传统意义上的废弃物回收、节约资源能源的最大区别。实际上，废弃物回收、节约资源能源等产业形态存在已久，但其本质上处于孤立存在和运行的"零敲碎打"状态，与相关部门、产业、组织之间缺乏必要的整合，充其量是对传统生态环境治理模式的一种修正。直到循环经济的理论体系成熟后，这些"传统业态"才被有机整合至循环经济体系之内，成为循环经济体系中的重要组分。最后，循环经济对生态环境问题的治理不是等待废弃物产生后再被动应对，而是通过控制生产、流通、消费等可能产生污染物的全过程，在废弃物排入生态环境成为污染物之前就采取相应的行动。即使是无法利用的少量的废弃物，循环经济也要求在排放前进行无害化处理，使经济社会发展对生态环境产生的影响降至最低。不仅如此，循环经济还要求树立"废物也是资源"的思想，将原本应当排放的废弃物尽可能地再次利用，不仅大大减少了排放量，更通过对废物的再利用降低了经济社会发展对资源的需求，从而节约了宝贵的资源能源。仅以二氧化碳为例，日本在建筑行业推广使用能够吸收二氧化碳的混凝土，在能源领域使用藻类固定二氧化碳并生产生物质燃料。②这些主动的措施能有效降低人类活动对生态环境的影响强度，有利于形成人与自然和谐共生的友好状态，相比对大量废弃物进行末端治理的传统模式也更加经济有效。

三、范式革命：循环经济的价值

诚然，循环经济是改变传统经济发展模式的必然选择，但必须承认其并不是唯一出路。例如，近年来兴起的低碳经济、绿色经济、生态经济、共享经济等，都可称得上是人类探索并开辟的新路径，而且这些新路径、新思路、新提法似乎更加时尚、更吸引眼球，大有超越循环经济之势。例如，韩国《低碳绿色增长基本法》（2013）、法国《推动绿色增长之能源转型法令》（2014）等，已经将循环经济置于低碳发展、绿色发展等新概念的框架之下。不仅如此，随着对循环经济研究的深入，人们已经察觉到，循环经济虽是一种比线性经济更具有可持续性的工具，但最终也可能产生类似的环境退化后果，尽管这种速度相对线性经济较慢。③仅仅建立循环

---

① 〔法〕让-克洛德·乐伟：《循环经济：迫在眉睫的生态问题》，王吉会、范晓虹译，上海科技教育出版社 2012 年版，第 40 页。

② 袁志刚：《碳达峰·碳中和：国家战略行动路线图》，中国经济出版社 2021 年版，第 39 页。

③ Neal Millar, Eoin McLaughlin, Tobias Börger. The circular economy: Swings and roundabouts? Ecological Economics. 2019, 158 (Apr.), pp.11-19.

经济，可能不足以为可持续的未来铺平道路。[①]由此，不禁让人产生这样的担忧："循环经济的发展理念，近年来的风头已经没有原来那么盛了，差不多被新近出现的低碳经济、绿色经济等理念盖过了。"[②]

其实，这样的担心大可不必。诚如冯之浚先生所言，循环经济是一次新的范式革命。[③]亦即，循环经济最终旨在建立一个新的社会经济范式。[④]按照库恩的思路，所谓范式多被用来指涉一个学术共同体所共有的知识假设、研究模式、研究方法、价值标准以及人们理解世界的知识体系。其实就是由"能工巧匠"制作出来的不同样式、不同功能的观察工具，它们有的是望远镜，有的是显微镜；有的是二维成像，有的是三维成像，研究者根据不同的研究目标来进行选择。如果我们承认人类在有限时空范围内的有限理性，那么在特定时空条件下所设计和提出的任何一种范式都具有独特的价值，但同时也都是有局限性的，都有自己的盲区和软肋，循环经济亦无例外。例如，即使在最先进的回收过程中，某些材料也不能无限地回收。因为在经过一定次数的再加工循环之后，这些材料会被降级（在物质质量和数量上存在一定的损失）。此外，如某些化学品在回收过程中还有一些额外的风险。[⑤]与此同时，在世界的某些区域尤其是发展中国家，循环经济的传播仍然相对缓慢。但是，问题的关键不在于范式被设计得多么完美，而在于这种新的范式能够给人类社会带来什么。我们已经十分清楚地知道，今天人类平均使用相当于 1.6 个地球的资源来维持我们对资源的摄取，并吸收我们产生的废物。在美国或欧盟这样的国家或地区，这一比例还要高得多。但同时，我们却只有一个地球。这也就意味着，只要前述西方现代化的老路仍在世界范围内被效仿，只要大量生产、大量消费、大量废弃的传统生产生活方式没有得到改变，循环经济这种更可持续的经济发展模式、理论范式就有其存在和发展的必要性与合理性。

不仅如此，循环经济也需要从"促进人与自然和谐共生"的基点出发，

---

① Neeraj C. Hanumantea, Yogendra Shastrib, Andrew Hoadleyc.Assessment of circular economy for global sustainability using an integrated model. Resources, Conservation and Recycling. 2019, 151 (12), p.13.

② 参见周宏春：《循环经济的几个相关问题》，载《环境保护与循环经济》2011 年第 9 期，第 11 页。

③ 冯之浚主编：《循环经济导论》，人民出版社 2004 年版，第 11 页。

④ Simone Sehnema, Charbel Jose Chiappetta Jabbourb, Susana Carla Farias Pereirac, Ana Beatriz Lopes de Sousa Jabbourb. Improving sustainable supply chains performance through operational excellence: Circular economy approach. Resources, Conservation and Recycling. 2019, 149 (Oct.), pp.236-248.

⑤ Bernd Bilitewski. The circular economy and its risks. Waste Management. 2012, 32(1), pp.1-2.

探索新的概念体系和理论方法，①促进范式本身不断向前演进。国外最新研究表明，在未来的 20 年里，循环经济的发展不仅仅是解决科技和经济的难题，更取决于创造性地克服真正的政治权衡和更广泛的社会挑战的能力。而且，这些挑战需要在其行动中纳入更多的社会和行为考虑因素。这无疑表明，循环经济理论范式不仅可以继续发展下去，而且范式本身还有进一步发展和完善的空间。②与此同时，那些新近的、更加时髦的理论、理念、范式非但不是对循环经济的替代，反而也可以看成对循环经济这一范式的发展和增强。

仅以近期似乎更加"火热"的低碳经济为例，"低碳经济"最早在政府文件中出现是英国于 2003 年发布的能源白皮书——《我们能源的未来：创建低碳经济》。如果也将其视为一种范式的话，那么这种范式建立的目标在于通过不断提高碳利用率和可再生能源比重，减少温室气体排放，逐步使经济发展摆脱对化石能源的依赖。从表面看，发展低碳经济的实质是传统"高碳"经济的范式变革，是应对气候变化而催生的经济发展模式。但是，这显然不是低碳经济的全部，或者说不是其本质。例如，在英国皇家天文学会的国家天文会议上，诺森比亚大学教授瓦伦蒂娜·扎尔科娃（Valentina Zharkova）及其研究团队称，据他们研发的太阳活动周期新模型——"双发电机模型"预测，太阳活动将在 2030 年左右减少 60%，届时地球将大幅降温，并且进入"小冰河期"。③若真如科学家所预测的那样，地球在不久的将来再度进入"冰河时代"，那么发展低碳经济还有存在的必要吗？因为在那种情况下，给地球"加热"的"高碳"经济似乎更"有助于"人类抵御寒冷。实际上，应对地球"变暖"还是"变冷"这样一个科学不确定性问题，充其量只是低碳经济这种新范式的浅层价值。其更深层次的价值，是与循环经济一样反思人类的传统经济发展模式。虽然页岩油等新技术的出现和商业应用，大大地增加了传统化石能源的供应量和供应时间。但归根结底支撑"高碳"发展的化石燃料是不可再生资源，其终有一天将会枯竭、耗尽。到那个时候，人类的"高碳"经济将何以维系？人类社会将如何继续存在和发展？因此，低碳经济的价值也同循环经济一样，是对传统的反思与变革，只不过其变革重点在于解决人类经济社会发展中能源

---

① 冯之浚主编：《循环经济导论》，人民出版社 2004 年版，第 11 页。

② Ana de Jesus, Paula Antunes, Rui Santos, Sandro Mendonça. Eco-innovation pathways to a circular economy: Envisioning priorities through a Delphi approach. Journal of Cleaner Production. 2019, 228 (Aug.10), pp.1494-1513.

③ 甘晓、李晨阳：《"太阳休眠"说乃一家之言》，载《中国科学报》2015 年 7 月 16 日，第 1 版。

高效利用、改善能源结构和清洁能源开发问题。是故，范式各自的侧重点不应被简单地视为其不足和软肋。更何况，这些范式之间也绝不是有你无我的关系。例如，我国仅 2020 年就通过发展循环经济减少了共计约 26 亿吨二氧化碳排放[①]，"循环"与"低碳"可谓相辅相成、相互促进。

从这个意义上讲，只要传统经济发展模式和生态环境治理模式没有得到彻底变革，只要人类社会还在不断发展，只要新的经济社会问题、生态环境问题还在不断出现，无论是循环经济还是低碳经济、绿色经济、生态经济，这些变革传统范式的新范式均无所谓过时与否。不仅如此，在此基础上还会出现新的、更具时代性的理论、观念、范式。唯需赘述的是，我们在大力推行循环经济、低碳经济、生态经济等新生事物、新型范式的同时，必须采取科学谨慎的态度，避免"概念炒作""贴标签"等行为过分夸大包括循环经济在内各类新范式、新模式的功能，以防止实践过程中出现严重的偏差。[②]

第四节　循环经济的中国经验

一、中国古代"循环经济"探源

（一）中国古代的"朴素循环经济思想"

中华民族五千年生生不息，积淀了丰富的生态智慧。[③]而无论循环经济处于哪一阶段或层次、无论具体表现形式如何，从哲学或伦理学意义上讲其均在关注并反思人与自然之间的关系，并力图重构人与自然和谐相处的哲学观、自然观。这似乎与数千年来中国古代哲学有关人与自然关系的认识"不谋而合"。例如，早在两千多年前的春秋战国时期，老子在《道德经》中就对人与自然的关系有过精辟阐述："道大，天大，地大，人亦大。域中有四大，而人居其一焉。"庄子在《齐物论》云："天地与我并生，而万物与我为一。"《大戴礼记·卫将军文子》亦记载孔子云："开蛰不杀当天道也，方长不折则恕也，恕当仁也。"仅举几例，便可管窥中

---

① 环资司：《以"双碳"目标引领完善循环经济制度 ——2020 年循环经济助力减少二氧化碳排放约 26 亿吨》，网址：https://www.ndrc.gov.cn/fggz/hjyzy/zyzhlyhxhjj/202110/t20211027_1315404_ext.html。

② 中国科学院可持续发展战略研究组：《2006 中国可持续发展战略报告：建设资源节约型和环境友好型社会》，科学出版社 2006 年版，第 104 页。

③ 全国干部培训教材编审指导委员会组织编写：《推进生态文明 建设美丽中国》，人民出版社、党建读物出版社 2019 年版，第 19 页。

国古代哲学中的伦理思想有一显著特点，即尽管不同时代、不同学派的学者对天人关系提出过不同的观点或论述，但他们所追求的共同目标都是"天""人"之间的一种协调、和谐。尽管中国古代哲学中所阐述的"天"与现代所常用的"自然"含义并不完全一致，但这种"天人和谐"的伦理思想在经历数次科技革命后特别是生态环境受到严重威胁的今天，仍不失为对如何正确处理人与自然关系产生重要启迪的金玉良言。①抑或这种"天人合一"的哲学观、自然观，可概括为中国古代的"朴素循环经济思想"。

（二）中国古代的"自然循环经济模式"

正如某些西方学者所言，中国首先具有"农民特性"，这个词的含义并非"古老""实用"等词语所能概括的，原因来自多方面：哲学原因、历史原因和传统原因，各方面都具有非常活跃的潜能。②正是在"朴素循环经济思想"的指导或影响下，中国古代在长期的自然经济农业生产实践中形成了不少在今天看来可以实现物质循环的方式、方法。例如，明末清初浙江嘉湖地区的"农-桑-鱼-畜"相结合模式。经过清代的发展和完善，湖州桑基鱼塘区在作物栽培、水肥管理、各种动植物资源利用方面都达到了十分精细的水平，建立在精细管理循环模式下的桑基鱼塘系统也具有高度的稳定性。③再如，人畜粪便、作物秸秆等农家肥自古以来就是肥料资源，清《知本提纲》就提出"土宜者，气脉不一，美恶不同，随土用粪，如因病下药"④。考虑到自然经济基础上形成的这些物质循环的方式方法往往具有一定地域性（如优越的水土环境）、附条件性（如需要投入大量的人力进行管理），我们姑且将这些方式方法称为中国古代的"自然循环经济模式"。

（三）对"朴素循环经济思想"和"自然循环经济模式"的检视

正是由于中国古代的哲学观、自然观与发展循环经济所欲重构的人与自然和谐关系高度"契合"，并且中国古代的诸多实现良性物质循环的样本与今天循环型农业有"异曲同工之妙"，有学者据此认为，从竭泽而渔、焚薮而田等掠夺式的原始农业中发展出来的"自然循环经济"是循环经济的基本形态，贯穿于人类发展史和循环经济发展的始终，是中华文明得以

---

① 李慧明、廖卓玲：《中国古代哲学文化中的循环经济伦理思想探析》，载《贵州师范大学学报（社会科学版）》2007 年第 1 期，第 4 页。

② 〔法〕让-克洛德·乐伟：《循环经济：迫在眉睫的生态问题》，王吉会、范晓虹译，上海科技教育出版社 2012 年版，第 42 页。

③ 周晴：《清民国时期东苕溪下游的桑基鱼塘与水土环境》，载《中国农史》2013 年第 4 期，第 90 页。

④ 范小克、余斌、申琳：《可持续的经济之道：中国特色循环经济探论》，西苑出版社 2013 年版，第 90 页。

延续至今的根本原因。所以，循环经济并不是 20 世纪 60 年代才在西方"横空出世"的，而且在工业范畴之外还有"自然循环经济"类型存在。[①]这不禁让人心生疑惑：现代循环经济真的始于古代中国吗？中国古代就有今天意义上的循环经济吗？

1. 中国古代并不存在现代意义上的循环经济

其实，对于上述问题的解答，还是应当回归人与自然关系这一问题的原点。人与自然之间的矛盾存在于人类社会历史的始终，是人类生产劳动、社会经济生活的基本矛盾，决定着人类社会经济活动的本质，它的不断产生与解决推动着社会不断向前发展。但它是不断变化发展的，在不同的历史时期有着不同的特点，相应地存在着不同的经济形态和不同的经济运行模式。[②]中国古代，人类自身的科技水平和生产力发展水平有限，人与自然之间的矛盾在于人类如何更好地适应自然、更准确地了解自然规律。正如西汉晁错在《论贵粟疏》中所言："勤苦如此，尚复被水旱之灾，急政暴虐，赋敛不时，朝令而暮改。当其有者半贾而卖，亡者取倍称之息。于是有卖田宅、鬻子孙以偿债者矣。"与之相适应，中国古代长期以来形成了自给自足的自然经济（抑或称小农经济）。这是一种规模相对较小、生产方式和生产工具相对简单的经济形态。因此，无论是"天人合一"的哲学观、自然观，还是那些存在于民间的"自然循环经济模式"，实质上都是古代中国先民努力适应自然、了解自然的表现。但其目的不在于变革自然经济（或小农经济），而是通过精耕细作、加强农业生产管理进一步巩固和发展自然经济（或小农经济）。

工业革命以来的几百年间，人类自恃科技高度发达、生产力极大发展，便对自然失去了应有的那份敬畏和尊重。但当时间进入 20 世纪 60 年代，经济持续发展与生态环境问题凸显的双重压力摆在面前，迫使人类社会（尤其是西方主要发达国家）不得不重新思考自身创造的经济社会系统与自然生态系统之间已经高度紧张甚至尖锐对立的关系。前文已述，发展循环经济就是反思过程中逐步形成的结果之一。但是，这种反思的前提或基础显然不是中国传统的自然经济，而是工业革命以来的线性经济；其结果不是在家庭式的农业生产活动中零星实现物质的简单循环利用，而是在全社会范围内形成全产业、多维度的经济社会发展新模式。因此，拿中国古代的

---

① 范小克、余斌、申琳：《可持续的经济之道：中国特色循环经济探论》，西苑出版社 2013 年版，第 89 页。

② 吴晓凡：《论中国古代天人合一思想与循环经济》，载《能源与环境》2008 年第 3 期，第 69 页。

"自然循环经济模式"与现代循环经济模式进行简单类比,不免有"关公战秦琼"之嫌。至于中国古代农业文明的哲学与"后工业文明"的循环经济都同样想达到人与自然的和谐,这不是历史的偶然或巧合。因为人与自然的和谐正是宇宙自然发展的必然性的显现,是人类走向和谐与发展时代的发自内心深处的呼唤和深切的渴望。①总而言之,那种认为中国古代就诞生了现代意义上循环经济的观点是脱离现实和时代的,中国古代并不存在现代意义上的循环经济。

2. 中国古代的"循环经济智慧"是当代发展循环经济的源头活水

中华优秀传统文化的丰富哲学思想、人文精神、价值理念、道德规范等,蕴藏着解决当代人类面临的难题的重要启示。②虽然中国古代不存在现代意义上的循环经济,但中国古代长期形成的"朴素循环经济思想"和"自然循环经济模式"对于今天循环经济的发展无疑有重要的作用。这些"思想"和"模式"不仅体现出了一种朴素的顺应自然规律的生态观、伦理观,也是对中国古代劳动人民实践活动的经验总结。虽然囿于生产水平和技术的限制,最终并没有也不可能发展成为一种新的现代经济模式,但它所提倡的"天人合一"的生态伦理思想以及追求人与自然和谐相处的理念都是现代循环经济的核心思想。这既为全世界范围内发展循环经济提供了思想源泉,也是走可持续发展道路的必然要求,同时还对当前大力推进生态文明建设有着重要的借鉴和启示意义。③质言之,这些"思想"和"模式"体现出的是中国古代的"循环经济智慧",其为我们今天发展循环经济至少提供了哲学观、伦理观和方法论意义上的重要支撑,而这恰恰是西方发展循环经济过程中缺失的部分。如在欧盟,循环经济虽然已经引起实务界和学术界的广泛关注,并得到了强有力的政策支持,但往往被批评为忽视社会及道德问题、缺乏对社会伦理的关注,而仅把重点放在环保及经济上。④不仅如此,西方许多环境哲学家在分析生态环境危机的思想和文化原因、探寻环境哲学智慧与文化传统的关系时,都不约而同地转向中国

---

① 陈泉生等:《循环经济法研究》,中国环境科学出版社 2009 年版,第 152 页。

② 中共中央宣传部编:《习近平新时代中国特色社会主义思想学习纲要》,学习出版社、人民出版社 2019 年版,第 146 页。

③ 朱静:《古代循环经济管理思想对现代的启示》,载《当代经济》2014 年第 13 期,第 12 页。

④ Edurne A. Inigo, Vincent Blok. Strengthening the socio-ethical foundations of the circular economy: Lessons from responsible research and innovation. Journal of Cleaner Production. 2019, 233(Oct.1), pp.280-291.

古代思想文化。有的学者认为，中国历史承载着一种亲自然的文化精神。[①]因此，在这个每提循环经济必谈西方的时代，我们这样一个拥有悠久历史和灿烂文明的古国要发展循环经济，需要的是政策深入人心，为大众接受，需要将其中包含的哲学思想和意义与中国古老的智慧相融合。[②]

二、中国发展循环经济的理论支撑

循环经济虽然名为"经济"，实际上却一直独立于传统经济学理论体系之外而发展。究其根源，循环经济关注的焦点是资源环境，而这恰恰是传统经济学理论的盲点。因为对于传统的经济学来说，资源环境从来都不是问题，市场和科技能够解决相关的一切。充其量在浅尝辄止地进行了零散研究，比如庇古税之后，用一句"这是属于外部性的问题范畴"，就将环境资源问题一推了之。[③]因此，有关中国为什么要发展循环经济的问题，我们必须从能够解释资源环境与经济间关系的理论中去寻求支持。

（一）习近平生态文明思想

党的十八大以来，习近平总书记站在中华民族永续发展的高度，大力推动生态文明理论创新、实践创新、制度创新，创造性提出一系列富有中国特色、体现时代精神、引领人类文明发展进步的新理念新思想新战略，形成了习近平生态文明思想。习近平生态文明思想是习近平新时代中国特色社会主义思想的重要组成部分，是我们党不懈探索生态文明建设的理论升华和实践结晶，是马克思主义基本原理同中国生态文明建设实践相结合、同中华优秀传统生态文化相结合的重大成果，是以习近平同志为核心的党中央治国理政实践创新和理论创新在生态文明建设领域的集中体现，是人类社会实现可持续发展的共同思想财富，是新时代我国生态文明建设的根本遵循和行动指南。[④]这一重要思想博大精深、内涵丰富，有关循环经济的思想和理论是其中的重要组成部分。据统计，在不到十年的时间里，习近平总书记先后七十余次谈及"循环经济""循环发展""循环利用"。[⑤]

① 张岂之：《关于环境哲学的几点思考（代总序）》，载〔英〕E. 库拉：《环境经济学思想史》，谢扬举译，上海人民出版社 2007 年版，第 2 页。
② 〔法〕让-克洛德·乐伟：《循环经济：迫在眉睫的生态问题》，王吉会、范晓虹译，上海科技教育出版社 2012 年版，第 87 页。
③ 高辉清：《效率与代际公平：循环经济的经济学分析与政策选择》，浙江大学出版社 2008 年版，第 1 页。
④ 参见《中共中央宣传部关于认真组织学习〈习近平生态文明思想学习纲要〉的通知》。
⑤ 么新、朱黎阳：《深入学习领会习近平总书记对循环经济的系列重要论述》，网址：https://www.workercn.cn/c/2022-04-10/6787781.shtml。

这些重要论述既是学习领会习近平生态文明思想的重要切入点，更为中国乃至世界发展循环经济提供了理论源泉和指引。

1. 人与自然和谐共生的系统观

工业革命以来，西方主要发达国家之所以出现了前述资源环境与经济发展的双重压力，归根结底在于自然观的扭曲。在人类主宰自然、征服自然、战胜自然的观念下，用工业和科技塑造成的经济社会系统已经与人类赖以生存的自然生态系统之间存在明显的"功能失调"。其主要表现就是污染物大量排放却难以得到净化、资源大量被索取却难以获得恢复。也正因如此，西方国家的循环经济理论最初着力于实现"物质循环"，后发展为在物质循环基础上试图实现经济社会系统与自然生态系统的"功能循环"。期待通过重构人与自然之间的良性有序关系，破解资源环境与经济发展的多重危机。

相比之下，习近平生态文明思想准确地把握了人类经济社会系统与自然生态系统的应有关系，其核心要义就在于实现人与自然的和谐共生。在党的二十大报告中，人与自然和谐共生更成为"中国式现代化"的重要内涵[1]，是中国式现代化区别于西方现代化的重要特征之一。具体而言，人与自然和谐共生首先强调人类经济社会系统与自然生态系统之间的和谐。习近平总书记指出："自然是生命之母，人与自然是生命共同体，人类必须敬畏自然、尊重自然、顺应自然、保护自然。"[2]正因如此，要坚定不移走绿色低碳循环发展之路，构建绿色产业体系和空间格局，引导形成绿色生产方式和生活方式，促进人与自然和谐共生。[3]

进而，欲实现人与自然的和谐，还必须要实现人类经济社会系统内部各个环节、各个层面、各个领域之间的和谐。习近平总书记强调，现代化经济体系，是由社会经济活动各个环节、各个层面、各个领域的相互关系和内在联系构成的一个有机整体。[4]这无疑更加强调经济社会体系内部的整体性、系统性和协同性。在传统经济发展模式中，"生产—流通—消费"

---

[1] 党的二十大报告指出，中国式现代化是人口规模巨大的现代化；中国式现代化是全体人民共同富裕的现代化；中国式现代化是物质文明和精神文明相协调的现代化；中国式现代化是人与自然和谐共生的现代化；中国式现代化是走和平发展道路的现代化。

[2] 中共中央宣传部编：《习近平新时代中国特色社会主义思想学习纲要》，学习出版社、人民出版社2019年版，第167页。

[3] 中共中央文献研究室编：《习近平关于社会主义生态文明建设论述摘编》，中央文献出版社2017年版，第31—32页。

[4] 习近平：《深刻认识建设现代化经济体系重要性　推动我国经济发展焕发新活力迈上新台阶》，载《人民日报》2018年2月1日，第1版。

等主要环节之后，则必然进入大量废弃阶段。这显然没有充分考虑人类经济社会系统各环节、各领域的有机联系，特别是物质有序循环流动的关系。针对这一问题，习近平总书记在党的十九大报告中指出，推进资源全面节约和循环利用，实施国家节水行动，降低能耗、物耗，实现生产系统和生活系统循环链接[①]；在党的二十大报告中进一步指出，实施全面节约战略，推进各类资源节约集约利用，加快构建废弃物循环利用体系。[②]这就为人类经济社会系统内部的和谐提供了基本遵循。

2. 统筹保护与发展的辩证观

前文已述，工业革命以来西方主要发达国家走过的是一条"先污染、后治理"的老路。这条老路，首先是忽视甚至无视资源环境一味地发展经济。此后，当生态环境问题大量出现后，西方世界的理论体系中又出现了许多"悲观论调"，如试图通过"重回自然"甚至"零增长"以换取资源环境的恢复和改善。但无论怎样演进，其理论体系中长期将保护与发展视为"不可兼得"的对立面来看待。其结果只能是在付出惨重代价之后，又耗费巨大的资金投入。对此，习近平总书记在广东考察工作时就曾指出："很多国家，包括一些发达国家，在发展过程中把生态环境破坏了，搞起一堆东西，最后一看都是一些破坏性的东西。再补回去，成本比当初创造的财富还要多。"[③]

面对西方教训，习近平生态文明思想首先旗帜鲜明地摒弃了西方老路。2018 年 5 月 18 日，习近平总书记在全国生态环境保护大会上的讲话中指出，坚决摒弃"先污染、后治理"的老路，坚决摒弃损害甚至破坏生态环境的增长模式。[④]进而，深刻阐释了保护与发展从对立到统一的辩证关系。习近平总书记强调，经济发展不应是对资源和生态环境的竭泽而渔，生态环境保护也不应是舍弃经济发展的缘木求鱼，而是要坚持在发展中保护、在保护中发展，实现经济社会发展与人口、资源、环境相协调。[⑤]在

---

① 习近平：《决胜全面建成小康社会 夺取新时代中国特色社会主义伟大胜利——在中国共产党第十九次全国代表大会上的报告》（2017 年 10 月 18 日），载《人民日报》2017 年 10 月 28 日，第 1 版。

② 习近平：《高举中国特色社会主义伟大旗帜 为全面建设社会主义现代化国家而团结奋斗——在中国共产党第二十次全国代表大会上的报告》（2022 年 10 月 16 日），人民出版社 2022 年版，第 50 页。

③ 中共中央文献研究室编：《习近平关于社会主义生态文明建设论述摘编》，中央文献出版社 2017 年版，第 3 页。

④ 习近平：《推动我国生态文明建设迈上新台阶》，载《求是》2019 年第 3 期，第 9 页。

⑤ 中共中央文献研究室编：《习近平关于社会主义生态文明建设论述摘编》，中央文献出版社 2017 年版，第 19 页。

此基础上，习近平生态文明思想还进一步回答了如何达成保护与发展的辩证统一、相辅相成，那就是实现绿色低碳循环发展。2021 年 4 月，习近平总书记在主持中央政治局第二十九次集体学习时指出："建设生态文明、推动绿色低碳循环发展，不仅可以满足人民日益增长的优美生态环境需要，而且可以推动实现更高质量、更有效率、更加公平、更可持续、更为安全的发展，走出一条生产发展、生活富裕、生态良好的文明发展道路。"[①]

3. 推动形成绿色发展模式的发展观

可以说，工业革命以来的两三百年时间，西方世界一直在寻找解决生态环境问题的"良药"，并从技术、管理、政策、法律、经济等多方面开展了实践。但直到 20 世纪 60 年代开始塑造"循环经济"思想，可以说其"寻药之旅"才算真正走上了正轨。习近平生态文明思想从一开始就找准了生态环境问题产生的根源——经济发展模式，进而在找准病因之后因病施治、对症下药，开出的一剂"良方"便是加快转变经济发展模式，即"要打破旧的思维定式和条条框框，坚持绿色发展、循环发展、绿色发展"[②]。2016 年 8 月 22 日，习近平总书记在青海考察时强调，循环利用是转变经济发展模式的要求，全国都应该走这样的路。[③]通过树立新的发展观进而走循环利用的发展模式，从变革生产方式和生活方式的角度根本性地解决生态环境问题这一长期困扰人类社会的顽疾。

不仅如此，绿色发展模式的发展观本身也需要不断地向前发展。当前，实现"碳达峰、碳中和"已经成为中国对世界的庄严承诺和国内减排行动的基本目标。习近平总书记多次强调，降低二氧化碳排放、应对气候变化不是别人要我们做，而是我们自己要做。[④]其原因在于"进入新发展阶段，推进'双碳'工作是破解资源环境约束突出问题、实现可持续发展的迫切需要，是顺应技术进步趋势、推动经济结构转型升级的迫切需要"[⑤]。从推动形成绿色发展模式到实现"双碳"目标，可以明确地看到发展观的内涵在不断丰富、深化，而循环发展则是践行这一发展观的题中应有之义。

---

① 习近平：《努力建设人与自然和谐共生的现代化》，载《求是》2022 年第 11 期，第 5 页。
② 中共中央文献研究室编：《习近平关于社会主义生态文明建设论述摘编》，中央文献出版社 2017 年版，第 21 页。
③ 钟倩：《以"绿"为进，阔步迈向高质量发展新征程》，载《青海日报》2021 年 7 月 1 日，第 17 版。
④ 习近平：《努力建设人与自然和谐共生的现代化》，载《求是》2022 年第 11 期，第 7 页。
⑤ 习近平：《深入分析推进碳达峰碳中和工作面临的形势任务 扎扎实实把党中央决策部署落到实处》，载《人民日报》2022 年 1 月 26 日，第 1 版。

据测算，"十三五"期间发展循环经济对我国碳减排的综合贡献率约为25%。^①正因如此，《"十四五"循环经济发展规划》提出发展循环经济，对于"推动实现碳达峰、碳中和，促进生态文明建设具有重大意义"。

4. 循环利用的产业观

无论是工业革命早期的纺织业，还是此后的制造业、建筑业、金融业，抑或是今天的 AI、5 G 等新兴产业，经济社会的发展必然需要一定的产业作为支撑。当今社会传统产业的发展普遍遭遇瓶颈，新业态发展变化的速度又往往令人难以捉摸。正因如此，全世界都在积极寻找新的、可靠的产业为经济社会发展注入新活力。在此过程中，习近平总书记一直非常看好循环产业的发展前景。2013 年 7 月，他在考察格林美武汉分公司时就指出，"变废为宝、循环利用是朝阳产业"[2]。2015 年 10 月，习近平总书记在党的十八届五中全会第二次全体会议上再次指出："绿色循环低碳发展，是当今时代科技革命和产业变革的方向，是最有前途的发展领域，我国在这方面的潜力相当大，可以形成很多新的经济增长点。"[3]

在循环利用产业观的引领下，我国近年来不断推动园区循环化改造。截至目前，全国 50%以上的省级园区和 70%以上的国家级园区都已经实施了改造。[4]不仅如此，循环经济还成了中外合作的重点产业领域。2018 年 7 月 16 日，国家发展改革委与欧盟委员会签署了《关于循环经济合作的谅解备忘录》，决定建立循环经济高级别对话。中欧同意将向循环经济转型作为合作重点。2021 年 7 月出台的《"十四五"循环经济发展规划》中更明确提出，到 2025 年，我国资源循环利用产业产值将达 5 万亿元。

5. 资源节约集约利用的资源观

无论是博尔丁的"宇宙飞船经济理论"，还是罗马俱乐部提出的"增长的极限"，生态环境问题，归根到底是资源过度开发、粗放利用、奢侈消费造成的。[5]而且，地球上的物质资源必然越用越少，大量耗费物质资

---

① 刘毅、寇江泽：《资源循环 增绿提效》，载《人民日报》2022 年 1 月 4 日，第 16 版。

② 本报记者：《改善生态环境就是发展生产力（这十年，总书记这样勉励企业高质量发展）》，载《人民日报》2022 年 8 月 22 日，第 1 版。

③ 中共中央文献研究室编：《习近平关于社会主义生态文明建设论述摘编》，中央文献出版社 2017 年版，第 28 页。

④ 么新、朱黎阳：《深入学习领会习近平总书记对循环经济的系列重要论述》，网址：https://www.workercn.cn/c/2022-04-10/6787781.shtml。

⑤ 中共中央文献研究室编：《习近平关于社会主义生态文明建设论述摘编》，中央文献出版社 2017 年版，第 77—78 页。

源的传统发展方式显然难以为继。面向未来，世界现代化人口将快速增长，如果依照现存资源消耗模式生活，那是不可想象的。[①]有鉴于此，只有抓住资源利用这个源头并厉行节约，才是保护生态环境、实现资源永续利用的根本之策。在此过程中，"发展循环经济是提高资源利用效率的必由之路"[②]。为此，习近平总书记提出："要大力节约集约利用资源，推动资源利用方式根本转变，加强全过程节约管理，大幅降低能源、水、土地消耗强度"。"要大力发展循环经济，促进生产、流通、消费过程的减量化、再利用、资源化。"[③]

6. 以制度建设促进发展的制度观

治理一个国家、一个社会，关键是要立规矩、讲规矩、守规矩。[④]可以说，制度优势是一个国家的最大优势。为此，党的十八大报告中明确提出"要把制度建设摆在突出位置"。一方面，制度建设涵盖的范围广泛，其中就包括发展循环经济这一领域。习近平总书记指出："实行最严格的耕地保护、水资源管理制度，强化能源和水资源、建设用地总量和强度双控管理，更加重视资源利用的系统效率，更加重视在资源开发利用过程中减少对生态环境的损害，更加重视资源的再生循环利用，用最少的资源环境代价取得最大的经济社会效益"[⑤]。另一方面，循环经济制度建设的形式多样，包括有关循环经济的法律、政策、规范、标准等各类型、各层次的制度建设。在发展循环经济的过程中，制度建设发挥了三大促进作用。

一是引领作用，即通过制度建设为发展循环经济提供目标导向。在党的十九大报告提出"加快建立绿色生产和消费的法律制度和政策导向，建立健全绿色低碳循环发展的经济体系"的基础上[⑥]，习近平总书记在党的二十大报告中明确提出，加强重点领域、新兴领域、涉外领域立法，统筹

[①] 中共中央宣传部、中华人民共和国生态环境部编：《习近平生态文明思想学习纲要》，学习出版社、人民出版社 2022 年版，第 100 页。

[②] 姜峰、刘雨瑞：《推进青藏高原生态保护和高质量发展取得新成就（沿着总书记的足迹·青海篇）》，载《人民日报》2022 年 6 月 28 日，第 1 版。

[③] 中共中央文献研究室编：《习近平关于社会主义生态文明建设论述摘编》，中央文献出版社 2017 年版，第 45 页。

[④] 中共中央文献研究室编：《习近平关于全面依法治国论述摘编》，中央文献出版社 2015 年版，第 12 页。

[⑤] 中共中央文献研究室编：《习近平关于社会主义生态文明建设论述摘编》，中央文献出版社 2017 年版，第 78 页。

[⑥] 习近平：《决胜全面建成小康社会 夺取新时代中国特色社会主义伟大胜利——在中国共产党第十九次全国代表大会上的报告》（2017 年 10 月 18 日），载《人民日报》2017 年 10 月 28 日，第 1 版。

推进国内法治和涉外法治，以良法促进发展、保障善治。[①]二是推动作用，即通过制度建设推进循环经济相关行动取得进展。2021 年 11 月 11 日，习近平主席在亚太经合组织工商领导人峰会上的主旨演讲中指出，去年我提出碳达峰目标及碳中和愿景以来，中国已经制定《2030 年前碳达峰行动方案》，加速构建"1+n"政策体系。"1"是中国实现碳达峰、碳中和的指导思想和顶层设计，"n"是重点领域和行业实施方案，包括能源绿色转型行动、工业领域碳达峰行动、交通运输绿色低碳行动、循环经济降碳行动等。[②]在制度建设的持续推动下，我国单位国内生产总值能耗强度累计下降 26.2%。[③]三是约束作用，即通过严格的制度体系为相关活动划出底线、设定红线，从而促进循环经济有序发展。2017 年 4 月，习近平总书记主持中央深改组会议并审议通过了《关于禁止洋垃圾入境推进固体废物进口管理制度改革实施方案》。会议指出，要以维护国家生态环境安全和人民群众身体健康为核心，完善固体废物进口管理制度，分行业分种类制定禁止固体废物进口的时间表，分批分类调整进口管理目录，综合运用法律、经济、行政手段，大幅减少进口种类和数量。要加强固体废物回收利用管理，发展循环经济。[④]

（二）环境库兹涅茨曲线及"隧道说"

库兹涅茨曲线是 1955 年由诺贝尔奖获得者、经济学家库兹涅茨提出，并用来分析人均收入水平与分配公平程度之间关系的一种学说。研究表明，收入不均现象随着经济增长先升后降，呈现倒 U 形曲线关系。20 世纪 90 年代，美国普林斯顿大学的格罗斯曼和克鲁格等经济学家，通过对 42 个国家横截面数据的分析，发现部分环境污染物（如颗粒物、二氧化硫等）排放总量与经济增长的长期关系也呈现倒 U 形曲线，就像反映经济增长与收入分配之间关系的库兹涅茨曲线那样。[⑤]因此，其就将这种环境质量与人均收入间的关系称为环境库兹涅茨曲线（EKC 曲线）。其基本含义为：当

① 习近平：《高举中国特色社会主义伟大旗帜 为全面建设社会主义现代化国家而团结奋斗——在中国共产党第二十次全国代表大会上的报告》（2022 年 10 月 16 日），人民出版社 2022 年版，第 41 页。

② 习近平：《坚持可持续发展 共建亚太命运共同体——在亚太经合组织工商领导人峰会上的主旨演讲》（2021 年 11 月 11 日），载《人民日报》2021 年 11 月 12 日，第 2 版。

③ 何立峰：《高质量发展是全面建设社会主义现代化国家的首要任务》，载《人民日报》2022 年 11 月 14 日，第 6 版。

④ 张春燕：《禁止洋垃圾入境释放哪些信号？》，载《中国环境报》2017 年 4 月 28 日，第 6 版。

⑤ 参见曲格平：《从"环境库兹涅茨曲线"说起——北京大学〈中国青年环保大会〉上的讲话》，载《环境教育》2006 年第 10 期，第 42 页。

一个国家经济发展水平较低的时候，环境污染的程度较轻，但是随着人均收入的增加，环境污染由低趋高，环境恶化程度随经济的增长而加剧；当经济发展达到一定水平后，也就是说，到达某个临界点或称"拐点"以后，随着人均收入的进一步增加，环境污染又由高趋低，其环境污染的程度逐渐减缓，环境质量逐渐得到改善（图 1-3）。这一假定已被发达国家经济与环境发展的历史轨迹所证明。在 20 世纪 70 年代末至 80 年代初，美国、德国、日本等国家分别在人均 GDP 达到 11 000 美元、8 000 美元、10 000 美元左右时跨越倒 U 形曲线的顶点，实现生态环境质量的逐步改善。[①]不仅如此，"环境库兹涅茨曲线"的重要性还在于它揭示了西方发达国家实现生态环境保护的过程中，经济增长与生态环境质量之间实际上存在较为通畅的传导关系。也就是说，在自然生态与经济社会之间可以自由地实现从成本到产出的动态均衡，最终使得这两个部门实现一体化，正是因为有着这样的传递和均衡关系，才足以让经济增长对生态环境质量发挥众多的正面效应，并促使生态环境质量得到改善。这也被人们称为生态环境保护的"黄金定律"。[②]

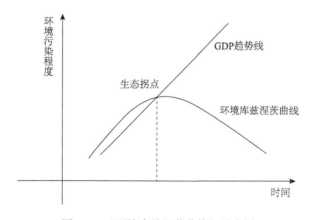

图 1-3　"环境库兹涅茨曲线"示意图

环境库兹涅茨曲线揭示了西方发达国家生态环境变化与经济发展之间的基本关系。尽管西方主要发达国家已经普遍进入"后生态拐点"时代——生态环境逐步得到改善、资源利用效率得到明显提升，但其通过"拐点"的过程中所付出的代价无疑也是沉重的。不仅如此，发达国家在其工业化过程中曾经拥有的资源优势和环境容量在现阶段已经不复存在。诚如

① 李岩：《日本循环经济研究》，经济科学出版社 2013 年版，第 57 页。
② 李志青：《"环境库兹涅茨曲线"到底揭示了什么？》，载《文汇报》2015 年 3 月 24 日，第 5 版。

《我们共同的未来》一书所言，对于发展中国家而言"既没有资金也没有时间（靠快速的技术发展）来先破坏环境后再加以治理"[①]。更何况，即使是高投入、高消耗，如今带来的也不必然是高产出。据统计，苏联1966—1975年物质消耗（不包括折旧）年均增长率为8%，而同期国民收入年均增长率仅为6.7%。[②]也就是说，这种线性经济发展模式在耗费了大量的资源环境后，并不必然能够相应地提升经济效率。作为发展中国家的中国，这既是一种经验，但更是一种教训；既是发展过程中的挑战，更是发展过程中的机遇。时任环境保护部部长的周生贤在2010年上海世博会"环境变化与城市责任"主题论坛的发言中直言："发达国家走过的'先污染后治理、牺牲环境换取经济增长、注重末端治理'的环境老路，在中国行不通、也走不起。"[③]

不同的经济体能以多快的速度避免或减少环境与发展之间的矛盾，从经济增长与环境质量两难状态进入到协调发展状态，取决于经济体对增长方式的选择。[④]如果不走"先污染、后治理"的老路，那么摆在中国面前的只有两条路：一是通过限制经济发展来实现对资源环境的保护。诸如，"静态经济""小型化经济"等模式。这种模式虽然可能在一定时间和程度上有助于生态环境的保护，但仍然是将生态环境保护与经济社会发展对立视之，进而限制了社会和人的全面可持续发展。实质上，这仍然是一条老路、行不通的路。从全世界共同发展的角度而言，通过限制发展中国家的发展为西方发达国家的环境欠账买单，这也是不正义的。二是按照当前流行的发展中国家的"隧道说"（图1-4），中国若想不重走西方发达国家的老路、弯路，就要打通穿越经济社会发展和生态环境恶化这座倒U形高山之间的"隧道"。[⑤]而打通隧道的基本理念是可持续发展；打通隧道的出发点是能够把生态环境保护与经济社会发展这对原本矛盾的双方统一起来，使发展建立在高效利用资源、严格保护生态环境的基础上，打通两者间的重重阻碍；打通隧道的重要手段之

---

① 世界环境与发展委员会：《我们共同的未来》，王之佳、柯金良等译，吉林人民出版社1997年版，第19页。

② 参见陆南泉：《前苏联经济增长方式评述》，载《经济学动态》1995年第11期，第75—76页。

③ 周生贤：《发达国家走过的环境老路中国走不起》，网址：http://www.chinanews.com/cj/2010/07-03/2379165.shtml。

④ 杨先明、黄宁：《环境库兹涅茨曲线与增长方式转型》，载《云南大学学报（社会科学版）》2004年第6期，第46页。

⑤ 关于"隧道说"的相关内容，可参见崔铁宁：《循环型社会及其规划理论和方法的研究》，南开大学2004年博士学位论文，第35—37页。

一就是寻求新的发展模式，在较低的污染水平下跨越环境库兹涅茨曲线的顶点，使顶点先横向左移，再纵向下移，而循环经济模式将会使之成为现实。①

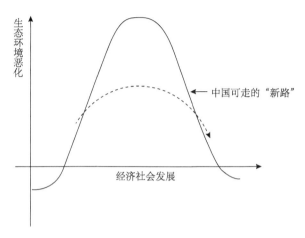

图 1-4 "隧道说"示意图

三、中国循环经济发展的沿革与实践

当转型成为唯一的选择，越早认识它、接受它，并迅速行动起来进行转型，所要耗费的成本就越低，转型就越有可能成功。②1993 年 9 月 5 日，系统科学家钱学森在给时任国务委员宋健的信中就说："我多年一直注意自然资源的综合利用与废气、废液、废渣以及垃圾的回收利用，目的是：1. 使我国有一个优良的生态环境；2. 使我 11 亿人口的大国，能资源永续。"③作为一位战略科学家，钱老的重要建言中无疑已经蕴含了现代循环经济的基本思想。20 世纪 90 年代中后期，受到德国和日本相关立法的影响，循环经济的概念和理论开始被引入我国。④进入 21 世纪以来，发展循环经济作为一项中国的国家战略迅速展开并得到了快速的发展（表 1-3）。甚至有西方学者说，从整体上来看，在经历了毛泽东时代的自力更生和邓小平时代的改革开放后，中国的循环经济可以称得上开创

---

① 李岩：《日本循环经济研究》，经济科学出版社 2013 年版，第 57 页。

② 〔美〕Brian Walker, David Salt：《弹性思维：不断变化的世界中社会-生态系统的可持续性》，彭少麟、陈宝明、赵琼等译，高等教育出版社 2010 年版，第 120 页。

③ 摘自范小克、余斌、申琳：《可持续的经济之道：中国特色循环经济探论》，西苑出版社 2013 年版，第 71 页。

④ 参见刘庆山：《开发利用再生资源 缓解自然资源短缺》，载《再生资源研究》1994 年第 10 期，第 6 页；诸大建：《可持续发展呼唤循环经济》，载《科技导报》1998 年第 9 期，第 39 页。

了中国在"文化大革命"后探索自身发展道路上第三阶段具有里程碑意义的大事。①

表 1-3 中国循环经济发展大事记

时间	事件	内容
2002 年 10 月 16 日	全球环境基金第二届成员国大会	江泽民同志在题为《采取积极行动 共创美好家园》的讲话指出，"只有走以最有效利用资源和保护环境为基础的循环经济之路，可持续发展才能得到实现"
2004 年 9 月 19 日	中国共产党十六届四中全会	全会通过的《中共中央关于加强党的执政能力建设的决定》明确提出："大力发展循环经济，建设节约型社会。"
2005 年 7 月 2 日	国务院出台《关于加快发展循环经济的若干意见》（国发〔2005〕22 号）	明确了我国发展循环经济的目标，并明确要求国家发展和改革委员会这一综合的经济主管部门牵头，会同有关部门建立健全推进循环经济发展的协调工作机制
2005 年 10 月 8 日至 11 日	中国共产党十六届五中全会	全会公报提出："要加快建设资源节约型、环境友好型社会，大力发展循环经济。"
2006 年 3 月 14 日	第十届全全国人民代表大会第四次会议	发展循环经济被写入我国"十一五"规划纲要
2007 年 10 月 15 日	中国共产党第十七次全国代表大会	明确提出使"循环经济形成较大规模"，并将其作为实现全面建设小康社会奋斗目标的新要求
2008 年 8 月 29 日	第十一届全国人大常委会第四次会议	正式通过了《中华人民共和国循环经济促进法》
2010 年 10 月 15 日至 18 日	中国共产党十七届五中全会	全会公报提出："要加快建设资源节约型环境友好型社会、提高生态文明水平，积极应对全球气候变化，大力发展循环经济。"
2011 年 3 月 14 日	第十一届全国人民代表大会第四次会议	"大力发展循环经济"被写入我国"十二五"规划纲要
2012 年 11 月 8 日	中国共产党第十八次全国代表大会	提出要"发展循环经济，促进生产、流通、消费过程的减量化、再利用、资源化"，并提出了"推动资源利用方式根本转变"的新要求
2012 年 12 月 12 日	《"十二五"循环经济发展规划》	首次提出到 2015 年资源产出率提高 15% 的循环经济发展目标，并要求推进循环型生产方式，构建循环经济产业体系，推动再生资源利用产业化
2013 年 1 月 23 日	国务院印发《循环经济发展战略及近期行动计划》（国发〔2013〕5 号）	发展循环经济是我国的一项重大战略决策，是落实党的十八大推进生态文明建设战略部署的重大举措，是加快转变经济发展方式，建设资源节约型、环境友好型社会，实现可持续发展的必然选择

---

① 〔法〕让-克洛德·乐伟：《循环经济：迫在眉睫的生态问题》，王吉会、范晓虹译，上海科技教育出版社 2012 年版，第 47 页。

续表

时间	事件	内容
2016 年 3 月 17 日	《中华人民共和国国民经济和社会发展第十三个五年规划纲要》	专设一节"大力发展循环经济"
2017 年 4 月 21 日	国家发改委等 14 部委联合印发《循环发展引领行动》	主要目标：绿色循环低碳产业体系初步形成，城镇循环发展体系基本建立，新的资源战略保障体系基本构建，绿色生活方式基本形成
2017 年 10 月 18 日至 24 日	中国共产党第十九次全国代表大会	其中明确提出，加快建立绿色生产和消费的法律制度和政策导向，建立健全绿色低碳循环发展的经济体系
2019 年 10 月 28 日至 31 日	中国共产党十九届四中全会	全会决定提出："更加自觉地推动绿色循环低碳发展""健全资源节约集约循环利用政策体系"
2021 年 2 月 22 日	国务院发布《关于加快建立健全绿色低碳循环发展经济体系的指导意见》	建立健全绿色低碳循环发展经济体系，促进经济社会发展全面绿色转型，是解决我国资源环境生态问题的基础之策
2021 年 3 月 11 日	《中华人民共和国国民经济和社会发展第十四个五年规划和 2035 年远景目标纲要》	提出"全面推行循环经济理念，构建多层次资源高效循环利用体系"
2021 年 7 月 1 日	《"十四五"循环经济发展规划》	主要目标：循环型生产方式全面推行，绿色设计和清洁生产普遍推广，资源综合利用能力显著提升，资源循环型产业体系基本建立
2022 年 10 月 16 日至 22 日	中国共产党第二十次全国代表大会	推进各类资源节约集约利用，加快构建废弃物循环利用体系

　　上述历史事件表明：首先，发展循环经济已经由理论、理念上升为中国共产党的重要执政方略、中国政府转变经济发展模式的基本方向。特别是党的十八大以来，以习近平同志为核心的党中央对发展循环经济作出一系列重要指示和要求。其次，中国确立并不断完善了发展循环经济的主要目标、重点任务和保障措施。尤其是《"十二五"循环经济发展规划》通过以来，循环经济更上升为一项国家发展战略。再次，发展循环经济已经纳入法制化轨道，这有利于促进循环经济的发展，促进经济结构调整和经济发展模式的转变。最后，从根本上讲，循环经济在中国体现的远不止是一个经济概念，更是一个社会概念。中国发展循环经济的着力点不仅仅在企业、工业等经济领域，更着眼于兼顾社会和生态环境的良好效益。

第二章 循环经济法的基本描述

第一节 循环经济法的勃兴及其原因

循环经济作为一种新的经济增长模式，要在短时期内推而广之绝非易事。尤其是在人类社会已经习惯了传统的生产、生活方式及由此而形成的价值观念的情况下，循环经济难以完全指望人类社会自发形成。当物质资源浪费和废弃物增加造成巨大的生态环境压力直接影响可持续发展，而物质资源的高效利用和减少废弃物的排放单靠社会个体的自觉已不能解决问题的时候，法律出手正当其时。[1]诚然，法律在循环经济的勃兴过程中并非唯一动能，科技、政策、教育、文化等因素亦在其中发挥重要作用，但毋庸置疑的是，企图通过法律进行社会变革是现代世界的一个基本特点。[2]换言之，法律在循环经济勃兴的过程中，无疑起到了不可或缺的重要作用（表 2-1）。例如，2008 年欧盟通过的《关于废弃物的第 2008/98 号指令》中提出，将欧盟建成一个"循环利用社会"。可见，发展循环经济首先需要一个清晰的法律环境[3]，这已成为世界范围内的普遍共识和成功经验。

表 2-1　2001 年德国各类包装物回收循环利用情况[4]

包装物类别	法规要求回收率（%）	实际回收循环利用率（%）
铝制包装物	60	105
复合包装物	60	65
塑料包装物	60	87

---

① 郭延军：《立法是促进循环经济还是规范物质资源综合利用——以修订我国〈循环经济促进法〉为视角》，载《政治与法律》2017 年第 8 期，第 136 页。

② 〔美〕劳伦斯·M.弗里德曼：《法律制度——从社会科学角度观察》，李琼英、林欣译，中国政法大学出版社 1994 年版，第 323 页。

③ 〔法〕让-克洛德·乐伟：《循环经济：迫在眉睫的生态问题》，王吉会、范晓虹译，上海科技教育出版社 2012 年版，第 103 页。

④ 中关村国际环保产业促进中心：《循环经济：国际趋势与中国实践》，人民出版社 2005 年版，第 205 页。

续表

包装物类别	法规要求回收率（%）	实际回收循环利用率（%）
纸质包装物	70	166
马口铁包装物	70	114
玻璃包装物	75	93

一、循环经济法的勃兴

早在 20 世纪 70 年代，一些国家和地区就存在现在看来是体现循环思想的立法，如德国 1972 年制定的《废弃物处理法》、日本于 1970 年公布的《废弃物处理法》、美国于 1976 年颁布的《资源保护和回收法》、欧洲共同体于 1975 年通过的《废物指令》等。而且，美国的《资源保护和回收法》就是以节约资源、减少废物产生、保护环境为基本目标，采用了针对产品生命周期全过程的"从摇篮到坟墓"的环境管理原则，并为此明确提出了通过"减量化""再循环"等措施来减少废物排放问题。[1]甚至，"循环利用"一词最迟从 20 世纪 70 年代开始就被应用于德国废弃物管理法律之中。但是，循环经济思想不等于循环经济，体现循环经济思想的立法出现并不意味着在 20 世纪 70 年代起循环经济法就已经诞生。前文梳理现代循环经济的发展史可知，当时世界各国对经济发展模式的认识并未上升到循环经济的高度。故有关废弃物立法主要针对废物的安全处理和"废物变材料"的活动，如回收利用。[2]目的主要是为解决当时相关国家和地区出现的生态环境问题，避免二次污染的发生以及将有用的废弃物资回收利用。例如，德国的《废弃物处理法》主要就是为了加强对废弃物排放后的末端处理[3]，德国立法中"循环利用"概念主要是在德国环境政策领域起步阶段被应用的，一般指代废弃物的分类回收与清除，尚无法全面体现循环经济概念所具有的可持续发展理念。[4]准确地说，这些废弃物管理法的内容在今天看来客观上契合循环经济思想，这一阶段可以说是形成循环经济法

---

[1]　朱红伟：《经济循环和循环经济》，社会科学文献出版社 2009 年版，第 3 页。

[2]　Thomas J. de Römph, Geert Van Calster. REACH in a circular economy: The obstacles for plastics recyclers and regulators. Review of European, Comparative & International Environmental Law. 2018, 27(3), pp.267-277.

[3]　国家发展改革委环境和资源综合利用司：《关于德国发展循环经济的考察报告》，载《中国经贸导刊》2005 年第 7 期，第 45 页。

[4]　翟巍：《德国循环经济法律制度精解》，中国政法大学出版社 2017 年版，第 2 页。

过程中的"准备阶段"。[①]

如果说 20 世纪 70 年代人类社会还没有塑造出循环经济法，那么到了 20 世纪 80 年代之后情况则发生了显著变化。这一时期，涵盖全周期、全要素、全维度的循环经济理论体系日臻成熟，这为循环经济法的产生提供了必要的理论前提。1992 年召开的联合国环境与发展大会则统一了世界各国的发展观，即倡导经济发展必须遵循生态学的规律，使物质得到循环利用，实现经济活动的生态化。在此期间，发展循环经济以实现可持续发展的战略共识也愈发清晰，通过法律推进循环经济发展也自然被提上议事日程。1986 年，德国将《废弃物处理法》修改为《废弃物限制处理法》，强调要采用节约资源的工艺技术和可循环的包装系统，把避免废弃物的产生作为首要管理目标，将立法目的由"怎样处理废弃物"转变为"怎样避免废弃物的产生"。[②]1990 年，美国制定的《污染预防法》中明确提出"没有消除的污染尽可能地以一种环境上安全的方式进行再循环"，发展循环经济的思想真正出现在立法中。1991 年，德国更是首次按照"资源—产品—资源"的循环经济理念制定了《包装条例》（或被译为《防止或再生利用包装废弃物条例》），设定了包装物再生循环利用的目标和回收义务，在这一特定领域内体现了循环经济的立法理念。以 1996 年德国《循环经济和废弃物处置法》的实施为标志，循环经济法正式地、系统地出现在世界各国的立法体系之中，该法将《包装条例》所体现的循环经济理念推广到所有的生产部门。[③]2000 年，日本第 147 次通常国会通过了《循环型社会形成推进基本法》，并构成了以该法为核心、以相关单行法为翼羽的循环经济立法体系（表 2-2）。再如，中国也于 2002 年和 2008 年分别颁布了《清洁生产促进法》和《循环经济促进法》。因此准确地说，世界范围内循环经济法的正式形成大约是在 20 世纪 90 年代。诚然，废弃物管理法一直是循环经济法的核心部分，但循环经济法在废弃物管理法的基础上极大地扩展了范围，其绝不仅仅局限于废弃物污染防治、节约资源等这样几个方

① 其至有人认为，如果真正实现了"循环经济"，理论上可能就不会存在废弃物，抑或所有的废弃物都将成为"二次材料"。据此，可能通过循环经济法中的材料管理法（或资源法）取代废弃物管理法，故本来废弃物管理法本身存在的空间和价值都将受到质疑。See Chris Backes. Law for a Circular Economy. Eleven International Publishing, 2017, pp.23-29.

② 孙佑海：《国外循环经济立法的现状和借鉴（上）》，载《中国环境报》2005 年 11 月 10 日，第 3 版。

③ 参见中关村国际环保产业促进中心：《循环经济：国际趋势与中国实践》，人民出版社 2005 年版，第 162 页。目前，德国《循环经济和废弃物处置法》已被废止，在 2012 年被新的《促进循环经济和确保合乎环境承受能力废弃物管理法》所取代。

面，而是渗入市场经济活动的每一个领域、政府决策的每一个部门、社会生产和消费的每一个环节及其相互融通的过程中。①换言之，循环经济法是一个源于废弃物管理法，又超越废弃物管理法的概念范畴。

表 2-2　日本在 2000 年前后形成的循环经济立法体系②

法律法规	年份
《促进包装和容器分类收集及再生利用法》	1995 年
《家用电器再生利用法》	1998 年
《循环型社会形成推进基本法》	2000 年
《建筑材料再生利用法》	2000 年
《绿色采购法》	2000 年
《资源有效利用促进法》	2000 年
《食品再生利用法》	2001 年
《PCB 特别措置法》	2001 年
《报废车辆再生利用法》	2002 年
《废弃物管理法》修改	2004 年

二、循环经济法勃兴的原因——突破传统法制的困境

从表面来看，人类以工业化为目标的活动造成了生态环境与经济社会发展的双重压力。然而，人类是以组织起来的社会形态进行活动的，因此，人类社会的制度安排实际上也如同一只"看不见的手"，在幕后主导着人类与环境的关系，决定着人对环境的态度与行为。③无论是美国的法治（rule of law），还是德国的"法治国"（Rechtsstaat），抑或中国的"全面依法治国"，法律都是现代国家治理的基本制度形式。在人类社会"塑造"和"培育"循环经济的过程中，涉及并产生了各种各样的法律问题。然而，无论是法律家族中的传统"豪门"——民法、行政法、刑法，还是其中的"新贵"——经济法、环境法等，面对循环经济问题时，似乎均无力提供充要的法制供给。

（一）传统民法不利于发展循环经济

部分资源如土地、林木、煤炭等，被视为传统民法上的"物"（或财

---

① 吕忠梅：《循环经济立法之定位》，载《法商研究》2007 年第 1 期，第 45 页。
② 参见王永明等：《日本循环型社会建设的历程、成效及启示》，载《环境与可持续发展》2021 年第 4 期，第 131 页。
③ 查庆九：《现代行政法理念：以可持续发展为背景》，法律出版社 2012 年版，第 19—20 页。

产），运用市场机制进行配置。但同一般意义上的私有物（财产）不同，资源环境本身具有公共产品的属性——效用的不可分割性、消费的非竞争性、收益的非排他性。这些属性使得人人都想成为资源环境的"免费搭车者"——只想享用或利用而不想出资提供或承担成本。于是传统民法所保障的以等价交换为基础的自由市场机制非但不能对资源环境起到合理优化配置的作用，反而因为个体追逐私利而导致生态环境质量下降，以及所有人福利水平的降低，即"公地的悲剧"。

另一部分资源环境要素如水、空气等，被传统民法认为是"取之不尽用之不竭"的，采取"环境无价""资源无价"的法律态度不加限制地加以开发利用。这种假设在经济社会系统相对于生态系统较小时能够成立，但随着经济社会系统的膨胀，其对自然生态系统的物质能量的吸收和废弃物的排放不再是没有限制的时候，这种假设就不再成立。[①]当人类开发利用资源环境的能力和规模超过其有限承载能力的情况下，生态环境恶化、资源枯竭等生态环境问题的出现则成为一种必然。也就是说，传统民法不仅无法塑造并发展资源节约、生态环境友好的循环经济模式，而且工业革命以来生态环境问题的爆发在很大程度上正是传统民法所确立和保障的自由市场机制对资源环境配置的失灵造成的。

在具体制度层面，民法与发展循环经济之间也存在天然张力。在通常情况下，生产过程的商品进入流通、消费等环节之后，生产者对商品就已经不享有民法意义上的所有权。因此，民法不可能要求一个没有所有权的主体对民法意义上的物承担回收的义务。更何况，民法中的所有权包括占有、使用、受益、处分四大权能。其中，"处分"对于商品而言，必然包括消费或使用之后的废弃，这是该权能的题中应有之意。但是，发展循环经济需要对交易链上的产品进行长期控制，[②]如生产者对产品的责任延伸、消费者对废弃物的回收等。这显然与民法中的所有权制度存在明显的差距。此外，欲在不同的企业、园区间形成循环经济的产业链，实现主体间信息的充分共享是必要条件之一。但在民法隐私权的制度氛围中，共享循环经济的信息几乎是不可能的。[③]总而言之，即便民法在不断发展，其最初所保障的完全自由的市场经济机制随着政府有形之手的必要介入而发生了巨

---

① 李岩：《日本循环经济研究》，经济科学出版社 2013 年版，第 45 页。

② Sean Thomas. Law, smart technology, and circular economy: All watched over by machines of loving grace?.Law Innovation and Technology. 2018, 10(2), pp.230-265.

③ Geng Y, Zhang P, Coté R P, Qi Y. Evaluating the applicability of the Chinese eco-industrial park standard in two industrial zones. The International Journal of Sustainable Development and World Ecology. 2008, 15(6), pp.543-552.

大变化，但民法作为私法的本性决定了其发展循环经济也必然存在一定的制度失范。

（二）传统行政法无法满足发展循环经济的需求

随着世界范围内资产阶级民主革命的风起云涌，各国的专制政体纷纷寿终正寝。在"主权在民"等法治理念的指导下，原本君主发号施令以统治臣民的行动进化为近现代意义上有限政府的"行政"。刚刚摆脱了专制统治的人们，迫切地要求改变原本君主或专制政府掌管一切的状态。因而，政府的行政职能被约束在税收、治安、国防、外交等有限的领域。这些领域之外的事务，行政无权予以干涉——"最小的政府就是最好的政府"是近现代意义上行政法诞生之初的真实写照。不仅如此，为进一步控制和约束行政权，法律对政府尽可能规定出详细的授权范围，或完善事前程序等，以便尽可能使议会、国民对它的统制成为可能。[①]因此，"依法律行政"成为行政法的基本原则，"控权法"成为行政法的初始定位。法定行政权领域之外的事务，行政无权予以干涉。起初，资源环境的开发利用并不在行政权的范围之内，故工业资本主义企业在自由市场机制中可能会采取各种短视的基于私人成本和私人收益的自私自利的行为，无视其行为引起的各种社会成本和环境代价。[②]

为应对"市场失灵"引发的包括生态环境问题在内的一系列社会问题，"凯恩斯主义"提出了通过政府干预来弥补市场失灵的主张，以提高资源配置的效率与水平。此后，尽管行政权对资源环境领域的介入程度和范围在历史上、地区间存在多寡之别。但一个不可忽视的基本规律是，相比"守夜人"时代，政府需要以更加积极的姿态介入公共事务管理，以"看得见的手"弥补"市场失灵"的不足。为此，全世界范围内赋予政府资源环境监督管理权的行政法律规范应运而生。诚然，行政"管理法"在一定程度上保障和促进了资源环境的合理配置，传统行政法向公共事务领域的扩张对于防治污染、保护和合理利用资源也确实起到了不可替代的作用。甚至可以说，政府有形之手的适度引导是撬动循环经济的初始动能所在。[③]但单纯依靠行政"管理法"是难以建立和发展循环经济的，其原因在于以下方面。

---

① 〔日〕室井力：《日本现代行政法》，吴微译，中国政法大学出版社1995年版，第56页。

② 马骏：《经济、社会变迁与国家治理转型：美国进步时代改革》，载马骏、侯一麟主编《公共管理研究》（第6卷），上海人民出版社2008年版，第8页。

③ 马红漫：《"旧衣一扔"凸显循环经济软肋》，载《广州日报》2014年6月20日，第2版。

1. 政府角色的定位过于单一

在传统行政法中，政府的角色定位于行政主体，是包括资源环境在内各类公共事务的监管者；而公民或企业等则是行政主体的相对人，是行政管理的承受者。行政主体与相对人的关系是绝对对立。例如，在循环经济领域，其典型表现就是政府依法对高污染、高耗能的"黄标车"进行强制取缔、依法强制要求排污企业安装减排或资源循环利用装置等。但问题在于，一方面，随着社会结构的日益复杂，昔日行政机关所具有的资讯取得与人力资源上的优势逐渐丧失，行政人员只有仰赖当事人的合作与配合，才能完成行政决定，满足决策的需要；另一方面，传统由行政机关透过行政处分决定政策内涵的决策模式，往往又流于僵化，无法顺应个别具体状况的需要，造成管制成本的浪费。①不仅如此，发展循环经济所涉及的生态环境问题是社会关切，无论是行政主体还是相对人，二者在这一问题都具有增益社会公共利益的共同目标。正如霍布豪斯指出的那样："社会进步的丰硕成果只有这样一个社会才能摘取，在这个社会里，大多数人不仅是消极的接受者，而且是积极的贡献者。"因此，要实现发展循环经济，公众即起初的行政相对人作为最大的受益者，理应同政府"勠力同心"。亦即，行政主体与相对人不完全是管理与被管理的关系，还是组织者与参与者、合作者的关系。其表现如，行政协议、行政指导等"柔性"行政手段在资源环境监管中被大量运用。行政主体与相对人的关系正在悄然发生变化，而这是传统的高权行政法理论难以涵盖或解释的。

无论是"刚性"还是"柔性"行政，政府在行政法律关系中的强势主体抑或监管者的地位仍然没有发生根本上的改变。诚然，政府依法充当监管者对于发展循环经济而言是必要的，如其对企业、园区等发展循环经济确实需要给予严格监管。但是，循环经济作为实现可持续发展的必要手段之一，是适用于全社会范围内的、普遍的经济发展模式。不仅企业、公民等需要在政府的有序监管下发展循环经济，政府本身更要在构建和发展循环经济的过程中发挥带头表率作用。唯有如此，才能营造更有利于循环经济发展的社会氛围。例如，政府为促进循环经济产业的发展制定循环经济产品的政府采购目录，在政府采购中优先甚至强制采购能有效促进节能减排、环境保护、低碳经济、循环经济的产品。②可见，政府不仅是循环经

---

① 参见叶俊荣：《面对行政程序法：转型台湾的程序建制》，元照出版公司 2002 年版，第 128 页。
② 参见深圳特区报讯：《政府采购将"照顾"环保产品》，载《深圳特区报》2012 年 3 月 2 日，第 17 版。

济的监管者，其自身也是循环经济活动的直接参与者；不仅是法律法规的制定者、执行者，也是法律规范的模范遵守者。显然，这些都是传统意义上行政法对于政府角色的单一定位所无法完全涵盖的。

2. 陷入"控权法"与"管理法"的两难境地

德国著名行政法学家奥托·迈耶认为，对于行政而言，所有不在法制范围内的国家为实现其目的而进行的活动都是不允许的。[①]故尽管行政"管理法"的疆域已经从治安、税收等传统领域向资源环境领域扩张，但为了保障相对人的合法权益，其仍需以约束或控制政府权力为核心。然而，不确定性是环境政策和生态环境问题的一个显著特征。[②]由于生态环境问题广泛复杂，各种因素相互作用，地区、时间、气候等差别甚大，使得各国家、地区发展循环经济必须具备科学性、区域性和灵活性特征，需要较大的因事制宜的权力。[③]加之，循环经济所涉及的诸领域、环节要么具有外部性，要么具有公共产品的性质，要求政府在更大范围、更多方面发挥作用。[④]也就是说，尽管政府管理经济和社会方面的权力不断收缩，但同时其在控制和治理生态环境问题方面所拥有的权力却在大踏步扩张，行政权对与生态环境保护和生态平衡有关的领域进行干预的广度、深度和力度都有了惊人的发展。[⑤]其具体表现为，资源环境领域的行政立法权、行政自由裁量权、行政司法权、应急处置权等均呈现扩张趋势。面对现实，如果继续在整体上对政府"控权"，这与发展循环经济要求对政府"赋权"之间存在不协调，无疑会加剧行政法治对法律的统一性、确定性要求与因地制宜地发展循环经济对法律的政策性、灵活性要求之间存在的矛盾。如果继续向政府"赋权"，则"政府失灵"的梦魇时刻便会降临在循环经济发展过程中。因此，单纯依靠行政法对政府的"控权"或"赋权"，均难以满足发展循环经济对行政法制的需求。

（三）传统刑法对发展循环经济的保障不足

作为对违法行为最严厉的制裁手段，刑法是社会安全和秩序的最后保

---

① 〔德〕奥托·迈耶：《德国行政法》，刘飞译，商务印书馆 2013 年版，第 10—11 页。

② Martin Janicke, Helge Jorgens. Strategic environmental planning and uncertainty: A cross-national comparison of green plans in industrialized countries. Policy Studies Journal. 2000, 28(3), pp.612-632.

③ 吕忠梅：《环境法新视野》，中国政法大学出版社 2000 年版，第 57 页。

④ 中关村国际环保产业促进中心：《循环经济：国际趋势与中国实践》，人民出版社 2005 年版，第 345 页。

⑤ 查庆九：《现代行政法理念：以可持续发展为背景》，法律出版社 2012 年版，第 46 页。

障。对于污染环境、破坏资源等行为，世界各国普遍将其纳入刑法的规制范畴。例如，我国《刑法》及相关刑法修正案中就包括了污染环境罪等破坏环境资源类的罪名；再如，日本《工业用水法》（1993）对于未得到批准而在指定地区内利用水井采集地下水，并以此供应工业用水者"处1年以下的徒刑或10万日元以下的罚金"。[①]在刑法中，还有部分罪名与资源合理开发利用相关，如我国《刑法》就规定有滥伐林木罪、非法捕捞水产品罪等罪名。由此可见，刑法对保护生态环境、合理开发利用自然资源发挥了重要的作用。

尽管如此，传统刑法对违法行为的作用点仍与循环经济对法制保障的需求存在天然差距：首先，传统刑法重在对人身、财产法益的保护，基本立足于经济性判断之上。即使是有一些与资源环境相关的罪名，与生态环境保护的要求也有一定的差距。如在我国，过去的盗伐森林罪以盗伐木材的经济价值为定罪量刑标准，而倘若盗伐珍稀濒危树种则有可能因经济价值不高不够定罪量刑条件，但该行为的后果可能是不可挽回的物种灭绝。其次，传统刑法所规定的犯罪行为多为故意对人身或财产的直接侵害，而环境污染或生态破坏则主要不是针对具体的个人或财产进行，它是以资源环境为介质而产生危害的行为，其犯罪构成与传统刑法规定的罪名显然存在差别。最后，传统刑法所规定的刑罚多以人身刑为主要手段，如拘役、有期徒刑、无期徒刑等，而破坏资源环境类的犯罪其特殊性在于，污染环境、破坏生态的行为在人类社会发生作用之前，已经对资源环境本身造成严重损害，如水体污染、森林资源枯竭。对犯罪嫌疑人施以人身刑虽然能够惩罚其行为的社会危害性，但依旧不能实现对受损生态环境的恢复，资源环境的生态价值、生态功能依旧处于减损状态。而发展循环经济本身就是要达到资源节约、环境友好的状态，与其相适应的法律也应当为实现这种良好的状态提供充分的保障。显然，仅依靠传统刑法是难以充分实现的。

（四）传统经济法与循环经济难以相容

尽管，"经济法"并非世界范围内通行的部门法称谓。但毫无疑问，世界各国尤其是经济发展水平较高的国家和地区，经济法治的水平普遍较高。换言之，对于经济活动进行必要的法律规制，是世界范围内的普遍共识。毋庸置疑，"循环经济"本身就是一种经济发展模式，而"循环经济法"也可以理解为"规范循环经济之法"。故循环经济法与经济法之间天然存在密切联系，发展循环经济必然需要规划、财税、金融等经济法的手

① 参见日本《工业用水法》（1993年修订）第28条。

段和内容提供保障。甚至有人认为，循环经济法是经济法的下位概念。[①]诚然，传统经济法不仅帮助人类社会抵御了一战后至 20 世纪 30 年代的经济大萧条，还助力西方国家在二战后实现了经济的复苏和腾飞。但 20 世纪 70 年代出现的经济危机和石油危机，既是对传统线性经济发展模式的一种预警，无疑也是对传统经济法的一种反思和挑战。

一方面，经济问题与生态环境问题密切相关。故在人类社会反思传统线性经济并探寻经济发展新模式的过程中，这种新模式至少在理论上应当既能降低材料和能源的消耗，而且对环境也没有不利的外部影响。[②]而循环经济就以其"3R 原则"，清楚地说明了环境与经济之间的紧密联系。[③]但很明显，大多数情况下传统经济法很少关注生态环境问题。无论是大陆法系以及我国等国家的经济法，还是美国等非"经济法"国家对经济的法律规制，从规制的流程角度讲，其内容主要就是生产、分配、交换、消费。引申来说，世界各国既有的经济体系均是建立在线性经济基础上的，故传统经济法本身就是对"线性经济模式"的法律规制。即便是在最好的情况下，传统经济法可能涉及自然资源的法律规制问题，但是，"资源"本身代表了物质的经济属性，对资源的法律规制其本质仍在于资源的利用，这不等同于对生态环境问题的法律规制。也就是说，传统经济法与发展循环经济在基本理论层面不仅难以相容，甚至还存在某些抵牾。

另一方面，循环经济强调"系统""闭环""共生"关系。因而在这种经济发展模式中，相关主体应以合作的方式关心自己和他人。无论是在私人关系中还是在公共关系中，都需要优化（最大化）主体之间的相互作用。显然，这需要改变"经济人"的集体意识。[④]因为，传统经济法虽然在鼓励合理竞争的同时限制不正当竞争，但其对垄断和不正当竞争的法律规制，前提是主体间存在或可能存在竞争关系。循环经济强调的集体意识，更多强调的则是原本不存在竞争关系的产业链上下游主体间的相互关系和作用。传统的计划、财税、金融等宏观调控法律手段虽然对这种"集体意

---

① 参见唐荣智：《论循环经济及其法律调整》，载《北京市政法管理干部学院学报》2001 年第 4 期，第 7 页；盛玉华：《论循环经济法的定位》，载《西部法学评论》2016 年第 3 期，第 116—117 页。

② Sedikova I. Development of conceptual principles of the circular economy. Food Industry Economics. 2019, 11(2), pp.47-51.

③ Almas Heshmati. A review of the circular economy and its implementation. International Journal of Green Economics. 2017, 11 (3/4), pp.251-288.

④ Alexandre Morais da Rosa, Ana Luisa Schmidt Ramos. Circular economy, human behavior and law, in Stavros Syngellakis, Joaquín Melgarejo Moreno. Urban growth and the circular economy. WIT Press. 2018, pp.38-39.

识"的形成可以产生法律规制作用，但囿于传统经济法中的宏观调控手段并不涉及循环经济这一领域，加之其本身在性质上具有间接性，故难以直接作用于循环经济的中观（园区）和微观（企业）层面。上述因素共同决定了，传统经济法的既有制度、手段等，难以为发展循环经济提供必要且充分的法律规制工具。

（五）传统环境法不适应循环经济的治理模式

环境法之于生态环境问题，具有天生的"滞后性"。这导致传统环境法突出污染的治理和生态破坏的恢复。但是，这种"头痛医头、脚痛医脚"的末端治理模式，难以应对日益发展变化的生态环境问题。即使是环境法发展到了预防原则、公众参与的新阶段，特别是产生了废弃物管理法之后，也仍然无法从根本上解决持续恶化的生态环境问题。这是因为，传统环境法无法彻底改变高污染、高消耗、高排放、低效率的传统经济发展模式，其最多是在传统模式之下的预防、管理和参与。但只要传统"线性经济模式"不发生根本变化，再完美的环境法都只能是被动"应战"。其结果是，环境法体系越来越完备、环境法制度越来越完善，而传统经济的规模越来越大、生态环境问题越来越严重。因此，要从根本上解决生态环境问题，环境法甚至整个法制体系都必须从被动走向主动，从规范、调整既有的经济发展模式转向促进经济发展模式的转型升级。换言之，环境法作为变革传统法律的新兴力量，其本身仍同样面临着变革的挑战与需求。

事实上，环境法的变革正在发生。例如，我国 2014 年修订的《环境保护法》中虽然继续沿用了"防治污染和其他公害"作为其中之一章，但该章的首条并不是传统意义上对污染防治的一般性规定，而是宣示"国家促进清洁生产和资源循环利用"（第 40 条）。无独有偶，2014 年 12 月欧洲联盟委员会决定撤回一项有待审议的关于废弃物立法的提案。其原因在于，欧盟委员会承诺使用其新的横向工作方法，在 2015 年底之前提出新的"循环经济一揽子方案"，这一新方案涵盖了整个经济周期，而不仅仅是减少废物的目标。可见，环境法在发展、在变革，其发展和变革的目标就是从"走旧路"转向"走新路"，其发展和变革的路径之一就是从调整线性经济转向发展循环经济。

不仅如此，传统环境法也是典型的"行政管理法"，即在过分依靠或突出政府单一主体在环境事务中的管理作用。其表现是，环境法持续不断地向各级、各类政府及其有关职能部门进行授权。诚然，生态环境问题等一系列社会公共问题的出现，使政府必须以积极的姿态介入其中。然而，推行循环经济所需具备的主体、市场、技术、信息等要素，一方面政府无法完全亲自提供，另一方面政府无法充分提供。具体地说：循环经济的推行不能单凭政府一己之力，企业、社会组织、公众都发挥着不可替代的作用；循环经济的推行需要以市场为基础，政府不能过度监管；循环经济的推行需要技术的革新，政府对于专业科学技术明显"理性不足"，自身难以为循环经济提供充分的技术支撑；循环经济需要多元主体间的信息交互，政府尽管掌握大量信息，但仍然是有限的、不充分的。在这种情况下，推行循环经济就不能如同税收、警察等传统行政管理活动一样完全由政府操控。经济社会模式的选择及转型本质上也是一个社会公共问题，政府虽然在其中发挥着领导者和组织者的作用，但其绝非唯一的权力拥有者。政府有关循环经济的公共政策是否得到社会大多数成员的理解和支持，将影响政府的合法性及其政策实施的有效性。[①]与之相适应，循环经济法亦不能同传统环境法一样由政府单一主体行使命令控制权。循环经济的道路选择能否走下去、能够走多远，都需要多元主体的参与、配合、支持，仅凭政府单一主体强制推进或者单枪匹马是搞不成循环经济的。

　　综上可知，无论是传统的民法、行政法、刑法，还是经济法、环境法或不利于循环经济的发展，或无法为循环经济的发展提供充分的法制保障。质言之，循环经济的发展证明传统法制已经受到经济社会发展所带来的制度更新和观念更新的挑战，不仅近代法律中的私法自治原则、概念法学以及法律部门划分的理论难以简单重复使用，而且一些现代法律思想如环境保护优位、污染控制为主、资源保护与开发利用分别立法等也受到了质疑。[②]在此情况下，必然需要能够适应循环经济的理论和实践，能够为发展循环经济提供专门的、充分的制度保障的法律领域。这就为循环经济法的勃兴提供了契机，循环经济法的出现也因而成为一种历史的必然。

第二节　循环经济法的界定

一、循环经济法的基本定义

　　法律是调整各类社会关系的规范。例如，环境法所调整的是人们在开发利用资源、保护和改善生态环境过程中所产生的社会关系。通过对循环

---

① 张慧君、景维民：《从经济转型到国家治理模式重构——转型深化与完善市场经济体制的新议题》，载《天津社会科学》2010年第2期，第78页。
② 吕忠梅：《循环经济立法之定位》，载《法商研究》2007年第1期，第44页。

经济法的勃兴及其原因的分析可知，循环经济法不仅是关于废弃物处置、资源回收利用的法律规范，其勃兴的原因在于为发展循环经济提供较之传统法律部门更为充分的法制保障。在走循环经济之路后，传统意义上的废弃物处理、回收利用仅进化为其组成部分之一，相关的法律规范也仅能构成循环经济法的部分内容。故总体而言，从法律调整社会关系的角度审视循环经济法，其可被界定为调整因循环经济活动所形成的各类社会关系的法律规范的总称。

通过上述对循环经济法的定义不难发现，理解和把握该定义的关键在于准确界定循环经济活动的范畴。本书认为，对于循环经济活动可以从如下四个维度加以把握：首先，从内容的维度，循环经济活动主要包括降低资源消耗类循环经济活动、减少废弃物产生和排放类循环经济活动、资源高效和循环利用类循环经济活动。其次，从产业形态的维度，循环经济活动大体上包括工业（制造业）的循环经济活动、农业的循环经济活动和服务业的循环经济活动。其不仅包括了所有的以废弃物资源化为基础形成的"静脉产业"，还包括了在自然资源开发过程中能够有效实现资源节约，能够保证资源生态效率的"动脉产业"。[①]再次，从产品生命周期的维度，循环经济活动可以包括生产环节的循环经济活动、流通环节的循环经济活动、消费环节的循环经济活动、废弃物处置环节的循环经济活动。最后，从层级的维度，循环经济活动包括宏观层级（社会）的循环经济活动、中观层级（园区）的循环经济活动、微观层级（企业、个人）的循环经济活动。上述诸维度所共同构成的"场域"，就是整体意义上的循环经济活动。相关主体在此场域内进行各类循环经济活动过程中所形成的社会关系，即循环经济法所调整的对象（图 2-1）。

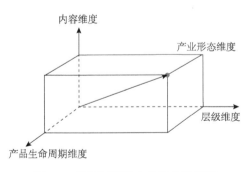

图 2-1　循环经济活动的四维示意图

---

① 孙文营：《循环经济的哲学维度研究》，光明日报出版社 2013 年版，第 43 页。

二、循环经济法的目的

在耶林看来，目的是全部法律的创造者，每条法律规则的产生都源于一种目的，即一种实际的动机。[1]作为法理学的核心范畴之一，完整地阐述法律的目的应是一部法学专著的主题。[2]正因如此，在明晰基本定义的基础上对循环经济法的目的进行准确定位，既是准确把握和理解循环经济法的必然要求，也是彰显循环经济法的合法性、指引循环经济法的制定和正确适用的前提和基础。

（一）法律目的之界定

诚如庞德所言，法律目的乃是法官、法学家和法律制定者工作中的一个具有头等重要意义的要素。[3]但客观地讲，对于一般意义上的法律目的的理解可以说因人而异、因时而异、因类型而异[4]，似乎难有定论。但如果从应用法学的角度出发，作为一种统制社会的规范、一个平衡利益的工具和一架追求正义的天平，法律自身不可能自发产生目的，而只能被赋予目的。[5]而且，不同的法律会被赋予不同的目的，进而期待其达成一些特定的社会目标或效果。例如，国际法的目的在于维护国际秩序，民法的目的在于保护民事主体的合法权益，行政法的目的在于控制行政权力等。据此，本书中所谓之"法律目的"是指在一定的时空条件下，人有意识地赋予某一类法律规范要达到的特定社会目标、效果或要求。进而，有必要对法律目的与相关的概念作进一步的界定。

法律目的与法律价值。在某些著作和学者看来，法律目的等同于法律价值（如追求正义）。[6]应该说，实现法律目的与追求法律价值在最终结

---

① 〔美〕E·博登海默：《法理学：法律哲学与法律方法》，邓正来译，中国政法大学出版社 2017 年版，第 122 页。

② 〔美〕本杰明·N. 卡多佐：《法律的成长》，李红勃、李璐怡译，北京大学出版社 2014 年版，第 94 页。

③ 〔美〕罗斯科·庞德：《法理学》（第一卷），邓正来译，中国政法大学出版社 2004 年版，第 368 页。

④ 可参见〔荷兰〕鲍琳·韦斯特曼：《法律手段和法律目的》，赵波译，载《学习与探索》2006 年第 3 期，第 111 页；钱炜江：《论法律中的目的》，载《甘肃政法学院学报》2016 年第 2 期，第 88 页；赵明、黄涛：《论法的目的——以康德目的论哲学为视角》，载《哈尔滨工业大学学报（社会科学版）》2012 年第 2 期，第 47 页。

⑤ 付子堂、宋云博：《对"法的目的"传统理论之批判与反思》，载《政法论丛》2014 年第 2 期，第 31 页。

⑥ 如可参见〔美〕罗斯科·庞德：《法理学》（第一卷），邓正来译，中国政法大学出版社 2004 年版，第 367—371 页；李若君：《从法律方法到法律目的——吴经熊法哲学思想脉络梳理》，载南开法律评论编辑部：《南开法律评论（第十二辑）》，中国检察出版社 2018 年版，第 87-91 页；郭忠：《法律规范特征的两面性——从法律目的实现的角度分析》，载《浙江社会科学》2012 年第 6 期，第 50 页。

果上必然具有一致性。但法律价值最重要的特性是客观性，无论法律是否体现或认识到这些价值，这些价值本质上都客观存在。法律目的虽然也必然受到一些客观条件的影响，但其最重要的特征无疑是主观性。通过能动地赋予法律一定的具体目的，最终使得法律体现并实现那些法律的基本价值。换言之，法律目的是追求法律价值的基础，而所追求的法律价值最终决定了法律目的及其具体内容。

法律目的与立法目的。立法目的是一部法律的灵魂，揭示了立法者的主观意图或法律的客观功能，对进一步立法和司法具有重要指导作用。[①]尤其是一些重要立法（如我国循环经济法律体系中的《循环经济促进法》）中确定的目的在相当程度上可以体现法律目的。故在相当多的情况下，法律目的被等同于立法目的。[②]但法律目的涵盖了从法的创制到施行，主要探讨整个法制或法治所要达到和能够达到的目的，更多的是从法的总体上探讨法的社会效果。[③]显然，一部立法的目的难以完整地、系统地表达，更何况法律目的包括但并不完全等同于"立法者的目的"。实际上，法律制定后的实施、监督等环节，均可体现或实现法律的目的。例如，纯粹逻辑推理不能够让法官在两方的主张之间做出判断。当我们发现这种情况时，此法官或彼法官所接受的选择，很大程度上取决于法官所拥有的关于法律目的的观念。[④]

法律目的与法律功能、法律作用。毫无疑问，法律的目的、功能、作用等也是相关、相近概念。但诸概念间也存在明显差别，其中，法律目的强调主观意图，并带有一定的价值追求；法律功能则是一个中性概念，强调基于法律本身结构所具有的对外界产生特定影响的属性，这种属性不仅是"良法"应当具备，甚至"恶法"（如法西斯统治下制定的法律）也可能会体现（如维持特定社会秩序的功能）[⑤]；法律作用则主要是指法律客观上对外产生的某些影响本身，如指引、评价、教育、预测、强制等。

（二）循环经济法的目的体系

如上所述，本书意义上循环经济法的目的不等于某些循环经济立法

---

① 张平华：《作为〈侵权责任法〉立法目的的"促进社会和谐稳定"》，载《政法论丛》2016年第2期，第52页。

② 陈泉生：《略论环境法的目的和作用》，载《福建论坛（经济社会版）》1999年第5期，第45页。

③ 郭道晖：《法理学精义》，湖南人民出版社2005年版，第189页。

④ 〔美〕本杰明·N.卡多佐：《法律的成长》，李红勃、李璐怡译，北京大学出版社2014年版，第109页。

⑤ 邓伟：《个人所得税法的立法目的条款构建》，载《学习与探索》2020年第1期，第74页。

（如我国的《循环经济促进法》）中确定的立法目的，而是从法律现象到法的本质所体现的目标、功能、效应。[①]鉴于法律是调整人类活动的行为规范，而循环经济活动又可以包括前述内容、产业形态、产品生命周期、层级等四个维度。对于这一四维"场域"进行法律规制，决定了循环经济法的目的必然具有多元性和体系性。首先，规制这一"场域"需要在总体上设定一个最终目的，以保证循环经济法制定和实施的目标统一。其次，循环经济活动之所以存在并不断发展，源于经济发展和资源环境的双重压力及其对于社会生活的压力传导，故循环经济法的最终目的需要通过化解多方压力才能达成。最后，多维度的交织使得循环经济活动呈现多元样态和面向，故在化解多方压力的过程中对各类循环经济活动具体目的的设定还需要考虑有一定的区分度。综上，本书所谓之循环经济法的目的包括最终目的、直接目的、具体目的三个层次。[②]

1. 循环经济法的最终目的

按照耶林的观点，法律的实质性目的乃是保护社会生活条件。因为任何一个正常的人都可以合理地想象，当人们聚集在一起组建社会、建立国家、制定法律时，他们必然是为了获得更好的生活。[③]更何况，法律作为社会生活的调节器，其内容与形式受制于特定的时空条件，法律的目的当然也取决于特定时空下的社会事实和道德[④]，并在社会生活中逐渐完善。以此为据，循环经济法的目的最终亦应在于保护一定的社会生活条件。而且，这种需要保护的社会生活条件不是与生俱来的，是随着社会生活的发展变化逐渐形成的。

从循环经济诞生的时代背景来看，当时西方国家的社会生活条件确实发生了巨大的变化。不仅经济的增长在20世纪70年代出现了停滞，而且生态环境问题也日益凸显。这些问题必然传导至社会生活当中，进而失业、资源能源短缺、公众环境健康等问题也大量出现。究其原因，就是源于前述西方现代化进程中传统经济发展模式。由此导致工业革命以来由传统法

---

①　郭道晖：《法理学精义》，湖南人民出版社2005年版，第189页。

②　实际上，法律的目的具有多元、多层次性并非是循环经济法的专利。例如，德国刑法学者乌尔斯·金德霍伊泽尔就认为，刑法的目的在于保障刑法上行为规范的效力，而行为规范的目的则在于保护法益。参见[德]乌尔斯·金德霍伊泽尔、陈璇：《法益保护与规范效力的保障——论刑法的目的》，载《中外法学》2015年第2期，第549页。

③　胡玉鸿：《法律的根本目的在于保障人的尊严》，载《法治研究》2010年第7期，第4页。

④　郑文革：《法律的客观目的解释》，载陈金钊、谢晖主编：《法律方法》（第18卷），山东人民出版社2015年版，第216页。

律所保护的社会生活条件已然不可持续。因此，发展循环经济并使之走上法制化轨道，其背后的目的在于保护一种新的社会生活条件——增加可持续的价值创造，这也是循环经济法所被赋予的最终目的。首先，价值创造应当不断增加，这是人类发展之必需。循环经济法的制定和实施非但不能阻碍价值的不断增值，而且应当不断促进价值的增长。进而，价值增长的方式必须是可持续的，循环经济法必须通过规范人类活动以摒弃透支式的价值增长。例如，在我国的法制实践中，已有相当数量的循环经济立法将其最终目的表述为"实现（经济社会）可持续发展"[①]。这无疑既确认了价值增加是基本前提，又指向了增长方式的可持续性。

2. 循环经济法的直接目的

（1）提升经济社会系统的生态效益。传统的"线性经济模式"没有正确处理好经济社会发展同生态环境保护的关系，所谓的价值创造单纯指向了经济价值的创造，由此引发了生态环境问题。从"盼温饱"到"盼环保"，从"求生存"到"求生态"，追求生态价值在社会生活中越发显得重要。正如习近平总书记指出的那样："纵观世界发展史，保护生态环境就是保护生产力、改善生态环境就是发展生产力。"[②]这就是说，在社会生活中营造良好的生态环境也是一种必要的价值增值，正所谓"青山就是美丽，蓝天也是幸福"。为一种善待生态环境的经济发展模式提供法制保障，循环经济法理应被赋予提升经济社会系统的生态效益的目的。例如，我国《鹤壁市循环经济生态城市建设条例》就将立法目的具体表述为"促进生态城市建设"。

（2）提升经济社会系统的经济效益。习近平总书记在党的二十大报告中强调，高质量发展是全面建设社会主义现代化国家的首要任务。发展是党执政兴国的第一要务。[③]欧盟委员会针对2020年3月发布的新版"循环经济行动计划"也提出："新的循环经济行动计划将与产业战略一起，帮助欧盟实现经济现代化"。[④]可见，发展是当今世界的普遍需求，经济社

① 例如，《甘肃省循环经济促进条例》第一条规定："为了节约资源，提高资源利用效率，减少资源消耗和废弃物产生，促进循环经济发展，保护和改善环境，实现可持续发展，根据《中华人民共和国循环经济促进法》及相关法律、行政法规，结合本省实际，制定本条例。"
② 中共中央文献研究室编：《习近平关于社会主义生态文明建设论述摘编》，中央文献出版社2017年版，第4页。
③ 习近平：《高举中国特色社会主义伟大旗帜 为全面建设社会主义现代化国家而团结奋斗——在中国共产党第二十次全国代表大会上的报告》（2022年10月16日），人民出版社2022年版，第28页。
④ 参见廖虹云、康艳兵、赵盟：《欧盟新版循环经济行动计划政策要点及对我国的启示》，载《中国发展观察》2020年第11期，第55—58页。

会发展又是其中的核心。尽管循环经济是对"线性经济模式"的变革，但并不是放弃经济社会发展以换取生态环境改善的"零增长"方案或"冷冻疗法"。为此，循环经济法不仅被赋予善待生态环境的目的，还必须被赋予提升经济社会系统经济效益的目的。例如，我国《循环经济促进法》第十四条规定，"建立和完善循环经济评价指标体系"。据此制定的《循环经济发展评价指标体系（2017 年版）》中，设定了"主要资源产出率"作为综合指标、"资源循环利用产业总产值"作为专项指标。足见循环经济法被赋予经济效益提升方面（具体表现为产出、产值指标要求）的目的，并在法律的制定和具体实施过程中得以落实。

（3）增进社会福祉。事实上，无论是生态效益还是经济效益的提升，都与社会福祉的增进密切相关。其中，生态效益的提升将使得良好生态环境真正成为普惠的公共物品，这无疑提升了社会的整体公平度；经济效益的提升将进一步扩大经济规模并延伸产业链条，从而带来新的、更多的社会就业。在上述效益普遍得到提升的情况下，社会生活的整体质量和水平也将随之提升到更高的标准。质言之，增进社会福祉也是循环经济法的直接目的之一。例如，《瑞典环境法典》第十五章"废物和生产者责任"的第 6 条规定了"生产者责任"制度，"确保废物的收集、拆除、循环利用、再利用或者清除能够以满足健康和环境方面可接受的废物管理要求的方式进行"[1]。从直观的角度看，其目的自然是提升经济社会系统的生态效益。但在实施的过程中，该规定还有助于增加新的社会就业、提升社会对废物管理的水平和效果。

3. 循环经济法的具体目的

由于循环经济活动这一"场域"涉及面广、综合性强，故建立在最终目的、直接目的基础之上的具体目的可谓不一而足。例如，废弃物处理类的法律规范，其具体目的主要在于减少废弃物的产生，资源利用类的法律规范，其具体目的侧重提升资源的利用效率等。在此，本书不再一一列举，而是通过展示循环经济法的具体目的体系尽量加以全景式的呈现（图 2-2）。[2]

---

[1]　《瑞典环境法典》，竺效等译，竺效、张燕雪丹等校，法律出版社 2018 年版，第 72 页。

[2]　See Christoph J. Velte, Katharina Scheller, Rolf Steinhilper. Circular economy through objectives–Development of a proceeding to understand and shape a circular economy using value-focused thinking. 25th CIRP Life Cycle Engineering Conference 2018: CIRP LCE 2018, Copenhagen, Denmark, 30 April - 2 May 2018, Part 2 of 2. 2018, pp.775-780.

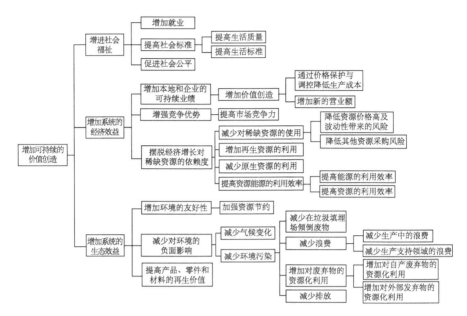

图 2-2　循环经济法的具体目的体系示意图

三、循环经济法与清洁生产法的关系

在工业化进程中，人们逐渐认识到工业生产对大自然污染的速度远比治理污染的速度快得多。故要彻底改变现状，必须开辟一条预防污染的新思路，探索一种新的生产经营方式。清洁生产正是基于这样的背景而被提出的，其要求从设计开始、到能源与原材料选择、工艺技术与设备采用及运行管理等各个环节，通过不断采取综合性的预防措施，减少或避免污染物的产生和排放，提高资源利用率。此外，清洁生产还可有效改善操作工人的劳动环境和操作条件，减轻生产过程对员工健康的影响。[①]应该说，清洁生产是人类社会逐渐认识到工业化大生产所带来的有损于自然生态和人类健康的环境污染这种"副作用"后所做出的反应和行动。[②]其具体是指不断采取改进设计、使用清洁的能源和原辅材料、采用先进的工艺技术与设备、改善管理、综合利用等措施，从源头削减污染，提高资源利用效率，减少或者避免生产、服务和产品使用过程中污染物的产生和排放，以减轻或者消除对人类健康和生态环境的危害的活动（表 2-3）。

---

① 刘秀凤：《什么是清洁生产？》，载《中国环境报》2009 年 6 月 23 日，第 8 版。

② 任国征、唐艳冬：《清洁生产的带动效应》，载《学习时报》2012 年 4 月 30 日，第 7 版。

表 2-3 清洁生产与末端治理的比较[①]

比较项目	清洁生产系统	末端治理（不含综合利用）
思考方法	在生产过程中消除污染物	污染物产生后再处理
控制过程	生产全过程控制 产品生命周期全过程控制	污染物达标排放控制
控制效果	比较稳定	受产污量影响处理效果
产污量	明显减少	间接可推动减少
资源利用率	增加	无显著变化
资源耗用	减少	增加（治理污染消耗）
产品产量	增加	无显著变化
产品成本	降低	增加（治理污染费用）
经济效益	增加	减少（用于治理污染）
治理污染费用	减少	随排放标准严格，费用增加
污染转移	无	有可能
目标对象	全社会	企业及周围环境

实践中，清洁生产涉及生态环境保护、科学技术、行政管理、经济调控、政策法规等多个方面的重要内容，而清洁生产法是清洁生产战略和政策的定型化、法制化，是将清洁生产付诸实施的重要工具和保障手段。[②]我国早在 2002 年就制定了世界范围内第一部"清洁生产"的专门法律——《清洁生产促进法》，而《循环经济促进法》则是在此后的 2008 年制定。正因如此，关于清洁生产法与循环经济法之间的关系，学界可谓莫衷一是。例如，日本、德国等制定有循环经济法，有些学者将其纳入清洁生产法之列[③]；相应地，有些国家的清洁生产法在学术界也被视为循环经济法。[④]不仅如此，关于清洁生产法与循环经济法之间关系的问题，学术界同时存在二者可以互相替代和二者相互区别这样截然相反的观点。[⑤]有鉴于此，在界定循环经济法的过程中，实有必要厘清其与清洁生产法之间的关系。

实际上，想要准确定位二者间的关系，首先应将视角上溯至二者的源头——清洁生产与循环经济之间的关系。清洁生产法和循环经济法分别作

---

① 资料来源：《印刷业清洁生产方案实用指南》（增订本）。

② 王明远：《清洁生产法的含义与本质辨析》，载《现代法学》2006 年第 6 期，第 128 页。

③ 参见柯坚：《关于我国清洁生产法律规制的思考》，载《中国软科学》2000 年第 9 期，第 26 页；王明远：《清洁生产法论》，清华大学出版社 2004 年版，第 34、192 页。

④ 参见唐荣智、于杨曜：《循环经济法比较研究——兼评我国首部清洁生产促进法》，载《杭州商学院学报》2002 年第 5 期，第 26 页；董溯战：《循环经济促进法中的政府责任研究》，立信会计出版社 2010 年版，第 19 页。

⑤ 参见周珂、迟冠群：《我国循环经济立法必要性刍议》，载《南阳师范学院学报（社会科学版）》2005 年第 1 期，第 9 页。

为清洁生产和循环经济的法制保障，首先应当说是分别应清洁生产、循环经济而生，分别适清洁生产、循环经济而存。是故，清洁生产与循环经济之间的关系无疑从根源上决定了清洁生产法与循环经济法之间的关系。通过前文的大量阐述不难看出，就今天意义来说，清洁生产是循环经济的一个明确的先导因素。[①] 一方面，作为一种预防性方法，清洁生产是实现循环经济的基本方式；[②]另一方面，循环经济是在经济社会发展过程中，遵循生态学规律，将清洁生产、资源综合利用、生态设计和可持续消费等融为一体。[③]以此为出发点，可以做出清洁生产法是循环经济法的基本内容之一，是循环经济法的必要组成部分这一基本判断。对于这一点，相关立法也可以进一步加以佐证。[④]

引申来说，从立法表现上看，中国无疑在形式上拥有了专门的清洁生产立法，其内容不仅与循环经济高度相关，而且较为明显地体现出了二者的关系。例如，我国《清洁生产促进法》第九条规定："县级以上地方人民政府应当合理规划本行政区域的经济布局，调整产业结构，发展循环经济，促进企业在资源和废物综合利用等领域进行合作，实现资源的高效利用和循环使用。"显然，在该法中，发展循环经济属于推行清洁生产的"顶层设计"，组织、实施清洁生产是实现该顶层设计的重要手段。无独有偶，德国、日本两国作为循环经济法制化水平较高的国家，均受到了清洁生产思想的影响。但此两国均缺少形式意义上的清洁生产法，而是将与清洁生产有关的法律制度融入循环经济法之中。例如，日本与循环经济相关的立法，如《促进包装和容器分类收集及再生利用法》《特种家用机器再商品化法》《建筑材料再生利用法》《食品再生利用法》《绿色采购法》等都涉及了清洁生产的相关问题。[⑤]再如，德国的《避免和利用包装废弃物法》是对"垃圾经济"的法律规定，但其中也包括了对包装生产的

① Thayla T.Sousa-Zomera, Lucas Magalhães, Eduardo Zancul, Lucila M.S.Camposa, Paulo A.Cauchick-Miguel. Cleaner production as an antecedent for circular economy paradigm shift at the micro-level: Evidence from a home appliance manufacturer. Journal of Cleaner Production. 2018, 185(1), pp.740-748.

② 秦天宝：《论环境法在我国新型工业化进程中的作用——以〈清洁生产促进法〉为例》，载《法学评论》2005 年第 5 期，第 81 页。

③ 王成新、李昌峰：《循环经济：全面建设小康社会的时代抉择》，载《理论学刊》2003 年第 1 期，第 19 页。

④ 例如，《深圳经济特区循环经济促进条例》第二十六条规定，"企业在生产经营过程中应当推行清洁生产，减少废弃物的产生；对生产、经营过程中产生的废弃物、余热等应当自行回收利用或者转让给有回收利用条件的其他单位和个人利用；对不能循环利用的废弃物应当进行妥善处理"。

⑤ 转引自赵惊涛：《论实现清洁生产的法律保障》，载《当代法学》2006 年第 6 期，第 107 页。

要求。① 显然，循环经济法如果不将清洁生产纳入其应然范畴，实现"3R"就是无源之水；而清洁生产法若不以实现循环经济作为其基本目标，所谓的"清洁生产"就是无本之木。

第三节 循环经济法的属性

属性是对某一研究对象的抽象刻画，也是一事物与他事物之间进行区别或比较的重要内容。例如，传统意义上的民法与行政法，其在属性上存在绝对的差异性，即法律关系主体之间的平等关系与不平等关系。然而，正像在公法私法化和私法公法化的趋势之下，民法与行政法之间的天然鸿沟变得越来越模糊一样，循环经济法与其他类型的法律相比，似乎也难以找到相互间绝对化的差异之处。故本书所谓之循环经济法的属性，所描述的不在于其完全异于他法之处，而在于论证相较其他法律，循环经济法的属性在如下方面表现得较为突出。

一、塑造开放性的法律领域

当一类新的、区别于其他传统部门法的法律规范产生之后，学术界往往习惯性地试图将其划入或归纳为某一法律部门。例如，经济法、环境法在诞生之后就成为独立的法律部门。循环经济法作为 20 世纪 90 年代后正式出现的一类法律规范，其"所属法律部门之争"在学术界一直存在。例如，蔡守秋教授就认为，"循环经济法不是一般意义上的经济法，而是结合经济活动的环境资源法"②；再如，赵海燕也认为循环经济法属于环境资源法类。③ 与之不同的是，唐荣智教授则认为"建立循环型社会，属于广义的经济法。因此，我国对循环经济立法宜定性为经济法"。④ 俞金香、卢凡、盛玉华等则从循环经济法的调整对象属于经济法的调整范畴的角度，证明循环经济法应定位为经济法。⑤ 陈泉生教授则认为循环经济法是一个

---

① 例如，该法中规定"包装应当按照下列要求进行生产和销售：1. 包装的体积和重量限制到对于维护包装产品必要的安全和卫生以及便于消费者接受来说，都恰当的最低程度"。

② 参见蔡守秋：《论循环经济立法》，载《南阳师范学院学报》2005 年第 1 期，第 1—8 页。

③ 赵海燕：《循环经济法的环境法属性探析》，载《兰州大学学报（社会科学版）》2014 年第 1 期，第 104 页。

④ 参见唐荣智：《论循环经济及其法律调整》，载《北京市政法管理干部学院学报》2001 年第 4 期，第 7 页。

⑤ 俞金香、卢凡：《论循环经济法的部门法属性》，载《法制与社会》2015 年第 9 期，第 12 页；盛玉华：《论循环经济法的定位》，载《西部法学评论》2016 年第 3 期，第 122 页。

独立的法律部门，有特定的调整对象——因循环经济活动所形成的各种社会关系。①还有人认为，循环经济（促进）法是生态法的四级子法，是生态经济法中资源有效利用法的一个分支。②应该说，目前学术界对于循环经济法的定位可谓莫衷一是。

本质上讲，关于循环经济法的定位之争，皆因部门法思维的局限性与循环经济法现象的开放性之间存在天然的矛盾。传统的部门法理论，排斥利益的妥协和多元价值的沟通与对话，人为地将法律划分为若干相互对立的法律部门，认为不同的法律部门都要有自己独立的调整对象、调整方法和逻辑体系，不同的法律部门所保护的利益也是不同的，并且立法、司法和法学研究都应该按照这种部门分工来进行。这样的结果造成了各部门法的自我封闭，人为地割裂了各部门法之间本来应有的联系和协同，将本应具有开环与闭环功能、有协调与合作的整体效应的网络性的法律系统变成了老死不相往来的孤立个体。③其结果，就是将循环经济法也归为或独立为"非此即彼"的某一部门法或某一部门法的分支。但这种"非此即彼"的状态，却时刻面临着循环经济法学理论无法完全涵盖、解释、回应循环经济法制不断发展变化的实践的困境。

实际上，学术界对循环经济法定位的莫衷一是，正是其本身具有开放性的正常反应。循环经济的提出及其发展，目的在于反思和变革传统的发展观，应对传统经济发展模式带来的日益严重的生态环境问题。生态环境问题具有的科学技术性、社会性、经济性、文化差异性及政治性特征，则不仅要求在传统的民法、行政法、刑法、经济法等法律部门的基础上发展新类型的法律规范，更要求法律系统外的各种规范系统密切配合。诚如王灿发教授所言，循环经济法兼具环境法、经济法、行政法的内容和特征。④因此，循环经济法这类法律规范自诞生之日起不仅要在传统部门法的基础上有所发展和变革，更不应排斥法律规范与技术规范、政策规范、道德规范以及文化传统的相互融化与渗透。⑤诚然，循环经济立法的思想源自属于环境法范畴的废弃物处理、回收，但当循环经济成为一种新的经济发展模式——在全社会范围实现的"大循环"，循环经济法不仅已经突破了环境法的范畴进入部门法意义上经济法、行政法等的"势力范围"，甚至已经

---

① 陈泉生等：《循环经济法研究》，中国环境科学出版社2009年版，第31页。
② 董溯战：《循环经济促进法中的政府责任研究》，立信会计出版社2010年版，第18页。
③ 吕忠梅：《循环经济立法之定位》，载《法商研究》2007年第1期，第44页。
④ 参见王灿发：《循环经济立法的必要性及其定位》，载《东南学术》2006年第3期，第162页。
⑤ 吕忠梅：《环境法新视野》，中国政法大学出版社2000年版，第70页。

与道德、公共政策等领域紧密结合、有机联系的情况下，循环经济法现象就具有了高度的复杂性、整合性、交叉性、开放性特质，其调整的社会关系或不具有单一性，或难以按当前传统部门法学"调整对象"或"调整方法"的标准划归任何一个既有法律部门，或无法仅在一个或几个法律部门内部解决这些领域中的重大社会问题。[①]因此，简单地明确循环经济法的部门法定位意义似乎并不大，反而容易将这样一类开放性的法律规范自我封闭化。不仅与其诞生的开放性背景不符，而且不利于其继续兼容并包，以开放性的态度不断发展。[②]

本书认为，循环经济法是一个开放性的法律领域，是以规范循环经济活动为问题导向，以循环经济领域中全部与法律有关的现象为研究对象，融多学科、多种研究范式于一体的交叉性、开放性、应用性和整合性的新型法学学科体系、学术体系和话语体系。[③]其中，不仅兼具环境法、经济法、行政法等"部门法"的某些内容和特征，还与科学技术、道德、政策等法律系统外的领域相互融通。唯有如此，开放性的循环经济法领域才能得以完整的显现，并将不断得到发展。因此，判断一项法律制度、一部立法是否属于循环经济法范畴，主要是判断其内容是否调整循环经济活动中产生的循环经济社会关系，而不是看其是否被冠以"循环经济"的称谓（表 2-4）。例如，美国没有一部全国性的、以"循环经济"为称谓的立法，但是美国各州根据自己的产业特征普遍制定了不同形式的再生循环法规。在欧洲，瑞典、挪威等国虽然也没有制定循环经济方面的专项立法，但在其环境保护类立法中包含了大量有关资源循环利用的内容。[④]这些法规、规范无疑可归属于循环经济法的领域之内。

---

① 刘剑文：《论领域法学：一种立足新兴交叉领域的法学研究范式》，载《政法论丛》2016 年第 5 期，第 4 页。

② 前文所述的清洁生产法与循环经济法关系定位的学术争论，实质上就是源于理论界固有的法律部门这一封闭的意识和理论体系。作为后现代法律，其功能既在于解构，又在于建构。所谓解构，就是对传统部门法理论体系的解构；所谓建构，就是打破法律部门以及独立调整对象的界限，进而以法律领域为理论研究的新范式。诚然，法律领域具有的开放性、包容性使得循环经济法与相关法之间未见得如物权法、婚姻家庭法与民法那般存在完全的包含关系，我们不能言之凿凿地认为清洁生产法就是循环经济法的子部门。但是，这并不妨碍从法律领域的基本面对二者间关系进行判断，既不能因为各自存在一定的特殊性就将二者割裂对待，也不能认为二者之间可以相互替代和区分。正是基于此，本书才做出清洁生产法应当是生产领域的循环经济法这一理论判断。

③ 参见刘剑文：《论领域法学：一种立足新兴交叉领域的法学研究范式》，载《政法论丛》2016 年第 5 期，第 8 页。

④ 参见李岩：《日本循环经济研究》，经济科学出版社 2013 年版，第 84 页；中关村国际环保产业促进中心：《循环经济：国际趋势与中国实践》，人民出版社 2005 年版，第 252 页。

表 2-4 韩国促进循环经济发展的相关法律[1]

法律名称	立法目的或主要内容
《废弃物管理法》	有效抑制废弃物的产生量并对其进行妥善处理，以保护环境、提高全体国民的生活质量
《资源节约和促进再生法》	促进资源再生和妥善处理废弃物，通过有效地利用这些资源，保证环境能够得到保护和国民经济健康发展
《废弃物国家间移动及其处理法》	增进与加强国际合作，防止因废弃物在国家间流动而造成的环境污染
《促进废弃物处理设施设置及支援周边地区法》	明确规定了必须确保废弃物处理所需的占地面积和应该支援周边地区居民的有关事项
《建设废弃物促进法》	为了减少建设工程的污染，有效地保护建设所在地的生态环境，专门对建设工程所产生的废弃物及其处理与再生作出了具体规定
《电气、电子产品及汽车资源循环法》	促进了电气、电子产品及汽车再生并抑制有害物质的使用，强调在有效利用资源同时必须妥善处理再生产生的废弃物
《绿色公共采购法》	通过强制性公共绿色采购计划扩大生态产品市场，防止浪费资源和造成环境污染，实现可持续发展
《构建资源循环经济社会基本法》	以构建可持续经济社会为目标，努力提高韩国国民的生活质量，加快国家经济的发展
《低碳绿色增长基本法(2013年修订)》	将"促进资源的循环利用"（第二十四条）作为"促进低碳绿色增长"的重要内容之一

二、展示多元化的法律关系

法律关系是法律规范作用于社会生活的过程和结果，是法的价值得以表现和实现的方式，也是法律秩序的存在形态。在法学的理论结构中，法律关系是法学的基本范畴。[2]例如，民法展示的是平等主体之间的法律关系，行政法展示的是行政主体与相对人之间的法律关系，等等。相比而言，由于循环经济法自身具有开放性，融合了民法、行政法、刑法、环境法、经济法等法律的内容和特征，故本领域所展示出的是多元化的法律关系。其具体表现为如下方面。

（一）法律关系所涉主体多元

循环经济法律关系的主体是循环经济活动中权利（力）的享有者和义

---

[1] 参见尤麟：《构建与完善环境法律体系 进一步发展循环经济——访韩国环境资源公社北京代表处首席代表洪智善》，载《再生资源与循环经济》2009年第6期，第1—2页。

[2] 张文显：《法律关系论纲——法律关系若干基本问题的反思》，载《天津社会科学》1991年第4期，第68页。

务的承担者。传统法律（主要是行政法）往往将关注的焦点放在政府这个单一中心上，将管理视野停留在政府如何控制社会的单向维度上。然而，包括生态环境问题在内的社会公共问题，需要广泛的公共参与才能有效界定问题和解决问题。[①]故从宏观上讲，政府、社会组织、企业、公民都可以成为循环经济法律关系的主体。具体如下所述。

（1）政府。在循环经济所涉多元主体之间，政府对循环经济的实施产生了最大的积极影响。[②]展开来说，循环经济的发展水平在相当程度上取决于政府如何确定相应的产业政策以及政策的执行能力。在此过程中，权力机关、行政机关、司法机关分别通过颁行与发展循环经济相关的法律法规、对循环经济型企业或园区进行管理、对循环经济活动中产生的纠纷进行司法裁判等活动，与相关主体形成法律关系。

（2）社会组织。例如，行业协会、中介服务机构、社会公益组织等参加宣传教育、技术研发等循环经济活动，与相关主体形成法律关系。例如，美国《华盛顿州法典》第70.95.540条规定："为了推动在全州范围内的轮胎回收活动，州议会积极鼓励各个从事资源回收的行业组织与生态部通力合作，以便为这场回收活动提供更多的技术。"[③]

（3）企业。作为市场经济的细胞，如果企业不能实现循环经济，生产环节乃至全社会意义上的循环经济模式的实现就是一种空谈。是故，企业无疑是循环经济法律关系中不可或缺的主体。典型例证如，循环经济产业园区、循环型企业等在开展强制淘汰落后设备和产能的循环经济活动中与相关行政主体形成法律关系。

（4）公民。理论上，公民是一个多种角色的"组合体"范畴。一方面，公民可以是某个个体（如消费者），此时他（她）主要追求个体目标和权益，关心自身利益的满足；另一方面，公民也需要考虑在共同体中承担一定的角色，尤其是在应对生态环境问题的过程中，这种公共责任和群体意识显得更为突出、重要。在全社会范围内广泛开展循环经济，不仅需要企业等主体的参与，公民作为国家的主人、国家权力的归属主体也应当积极参加。因此，公民也能够成为循环经济法律关系的主体，如日本《容器和

---

① 张紧跟、庄文嘉：《从行政性治理到多元共治：当代中国环境治理的转型思考》，载《中共宁波市委党校学报》2008年第6期，第97页。

② Kannan Govindan, Mia Hasanagic. A systematic review on drivers, barriers, and practices towards circular economy: A supply chain perspective. International Journal of Production Research. 2018, 56(1-2), pp.278-311.

③ 环境保护部国际合作司、污染防治司巴塞尔公约亚太区域中心编译：《美国废轮胎管理法律法规选编》，中国环境出版社2015年版，第22页。

包装物的分类收集与循环利用促进法》第 7 条规定，环境大臣可以委托热衷于从事容器和包装废弃物排放抑制活动的有识之士担任容器和包装废弃物排放抑制推进员。

（二）法律关系所涉利益多元

从法理学的角度看，作为与人类的生存发展密切联系的基本范畴之一，利益是人们行为的内在动力，人的活动是一种有意识的自觉活动，推动人们活动的直接动力是需要和利益，利益也是推动人类社会进步的基本动力。[①]法律自从产生以来，就一直与利益有着极为密切的关系。展开来说，利益的分化导致法的产生，利益决定着法及其发展。社会各种利益发生变化，或者出现了新的利益，法也将或迟或早地发生相应的变化。[②]法律界定社会关系的一对基本范畴——权利与义务，其最基本的价值就在于权利和义务主体需要的满足，即利益的实现。[③]理论上，关于利益的界定大体包括"主观说""客观说""折中说"三类。三者间主要的区别在于，利益是等同于人的主观需要，还是纯客观的东西，抑或是主观与客观相统一的概念。[④]实际上，循环经济法律关系中所涉及的利益，既包含主体的主观感受、愿望或期待，又包含需求的实现与满足，更依赖利益主体之外的客观物质存在。[⑤]也就是说，其所涉利益应当是一个主客观相统一的范畴。具体而言，是由以下五个基本要素构成的。[⑥]①利益的客观要素，即利益是一种客观存在的产品、需要、满足等。诸如"物质循环""负载有度""物物相关"等自然规律表明，利益的内容是客观实际的，不以主体的意志为转移的。例如，在沙漠地区开发水能资源显然不切实际，但可能有利于发展风能和太阳能。换言之，客观要素是利益的自然基础，尊重利益的客观规律是实现利益的前提和基本遵循。②利益的主观要素，即利益必须以人为尺度，[⑦]不同主体对利益可能存在不同需求。利益是人对围绕

① 张璐：《从利益限制到利益增进——环境资源法研究视角的转换》，载《法学评论》2004 年第 3 期，第 92 页。

② 孙国华：《论法与利益之关系》，载《中国法学》1994 年第 4 期，第 38 页。

③ 陈云生：《权利相对论——权利和（或）义务价值模式的历史建构及现代选择》，载《比较法研究》1994 年第 3、4 期，第 226 页。

④ 参见彭劲松：《社会主义初级阶段市场经济条件下的利益关系研究》，中共中央党校 2000 年博士学位论文，第 15—16 页。

⑤ 史玉成：《环境利益、环境权与环境权力的分层建构——基于法益分析方法的思考》，载《法商研究》2013 年第 5 期，第 48 页。

⑥ 参见洪远朋、卢志强、陈波：《社会利益关系演进论：我国社会利益关系发展变化的轨迹》，复旦大学出版社 2006 年版，第 40 页。

⑦ 徐祥民、朱雯：《环境利益的本质特征》，载《法学论坛》2014 年第 6 期，第 49 页。

其周边的客观物质存在的主观追求，我们无法想象恐龙时代的"利益"，更不可能为人类之后"主宰"地球的某种"主体"考虑"利益"。③利益的社会要素，即利益是以社会实践为手段、以社会关系为载体产生和分配的。正是由于人与人之间的差异化社会实践，导致不同社会关系中在主体之间存在社会需要上的差别，决定了主体间会围绕共同的需要对象——利益产生矛盾。要解决主体间的矛盾，又必须经过社会实践结成一定的社会关系对利益进行创造和分配，从而满足人对利益的需要。① ④利益的空间要素，即利益的存在需要以特定的空间为前提。人类的利益无法涉及遥远的天体，人类无法观察和控制的基本粒子等自然界成分也不涉及利益问题。②例如，人类探测发现月球上有大量地球上稀有的物质"氦-3"，这是实现核聚变的理想原料。但显然，月球空间"环境"从实质性开发利用的角度讲当前还是人类无法企及的，故"氦-3"也囿于空间条件所限尚无法给人类社会带来现实的利益。⑤利益的时间要素，即利益具有历史性。利益不是永恒不变的东西，而是世世代代社会实践的结果。随着科学技术的快速发展，人类生产力水平提高，人们日益增长的需要会不断得到满足。③同时，随着人类认识自然的能力进一步提高，人类还有可能发现更大范围的对人类生产、生活乃至生存有影响的"周围情况"，进而要求将更大范围的人类周围情况纳入利益的范畴之内。④例如，原子能的开发利用、核污染的防控等问题均已纳入当今利益的范畴之内，但在原子能科学起步之前，这是不可想象的。

事实上，循环经济法律关系中所涉的利益不仅在内涵上存在多元要素，更在外延上存在多元维度，具体如下所述。

1. 利益的内容多元

自然的属性，就目前人类认识的深度和广度来讲，主要有三个，即经济性、生态性和精神性。⑤这三种属性恰能从内容的维度，划分出循环经济法律关系中所涉利益的三种具体类型，即经济利益、生态环境利益、精神利益。

① 参见彭劲松：《社会主义初级阶段市场经济条件下的利益关系研究》，中共中央党校 2000 年博士学位论文，第 17 页。

② 严法善、刘会齐：《社会主义市场经济的环境利益》，载《复旦学报（社会科学版）》2008 年第 3 期，第 46 页。

③ 王强、张森林：《马克思恩格斯关于环境利益的阐释》，载《中国青年政治学院学报》2010 年第 4 期，第 125 页。

④ 刘卫先：《环境法学中的环境利益：识别、本质及其意义》，载《法学评论（双月刊）》2016 年第 3 期，第 158 页。

⑤ 吕忠梅：《超越与保守：可持续发展视野下的环境法创新》，法律出版社 2003 年版，第 21 页。

（1）经济利益。这是人类经济社会发展过程中，起初最为看重的一类利益。该种利益类型的实现过程所需的社会实践就是经济建设。具体而言，就是通过各种社会实践活动（如开采、冶炼等）实现各类物质和能量的资源化，使得某些围绕人的客观物质存在能够在一定的时空条件下给人类社会带来经济价值。

（2）生态环境利益。作为生态系统中的一类生物体，人需要保持同自然环境的直接生态循环，需要空气、阳光、水等维持个体和种群的存在与发展。呼吸新鲜的空气、喝清洁的水、吃放心的食物，这些人的基本需要必须优先得到满足。这种需要就是生态环境需要。在一定生产基础上获得了社会内容和特性的生态环境需要就是生态环境利益。[①] 此种利益类型具体又可以包括两个层面：一是水、空气、土壤、生物等生态环境要素给人带来的生态环境利益，如"水是生命之源"就是对此最好的诠释。二是由诸多生态环境要素所构成的生态系统整体给人带来的生态环境利益，如"湿地是地球之肾"就展示了该生态系统整体给人带来的生态环境利益。以上观点，在学术界似乎并没有较大争议。但需说明的是：首先，生态环境利益并非同经济利益一样，从人类社会伊始就被视为一种利益类型。因为，那时的生态环境容量相对人类活动而言足够大，不存在需求上的稀缺性。故生态环境利益是生态环境问题出现后凸显出来的一种利益类型，是良好生态环境稀缺后的结果。其次，"生态环境利益"不等于"生态利益"。因为，生态环境的中心事物是人，而生态的中心事物则是生态系统。人作为生态系统中的一员，不可能也不应该为整体上的系统设定所谓的利益。这既不符合利益的客观性，又违背了利益的主观性。

（3）精神利益。前面所列之经济利益与生态环境利益性质上都是物质利益。但利益不限于物质利益，还涉及精神生活，诸如人的尊严、价值、命运的维护、追求和关切等。[②] 这是因为，资源环境经常会触发人类产生从感官到高层心理精神追求的活动。自然物象中蕴藏的生命精神，与人祈望的精神品质可以形成审美的共鸣。自然会给人类带来精神启迪、美的陶冶，给审美主体以生命精神体验的滋养，会触发审美主体的灵感。[③] 已有证据表明，精神利益不仅存在，而且是一种区别于经济、生态环境利益存

[①] 王强、张森林：《马克思恩格斯关于环境利益的阐释》，载《中国青年政治学院学报》2010年第4期，第126页。

[②] 李启家：《环境法领域利益冲突的识别与衡平》，载《法学评论（双月刊）》2015年第6期，第135页。

[③] 王强、张森林：《马克思恩格斯关于环境利益的阐释》，载《中国青年政治学院学报》2010年第4期，第128页。

在的独立类型。例如，《生物多样性公约》在其序言中阐明了生物多样性所具有的多元价值："生物多样性的内在价值，和生物多样性及其组成部分的生态、遗传、社会、经济、科学、教育、文化、娱乐和美学价值。"

2. 利益的性质多元

从利益性质的角度，循环经济法律关系中所涉利益可以被类型化为私益与公益。

（1）私益。利益首先涉及每一生命个体需求的满足，包括作为个体的人的生命维持与延续和独特的人生价值的体现和落实。因此，利益自然首先具有私益的属性。[①]例如，环境资源类的物权（如环境资源的所有权、使用权等）理论上可归属私益的范畴。私益存在的重要性和必要性包括两个方面：一方面，正是因为人类社会对私益的不断追求，才支撑了各种社会关系通过各类社会实践不断形成和发展，进而推动了人类社会的不断进步。另一方面，也正是由于人类社会不断从资源环境中索取私益，最终导致了生态环境问题的出现及恶化，进而激发人类对生态环境利益、精神利益等的追求。换言之，私益是利益存在和不断发展的必要初始动能。不仅如此，正是因为私益的存在，才在此基础上相对而区分出了公益。

（2）公益。公益如今已经成为法律关系中乃至整个社会的"热词"。但究竟什么是公益？恐怕目前仍然莫衷一是。其实，目前学界对于公益的研究存在"外延热、内涵冷"的状态并不奇怪。诚如学者陈新民所言，公益概念的最特别之处，在于其概念内容的不确定性。这种内容不确定性，可以表现为其利益内容的不确定性及受益对象的不确定性。[②]尽管如此，我们不能否认公益的独立存在，因为在人所享有的利益中，性质上总有一些难以或不能被归于私益的内容。同时，也不能因为公益的模糊性、不确定性就放弃了对其内涵的界定。事实上，也正是我们没有准确把握公益的内涵，才造成了当前理论和实践中对公益的误读与误用。

正如罗尔斯所言，公益具有两个特点——不可分性和公共性。首先，公益具有不可分性。也就是说，公共利益所具有的数量不能像私人利益那样被划分，不能由个人按照他们的偏爱多要一点或少要一点。[③]其次，公益具有公共性，即通过公益可以实现主体对公共产品的追求、对公共诉求

---

① 张志江：《环境利益公平分享的基本理论》，载《社会科学家》2010年第5期，第74页。
② 陈新民：《德国公法学基础理论》（上册），山东人民出版社2001年版，第182页。
③ 〔美〕约翰·罗尔斯：《正义论》，何怀宏、何包钢、廖申白译，中国社会科学出版社1988年版，第257页。

的满足，或者维护公共利益可以避免公共安全或公共秩序被威胁或干扰。例如，德国《促进循环经济和确保合乎环境承受能力废弃物管理法》（2012）第 15 条第二款规定，废弃物应当在不损害公共利益的方式下被处分。该种损害尤其会在以下情形下产生：①人们健康受到损害；②动物或植被被威胁；③水域或土壤受到有害影响；④通过空气污染或噪声，有害环境的影响被造成；⑤涉及空间规划的目标、原则与其他要求未被关注或者涉及自然保护、景观管理以及城市规划的利害关系未被引起注意；⑥公共安全或公共秩序以其他方式被威胁或干扰。①尽管上述立法对循环经济法所涉公益的列举远不可能穷尽所有情形，但无疑在相当程度上展示了公益"公共性"的具体内容。

除罗尔斯所言之公共性与不可分性之外，公益的模糊和不确定意味着其还具有相对性，即从不同的价值标准出发会得出对公益的不同认识。实践中，公益问题由于经济、政治、社会结构及历史、文化、风俗的不同，则更趋于复杂化。②这就要求：一方面，不能简单地、绝对地认为某种利益就是公益，而另外一种利益就不是公益。正因如此，公益的形成过程必须具有交涉性。亦即，对公共利益的判断权不可能仅由单一或少数主体享有。否则，公益在其塑造和形成的过程中，有极大可能被私益化。正如卡多佐所言："当一致性变成压迫的一致性时，一致性就不再是好东西了。"③另一方面，不能简单以公益具有"公共性"就不计成本、不计结果去无限制追逐公共产品、满足公共诉求，而应表现出社会公共诉求的有限和理性。④

3. 利益的享有主体多元

庞德指出，"利益是各个人所提出来的"，"但是它们并不由于这一原因全都是个人的利益"⑤。事实也的确如此，利益的享有主体有个体、群体和整体之分，因为不同范畴的人都有需求，其需要各不相同。⑥其中，个体与整体是利益享有主体中两个相对容易理解的"极端"，即最小主体范畴与最大主体范畴（即人类）。介于二者之间的群体利益则十分宽泛。作为个体的共同体，群体的大小、群体内成员数量的多寡等都会影响群体

① 翟巍：《德国循环经济法律制度精解》，中国政法大学出版社 2017 年版，第 266 页。
② 余少祥：《什么是公共利益——西方法哲学中公共利益概念解析》，载《江淮论坛》2010 年第 2 期，第 93 页。
③ 〔美〕本杰明·N.卡多佐：《司法过程的性质》，苏力译，商务印书馆 1998 年版，第 69—70 页。
④ 潘墨涛：《"公共性"应表现在哪》，载《学习时报》2016 年 7 月 28 日，第 5 版。
⑤ 〔美〕罗斯科·庞德：《通过法律的社会控制》，沈宗灵译，商务印书馆 2010 年版，第 41 页。
⑥ 王春磊：《法律视野下环境利益的澄清及界定》，载《中州学刊》2013 年第 4 期，第 63 页。

利益的内容。具体而言，群体利益又包含如下具体类型。

（1）公众利益。"公众"之于社会公共领域而言，无疑称得上是关键词之一。但是，无论公众出于何种动机从事相关活动，其背后也同样有利益的引导，即公众利益。但问题在于，目前"公众"的概念似乎同"利益"一样处于不证自明的状态，我们可以在各种论著、各种场合看到用到这一概念。这导致了两个不证自明的概念结合后，所形成的新概念——公众利益——显得更加难以捉摸。实际上，公众利益可以从以下三个层次加以全面把握：第一层次，公众利益的享有主体可能是包括有关居民、各类专业人士以及社会团体在内的一国范围内的全体公民。①例如，《山东省循环经济条例》第三条规定："发展循环经济应当坚持减量化优先，遵循市场引导、政府推动、单位实施、公众参与的原则。"其中，所谓"公众参与"指的是全体公民人人皆有权利参与。第二层次，公众利益可能是指利益享有主体的不特定性，即社会上大多数人，类似于我国《刑法》中规定的"非法吸收公众存款罪"中的公众。第三层次，从公共关系学的角度讲，公众是指与公共关系主体发生相互作用的，其成员面临着某种共同问题、共同利益的社会群体。因此，此层次意义上的公众利益是指与某一问题、利益高度相关的特定社会群体。例如，对依法应当编制环境影响报告书的建设项目，建设单位应当在报批环境影响报告书前征求有关公众的意见。其中，"有关公众"中的"公众"既不是全体公民，也不是社会上的大多数主体，而是与该建设项目有关的社会群体（如拟建垃圾焚烧处理厂周边小区的居民）。

（2）区域利益。前文已述，利益的存在需要具备一定的空间条件。换言之，利益必须在一定的空间内才可以存在。这就使得存在于特定空间内的群体，可能享有一种共同的利益——区域利益。例如，在发展循环经济的过程中，不同区域之间可能形成更大范围的上下游产业链关系。如果处于产业链上游的区域不能为处于产业链下游的区域提供充分的可再生原料，产业链下游的区域就无法充分释放产能，其经济效益势必受到影响。

（3）国家利益。现实中，人类影响资源环境的能力以及由此而引发的生态环境问题并没有局限在某些特定区域内。特别是20世纪中叶以后，由于生态环境问题不断趋向严峻，国际关系中增添了一个新的内容，即世界各国在发展经济过程中产生了错综复杂的利益矛盾。这些全球性问题从最终影响来看都和资源环境有着某种联系。这就意味着，群体利益的范畴已经超越了一国的国界，成为国际范围内国家间的利益诉求和博弈空间。由

---

① 吕忠梅：《中华人民共和国环境保护法释义》，中国计划出版社2014年版，第41页。

此，也产生出了一类新的群体利益类型——国家利益。例如，西方主要发达国家将其产生的废弃物大量转移至发展中国家，这一方面降低了转出国处理废弃物的压力（使其获益），另一方面则加剧了转入国的生态环境负担（使其利益受损）。

需要说明的是，个体、群体、整体的利益，是从主体角度对利益进行类型化的结果，不能与从性质角度的类型化结果——私益、公益相混淆。具体而言：一方面，个体利益不等于私益。个体只意味着利益的享有主体在数量上的单一性，但涉及的利益性质上有可能是公益。例如，政府对于开展循环农业的农民提供补贴，但最终接受补贴的只有一位农民。此时，不能因为获益者仅有一人，就认为此活动所维护的不是公益。另一方面，无论是最小的群体，还是最大的群体——人类，群体利益乃至人类利益都是多数人的共同利益，即"众益"。而多数人可能是两个人、少数几个人或更多人、绝大多数人甚至是所有人，因此它既可能具有私人性质，也可能具有公共性质，这取决于作为共同利益基础的利益关系的本质属性。[1]亦即，"众益"也不等于"公益"。例如，一国大力发展再生回收产业，在国际层面就是私益，而对于本国国民而言则可能是公益。

4. 利益的时空状态多元

通常认为，无论是何种类型的利益，都必须是现实的。例如，在民法的继承法中，即使为尚未出生的胎儿规定了继承权的"预留份"，也限定在胎儿未来脱离母体的一刻应当是活体状态。因为只有如此，胎儿"预留份"的存在才是现实的，否则就是"虚妄"的。但这样的观点并不完全适用于循环经济法律关系所涉的利益。因为资源环境是人类社会世代生存发展之必需，过去如此、现在如此、将来亦是如此。例如，古代两河流域、古希腊、阿尔卑斯山南坡、古巴以及我国的黄河流域等，都是古代人破坏环境，现代人受到惩罚的实例。[2]特别是，当代人的生存环境和生产力水平是后代人的全部历史的基础。作为一种既得的力量，生态环境状况和生产力是"以往的活动的产物"。未来的一代人或几代人只能在前一代人或前几代人改造过的环境和生产力水平上进行活动。[3]因而，循环经济法律

---

① 余少祥：《什么是公共利益——西方法哲学中公共利益概念解析》，载《江淮论坛》2010 年第2 期，第95 页。
② 相关内容可参见[美]J.唐纳德·休斯：《世界环境史：人类在地球生命中的角色转变》（第2版），赵长风、王宁、张爱萍译，电子工业出版社 2014 年版，第34—86 页。
③ 王强、张森林：《马克思恩格斯关于环境利益的阐释》，载《中国青年政治学院学报》2010年第4 期，第125 页。

关系中所涉利益的时空传承不局限于从过去到现在，更延伸至未来。

这一点，突出地体现在 1992 年《里约宣言》之中。作为一项在世界范围内取得广泛共识的国际法文件，《里约宣言》提出人类应遵循可持续发展的方针，并明确了可持续发展的定义是：既符合当代人的需求，又不致损害后代人满足其需求能力的发展。也就是说，当代人的发展不能建立在牺牲后代人发展的可能性的基础上，资源环境应该在世代间进行合理的分配。这种新的可持续发展观要求当代人之间，当代人和后代人之间机会平等，它的最重要认识是"只有一个地球"和"明天与今天一样重要"。[①]质言之，循环经济法律关系所涉利益从时空维度讲，不仅包括现实利益，还应包括未来利益。前述诸维度的各种利益类型，在现实状态下可以存在，在未来状态下同样可能存在。例如，未来的生态环境利益、未来的公共利益、一定区域内未来利益等。诚然，未来利益如何实现，特别是如何用法律的方式实现，仍是一个有待探索的难题。[②]因为从根本上讲，未来利益的享有主体——未出生的后代人这种"类主体"可以作为审视生态环境问题的理论视角，却很难成为现实实践的主体。[③]但是，这并不能否认未来利益的存在，以及其必须同现实利益共同纳入考虑的必要性。

（三）法律关系中形成的权利（力）义务运行方式多元

能够形成一定的权利（力）义务关系是法律关系区别于一般社会关系的最主要特征。从法律关系主体地位差异的角度，可以将法律关系划分为纵向（不平等或不对等的法律主体之间形成的）和横向（平等法律主体之间形成的）法律关系。前者的典型代表是行政法律关系，而后者的典型代表则是民事法律关系。循环经济法具备前述的开放性，使得纵向和横向法律关系均存在于这一法律领域之内。前者如税务机关与循环型企业构成的税收法律关系，后者如循环经济园区的上下游企业就原料采购达成协议所形成的合同法律关系等。

不仅如此，单纯依靠政府主体的纵向管理在应对公共事务的治理中明显"失灵"——或是公共事务的治理之中追逐政府自身的利益，或是在信

---

① 吕忠梅主编：《环境法原理》（第二版），复旦大学出版社 2017 年版，第 13 页。

② 事实上，这种探索已经存在。例如，菲律宾最高法院通过的《菲律宾环境案件程序规则》规定："任何菲律宾人均可代表包括未成年人和未出生的后代人在内的他人，提起行使环境法的权利或义务的诉讼"。参见黄婧：《〈菲律宾环境案件程序规则〉及其借鉴意义》，载《中国政法大学学报》2012 年第 1 期，第 82 页。

③ 张保伟：《利益、价值与认知视域下的环境冲突及其伦理调适》，载《中国人口·资源与环境》2013 年第 8 期，第 154 页。

息不充分、理性不足的情况下片面地、武断地进行公共决策。有鉴于此，多元主体共治的治理体系在循环经济法中逐渐形成。其目的就在于打破传统上政府对信息、话语、权力的垄断性地位，使公共事务的治理权力回归公众、回归社会，赋予多元主体共同参与和协商的权利。①实际上，"多元共治"并不是排斥政府的管理权，而是打破了传统上政府对信息、话语、权力的垄断性地位。②从法律关系的角度，就是要求政府对其在循环经济法律关系中所处位置进行重新定位。展开来说，政府权力不再单纯以自上而下的单一向度方式运行，而是在同社会组织、企业、公民等前述多元主体彼此确立并认同共同目标的基础上，通过建立合作、协商的伙伴关系，进而谋求在循环经济活动中实现互动，共同推进循环经济的发展。如环保团体、公民、相关企业参与立法、规划制定等政府组织的循环经济活动，并在参与的过程中表达意见和建议。概言之，循环经济法律关系的存在样态是纵横多元的、存在向度是双向互动的。

三、运用综合性的调整手段

囿于法律关系相对确定，因此传统民法、行政法、刑法所运用的调整手段也是相对单一的：传统的民法以任意性、授权性手段为主；传统的行政法以命令控制手段为主③，传统的刑法则运用其特殊的调整手段——刑罚。但是，推行循环经济是涉及多元主体、多元利益的社会公共事务治理过程，故多元主体中任何一方的利益均无法完全代替其他各方的利益，难以完全考量某一利益作绝对式的推进。④因此，在推行并使全社会接受循环经济的过程中，循环经济法不能如同传统管理法那般采取相对单一的手段，需要综合运用多种手段达到发展循环经济，实现可持续发展的目的。

（一）命令控制型调整手段

前文已述，循环经济作为对传统经济增长模式的反思和变革，其确立和发展必然会对传统的产业布局和结构、人们传统的消费观和习惯造成冲

---

① 张紧跟、庄文嘉：《从行政性治理到多元共治：当代中国环境治理的转型思考》，载《中共宁波市委党校学报》2008 年第 6 期，第 93 页。
② 王锡锌：《依法行政的合法化逻辑及其现实情境》，载《中国法学》2008 年第 5 期，第 76 页。
③ 诚然，现行行政法的发展过程中，"柔性"调整手段的运用越来越多，如行政指导、行政奖励等。但就整体而言，行政法中命令控制类的手段无疑仍占主导地位，这类手段仍是行政主体适用范围最广、适用最为频繁的。
④ 叶俊荣：《环境政策与法律》，中国政法大学出版社 2003 年版，第 25 页。

击。例如，传统高耗能、高污染、高排放的产业、企业，对发展循环经济的迫切性认识不足，依然只注重眼前的经济利益，继续牺牲生态环境和浪费资源。在这种情况下，法律必须运用行政命令、行政处罚、行政强制等命令控制型调整手段，守住循环经济活动有序开展的"底线"，以限制和规范循环经济参与者的行为。这类手段本质上具有"压制性"，主要通过政府依法施加强力来推行循环经济，呈现出权力集中、权限分明的特点。例如，德国对于由动物产生的衍生物品垃圾的处理问题，制定了专门的《动物副产品清除法》，该法第 8 条就要求负责清除动物衍生物的单位必须毫不拖延地采集、汇总、运输与存储动物衍生物。[①]

（二）经济激励型调整手段

循环经济活动本质上是一个不断提高资源能源利用效率、减少污染物产生量的过程。无论是清洁能源的采用、节能、资源综合利用、原材料替代、清洁生产技术的研发与采用、产品环境设计、污染物源头削减，还是废物再利用、再循环，大都难以通过来自企业外部的行政强制力加以实施，而需要建立在其"自觉自愿"的基础之上。因此，政府需要为企业开展循环经济活动创造并维护适宜的法制环境与条件，特别是鼓励、支持、引导企业改进技术和完善管理。经济激励作为一类间接调整手段，是建立在企业"同意""自愿"基础上的手段及其有效组合，通过这些富有弹性和灵活性的法律调整手段，推动企业的循环经济活动。

更为重要的是，尽管政府有形之手的介入为循环经济的发展提供动力，但循环经济活动毕竟本质上是一种经济活动，归根结底还需要接受经济规律、市场规则的支配。换言之，循环经济同样追求利润、追求效益。因此，命令控制型调整手段虽然具有明确、直接等优势，但其弊端同样十分明显，容易导致扭曲经济规律、造成政府失灵等新问题。[②]在运用命令控制型调整手段守住"底线"的基础上，法律还需要通过税收、信贷、奖励、优惠等经济激励型手段助力循环经济活动在符合经济规律、市场规则的情况下有序进行。因此，经济激励型法律手段依赖其成本经济性和鼓励先进技术的运用以及灵活性等优点而备受推崇。[③]例如，日本《可持续农业法》规定，银行对"生态农户"可提供最长达 12 年的无息贷款，并且在

---

①　参加翟巍：《德国如何处理"死猪"》，网址：https://www.chinanews.com/gj/2013/03-19/4656083.shtml。

②　孙佑海、张蕾等：《中国循环经济法论》，科学出版社 2008 年版，第 53 页。

③　吕晨光、周珂：《英国环境保护命令控制与经济激励的综合运用》，载《法学杂志》2004 年第 6 期，第 41 页。

购置农业基本建设设施时，政府可提供 50%的资金扶持，并在第一年减免7%～30% 的税收。①

（三）信息管理型调整手段

宇宙中除物质和能量外，尚有第三个"要素"，即信息。三者都极为重要，如果没有物质，宇宙就会变得虚无缥缈；如果没有能量，宇宙就会失去演化的动力；如果没有信息，宇宙就会变得杂乱无章，不可理喻。可见，信息的重要性绝不亚于物质和能量。②循环经济活动不仅在物质循环和能量流动方面提出了新的范式、模式，其在管理方式上也有一个重要的特征，那就是管理者很少同"具体的事情"打交道，而更多的是同"事情的信息"打交道。例如，对本国家或区域内发展循环经济的效果进行判断，主要是通过分析包括循环经济产业的规模、产值、效益，以及资源回收利用率等一系列相关指标的信息来实现的。循环经济系统的规模越大、范围越广、结构越复杂，对信息管理的需求就越强烈。可以说，循环经济法对循环经济活动的调整在很大程度上是依靠对相关信息的管理实现的，包括但不限于以下几个方面。①信息的收集。例如，根据我国《可再生能源法》的规定，对可再生能源资源的调查即对相关信息的收集，为法律根据实际情况制定相应的措施提供信息基础。②信息的加工处理。例如，根据我国《循环经济促进法》的规定，有关部门对循环经济发展情况进行统计并定期公布。其中，统计就是依据一定的标准、方法对有关信息的加工处理活动。③信息的交互。一方面，信息交互需要政府主体依法向相关主体公开与共享信息。例如，法国《废弃物及资源回收法》3-1 条规定："市镇团体或驻市镇之国家代表或驻省会及地方之国家代表，得建立足以评估废料清除各项措施利弊之数据库，且这些资料可任由民众自由查阅。"③依据该法之规定，数据库中的相关信息由政府向民众传输。另一方面，信息交互也需要相关主体依法向政府等主体传递（反馈）信息。进而，通过多元主体间信息的不断"传递—反馈—再传递—再反馈"，保障主体间信息的交互性与对称性，进而实现多元主体间权力（利）的有效交互。④例如，日本《建筑材料再生利用法》第 18 条规定："建筑工程的总承包者，在对与该工程相关的特定建筑材料废弃物进行了再资源化等处理后，根据主管省令

---

① 参见胡启兵：《日本发展生态农业的经验》，载《经济纵横》2007 年第 21 期，第 64 页。

② 戴明远：《基础信息论》，同济大学出版社 2003 年版，第 1 页。

③ 《废弃物及资源回收法》，网址：https://www.cn-hw.net/news/200708/21/48804_2.html。

④ 参见刘佳奇：《日本农业循环经济的发展及启示》，《农业经济问题》2015 年第 8 期，第105—109 页。

的规定，在以书面的形式将其情况报告给该工程的发包人的同时，必须做好该再资源化等实施情况的记录并予以保存。当收到前款规定报告的发包人认为同款规定的再资源化等并未正确完成时，可以将其情况报告给都道府县知事，请求采取适当的措施。"①

---

① 国家环境保护总局政策法规司编译：《循环经济立法选译》，中国科学技术出版社 2003 年版，第 49 页。

第三章 循环经济法的价值

法律的价值一直是法学理论研究的重要课题。它是法律这个客体（制度化的对象）对个人、群体、社会或国家的需要的积极意义和一定的满足，是一个兼具客观性和主体性的理论范畴。一种法律有无价值、价值大小，既取决于这种法律的性能，又取决于一定主体的需要，还取决于该种法律能否满足该主体的需要和满足的程度。[1]尽管循环经济法作为一个法律领域进入人们的视野只是始于 20 世纪 90 年代的事情，且只有少数国家和地区对其予以体系化，对其在法律体系中的位置及其与相关法的关系也存在不同看法。[2]但毋庸置疑的是，循环经济法作为一类具有变革力量的后现代法，与其相关的法律现象（如成文法的出现）在一些国家和地区已经存在并取得显著实效。这样的法律事实和法律实践，不得不促使甚至"倒逼"理论界研讨其价值这一具有根本意义的法理学问题。因为人类社会之所以需要法律，需要发挥法律调整社会生活关系的作用，就是为了保护和增进那些事关人类福祉的价值，如正义、平等、秩序、效率、安全等。这些价值构成了法律所追求的理想和目标。[3]同时，法律又是实现这些所欲追求的理想和目标的工具。这些理想和目标，我们可以称之为法律的目的价值；而如何使这些理想和目标满足人类社会的需要，则是法律的工具价值。循环经济法作为一个法律领域，对其价值的理解和研讨同样应当沿着这两个基本维度展开。

第一节 循环经济法的目的价值

罗斯科·庞德曾言："在法律史的各个经典时期，无论在古代和近代世界里，对价值准则的论证、批判或合乎逻辑的适用，都曾是法学家们的主要活动。"[4]也就是说，法律的目的价值是永恒的，但对目的价值的评

---

① 孙国华、何贝倍：《法的价值研究中的几个基本理论问题》，载《法制与社会发展》2001 年第 4 期，第 20—21 页。

② 董溯战：《循环经济促进法中的政府责任研究》，立信会计出版社 2010 年版，第 20 页。

③ 参见张志铭：《法的价值》，网址：http://ielaw.uibe.edu.cn/zyflrcjy/9828.htm。

④ 〔美〕罗斯科·庞德：《通过法律的社会控制》，沈宗灵译，商务印书馆 2010 年版，第 62 页。

价及其内涵的理解则是批判的、发展的。循环经济法作为新兴法律领域，一方面继承了传统意义上法的目的价值的"衣钵"——继续对正义、平等、秩序、效率、安全等价值的追求；另一方面，作为在反思传统工业文明的过程中形成的法律领域，其追求的目的价值中又被赋予了一些新的内涵。

一、正义

正义是法律乃至人类社会始终追求的价值目标，同时被视为社会制度的首要价值。例如，查士丁尼的"正义是给予每个人他应得到的这种坚定而恒久的愿望"；亚里士多德把正义等同于政治学上的"善"——"是以公共利益的等量分配为依归"；罗尔斯更是就此写成传世名著——《正义论》等。但正如博登海默所言，"正义有着一张普罗透斯似的脸，变幻无常、随时可呈现不同形状并具有极不相同的面貌"[①]。仅从类型化的角度，正义就可以延伸出实质正义、程序正义、具体正义、形式正义、分配正义、纠正正义、互惠正义、自然正义、社会正义等多种具体类型。因此，循环经济法在追求正义这一目的价值的过程中，其核心并不在于对这一本源性目的价值的简单、重复宣示，而是需要选择适当的切入点，使得这一原本抽象的、极具张力的价值范畴在循环经济法这一具体领域内得以实化、更加鲜活。

考虑到，依照以正义为核心的价值体系保障人们应当享有的各种权利和合理地调节人们之间的各种利益关系，是隐藏在纷繁复杂的一切法律现象后面的秘密。[②]甚至可以说，法律起源于利益的分化，从根本上说它是调整利益关系的工具，利益调节或再分配是法律的一大职能。只有在深入研究和探索利益这一范畴后，才能迈上权利与制度研究的台阶，也只有在透彻了解利益的基础上，才能更好地保护权利、构建制度。[③]加之，循环经济法这一法律领域的突出特点也在于前述的法律关系中所涉利益多元。故本书以利益为切入点，实现对循环经济法所追求正义价值的理论展开。

（一）循环经济法所涉正义问题的起因——多维利益的有限兼容

如前所述，利益在整体上是以一种多维的场域存在。但实际上，特定时空条件下的利益主体处于特定的社会关系中，这就决定了其从事的特定

---

① 〔美〕E.博登海默：《法理学：法律哲学与法律方法》，邓正来译，中国政法大学出版社2017年版，第266页。

② 梁上上：《利益的层次结构与利益衡量的展开——兼评加藤一郎的利益衡量论》，载《法学研究》2002年第1期，第56页。

③ 王春磊：《法律视野下环境利益的澄清及界定》，载《中州学刊》2013年第4期，第64页。

社会实践活动往往关注或追求的只是时空场域中的某一类甚至某一项具体利益，并非对整个场域的完全需求。例如，产业活动主体（如企业）就是以营利为目的，其对于利益的需求集中于现实的经济利益；爱好名山大川的游客们，则期待精神利益可以长期持续被满足等。生态学上有一个基本规律——负载有度，意指资源环境能够承载人类活动，但这种承载能力是有一定限度的。资源环境承载人类活动本质上就是在实现各种利益，因而负载有度这一规律就可以从利益的角度加以理解。

首先，多维度、各类型利益之间是可以兼容的。例如，我们每天都从江河湖库中取水饮用以维系生命的延续，但同时我们还可以在水中养殖鱼类、通航运输、欣赏美景等。上述各类需求及其背后的利益类型，不是必然会产生矛盾和冲突的。更何况，生态系统本身是具有弹性的，由人与自然共同组成的"生态-社会系统"是不断交互、不断发展的，不是人类活动对其一发生作用就必然导致其破坏甚至崩溃。据此，多维度利益之间的这种兼容性不仅长期存在，还会在人与自然的不断交互中得到发展——人在不断地认识自然，自然也在不断地适应人工、人化。例如，在人类认知野生稻并不断培育良种水稻的过程中，大自然也在这数千年间反馈给人类一种新的土壤资源——水稻土。

其次，多维度、各类型利益之间的兼容性是有限度的。"负载"说明资源环境可以承载人类活动；"有度"则毫无疑问指向了负载的限制性与条件性。亦即，如果人类对各类利益的需求均控制在适度的范围内，各种利益类型之间能够良性兼容，则生态环境问题就不会出现。起初，在人类认识自然、影响自然能力有限的情况下，其对多维度利益的需求尚能处于良性兼容的状态。例如，农业文明时代人类虽然已经开始有计划、有目的地认识甚至改造自然以从中获益（如开荒、渔猎、冶炼等），但人类活动总体上并没有超过资源环境的承载能力。虽然在特定时空条件下存在一些极端情况（如古代文明因缺水、环境恶化等消亡），但总体上仍可通过迁徙等方式解决。故那时我们呼吸的新鲜空气、饮用的清洁水源等利益需求都被人们认为是不稀缺的，不存在竞争和排他及造成利益冲突。此时，利益中的生态环境利益和精神利益等类型还没有为人们所关注。[①]

（二）循环经济法所涉正义问题的实质——多维利益的有限兼容被打破

人类社会的不断发展，使得自身认知自然、改造自然的能力不断增强，对利益需求的规模越来越大、内容越来越多。然而，在我们拥挤性地追求

---

① 李文杰：《环境利益流变考》，载《哈尔滨师范大学社会科学学报》2016年第1期，第50页。

各类型利益的过程中，各利益类型之间的矛盾就显得更加尖锐，过分突出利益的单一类型容易造成其他类型无法充分实现。一旦各类型利益之间的有限兼容性被打破，多维度利益之间的冲突就出现了，生态环境问题的苦果也随之而来。例如，我们熟知的人类社会对经济利益的无节制追逐，导致滥采滥挖，进而造成生态破坏与资源枯竭，在不断消耗资源的过程中又产生了大量的污染物进而带来了环境污染。这不仅严重减损了现实的生态环境利益和精神利益，对未来的经济利益也造成了影响。长期以来，我们一般认为，多维度利益的这种有限兼容性被打破就是西方主要发达国家工业革命以来产生的，是人类不断追求经济发展的结果。从基本面讲，这种判断没有错。但如果具体考察世界范围的生态环境问题就可以发现，事实上不仅"富裕"可以引发生态环境问题，"贫困"同样可以导致生态环境问题。[①]之所以如此，盖因这两种情况下多维度利益间的有限兼容性均可能被打破。甚至在某些情况下，有限兼容被打破还可能是"富裕"和"贫穷"共同作用的结果。

1. 因"富裕"而打破有限兼容

因"富裕"打破的有限兼容，实际上包括两个方面：一方面，就是牺牲生态环境利益追逐经济利益，这个过程从工业革命开始一直延续到大约二战之后。当西方主要发达国家真正"富裕"了以后，他们也发现多维度利益之间的有限兼容性被打破到了必须加以挽救的程度。从此，这些国家走上了多维度利益"再兼容"之路——开展大规模的生态环境治理、走循环经济之路等。发达国家如今已经率先实现了工业化，其产业结构日趋合理，对资源环境的影响已经接近甚至到达了峰值，势必有逐步减少环境污染和生态破坏的趋势[②]；加之，其较高的经济发展水平和科学技术水平为解决利益"再兼容"的问题提供了必要的基础和保障。所以，今天我们看到的是这些国家"富裕"的状态以及生态环境质量转好的结果。

另一方面，还必须注意到这样一种现实，即"富裕"远未停留在当前的状态，发达国家希望这种比较优势能够持续下去。因此我们发现，完成工业化的发达国家往往利用自身处于国际贸易链顶端的优势，在经济全球化的大潮中通过产业转移将从前对本国资源环境影响强度较大的行业、企

---

① 需要说明的是，从"富裕"与"贫困"的视角分析生态环境问题，这种理论框架并非本书首创，乃由武汉大学李启家教授提出。可参见李启家：《"环境法学的发展与改革"研讨会纪要》，载高鸿钧、王明远主编《清华法治论衡》（第22辑），清华大学出版社2014年版，第15页。

② 吕忠梅主编：《环境法原理》（第二版），复旦大学出版社2017年版，第13页。

业、项目"搬到"发展中国家,从而减轻本国的生态环境压力。显然,这一过程无疑又打破了区域之间、国家之间生态环境利益的有限兼容。不仅如此,发达国家在基本上成功地改善了本国或区域内的生态环境质量的同时,其所面对的生态环境问题又突出表现在为追求消费主义而导致的资源能源过度消耗、碳排放量过高等新的"由于富裕而导致的问题"。因为旧的兼容性问题虽然在一定程度上被弥合了,但新的兼容性问题又出现了,诸如气候变化等问题又在不断考验"富裕"后的人们如何考量现实与未来的利益。

2. 因"贫穷"而打破有限兼容

与"富裕"打破的有限兼容相对,无论是历史上还是现在,发展中国家始终都是因"贫穷"而打破多维度利益之间的有限兼容。起先,是因"贫穷"状态本身而打破有限兼容。因为贫穷,使得某些国家和地区无力应对和改变多维度利益间有限兼容被打破的不利状态。例如,世界上许多国家和地区的人们因缺乏必要的安全供水设施而危及饮用水安全保障,这与人体摄入被污染后的水在最终效果上几乎是一样的。后者的原因在于不断地生产和排放,而前者只是因为贫穷。进而,则是在生产力发展水平和科学技术水平较低的情况下,为改变"贫穷"的现状而打破了有限兼容。这是因为,改变的过程基本上是重走西方现代化的老路。但是,西方国家"富裕"的过程是其在历史上以牺牲全世界的资源环境承载能力为代价换来的,而这种优势历史条件对今天的发展中国家而言已不可能再具备。故重走西方老路势必重演因"富裕"而打破有限兼容的一幕,且带来的生态环境问题只会比西方国家更快、更严重。

3. "富裕"和"贫穷"共同作用而打破有限兼容

更为严重的是,既有的贫富差距,一方面会加剧发展中国家发展经济的困难,使他们在激烈的国际经济竞争中难以自觉地平衡经济社会发展与生态环境保护的关系。另一方面也为发达国家掠夺发展中国家的资源和能源创造了优势条件。[①]在这种情况下,囿于自身所处的弱势状态,发展中国家想要"富裕"就只得被迫接受诸如原材料输出、绿色贸易壁垒、污染物转嫁转移等由发达国家营造的区域间、国家间既有生态环境利益分配格局。这导致其在区域间、国家间的利益分配中长期处于不利的地位,进一步打破了本就极其脆弱的有限兼容。事实上,西方主要发达国家在二战之

---

① 向玉乔:《国际环境利益矛盾的伦理分析》,载《道德与文明》2003 年第 3 期,第 64 页。

后都选择了通过全球贸易掠夺资源的经济发展道路。这不仅在一定意义上成为发达国家加紧剥削、掠夺和控制发展中国家的保护伞，而且在很大程度上加剧了发展中国家的贫困和生态环境恶化。[1]其结果反映在利益上，就是优势地区与优势群体享受到的利益增益，而劣势地区与群体"享受"到的则是利益赤字。[2]

（三）循环经济法所涉正义问题的关键——既有法律对多维利益的失调

理论上，法律需要通过对利益的确认、维护、限制和分配完成其社会控制的基本使命。详细来说，法律对于社会的调整是通过设定权利义务关系具体实现的。在权利义务关系无法正常实现的情况下，则采取法律制裁的方式加以矫正。从权利、义务、制裁与利益的关系来看，法律权利、法律义务、法律制裁实际是围绕利益展开的。法律权利可以认为是利益获取或扩张的方式；法律义务是利益的限制或让渡方式；法律制裁是利益的限制、剥夺或负值（负利益）方式。[3]然而，法律所保障的各种利益形态并不是绝对独立、毫无关联的，而是在系统内部纵横交错的。亦即，在特定的层面存在一定的冲突，也在一定范围内因利益一致而产生交叉重叠。因而历史上长期存在的法律在对某种利益形态进行保障的同时，在某些情况下也会间接地保护其他类型的利益。[4]而且，这种间接的调整和保护在相当长的历史时期内发挥着主要的作用并起到了较好的效果。例如，民法中的相邻关系等法律规定在相当程度上有助于环境污染的防治。所以问题的关键在于，在人类社会已经形成大量法律规范且历史上曾经运行良好的情况下，这种利益的冲突和纠纷为什么还会出现且愈发严重？或者说，既有法律为什么不足以调整多维度利益并保持其场域内的有限兼容呢？

1. 利益内容的资源化

时至今日我们都必须承认，人类社会的发展主要是靠经济发展实现的，抑或是在不断获得经济利益、创造经济价值的过程中收获发展。作为经济发展的物质基础，人们对资源环境的利益需求长期以来集中于经济利益这一类型无疑具有正当性。尤其是资产阶级民主革命后，世界范围内

① 向玉乔：《国际环境利益矛盾的伦理分析》，载《道德与文明》2003年第3期，第65—66页。
② 杜健勋：《从权利到利益：一个环境法基本概念的法律框架》，载《上海交通大学学报（哲学社会科学版）》2012年第4期，第43页。
③ 李启家：《环境法领域利益冲突的识别与衡平》，载《法学评论（双月刊）》2015年第6期，第134页。
④ 何佩佩、邹雄：《论生态文明视野下环境利益的法律保障》，载《南京师范大学学报（社会科学版）》2015年第2期，第68页。

的经济发展取得了空前的成果，其中的核心制度安排就是清晰界定产权。具体地讲，主要是近现代意义上的民法对民事主体权利的确认和保障。从这个意义上讲，民法作为对现代社会进行调整的基本法律领域之一，理应在生态环境问题的解决上有所作为。离开了民法在私人领域对利益的平衡进行的调整，生态环境问题的根本解决是不可能的。①

但正所谓"人尽其才、物尽其用"，近现代意义上的民法本质上是以追求经济利益最大化为基础的。其视资源环境为民事法律关系的客体，并尽量用市场化、货币化的方式对利益进行价值衡量。然而利益从内容上看，能够被充分实现市场配置和价值衡量的，无疑是经济利益这一类型，如将林木、石油、矿石等视为商品并不断加以利用。但在资源化的过程中，生态环境、精神等利益类型就可能因为有限兼容被打破而受到减损甚至遭受毁灭。这直接导致在人类活动能力有限的时代，"物尽其用"确实创造出极大的物质财富也不会引发生态环境问题。但当人类开发利用资源环境的能力和规模超过其有限承载能力的情况下，出现资源枯竭、生态破坏、环境污染等利益过度资源化的后果就成为一种必然。这并不是说民法是错误的甚至是无用的，只不过民法自身特有的属性和利益调整方式，不足以应对因利益在内容上被单纯或过度资源化后带来的利益之间有限兼容被打破的问题。

2. 利益享有主体的自利化

在传统法律领域中，各类利益主体在各自范围内对利益抱有"各家自扫门前雪，不管他人瓦上霜"的基本态度。例如，提起传统民事诉讼的基本条件是原告必须与本案有直接的利害关系。即使是强调公共属性的行政法，也同样强调行政权的边界性，其最为明显的表现形式就是行政区划。实践中，甲地行政机关的权力不能在乙地行使，那么在甲乙两行政区划之间事实上就形成了两个利益主体，各自通过行政权维系本行政区域内的相关利益。利益的主观性，使得利益所涉主体之间对利益的理解和实现方式存在差异②，这就会导致对资源环境的多元化立场和态度。但是，对于资源环境这种客观物质存在而言，其却具有整体、唯一的特殊属性。正所谓"牵一发而动全身"，原本对利益再正常不过的自利化、封闭化追求，却可能在主体范畴的维度上打破利益之间的有限兼容。

以流域治理为例，在流域系统内部的地方各级政府自身不仅是一个利

---

① 刘长兴：《环境利益的人格权法保护》，载《法学》2003 年第 9 期，第 107 页。

② 参见邢悦：《国家利益的客观性与主观性》，载《世界经济与政治》2003 年第 5 期，第 31 页。

益主体，而且相对于其他地方政府而言又是一个虚拟的利益竞争主体，如GDP竞争、水量竞争、水能开发竞争、山水旅游资源的利用竞争等。但流域所具有的时空差异性，使得特定时空范围内水资源以及流域内各要素不仅有限而且在不同区域的配置不均。为了在与"竞争者"的角逐中占得优势，各区域之间势必会对有限的资源、利益进行激烈争夺。其表现例如，在流域管理中不同行政区域各自为政，各立不同的标准，存在各行其是的现象。①其结果只能是在强烈的地方经济发展冲动、流域资源的有限性与公共权力的激烈竞争下②，区域间各类水事纠纷甚至冲突不断。

3. 利益性质的绝对化

当人类社会发现单纯用私法和市场机制彰显私益似乎不能完全奏效的情况下，对公益的呼唤和对政府有形之手介入的需求是理所应当的。这具体表现为：其一，资源环境作为一种公共产品，虽然不排除私益的追求，但追求私益不仅不能对他人的私益造成减损，更不能危及公益。其二，政府是资源环境这种良好公共物品的提供者，其通过行使公权力对资源环境施以管制，以有形之手对生态环境问题加以介入。由此，政府成为公益的代表者，政府实施公权力的目的是维护和保障公益。其三，历史上生态环境问题主要是由于对私益的过分追求侵害了公益，因此解决生态环境问题的过程中公益应优先于私益。上述关于利益性质维度的三个论断，无疑已经在法律领域成为一种广泛共识。但正是这些所谓的广泛共识无一例外被绝对化，成为在性质维度上打破利益有限兼容的主要原因。

（1）"公益众益化"——认为社会成员全体、集体或不特定多数主体等的群体利益就是公共利益。人们常常错误地认为，所有的群体利益都是该社会的普遍利益。甚至有人认为，只有作为人类这个集体的共同利益才是真正的"公益"。③虽然公益在通常情况下其享有主体往往不可分且为数众多，但不能据此认为公益就是群体的"众益"。首先，很多时候，所谓基于"社会正义"的分配政策，实际上都只是一部分人对另一部分人的剥夺④，如民粹主义、多数人的暴政等。期间，"公共利益"很可能是被利用的概念，各利益群体总是试图利用公共利益的概念来使其自身利益合法化和正当化，公共利益也常常由那些有着相关的自身利益，又握有话语

①　应力文等：《国内外流域管理体制综述》，载《中国人口·资源与环境》2014年第S1期，第176页。
②　吕忠梅等：《流域综合控制：水污染防治的法律机制重构》，法律出版社2009年版，第3页。
③　刘惠荣、苑银和：《环境利益分配论批判》，载《山东社会科学》2013年第4期，第146页。
④　王涛：《西方三大政治思潮》，光明日报出版社2021年版，第157页。

权、能施加影响力的人界定。①其次，主体的数量不是判断公益的唯一标准。虽然受益人的数量（不能为零）能够影响某种利他行为的公共性强弱，但不能决定其公共性的有无。因此，公益的主体既可能是全体社会成员，也可能不是全体社会成员。甚至在前文所述的某些极端情况下，公益的获益或减损主体可能是数量上唯一的主体。也就是说，即便一个人的利益也可能构成公共利益。②

（2）公益政府化——认为公益就是由政府代表和主张的。前文提及的"市场失灵"需要政府"有形之手"的介入，为社会公众提供良好的环境公共产品和服务，就是这种观点的最好诠释之一。但实际上，政府不能完全代表和主张公益：首先，政府亦有其独立的利益。如部门利益和政府机构的工资、福利、待遇等，都是政府利益的体现，不能简单地认为政府没有自己的利益，其行为必然代表公共利益。③其次，公共管理学的研究成果已经表明，政府并不是公益物品的唯一提供者，现代国家正在将原来由其独自承担的责任转移给各种私人部门和公民自愿性团体。④最后，由于受到逻辑实证论和管理主义的影响，公共行政被简化为管理技术的应用和实现的过程，使公共行政沦为执行与管理的工具，忽视了对公共价值的思考。在公共治理的实践中，受到功利主义和市场基本教义的影响，对经济效率的崇拜导致了公共行政公共性的丧失，突出表现为在公共行政中追求个体、特殊阶层、部门、地方以及短期的利益而忽视甚至极大损害了公共利益。⑤换言之，政府利益并不等同于公共利益，甚至可能异化为市民社会的对立物。⑥此外，政府在以下两种情况下不能完成维护公益之任务：其一，政府本身的行为损害公共利益，如政府制定的各种政策不符合环境保护的要求；其二，政府对其他主体侵害生态环境的行为不予以制止和纠正，如政府部门对一些造成严重环境污染和破坏的行为视而不见，甚至纵容鼓励。⑦

（3）"公益至上化"——认为公益绝对优先于私益。利益在性质维度

---

① 余少祥：《什么是公共利益——西方法哲学中公共利益概念解析》，载《江淮论坛》2010年第2期，第95页。

② 刘太刚：《公共利益法治论——基于需求溢出理论的分析》，载《法学家》2011年第6期，第7页。

③ 余少祥：《什么是公共利益——西方法哲学中公共利益概念解析》，载《江淮论坛》2010年第2期，第96页。

④ 麻宝斌：《公共利益与政府职能》，载《公共管理学报》2004年第1期，第91页。

⑤ 张成福、李丹婷：《公共利益与公共治理》，载《中国人民大学学报》2012年第2期，第96页。

⑥ 余少祥：《什么是公共利益——西方法哲学中公共利益概念解析》，载《江淮论坛》2010年第2期，第91页。

⑦ 金福海：《论环境利益"双轨"保护制度》，载《法制与社会发展》2002年第4期，第70页。

上确实包含公共利益的属性，长期以来公益也确实处于被遗忘的角落。但是，这些都不能成为公益可以绝对优于私益的理由。这种典型的善恶对立的伦理话语方式与思维方式，掩盖了复杂生态环境问题中的利益——价值关系。[①]导致实践中许多法律明确和直接地将公益置于至上的地位。但由于其内容过于苛刻，在立法过程中没有考虑到实施过程中可能存在的特殊情况，因而产生很高的执行成本，实施起来阻碍重重、争议不断。[②]实际上，公共利益的范围是历史的、变迁的，没有一成不变的含义和内容。这就意味着，既不存在静止的、孤立的公共利益，也不存在绝对的、无比较的公共利益。[③]正因如此，很难说存在某种公共利益总是居于优先保护的地位。公共利益优先于私益这一原则的成立，必须以各种利益的均衡和比例的适度原则为前提。[④]

4. 利益时空状态的局限化

20 世纪 90 年代，菲律宾 45 名儿童代表当代人及其下一代人向法院提起诉讼，指控该国环境与自然资源部所签发的木材许可证合同超出了该国森林的采伐能力，并被法院肯定。在著名的判例盖巴斯科夫-拉基玛洛大坝案中，国际法院在判决书中使用了"可持续发展"作为其判案的依据之一。这些标志性的案例，乃至整个人类发展的历史均表明：如果从时空维度上不能超越现实利益的局限，必定会打破时空维度上利益的有限兼容——带来对未来利益的损害。现实中，包括公共政策在内的各类人类决策活动单纯追求"今朝有酒今朝醉"而酿成恶果的例子有很多，对人类社会的危害性早已显现出来，很多危害甚至是不可逆转的。因此，利益的实现不仅在于当下，也要考虑到"可持续发展"和"代际公平"，从战略的高度谋划长远的、发展的利益。[⑤]

（四）循环经济法对正义价值的实现

诚然，生态环境问题的出现从根本上说是由围绕多维度利益的有限兼

---

① 郁乐：《环境问题中的价值选择与利益驱动》，载《吉首大学学报（社会科学版）》2013 年第 2 期，第 21 页。

② 周卫：《美国司法实践中的环境利益评价——以温特案为视角》，载《法学评论》（双月刊）2010 年第 6 期，第 93 页。

③ 刘太刚：《公共利益法治论——基于需求溢出理论的分析》，载《法学家》2011 年第 6 期，第 5 页。

④ 余少祥：《论公共利益的行政保护——法律原理与法律方法》，载《环球法律评论》2008 年第 3 期，第 11 页。

⑤ 张成福、李丹婷：《公共利益与公共治理》，载《中国人民大学学报》2012 年第 2 期，第 101 页。

容性所产生的多重利益需求的矛盾与冲突而导致。但不容否认的是，相互矛盾和冲突的各种具体利益类型都是人类社会生存和发展过程中之必需，本质上都是正当的。故正当利益之间的冲突不能用排除的方法来解决，只能用"权衡"的方法来解决。① 例如，生态环境利益与经济利益均系正当利益，不能因为保障一方而简单地放弃另一方，而是应当强调两种利益的共生协调和双赢，通过对多样性利益予以确认和平衡，立足于利益整体的维护和增进。② 这就意味着，循环经济法为了实现经济、生态环境、社会等效益的共赢，其对于正义价值的追求根本上需要通过利益的协调加以实现。③

1. 法律主体间的交涉性

现代社会是一个异质性社会，社会主体对利益的认知及需求的多元化是基本趋势，但多元化本身并不必然导致恶性的对立和冲突。包括生态环境在内的社会问题的解决，不在于彻底消除各方的客观存在的利益、价值及认知差异，而在于在和谐、互利与共生的伦理指引下，形成各方相互配合、相互制约、相互补充、相互调适的生态格局。④ 因此，循环经济法欲完成调整利益且协调多维度利益的使命，关键在于找到相关利益者的平衡点。⑤ 然而，这种平衡并不容易达成：首先，利益协调的过程本身是一个价值判断过程，其中必然带有一定的主观性。由于社会中不同的利益主体参与社会博弈的能量与机会不均等，极易导致协调过程本身被操控甚至异化。其结果很可能是，在一部分优势群体顺利实现其利益合法化的同时，另一部分弱势群体的利益被否定、忽视。⑥ 如此一来，甚至循环经济法自身的合法性都会受到质疑和挑战，更遑论多维度利益的协调了。其次，社会变迁或法律，很少能够符合或促进所有人类的共同福祉。⑦ 也就是说，循环经济法总想以一种"和事佬"的状态存在是不现实的，多维度利益的协调意味着某些利益主体需要做出让步甚至牺牲。如何使这种利益的让步

---

① 参见王旭：《论权衡方法在行政法适用中的展开》，载《行政法学研究》2010 年第 2 期，第96—102 页。

② 参见李启家、李丹：《环境法的利益分析之提纲》，载《2003 年武汉大学环境法研究所基地会议论文集》，武汉大学环境法研究所 2003 年版，第 373—378 页。

③ 张璐：《从利益限制到利益增进——环境资源法研究视角的转换》，载《法学评论》2004 年第3 期，第 92 页。

④ 张保伟：《利益、价值与认知视域下的环境冲突及其伦理调适》，载《中国人口·资源与环境》2013 年第 8 期，第 156 页。

⑤ 张军：《环境利益与经济利益刍议》，载《中国人口·资源与环境》2014 年第 S1 期，第 81 页。

⑥ 谭江华、侯钧生：《环境问题的社会建构与法学表达——价值、利益博弈图景中的环境退化应对及环境法》，载《社会科学研究》2004 年第 1 期，第 83 页。

⑦ 〔英〕哈特：《法律的概念》（第 3 版），许家馨、李冠宜译，法律出版社 2018 年版，第 167 页。

和牺牲具有合法性与可接受性，也是循环经济法面临的巨大挑战。解决问题的唯一出路，或者说循环经济法欲在协调多维度利益的过程中维持其自身的合法性基础，就必须在法律主体间实现利益的交涉。其核心在于切实保障多元利益主体有平等的机会和有效的途径富有意义地参与到利益协调过程中来，能充分地表达自己的利益主张和愿望。[①]其目的在于多元利益主体在充分对话、磋商的基础上不断进行利益整合，最终达成利益协调的合法性与可接受性。具体如下所述。

（1）政府是法律主体间利益交涉的组织者和最终决策者。虽然在受政府权力操控的情况下，法律主体间利益交涉的具体方法不仅不符合公众参与的最基本的目标，还会适得其反，引起愤怒和不信任。[②]在某些特定的时空条件下（如奥斯特罗姆所谓之"公共池塘"），多维度利益的协调甚至无须政府的直接介入。但在整体意义上，法律主体间利益交涉需要政府职能的转变，并不意味着它在治理活动中的重要性丧失。[③]发展循环经济整体上属于公共行政的领域，而公共行政的组织者、最终决策者无疑应是政府。换言之，政府仅仅放任多元主义不管的做法是无法满足多元主体真正的需求的，其应当致力于创设利益调整所需的沟通机制。[④]尽管利益自身具有多种类型，使其协调过程需要多元主体的参与以及多元利益间的平衡，以体现其民主合法性。但多元主体参与和理性协商能够影响却不能代替政府的组织和最终的决策，协商民主的作用在于对利益协调过程的"实质影响"而非"决定"。因此，相关循环经济法律主体间进行利益交涉时：一方面，要重视多元主体对利益协调的参与可以为协调过程提供合法性资源以及价值判断上的支持。即政府不应包办一切，企业、公民等多元利益主体均有权进入协调过程，实现多元主体的合作与协商、多元利益的协调与整合。另一方面，又不能过分抬高多元主体的参与在利益协调中所能起到的作用。政府需要针对不同主体设计不同参与方式并以此减少社会排斥，并使这些参与形成实质性的结果。[⑤]

---

① 苗连营：《和谐社会的宪政之维》，载《法学评论》2006 年第 1 期，第 7 页。

② Judith E. Innes, David E. Booher. Reframing public participation: Strategies for the 21st century. Planning Theory and Practice. 2004, 5(4), pp.419-436.

③ 肖巍、钱箭星：《环境治理中的政府行为》，载《复旦学报（社会科学版）》2003 年第 3 期，第 74 页。

④ 〔日〕大桥洋一：《行政法学的结构性变革》，吕艳滨译，中国人民大学出版社 2008 年版，第 190 页。

⑤ 参见何艳玲：《以社会治理体制改革促国家治理体系建设》，网址：https://news.12371.cn/2014/01/20/ARTI1390167824214313.shtml。

（2）公益是法律主体间利益交涉的根基和支点。既然是利益之间的协调、主体之间的沟通，那么彼此之间必然需要首先存在一定的基本共识。就利益这一场域而言，这种共识无疑只能是公益。因为公益具有公共性与不可分割性，这决定了其是唯一一种任何利益主体都可能享有的利益类型。故在协调不同利益主体的关系时，公共利益的标准是必须确认和使用的，因为只有以维护公共利益为相互接受的基本条件，才能找到他人受益、自己也受益的重合线和结合点。[①]换言之，公共利益实际上是在不同主体的利益发生冲突的情况下帮助公共管理者进行利益取舍的工具。[②]离开了公益，就谈不上妥当的法律主体间利益交涉。

（3）公益的维护不能忽视对私益的法律保障。尽管多维度利益协调的根基和支点是公益，但就公益和私益的本质而言，公益的概念并非绝对排斥由基本权利所赋予人民的私益。[③]尤其是，公益的实现本身就可能存在对相关主体私益的限缩，但这种限缩不应当是无条件的和不受限制的。关键是要在对私益进行限制的决定做出前，即在利益协调阶段使私益主体表达和争取自己利益、为自身利益辩解的权利能够得以实现，其诉求能够得到应有的尊重并得到相应的考虑。一旦多元主体能够充分参与到公共利益的形成过程中来，就更容易接受裁判结果；尽管他们有可能不赞成裁判的内容，但他们却更有可能服从它们。[④]这就意味着，循环经济法需要为多元主体的参与、自身私益的维护提供适当的载体或途径。否则，循环经济法律主体间利益交涉过程中由某单方强势主体确定的"公共利益"是难以体现并充分保障多元主体的私益的。不仅如此，在利益主体的合法私益因为维护公益而受损的情况下，还必须对这种"特别牺牲"给予循环经济法上的必要考量（如补偿、补贴等）。[⑤]

（4）参与利益交涉的多元主体也要在一定程度上反思自身的"合法权益"。在现代社会里，私权负有应当适合于公共的福祉的社会性责任。[⑥]资

① 郑俊田、本洪波：《公共利益研究论纲——社会公正的本体考察》，载《理论探讨》2005 年第 6 期，第 110 页。

② 刘太刚：《公共利益法治论——基于需求溢出理论的分析》，载《法学家》2011 年第 6 期，第 4 页。

③ 参见陈新民：《德国公法学基础理论》（上册），山东人民出版社 2001 年版，第 201 页。

④ Michael D. Bayles. Princiiples of Law. Reidel publishing Company. 1987, p.32.

⑤ 例如，《广州市生活垃圾分类管理条例》第 47 条规定："产生生活垃圾的区跨区域处置生活垃圾的，应当遵循'谁受益、谁补偿'的原则，按照进入生活垃圾终端处理设施的垃圾处置量，向生活垃圾终端处理设施所在区支付生态补偿费，用于周边环境治理、公共服务设施建设和维护、经济发展的扶持以及村民、居民回馈等。"

⑥ 〔日〕南博方：《行政法》（第六版），杨建顺译，中国人民大学出版社 2009 年版，第 134 页。

源环境的整体性和唯一性、良好生态环境的非排他性都表明谋求自身的合法权益绝不等于唯"一己私利"是图。任何人无法独占生态环境、独享资源，其自身利益的实现必然有赖于公益的达成。因此，如果循环经济法不在某种程度上限制人作为单个个体所享有的某些利益，人作为生活共同体成员所享有的利益就只能停留在规范状态，成不了现实。^①既然是多元主体间的利益协调，就必然存在一定程度上的妥协和让步。为了形成多元主体共同的、长远的公共利益，个人的、当下的利益在某些情况下可能会做出必要的限制甚至牺牲。是故，多元主体要看到自身利益与他人利益、公共利益、未来利益等的相关性，从这种关系中把握自我利益的界限，寻求实现利益的最佳路径，而非不择手段地一味对抗、冲撞其他利益主体。^②

2. 法律程序的正当性

法律主体间利益交涉虽然打破了政府包办社会公共事务的既有状态，但并没有否定政府在法律主体间利益交涉中的必要性和重要性。不仅如此，随着生态环境问题的不断发展变化、利益类型以及诸类型间冲突博弈状况不断发展变化，越来越多的社会公共事务需要政府的介入。从最初控制工业"三废"，发展到石化污染防治，再到如今应对气候变化、发展循环经济等，政府介入社会公共事务的领域越来越广、程度越来越深。表现在法律上，就是立法向政府的授权越来越多，政府拥有的公权力越来越大。仅以中国为例，在20世纪70年代以前，中国专门的生态环境保护主管部门还是不存在的。到了20世纪90年代末，当时的国家环保总局已经由国务院直属，但仍处于一种"弱环保"的状态。如今，包括《循环经济促进法》《清洁生产促进法》等在内，中国环境资源类的立法仅全国人大常委会层级就已有三十多部，其中大部分内容都是向政府（及其职能部门）授权进行资源环境相关领域的监督管理。除此之外，行政法规、部门规章、地方立法等对此类权力的具体规定更是不胜枚举。但在法律不断向政府（及其职能部门）赋权的同时，也可能正在制造新的合法性危机。

"一切有权力的人都容易滥用权力，这是万古不易的一条经验"^③。前文已述，政府（及其职能部门）也是一方利益主体，其固然承担着监管其他主体相关社会实践活动的权力，但在此过程中可能也在追求自身的利益。

① 〔法〕雅克·马里旦：《自然法：理论与实践的反思》，鞠成伟译，中国法制出版社2009年版，第69页。
② 王锡锌主编：《公众参与和中国新公共运动的兴起》，中国法制出版社2008年版，第23页。
③ 〔法〕孟德斯鸠：《论法的精神》（上册），张雁深译，商务印书馆1961年版，第154页。

例如，地方政府的利益就具有一定的复杂性。一方面，污染企业和地方政府既有利益的一致性，这种利益的一致性首先体现在经济发展上，企业是经济的基本单元，是利税的主要来源。另一方面，政府作为社会管理的主体，与污染企业是监管者与被监管者的关系。这种"角色混同"，往往很可能使地方政府在得到法律授权后，其实体性的监管权可以披上"合法"外衣，反而存在权力滥用的空间与失控的可能。其结果是政府在利益交涉中滥用处于优势地位的权力，对多维度利益的交涉过程施以负面作用。在这种背景下，将权力关进牢笼的实体法之路越来越难以实现，而"程序性法制的建立和完善便越来越具有了重要性"[①]。换言之，在循环经济法中程序的合法性之所以重要，正是因为在实体法上不得不给予政府（及其职能部门）巨大权力的缘故。在当代公共行政视野下，如果说法治取决于一定形式的正当过程，正当过程又主要通过程序来体现。[②]程序既是行政主体实施行政活动所应当遵循的步骤、顺序、方式和时限等要求，又能通过限制行政权的恣意行使，维护行政相对人的合法权益。[③]可见，程序是循环经济法协调多维度利益过程中不可或缺的核心要素。

既然程序与利益协调有着密切的关系，这意味着程序既可以促进权利的实现，又可以妨碍权利的实现。[④]正如杨建顺教授所言："人们更多的是从程序的正面效应来观察和分析程序的价值，以突出程序价值的重要性。从而自觉或不自觉地将程序等同于正当程序乃至正当法律程序（due process of law），忽视或不注重正当程序的对立面——繁文缛节、形式主义的程序。"[⑤]在受政府权力操控的情况下，多维度利益的协调很可能繁文缛节、流于形式。这不仅不符合利益协调的目标，还会适得其反，引起愤怒和不信任。[⑥]因此，循环经济法中的程序不能停留在满足形式合法性的程度。鉴于利益协调过程中涉及的主体多元、利益多样、诉求多种，只有各种主体，尤其是利益的减损的主体享有表达自己的思想观点、主张看法的话语权，才能实现和保障公平。不同思想观点、不同主张看法的人们只有平等地享有表达权，才能相互了解、相互协调，平衡和化解利益冲突、

---

① 〔日〕盐野宏：《行政法总论》（第四版），杨建顺译，北京大学出版社 2008 年版，第 52 页。

② John Rawls. A Theory of Justice. Mass: The Belknap Press of Harvard University Press. 1971, p.239.

③ 章志远：《行政法学总论》，北京大学出版社 2014 年版，第 328—329 页。

④ 〔日〕大桥洋一：《行政法学的结构性变革》，吕艳滨译，中国人民大学出版社 2008 年版，第 170 页。

⑤ 杨建顺：《行政程序立法的构想及反思》，载《法学论坛》2002 年第 6 期，第 19 页。

⑥ Judith E. Innes, David E. Booher. Reframing public participation: strategies for the 21st century. Planning Theory and Practice. 2004, 5(4), pp.419-436.

达成共识。^①因此，在满足形式合法性的基础上，循环经济法必须建立起以表达权为核心的程序法治以实现程序的实质合法性。其欲达成之法律效果在于：这些诉求不仅有权经过相应的法定程序得以表达，还要得到政府、企业等相关利益主体及时、充分的考虑和必要的反馈。

3. 法律理性的双重性

法律主体间利益协调过程本质上是价值的排序与判断，其背后彰显的是对价值理性的遵循与追求。然而，价值理性实现的前提首先是对事实进行判断。生态环境问题虽往往与消费者保护、劳工权益和保障等社会公共问题并列，但相对于其他社会问题，其最大特色在于其涉及高度的科技背景。^②例如，著名的泰州"天价环境公益诉讼案"中，无论是被告常隆农化等 6 家企业的违法行为与污染水体的结果之间的因果关系，还是 1.6 亿余元的生态环境修复费用，对这些基本事实的判断均远超社会一般认知能力。这就意味着，此类问题的事实判断主要是科学理性和技术判断，而科学理性的实现、事实问题的解决都有赖于专业知识的运用。^③加之，随着公共行政职能的范围日益扩大，公共行政事务也随之日益专业化、精细化、技术化和复杂化。其结果导致传统官僚政治系统的专业优势日益弱化，并在某些特殊领域表现得捉襟见肘。^④特别是，预测与应对生态环境问题需要以不断发展的现代科学技术作为支撑，政府自身往往并不具备相应的专业能力。因此，为将科学理性带入利益交涉过程之中，作为科学理性和专业技能的"代言人"——专家，自然扮演了重要的角色。于是较之其他领域，循环经济法中可以更多地看到专家的身影。作为具备相应专业科学知识的群体，专家不仅会出现在循环经济法的制定过程（如立法中标准体系的建立和完善），还可能为循环经济法的实施过程提供必要的科学理性支持（如参与绩效评价），甚至会参与利益纠纷的最终解决。^⑤

尽管科学理性及其代表在循环经济法进行利益协调的过程中具有特

---

① 吕忠梅：《建立实体性与程序性统一的公众参与制度》，载《中国环境报》2015 年 10 月 8 日，第 2 版。

② 叶俊荣：《环境政策与法律》，中国政法大学出版社 2003 年版，第 23 页。

③ 参见王锡锌、章永乐：《专家、大众与知识的运用——行政规则制定过程的一个分析框架》，载《中国社会科学》2003 年第 3 期，第 113—127 页。

④ 湛中乐、高俊杰：《作为"过程"的行政决策及其正当性逻辑》，载《苏州大学学报（哲学社会科学版）》2013 年第 5 期，第 85 页。

⑤ 例如，《最高人民法院关于审理环境侵权责任纠纷案件适用法律若干问题的解释》第九条第一款规定："当事人申请通知一至两名具有专门知识的人出庭，就鉴定意见或者污染物认定、损害结果、因果关系等专业问题提出意见的，人民法院可以准许。"

殊重要的作用，但该过程从本质上来说不仅需要科学证据，更需要进行价值的判断和选择，这才是其理性的完整体现。换言之，科学理性、专家参与不能解决利益协调过程中的所有问题，特别是最核心的价值判断和选择问题，因为"科学只会告诉我们是什么而不会告诉我们应该是什么"①。对科学理性的过分追求有可能使法律主体间的利益协调过程走向形式化和工具化的歧路，出现工具理性对价值理性的排斥。②为了避免工具理性征服社会一切领域的情况出现，科学的"客观性"并不能完全成为解释利益协调过程合法性的全部理由，专家的观点、意见也不能完全成为左右多重利益类型排序、选择、协调的唯一依据。专家提供的仅是技术层面的多学科支持，但不是各方利益的代表，③绝不能将专家意见代替"多元共治"。换言之，循环经济法的运行过程、法律主体间利益交涉过程既不能是政府的"一言堂"，也不能是专家的"一言堂"。因此，循环经济法在协调多维度利益的过程中，既要尊重科学理性、尊重专家在技术判断方面的支配地位，同时也要避免出现借专家的科学理性"绑架"利益协调过程，以及单纯依靠专家的科学理性而忽视多元主体进行价值判断和利益衡量的过程。所以我们看到，尽管专家的身影可能出现在循环经济法运行过程、多维度利益协调过程的方方面面，但是循环经济法的最终制定者仍是立法机关，最终执行者仍是行政机关，利益纠纷的最终裁判者仍是司法机关。概言之，就是吕忠梅教授所言之"科学的归科学、法律的归法律"。④

4. 法律纠纷的可司法性

一般情况下，通过循环经济立法对不同类型的利益进行价值排序和选择，并通过循环经济执法对这种立法安排加以实施，通常可以实现多维度利益之间的相互配合与良性共存。但是，法律天生的不完备性和滞后性与无限发展变化的循环经济实践活动之间存在天然的矛盾，这使得相当部分

① 流沙：《科学在风险标准制度中的局限》，载金自宁编译《风险规制与行政法》，法律出版社2012年版，第115页。

② 参见张康之：《公共行政：超越工具理性》，载《浙江社会科学》2002年第4期，第3页。

③ 蔡定剑主编：《公众参与：风险社会的制度建设》，法律出版社2009年版，第146页。

④ 例如，《环境影响评价法》第十三条规定了专项规划环评的专家审查制度："设区的市级以上人民政府在审批专项规划草案、作出决策前，应当先由人民政府指定的环境保护行政主管部门或者其他部门召集有关部门代表和专家组成审查小组，对环境影响报告书进行审查。"同时，该法也明确了审查的法律效力，即该法第十四条规定："审查小组提出修改意见的，专项规划的编制机关应当根据环境影响报告书结论和审查意见对规划草案进行修改完善，并对环境影响报告书结论和审查意见的采纳情况作出说明；不采纳的，应当说明理由。设区的市级以上人民政府或者省级以上人民政府有关部门在审批专项规划草案时，应当将环境影响报告书结论以及审查意见作为决策的重要依据。"

事实状态中已然存在的多维度利益冲突并未被纳入循环经济立法和执法的范畴。加之，那些已经为循环经济立法和执法所确认和调整的利益类型，其内涵和外延又天然具有模糊性、存在一定的张力。在特定的时空条件下，在法律主体间不可避免地存在利益冲突的可能。例如，立法中"公共利益""其他条款"等的设定，从立法本身的角度而言无可厚非，但可能在法律实施过程中引发多元主体间的利益分歧。在上述情况下，仅实施循环经济立法已经设定的法律规范不仅无法充分实现对多维度利益的协调，甚至有可能激化多维度利益之间的紧张关系进而在多元主体间引发利益冲突。司法是国家司法机关依据法定职权和程序，应用法律处理案件的专门活动[①]，是最正式也是最终的法律运行阶段。司法的重要功能之一，就是在个案中实现价值判断与衡量。在协调多维度利益的过程中，需要司法通过对个案的处理，发挥定分止争、恢复社会秩序、再造社会关系的必要职能。是故，司法是循环经济法追求正义价值，实现多维度利益协调的"最后保障"。

二、平等

每个人的生理、身体、心理、能力等有着先天差异，不可能消灭这种差异实现人的绝对平等。但每个人都有人的尊严，在自由人格的形成上必须享有平等的权利，这就是平等观念产生的缘由。[②]应当说，平等价值指引着法律对权利（力）、义务的公平分配，而循环经济法对这种传统意义上的平等价值带来的变革，主要体现在时间和空间两个维度上。

（一）空间维度

近代法哲学确立的重要原则之一就是法律面前人人平等。[③]1789 年，法国的《人权宣言》明确规定"在法律面前，所有的公民都是平等的"。可见，传统意义上法的平等价值，主要意指自然人、法人等人际的平等。在这种价值内涵的指引下，世界各国的法律纷纷对人际的平等加以确认。例如，我国《宪法》第三十三条第二款明确规定："中华人民共和国公民在法律面前一律平等。"应当说，人与人之间的平等既是平等价值产生的初衷，又是平等价值存在和发展的基础。对于循环经济法而言，人与人之间的平等依然是其必须追求的基本价值目标之一。因为发展循环经济，实现节能减排将有助于人与自然的和谐相处，其形成良好的资源环境状态将

---

① 时显群主编：《法理学》，中国政法大学出版社 2013 年版，第 234 页。
② 邹平学：《论法的六大基本价值》，载《当代法学》2003 年第 8 期，第 8 页。
③ 黄佳宇：《法哲学思维的基本范畴》，吉林人民出版社 2020 年版，第 57 页。

普遍惠及每一位公民。以此为起点，发展循环经济没有停留在公民、企业、产业园区等微观、中观层面，其更成为地区乃至国家的重大战略。因此，循环经济的含义中必然包括区际均衡发展的问题，故循环经济法也在人际平等的基础上又赋予平等价值以新的内涵——区际平等。

　　一方面，各国和地区应实质上平等享有发展循环经济的机会。传统意义上，平等价值的重要内涵之一就是机会平等（均等），如民法的平等原则就要求民事主体参与民事法律关系的机会平等。在循环经济法中，平等价值的这种内涵扩大到了国家和地区层面，不仅人与人之间应当机会平等，各国家和地区间亦应平等地享有发展循环经济的机会。但是必须说明的是，区际的机会平等是以历史上国家和地区间发展不平等为背景的。具体而言，发达国家和地区依靠其在工业化进程中先期积累的资金、技术优势，在发展循环经济的过程中已经取得了显著的成果。相比之下，发展中国家和地区尚未完成工业化，严重缺乏发展循环经济所需的资金、技术等。在这种历史背景下，如果要实现相互之间享有平等的发展机会，在历史上已经获得更多发展机会并在发展中获得更大利益的发达国家和地区就应当更多地帮助和支持发展中国家和地区。例如，日本《循环型社会形成推进基本法》第 31 条规定："国家应当采取必要措施，促进在建立循环型社会方面的国际性合作。"①

　　另一方面，一个国家和地区的发展不应以损害其他国家和地区的发展为代价。发展循环经济要求实现废弃物的减量化以及最终的无害化处理，但是人类的科技水平毕竟有限，加之部分国家和地区缺乏减量化、无害化处理所需的能力，故并非生产活动产生的一切废弃物在所有的国家和地区都能够得到减量化、无害化处理。在这种背景下，部分国家和地区（主要是发达国家和地区）为了在本国、本地实现废弃物的减量化、无害化，就可能将难以减量化、无害化处理的废弃物转移至发展中国家和地区，将高污染、高能耗的产业、技术转移到发展中国家和地区。在发展中国家和地区缺乏相应处理能力的情况下，就造成了环境污染的转嫁或转移，进而对当地的发展造成负面影响。也就是说，某国家、某地区发展循环经济、改善本区域的资源环境状况很可能会以牺牲其他国家和地区的生态环境为代价。为此，《里约宣言》原则二明确提出："各国拥有按照其本国的环境和发展政策开发本国自然资源的主权权利，并负有确保在其管辖范围内或

---

① 中关村国际环保产业促进中心：《循环经济：国际趋势与中国实践》，人民出版社 2005 年版，第 282 页。

在其控制下的活动不致损害其他国家或在各国管辖范围以外地区的环境的责任。"相关的国内立法中，也对这种"损人利己"的行为加以必要的限制，如《江西省环境污染防治条例》第四十五条规定："对非法转移入本省的固体废物，任何单位和个人不得提供堆放场地，不得销售、加工和使用。"实际上，这是对传统平等价值所包含的"个人在行使权利时不能损害他人的利益"这一含义在空间范围上的扩展，亦即从个人利益的微观空间扩大到国家、地区整体利益的宏观空间。

（二）时间维度

传统意义上，平等主要涉及的是当代人之间的平等，即代内平等。生态环境问题的出现给平等价值增添了新的意蕴，其不仅包括代内的平等，还包括代际平等。这就让后代人穿越了时空的限制第一次坐在了利益的谈判桌上，法律的平等价值因为时间的维度而变得更加立体。[①] 循环经济倡导在物质循环利用的基础上发展经济，是符合可持续发展战略的一种全新经济发展模式。依据其主张"减量化、再使用、再循环"的经济活动原则，以把经济活动对自然环境的影响降低到尽可能小的程度，从而从根本上消解长期以来环境与发展之间的尖锐冲突。[②]

作为调整循环经济活动的法律领域，循环经济法顺应了可持续发展观对平等价值内涵的拓展，尤其是将代际平等作为其重要的价值考量。首先，循环经济法的出现本身就是对代际平等的一种回应，即以法律的形式确认和保障循环经济活动的开展以实现可持续发展，为后代人的发展留下必要的空间和机会。其次，循环经济法的内容进一步体现代际平等的价值。例如，德国《联邦可再生能源优先法》（2000）第 1 条宣布："本法制订的目的是保护气候和环境，保证能源供应的可持续发展和显著提高可再生能源对电力供应的贡献。"其中，可再生能源的开发利用，将减少对有限且宝贵的非可再生资源的消耗，保障后代人对其持续开发利用的能力。

三、安全

理论上，安全是包含主客观双重含义的概念范畴：在客观意义上，安全表明对所获得价值不存在威胁；在主观意义上，安全则表明不存在这样

---

① 陈泉生、何晓榕：《论环境时代法的平等价值》，载《环境法治与建设和谐社会——2007 年全国环境资源法学研讨会（年会）论文集（第二册）》，第 1 页。

② 周显志：《发展循环经济：实践科学发展观的必然选择》，载《中国高新技术企业》2007 年第 8 期，第 221 页。

的价值会受到攻击的恐惧。①根据马斯洛的需要层次理论，人的需要分为五个层次：即生理需要、安全需要、归属和爱的需要、尊重需要和自我实现的需要。因此，我们可以将整个机体描述为一个寻求安全的机制，几乎一切都不如安全重要（甚至有时包括生理需要，它们由于被满足，现在不受重视了）。假如这种状态表现得足够严重，持续得足够长久，那么，处于这种状态中的人可以被描述为仅仅为了安全而活着。②可见，安全属于人类的基本需要。

从法律价值的角度来讲，所谓安全，是指通过法律力求实现的、社会系统基于其要素的合理结构而形成的安定状态，以及主体对这种状态的主观体验、认知和评价。③霍布斯认为，"人民的安全乃是至高无上的法律"④，突出强调了法的安全价值的社会地位。传统意义上，法律所保护的安全主要是个人的人身、财产安全以及国家安全。例如，我国的《民法典》在于保证民事交易的有序进行，维护民事主体的财产安全；《刑法》则是对危害国家安全的行为给予相应的刑事制裁。在此基础上，循环经济法给安全价值赋予了更多的内涵。结合习近平总书记提出的"总体安全观"以及自身所涉及的具体安全问题，循环经济法所欲实现的安全价值还包括经济安全、生态安全、资源安全、社会安全等多元内涵。

（一）经济安全

经济安全是指消除经济社会系统运行中的潜在不稳定因素而达到的一种良性经济状态。其中，"发展"和"稳定"是经济安全所欲实现的基本目标。发生在 20 世纪 70 年代的两次石油危机虽然都是暂时的，但仍可将其视为两次对世界经济安全的"压力测试"。测试的结果，既催生了能源战略储备等应急制度，也促使西方主要发达国家进行产业结构的转型。例如，日本在对内政策上大力调整主要产业结构，放弃以重化学工业为主的产业结构，发展低能耗、高科技产业，力争从根本上摆脱石油危机的困扰。⑤2000 年 3 月，日本通产省产业结构审议会在《21 世纪经济产业政策课题展望》报告中，提出把发展环境产业以及循环经济体系作为改善日本经济结构，提高产业竞争力的重要内容。⑥固然，转型可能包含社会、国

---

① 转引自李少军：《论安全理论的基本概念》，载《欧洲》1997 年第 1 期，第 25 页。
② 刘大椿主编：《百年学术精品提要：文史与哲学卷》，知识产权出版社 2006 年版，第 577 页。
③ 安东：《论法律的安全价值》，载《法学评论（双月刊）》2012 年第 3 期，第 3 页。
④ 徐显明主编：《人权研究（第二卷）》，山东人民出版社 2002 年版，第 277 页。
⑤ 李凡：《论 20 世纪七八十年代日本的石油危机对策》，载《世界历史》2003 年第 1 期，第 40 页。
⑥ 中关村国际环保产业促进中心：《循环经济：国际趋势与中国实践》，人民出版社 2005 年版，第 215 页。

际关系、政治等诸多复杂因素，但其中显然纳入了保障经济安全的考量。这种考量，不仅通过具体制度设计在循环经济法中得以贯彻和保障，更提升为循环经济法对安全价值一种必要和具体的追求。例如，日本《循环型社会形成推进基本法》第 3 条规定："循环型社会的建立，必须遵照以下宗旨……促进经济健康发展，逐步实现社会的可持续发展。"[①]其中的"促进经济健康发展"，就是循环经济法对经济的稳定和发展这种安全状态或目标的一种立法表达。

不但如此，与传统线性经济缩短经济的链条不同，循环经济通过延长经济的链条，把经济活动组织成一个"资源—产品—再生资源"的过程。这一过程不仅有利于节约资源、保护生态环境，还催生出了与循环经济相关的新产业，进而创造出大量新的就业机会。这说明，发展循环经济本身就是一个极具潜力的新业态。对于保障经济安全而言，寻找新的经济增长点无疑也是十分重要的。2015 年欧洲委员会发布的"循环经济一揽子计划"，其目标就是以发展循环经济推动可持续经济的增长，循环经济战略可帮助创造经济机会，将其作为促进就业、拉动投资的一种方式，并创造新的就业机会。2020 年 3 月，欧盟委员会又通过了最新的循环经济行动计划，致力于在 2050 年前实现"气候中和"的目标。无论是从政策扶持、资金供给，还是从标准制定、监管协调等各个领域，该计划都为未来欧盟国家有序发展循环经济提供了强大支撑。[②]在现今德国的循环经济行业中，约有 267 000 名员工就业，年营业额约为 700 亿元。该行业已经成为德国环保产业最重要的经济部门之一，而且该行业的发展明显比德国整体经济的发展更具有活力。[③]另据荷兰国家应用科学研究院（Netherlands Organization for Applied Scientific Research，TNO）初步评估，循环经济将让荷兰所涉及的各个领域每年增加 73 亿欧元的营业额，创造 5.4 万个工作岗位。作为调整循环经济活动的法律领域，循环经济法的制定和实施为循环经济业态的培育和发展提供了法制保障，通过促进就业、打造新的经济增长点有效维护了经济安全。例如，欧盟预计，依靠技术手段加强对非可利用或非可循环废弃物进行能源回收，可直接创造 180 万个就业岗位；若采取废弃物强制性法规，还可额外创造 40 万个就业岗位，同时还能满足欧盟

---

① 中关村国际环保产业促进中心：《循环经济：国际趋势与中国实践》，人民出版社 2005 年版，第 273 页。
② 赵琪：《循环经济推动欧盟工业结构创新》，载《中国社会科学报》2020 年 10 月 19 日，第 2 版。
③ 翟巍：《德国循环经济法律制度精解》，中国政法大学出版社 2017 年版，前言第 1 页。

10%～40%的原材料供应需求，减少40%的温室气体排放总量。[①]

（二）生态安全

所谓生态安全，是指国家生存和发展所需的生态环境处于不受或少受破坏与威胁的状态。[②]1987年，世界环境与发展委员会在《我们共同的未来》报告中正式使用了"环境安全"一词，阐明了安全的定义，生态环境问题已成为除了对国家主权的政治和军事威胁外，具有战略意义的问题之一。1991年，美国公布了《国家安全战略报告》首次将生态环境问题视为国家利益的组成部分，认为各种全球性的生态环境问题已经在政治冲突中起作用。美国国防部自1995年起每年向总统和国会提交关于环境安全的年度报告，美国国会称世界各地的环境退化已经影响到美国的经济繁荣。[③]

生态环境既是人类作为生物生存必不可少的基础，也是人类创造财富不可或缺的资源，更是人类精神文化的家园，这些价值的实现都有赖于其处于一种主客观不受威胁的状态之中。作为一种非传统安全，生态安全之所以日益受到世界范围内的广泛关注，其中重要的原因之一就是以"自然资源—产品—废弃物"为特征的"线性经济模式"下经济社会系统对自然生态系统的过度干预，人类过度追求其社会属性并满足其社会性需求，这一过程已经严重挤占了人类满足自身自然属性和自然性需求的空间。一方面，经济社会系统迅速消耗大量自然资源，造成森林锐减、能源紧缺、水土流失严重、各种矿产资源日渐匮乏，使自然生态系统完整性遭到破坏；另一方面，经济社会系统排放大量污染物和不易分解的废弃物，造成大气污染、水污染、土壤和生物污染，导致臭氧层破坏、酸雨和温室效应，城市垃圾堆积成山，生物多样性丧失，严重影响了生态系统的健康运行。[④]这些现象或结果是自然生态系统向经济社会系统发出"安全预警"的反馈信号，也是人类生存和发展受到安全威胁的重要指征。例如，震惊世界的"八大公害事件"就是工业文明威胁生态环境，高污染、高排放的生产方式影响生态安全进而危及公众健康的最好例证。

诚然，人的社会属性是人的特有属性。但是，人的自然属性和社会属

---

① 张敏：《欧盟迈向零废弃垃圾管理机制》，网址：http://www.chinanews.com/gj/2017/03-20/8178226.shtml。

② 参见《全国生态环境保护纲要》国发〔2000〕38号。

③ 周珂、王权典：《论国家生态环境安全法律问题》，载《江海学刊》2003年第1期，第113页。

④ 孙立伟、程会强：《生态安全视角下的循环经济研究》，载《再生资源与循环经济》2012年第12期，第9页。

性也是同时存在的，人的社会属性以自然属性为基础和依托。[①] 作为大自然的一员，人类活动时时都受到大自然的约束，只有在不损害大自然或者最大可能地减少环境负荷的前提下，其生产与消费所创造的财富才有意义。[②] 正如习近平总书记所指出的那样："对人的生存来说，金山银山固然重要，但绿水青山是人民幸福生活的重要内容，是金钱不能替代的。"如果经济发展了，但生态破坏了、环境恶化了，那样的现代化不是人民希望的。[③] 因此，要解决日趋严峻的生态环境问题，就必须立足经济社会系统与自然生态系统之间的应有规律，减少经济社会系统对自然生态系统的过度干预。作为反思工业文明时代生产生活方式而出现的循环经济，是经济社会系统在资源环境利用方面的系统变革，是实现经济社会发展与生态安全协同共进的有效途径。[④] 而循环经济法通过对循环经济活动的有序规范、引导，将人类活动对生态环境的负面影响降至较低水平，从而实现对生态安全的保障。例如，我国《清洁生产促进法》第二条的规定，开展清洁生产能够"从源头削减污染，提高资源利用效率，减少或者避免生产、服务和产品使用过程中污染物的产生和排放，以减轻或者消除对人类健康和环境的危害"。再如，德国《促进循环经济和确保合乎环境承受能力废弃物管理法》第 1 条规定，"本法典的目的是促进以保护自然资源的循环经济，确保在废弃物的生产和管理中对人类与环境的保护"。[⑤]

（三）资源安全

对资源安全这一概念可以有多种理解方式：一种是从资源本身是否处于良好或未遭受破坏的角度理解，由于资源和环境这对概念的相互性，这种含义基本包含在前述的生态安全之中。另一种理解方式，是从资源对经济社会发展的保障程度的角度理解，指一国或地区自然资源保障的充裕度、稳定性和均衡性。[⑥] 本书对资源安全的理解，采用第二种方式。

长期以来，基于行为惯性甚至可以说是基于对大自然与自身关系的无知，资源安全从来就不是一个问题，人们也懒得去思考这样的问题。先是

① 王孝哲：《历史唯物主义新论》，合肥工业大学出版社 2011 年版，第 72 页。
② 郑少华：《人与自然和谐：循环经济法的意义》，载《法学》2007 年第 3 期，第 32 页。
③ 中共中央宣传部、中华人民共和国生态环境部编：《习近平生态文明思想学习纲要》，学习出版社、人民出版社 2022 年版，第 35—36 页。
④ 孙立伟、程会强：《生态安全视角下的循环经济研究》，载《再生资源与循环经济》2012 年第 12 期，第 11 页。
⑤ 翟巍：《德国循环经济法律制度精解》，中国政法大学出版社 2017 年版，第 253 页。
⑥ 王礼茂、郎一环：《中国资源安全研究的进展及问题》，载《地理科学进展》2002 年第 4 期，第 333 页。

经济高速发展的西方国家大量攫取自然资源满足其高消费，继而是发展中国家步西方国家之后尘；先是经济发达地区利用经济发展水平的区际差异给经济后发达地区造成环境污染与资源浪费型开采，后是经济后发达地区自身进行污染与浪费。[①]但其结果却是，世界范围内矿产资源、水资源、能源等资源安全状况已不容乐观。据测算，地球上原油的储藏量可供人类开采时间最多不会超过百年，煤炭在 300 年左右也将消耗殆尽。尽管很多国家建立了战略资源储备等制度，美国甚至依靠成熟的开发生产技术以及完善的管网设施掀起了"页岩气革命"进而改变了世界能源格局。但正如罗马俱乐部在《增长的极限》一书中所说的那样："即使社会的技术进步把所有期望的事情都付诸实现，还存在技术上所不能解决的问题。"[②]只要依靠大量消耗资源的"线性经济模式"没有从根本上得到改变，制度上的改进和技术上的创新都只能在短期内缓解而非消除人类社会面临的资源安全问题。况且，即使现有的资源能够通过国际贸易等方式实现地区间的均衡性，并保证资源充裕度和稳定性，但这种暂时的安全状态仍存在诸多不稳定的因素。以中国为例，当前中国经济越来越依赖进口的大宗原材料，相当部分是来自政局不稳定地区（例如中东地区、非洲国家等），由此而来的地缘政治风险也随之上升。

　　相比于既有的资源安全保障措施，循环经济具有几大优势：首先，循环经济不是从量上大力开发自然资源，而是强调从生产消费与生活消费上挖潜资源，做到物尽其用。其次，在循环经济体系中，理论上没有真正意义上的废弃物，整个社会都参与资源的减量化、循环再生。[③]例如，电子废弃物的处置是一个全球性的生态环境问题。同时，在绿色清洁能源的过程中，一种关键的能源金属——铟的需求量迅速增加。铟的主要资源来源稀少，但在电子废弃物（如液晶显示器）中却相对丰富。[④]如果对电子废弃物这一潜在的"资源矿"实行循环利用，对于这种特殊资源的利用和储备工作会变得更加轻松。当这些优势被循环经济法以法律原则、法律制度

---

① 陈德敏、杜健勋：《循环经济理性下的资源安全制度创新研究》，载《中国人口·资源与环境》2009 年第 5 期，第 67—68 页。

② 〔美〕丹尼斯·米都斯等：《增长的极限：罗马俱乐部关于人类困境的研究报告》，李宝恒译，四川人民出版社 1983 年版，第 172 页。

③ 参见王永生：《循环经济——实现小康社会资源安全的理想选择》，载《国土资源导刊》2005 年第 2 期，第 20 页。

④ Ata Akcila, Ismail Agcasulua, Basudev Swainb.Valorization of waste LCD and recovery of critical raw material for circular economy: A review. Resources, Conservation and Recycling. 2019, 149 (Oct.), pp.622-637.

进行表达，并在法律实施中得以展现的时候，透露出的是循环经济法对资源安全的价值追求。例如，《菲律宾环境保护法典》第 42 条规定："本编的目的是：……2. 通过恢复、循环和重复使用废物和废品，防止造成国家环境损害和不必要的珍贵资源的损失。"[①]该条作为法典"第五编 废物管理"的立法目的宣示条款，其中防止造成"不必要的珍贵资源的损失"的立法表述，显然是对资源安全的价值追求。

（四）社会安全

有别于传统安全中的国土或国防安全、公民人身或财产安全，社会安全是指国家或区域内的社会不受或少受破坏与威胁的状态。其涵盖的内容十分广泛，包括但不限于公共卫生、网络信息安全、灾害防御、群体性事件、突发事件等。在影响社会安全的诸多因素事件中，环境群体性事件、突发环境事件近年来随着生态环境问题的凸显时有发生。例如，仅印度博帕尔毒气泄漏这一起突发环境事件，就导致 2.5 万人直接死亡，约 50 万人永久残废。[②]环境群体性事件、突发环境事件的频繁发生如不能得到及时化解和处理，就会演变为社会安全的隐患，或直接对社会安全造成冲击。法律作为保障社会安全的主要手段，可以通过加强立法、执法、拓展纠纷解决路径等方式应对此类矛盾、纠纷。例如，我国 2014 年修订的《环境保护法》规定了环境公益诉讼制度，增加了通过公益诉讼的方式化解相关纠纷，避免纠纷演变成群体性事件。

随着生态环境在群众生活幸福指数中的地位不断凸显，环境问题往往最容易引起群众不满。[③]在通过法律手段积极应对环境群体性事件、突发环境事件的同时，应当看到其背后反映的是经济利益、经济发展的片面追求过程中对生态环境利益、环境健康造成了巨大的冲击。如果传统高投入、高污染、高消耗的"线性经济模式"没有改变、传统的线性产业结构没有得到调整，经济社会发展对资源环境的冲击仍在持续，环境群体性事件、突发环境事件等社会安全问题就如同"顽疾"一样难以得到根治。有鉴于此，法律如能通过规范人类活动确立、引导、保障一种能够实现资源节约、环境友好的经济发展模式，相较其单纯地、机械地应对冲突或纠纷更有益于社会安全的维护。循环经济正是这样一种有助化解矛盾和冲突的模式。

---

① 《菲律宾环境保护法典》，岳小花译，李聚广校，法律出版社 2020 年版，第 28 页。
② 参见邹晶：《如何应对突发环境事故》，载《世界环境》2012 年第 2 期，第 10—11 页。
③ 中共中央宣传部、中华人民共和国生态环境部编：《习近平生态文明思想学习纲要》，学习出版社、人民出版社 2022 年版，第 36 页。

通过开展循环经济活动实现产业结构的调整、经济增长方式的升级改造，使经济社会发展与生态环境保护从"对立"走向"共赢"。这就能从根本上尽量避免和化解环境群体性事件、突发环境事件等社会安全问题的产生，维护社会公共安全。例如，美国《爱达荷州废轮胎处置法》第 39-6508 条宣示了该法的立法目的："立法机构发现，对废轮胎进行管理，其最大的公共利益在于保护公众健康和安全。"①就这个意义而言，调整循环经济活动的循环经济法不仅提高了资源利用效率，保护和改善了生态环境，还在一定范围和程度内体现出对社会安全的维护。因而，循环经济法所追求和实现的安全价值中，还应当也必然包括社会安全。

四、秩序

法律秩序是由法所确立和维护的，以一定社会主体的权利和义务为基本内容的，表现出确定性、一致性、连续性的，具有特殊强制力的一种社会状态。法律秩序为社会主体提供安全保障，为社会关系提供依循的界限和规则，使社会可以据以稳定、繁盛和持续发展。②例如，无论哪朝哪代危害国家安全的犯罪和自然犯罪都是刑法的重点打击对象之一。究其原因，就是这些犯罪无论发生在何时何地，都会对法律所维护和保障的既有社会秩序造成重大冲击，故必然得到法律的秩序纠正。因此说，人类社会是以法律秩序为重要纽带而生存发展的。在农业文明时代，无论是中国的君主制，还是欧洲的封建领主制，围绕对土地、牲畜、农产品等农业生产生活资料形成了人与人之间等级性、身份性的法律秩序。到了工业文明时代初期，资产阶级民主革命打破了封建身份性、等级性的原有法律秩序，建立起了平等、自由、私权神圣为价值的法律秩序。然而，随着工业文明的发展，失业、工伤等社会问题的出现，使私权的行使和自由市场受到国家公权力的干预和限制，法律又着手建立起以保护社会性权利、保障社会公平正义为价值的法律秩序。通过简要的历史梳理不难看出，人类社会不同历史发展阶段之间的重要区别之一，就在于该阶段建立了什么样的法律秩序。

从法律秩序的发展简史中还可以看出，法律秩序作为一种人类社会的永恒价值追求，其发展变化具有如下规律：一方面，囿于法律与生俱来的

---

① 环境保护部国际合作司、污染防治司巴塞尔公约亚太区域中心编译：《美国废轮胎管理法律法规选编》，中国环境出版社 2015 年版，第 19 页。

② 周旺生：《论法律的秩序价值》，载《法学家》2003 年第 5 期，第 33 页。

滞后性，从本质上说更倾向于对现存社会秩序的维护与保障。[①]因此，法律未必在任何条件下都能实现良好的秩序价值。另一方面，法律对既有社会秩序的维护并不只意味着稳定、一致、连续，其也在通过创新和调整，不断健全秩序价值的内涵。在法律的秩序价值不断进化和发展的过程中，确认应当确认的秩序，便能固化经验和提升生活；创设应当创设的秩序，便能创造生活和引领生活。[②]

从生态学的角度看，人类生活在一个"社会-生态系统"之中，这一系统包含两个既具有独立性、又具有关联性的子系统——经济社会系统与自然生态系统。与此相对应，人类所面对的秩序也就包括社会秩序和自然秩序两方面。其中，社会秩序体现的是人与人之间的社会关系，法律是确认和维护社会秩序的工具、手段，法律秩序是社会秩序的基本环节。而自然秩序受自然规律调节，体现的是作为生态系统一分子的人与自然的生态关系。人作为生态系统的一部分，不但不能为自然、为生态立法，还必须遵循自然生态系统的法则、秩序。否则，就会受到自然法则的秩序之罚。前文已述，传统法律确认和维护的法律秩序固然有其合理的部分，如自由、平等、法治、民主等，但本质上是以追求经济利益和集聚物质财富为主要目的，没有体现出对自然秩序的合理确认和保护。[③]在这种法律秩序确认和运行之初，经济社会和自然生态两大系统尚能实现良性互动，即便在某些特殊的时空范围"小有摩擦"，也可以通过处罚、禁限、技术革新等法律手段加以"调和"。但当这种为追求经济利益而大量生产、大量消耗、大量废弃的社会状态继续膨胀后，经济社会和自然生态两大系统的良性关系必然被打破。因为，自然生态系统的自然规律是不以人的意志为转移的，经济社会系统的大量生产、大量消耗、大量废弃达到甚至超过了资源环境的承载能力，打破了自然生态系统的物质和能量平衡，自然生态系统就不可避免地向经济社会系统发出资源短缺、环境污染、生态破坏等反馈信息。此时，虽然经济社会系统内部实现人人自由平等、物质财富配置均衡、社会保障完备的理想状态，但生态环境问题的出现和恶化立刻就打破了这种美梦。这是因为，传统意义上的正义平等、资源配置都会因为资源环境的稀缺而需要被重新定义；传统意义上的权利（力）体系都因为对良好生态环境的追求而需要被重构。很显然，这是对传统法律所确认和维护的社会

① 龚培华：《创新与秩序——法律对社会发展的保障与促进》，载《政治与法律》2000 年第 4 期，第 2 页。
② 周旺生：《论法律的秩序价值》，载《法学家》2003 年第 5 期，第 33 页。
③ 贾少学：《论和谐作为法价值的表现》，载《法制与社会发展》2006 年第 4 期，第 22 页。

状态持续冲击自然秩序的一种惩罚。

既然人类不可能改变自然法则，那么重塑"社会-生态系统"和谐的唯一路径就是将确认并遵循自然法则作为法的重要组成部分，并且调整经济社会系统本身的规则，特别是对既有法律秩序中不遵循自然法则、不可持续的部分加以变革。唯有如此，才可能将社会秩序变革的信息向自然秩序再反馈，使得两个系统重新达到良性互动。这也就意味着，循环经济法虽然与传统的法律部门关系密切，但它并不是对传统法秩序的一种补充或点缀，[①]其所追求、塑造和维护的是一种社会与自然的共同有序状态。它将是以破坏生态环境为代价的发展模式的终结，代之而起的是以可持续发展为灵魂，根据资源的供给情况和环境承载能力布局产业，合理安排经济发展，对社会收益进行公平分配、限制过度消费的新秩序。[②]诚然，法律秩序的形成，尤其是一种良性秩序（区别于强制秩序或表面化的秩序）的形成涉及千千万万个社会成员的信仰问题。这种信仰的形成需要时间，需要法律运作所产生的实际效果，并使法律实效转化为公民对法律的内心确认。但是，循环经济法的出现及其发展正在不断推动这个外在无形、酝酿萌发的社会心理过程，最终使法律制度转化为千千万万个社会成员所愿意遵循的行为习惯。[③]例如，清洁生产就是循环经济法所确认和保障的，有别于传统的生产秩序。传统法律秩序所确认的企业自主经营权，尤其是高污染、高排放的旧有生产活动依法被有条件地限制甚至禁止，一种新的生产秩序正在被逐渐塑造和接受。

五、效率

在经济学上，效率是指投入的成本与产出的成果之间的比例，追求效率的目的是以最少量的投入获得最大量的产出。上升到哲学认识的层面，效率就可被理解为人的活动与其实现的目的之比。[④]具体到法学领域，效率则可以被视为法律制定、实施的成本与其所能实现的结果之间的比例以及法律对整个社会资源配置所能达到的效果。[⑤]其中，权利和权力是最重要的法律资源，因为它们可以给人们带来实际利益，是实现利益必不可少

---

① 吕忠梅：《循环经济立法之定位》，载《法商研究》2007年第1期，第44页。

② 王景龙：《和谐发展论》，中国环境科学出版社2008年版，第10页。

③ 蒋立山：《为什么有法律却没有秩序——中国转型时期的社会秩序分析》，载《法学杂志》2005年第4期，第11页。

④ 吴德勤：《经济哲学：历史与现实》，上海大学出版社2002年版，第232页。

⑤ 张弘、刘佳奇：《论行政实体法的效率价值——以行政分权为研究视角》，载《东方法学》2010年第5期，第105页。

的手段。①可见，法律所追求的效率价值可以从如下两个方面加以理解：一是法律自身的效率，即法律自身在运行（立法、执法、司法、守法等环节）过程中耗费最低的成本与获得最大的产出；二是法律的社会效率，即通过法律实现对社会资源的有效率的配置。这两种效率价值的内涵，在循环经济法领域的具体表现如下所述。

（一）追求法律自身的效率

1. 追求循环经济立法的自身效率

法律作为一种制度供给品，其本身的产出无疑是需要消耗成本的。立法过程中需要组成立法起草专班、发现立法需求、征求多方意见等，这些活动均需要以大量的人、财、物作为基础和保障。但即便是消耗了上述必要的立法成本，所立之法也未必完美甚至未必是"良法"。更何况，循环经济法作为法律大家庭中的"后来者"，面对已经形成的、相对完备的法律体系，其是否需要存在、需要如何存在等问题无疑直接关乎循环经济法乃至一国、一地整个法律体系的效率。例如，我国在制定《循环经济促进法》时就产生过一定的争论：当时已有的《清洁生产促进法》已在相当程度上接近了发展循环经济在生产环节的基本要求。因此，制定循环经济法在许多问题上难免要与《清洁生产促进法》的既有规定发生一定的重复。那么，《清洁生产促进法》与《循环经济促进法》之间的关系如何，是纳入还是保留？此外，《循环经济促进法》中的"减量化"原则与《节约能源法》中相关原则、制度也可能有大范围的重复，二者间的关系又当如何处理？上述争论，从法的内在价值的角度看，都是对立法效率价值的关注，即一部新法是否会减损法律体系的既有效率。对上述争议的解决，本质上是对立法本身效率价值的追求：即在必要的立法成本投入下，在不减损既有效率的前提下，通过新设立法进一步提升法律体系的效率。②

2. 追求循环经济立法的实施效率

立法只是一种书本上的法律，处在应然状态，它具有影响人的行为，实现立法目标的可能性。但法律实施后，在特定的时空范围未必能产生如立法者所期望的效果。诚如弗里德曼所言，不执行在法律中是普通的事，

---

① 余其营、吴云才：《法律伦理学研究》，西南交通大学出版社 2009 年版，第 105 页。
② 以上争论参见孙佑海：《关于起草〈中华人民共和国循环经济法〉的若干思考》，载《中州学刊》2007 年第 4 期，第 80—82 页。

某项规则得到完全执行几乎闻所未闻。[①]如果有了法律而不实施，或者实施不力，搞得有法不依、执法不严、违法不究，那制定再多法律也无济于事。[②]所以，我们不仅仅要看立法的美好愿望，而且要看实施后的结果。[③]作为一种变革的力量，循环经济法对既有的利益格局、法制状态造成了一定的冲击，这种冲击使得循环经济立法的实施过程可能面临颇多困惑、障碍甚至抵制。在这种情况下，迫切需要执法、司法等立法后阶段在投入必要执法、司法成本的基础上，追求立法的实施效率。例如，《国务院关于加快发展循环经济的若干意见》（国发〔2005〕22号）中特别强调要"加大依法监督管理的力度"；时任最高人民法院副院长江必新在第一次全国法院环境资源审判工作会议上也强调，"要用绿色发展的现代环境司法理念引领审判工作……促使经济社会发展建立在资源高效循环利用、生态环境得到严格保护的基础上"。从法的效率价值角度看，无论是加强执法还是司法，其终极目标之一均在于追求循环经济立法的高效实施。

（二）追求经济与资源环境共赢的社会效率

重视效率是经济活动的追求，传统法律通过原则、规则的设定保障相关经济活动对经济效率的追求。例如，承包权与经营权分置的土地流转法律制度，其目的在于保障集体土地流转活动的高效。在单纯追求经济效率的过程中，资源环境等的价值往往通过货币化的方式表现为一定的经济成本，如水、煤炭、木材等的市场价格。但资源环境的货币化对其价值的表达是不全面的，尤其是无法充分表达相关物质对生态环境的贡献和价值。例如，木材的价值仅是林木经济价值的反映，无法体现森林作为生态系统的重要组成被砍伐后对于维系生态安全、保持生态平衡所增加或减损的价值。从这个角度讲，传统意义上经济活动对效率的追求是片面的、短视的，也是不可持续的。如果不将这些生态环境损失作为成本而纳入核算，就无法反映经济活动效率的真实状态。

有鉴于此，经济活动的效率应当将资源环境的生态成本纳入考量范畴之内，使原本外部化的资源环境成本内部化，从而实现效率观的重大转变。循环经济的实践，本身就意味着一种新的效率思维方式。其中，不仅要考虑社会本身在经济学意义的投入与产出，更要使我们的社会遵循自然世界

---

① 〔美〕劳伦斯·M. 弗里德曼：《法律制度——从社会科学角度观察》，李琼英、林欣译，中国政法大学出版社1994年版，第109页。

② 习近平：《论坚持全面依法治国》，中央文献出版社2020年版，第21页。

③ 柯华庆：《科斯命题的博弈特征与法律实效主义》，载《中山大学学报（社会科学版）》2008年第2期，第165页。

的逻辑，达到自然世界的效率。展开来说，效率不仅指减少投入或浪费，更在于以最小的资源环境代价获得经济效益，甚至"将原材料归还给环境"。[①]由此，决定了效率价值在循环经济法中的重要地位，并且赋予该价值以新的内涵。例如，日本《资源有效利用促进法》第1条规定："由于我国大部分资源依靠进口，而伴随着国民经济的发展，资源被大量使用，产生了大量的弃用物品以及副产品，其中有相当部分被废弃，并且有相当部分的可循环资源以及可再生部件没有被利用就废弃掉。因此，本法的目的是，为了确保资源的有效利用，并采取必要的措施，控制弃用物品及副产品的发生，促进可循环资源及可再生部件的利用，从而为国民经济健全稳定的发展做出贡献。"[②]可见，循环经济法所需实现的效率不是高消耗、高排放且不计资源环境成本的经济效率，而是通过循环经济活动的有序开展，以节约资源、保护生态环境、倡导绿色消费、追求经济与资源环境共赢下的效率。

不仅如此，循环经济本身作为一种经济发展模式，其同样是以追求高效为目的。换言之，循环经济并非天然等同于高效率，也不是一味地循环、毫无限制地再利用，其存在和发展必须以技术上可能、经济上可承担为基本前提。作为循环经济的法律保障，循环经济法必须以效率性与可行性作为基本价值追求，根据相关循环经济领域或活动的特点制定富有针对性与效率性的法律制度。[③]例如，我国每年产生大量的建筑废弃物，而此种废弃物的回收处理虽然在国内已有相关技术研发和应用，但总体而言仍属于难以实现循环利用或循环利用成本较高的领域。为此，《江苏省循环经济促进条例》就没有对建筑单位循环利用建筑废弃物的义务采用"一刀切"的模式，而是同时规定不具备综合利用条件的建设单位"应当委托具备条件的生产经营者进行无害化处理或者综合利用"。

六、和谐

（一）和谐作为法的价值的证成

"和谐"作为一种社会架构的理想状态，不仅是西方社会和思想中长期追求的目标，更是中国传统文化的核心理念和根本精神。[④]特别是"天

---

① Francesca Bassia, José G. Diasb. The use of circular economy practices in SMEs across the EU, Resources, Conservation and Recycling. 2019, 146 (Jul.), pp.523-533.

② 国家环境保护总局政策法规司编译：《循环经济立法选译》，中国科学技术出版社 2003 年版，第 6 页。

③ 翟巍：《德国循环经济法律制度精解》，中国政法大学出版社 2017 年版，第 25 页。

④ 徐孟洲：《论法的和谐价值与财政法核心理念》，载《重庆大学学报（社会科学版）》2008年第 4 期，第 100 页。

人合一""天下大同"等思想，彰显了中国古人对于"和谐"的追求。法律作为一种社会规范，也必然要对"和谐"这一理念或精神有所体现。例如，劳动合同、工伤、劳动争议仲裁等制度，实际上都有利于保护处于弱势地位的劳动者，进而保障和促进社会的和谐。尽管如此，从法的目的价值的角度讲，往往也只是把和谐作为秩序的下位概念。亦即，强调我们所确认和维护的秩序是一种"和谐的秩序"，而没有把和谐作为独立的价值。①和谐真正能构成一种法所追求的目的价值，主要是基于以下两方面的原因。

1. 基于价值统合的需要

正义、平等、安全、秩序、效率等前述的目的价值固然是法所永恒追求的目标，亦即目的价值具有客观性。但同时，法的主体性也会引发出法的价值的变异性（法的价值随主体的需要和利益的变化而变化）和多维性（主体的需要和利益是多方面、多层次的，因而无法满足主体需要和利益的积极意义也是多方面、多层次的）。②在此情况下，法的主要价值不在于它仅仅能体现和满足人们的这些各式各样的、多变的需要和价值追求，而在于它在一定的条件下能够因势利导，使人们的这些需要和价值追求获得协调，使对立的东西得以统一、使相反的方面得以相成。③显然，唯有"和谐"具备这种价值层面的统合性、统领性。一方面，和谐可以涵盖正义、平等、安全、秩序、效率等诸目的价值。或者说，其他目的价值的含义都可以被和谐这一更高层次的范畴所涵摄。另一方面，当其他法的价值发生冲突时，和谐因其"和而不同"的特质可以起到协调、整合的作用，以和谐的精神来确定它们各自的位阶，并且在这些价值不可兼得时决定如何取舍。④

2. 基于对社会发展的回应

中国在法制现代化的过程中所确立和追求的诸多目的价值，无疑属于"舶来品"。或言之，在探讨法的价值这一本源问题时，往往忽视了中国本土文化这一"源头活水"以及中国社会发展的实际需要。前文已述，"和谐"的理念和精神早已厚植于中华文化的土壤之中。特别是，从党的十六大提出"社会和谐"的概念、党的十六届四中全会明确提出"构建社会主义和谐社会"，再到党的十七大报告将"民主法治、公平正义、诚信友爱、

---

① 张文显：《和谐精神的导入与中国法治的转型——从以法而治到良法善治》，载《吉林大学社会科学学报》2010 年第 3 期，第 7 页。

② 孙国华：《论法的和谐价值》，载《法学家》2008 年第 5 期，第 18 页。

③ 孙国华：《再论法的和谐价值》，载《中共中央党校学报》2010 年第 1 期，第 68 页。

④ 魏和军：《法的和谐价值与法价值体系的重构》，载《中外企业家》2012 年第 3 期，第 126 页。

充满活力、安定有序、人与自然和谐相处"作为社会主义和谐社会的基本内涵，"和谐"已不仅是文化或哲学层面的追求，更成为中国社会发展明确的目标和追求。作为社会上层建筑之一的法律，也必然应当将这种追求视为自身所欲实现的目标，即本章所谓之法的目的价值。其中最具标志性意义的法治事件，莫过于 2018 年《宪法》修改过程中在序言部分明确写入"把我国建设成为富强民主文明和谐美丽的社会主义现代化强国"。

（二）循环经济法中的和谐价值

仅就前文中"人与自然和谐相处"的表述来看，当代中国所欲实现的"和谐"已经明显超越了人域和谐的范畴。习近平总书记在党的二十大报告中明确提出"中国式现代化"的内涵之一是"人与自然和谐共生的现代化"[①]。其中，把"人与自然和谐共生"作为新时代现代化建设的基本方略之一，给中国的现代化赋予了新的、不同于西方传统意义的目标与内涵。与西方现代化道路相比，中国式现代化摒弃了西方以资本为中心、两极分化、物质主义膨胀、对外扩张掠夺的现代化老路，体现了中国式现代化在人口规模巨大的条件下，坚持以人民为中心、物质文明和建设文明相协调、人与自然和谐共生、走和平发展道路的本质要求。显然，新的思想和理念对于中国法的价值提出了更高的要求。故完整意义上的法的和谐价值，就是指法将实现和发展整个人类内部的和睦相处、协调发展和人类与自然的共同生存、互相促进作为设定和配置权利（力）义务所要达到的重要目标。[②]

然而，近现代意义的法律植根于西方的人本主义和功利主义思想，没有充分认识到大自然的自在性。受此影响，传统法律主要关注的是人域内的和谐关系，落脚于实现人类社会内部的正常运转和良好状态。[③]但是，人对于自然"有用则用、无用则弃"的传统态度和做法，打破了人与自然之间的和谐关系。这种人与自然的不和谐必然会传导至人域，进而引发人与人、人与社会的不和谐。正如习近平总书记在党的二十大报告中指出的那样，"大自然是人类赖以生存发展的基本条件。尊重自然、顺应自然、

---

① 习近平：《高举中国特色社会主义伟大旗帜 为全面建设社会主义现代化国家而团结奋斗——在中国共产党第二十次全国代表大会上的报告》（2022 年 10 月 16 日），人民出版社 2022 年版，第 23 页。

② 何志鹏：《法的和谐价值：可持续发展时期的新要求》，载《安徽大学法律评论》2002 年第 1 期，第 105 页。

③ 何志鹏：《法的和谐价值：可持续发展时期的新要求》，载《安徽大学法律评论》2002 年第 1 期，第 100 页。

保护自然，是全面建设社会主义现代化国家的内在要求"[1]。而"山水林田湖草沙是生命共同体"的思想、"宁要绿水青山、不要金山银山"的辩证观以及"万物和谐"的理念，无不生动形象地阐述了人与自然之间唇齿相依的关系。因此，要实现人与人、人与社会的和谐，首先要确保人与自然的和谐。

循环经济法作为新兴法律领域，必然也要关注人域和谐的问题。尤其是作为实现可持续发展的一条"新路"，没有人的持续发展、没有各类法律主体间的和谐，是难以维系的。[2]但毫无疑问，实现人与自然的和谐才是循环经济法中和谐价值的主要方面、突出表现。因为循环经济法所确认和保障的循环经济，本质是一种尊重、顺应、保护自然的经济发展模式。无论是早期的"物质循环"还是如今更大范围的"功能循环"，都是遵循自然本身的规律来开发资源、发展经济，这是站在自然自身的角度，也是站在人自身存在的角度进行的思考。[3]

（三）循环经济法中和谐价值的内涵

诚然，就循环经济法这一领域而言，其所追求的和谐价值内涵极其丰富。其中既包含传统意义上人与人、人与社会的和谐，更凸显了人与自然的和谐，甚至可以说是无所不包。但这并不意味着，循环经济法中的和谐价值是完全模糊的、不确定的。因为追求和谐这种社会状态的过程可以区分出不同的层次，而不同的层次类型就可以作为把握和谐价值内涵的重要标准。具体如下所述。

（1）基本层次——认识、协调和化解矛盾。和谐这种理想状态要以消除"不和谐"因素或状态为基本条件。故缓和、化解人与人的矛盾、人与自然的矛盾，是促进和实现和谐的关键。[4]也就是说，认识、协调和化解矛盾属于和谐价值内涵中的基本层次、最低要求。作为循环经济法中的和谐价值，则主要是基于认识、协调和化解人与自然的矛盾。例如，我国《循环经济促进法》第十条规定，国家鼓励和引导公民使用节能、节水、节材

---

[1] 习近平：《高举中国特色社会主义伟大旗帜 为全面建设社会主义现代化国家而团结奋斗——在中国共产党第二十次全国代表大会上的报告》（2022 年 10 月 16 日），人民出版社 2022 年版，第 49—50 页。

[2] 正因如此，循环经济法领域相当数量的法律规则性质上是经济激励型的，用一种"和"而非"对抗"的方式发展循环经济。其表现如，循环经济法一方面激励循环经济主体的发展和壮大，另一方面也激励传统产业、企业的转型升级。

[3] 裴艳丽：《"人与自然和谐共生"的价值意蕴》，载《马克思主义哲学研究》2020 年第 1 期，第 27 页。

[4] 孙国华：《论法的和谐价值》，载《法学家》2008 年第 5 期，第 19 页。

和有利于保护环境的产品及再生产品，减少废物的产生量和排放量。就上述内容而言，其并不是解决人与人之间、人与社会之间在产品使用或分配方面的社会矛盾，而明显是通过节约和减排来协调、化解人的消费活动与其给资源环境造成的负荷之间的矛盾。

（2）更高层次——配合适当、协调有序的美好状态。仅就字面理解，"和谐"不仅与"不和谐"相对，还承载和容纳了对人类美好生活所寄托的一切内容和愿望。^①故就其内涵而言，和谐价值还具有更高层次的审美意义——给人们造就一种和谐之美。^②这种更高层次的内涵，不仅体现在人与人、人与社会之间，更体现在人与自然之间。习近平总书记指出，坚持人与自然和谐共生，协同推进人民富裕、国家强盛、中国美丽。^③这就充分表明，实现"人与自然和谐共生"，必然蕴含人们的审美旨趣。^④例如，《贵阳市建设循环经济生态城市条例》曾提出"建设循环经济生态城市"这一目标。该条例所谓之"生态城市"，是指社会、经济、文化与自然和谐的复合生态系统型城市。其中，不仅包括了人域和谐（社会、经济、文化），还包括了人与自然的和谐。不仅如此，该条例还设定了总体目标，而其远期目标明确表述为"建成生态良好、布局合理、人与自然和谐的循环经济生态城市"^⑤。显然，其中"良好""合理"等法律表述，都体现出对于一种配合适当、协调有序的美好状态的追求，是一种更高水平、更高要求的"和谐"。

（四）循环经济法中和谐价值的实现

一方面，循环经济法推进并保障和谐价值，使这种理想逐渐变为现实。相较于其他的社会规范，法对目的价值的追求最大特点是以国家强制力为后盾（保障），基本方式是对权利（力）和义务的配置。对此，循环经济法亦应遵循且有所表现。例如，废弃电器电子产品的回收处理是近年来世界范围内循环经济发展中出现的新问题、突出问题。如果处理不当，不仅会对大气、土壤和水体造成严重污染，还将严重影响公众健康；如果处理得当，不仅有利于防止和减少环境污染，更有利于促进资源综合利用。为

① 王岩云：《作为法价值的"和谐"涵义初探》，载《法制与社会发展》2006年第4期，第5页。
② 喻中：《和谐——法的基本价值》，载《社会科学报》2000年12月14日，第3版。
③ 习近平：《在庆祝中国共产党成立100周年大会上的讲话》，载《求是》2021年第14期，第10页。
④ 裴艳丽：《"人与自然和谐共生"的价值意蕴》，载《马克思主义哲学研究》2020年第1期，第32页。
⑤ 参见《贵阳市建设循环经济生态城市条例》第二条、第九条。注：该条例已于2017年6月废止，对此以下不再赘述。

此，我国专门制定并于 2019 年修改了《废弃电器电子产品回收处理管理条例》。其中，专设"相关方责任"和"监督管理"两章，既明确了生产者、进口者、销售者、处理企业等主体的权利和义务，[①]还明确了政府及其相关部门的监管权力（责任）。在此基础上，该条例以设定"法律责任"的方式对于上述权利（力）的行使、义务（责任）的履行提供强有力的保障。上述循环经济法制实践，无疑减轻了电子电器产品对资源环境的影响，促进了人与自然的和谐。

另一方面，和谐价值牵动着循环经济法，使其不断完善、与时俱进。理论上，法生成过程就是立法者在一定价值体系的指引下所进行的创制法的过程。[②]继而，法又将在一定价值体系的指引下不断发展。事实上，循环经济法这一领域不仅是在反思人与自然关系的过程中产生，亦应在实现人与自然和谐共生的进程中不断发展。我国之所以在 21 世纪初启动循环经济立法工作，原因就在于"经济发展与资源环境的矛盾日趋尖锐"，需要通过推进循环经济加以解决。然而，在发展循环经济的过程中，"只有在统一的社会规范和协调的法律体系下，才能把资源节约、生态环境保护同经济发展和社会进步有机结合起来"[③]。本质上讲，从"矛盾"到"有机结合"就是从价值意义上的"不和谐"到"和谐"的过程，这也是这一法律领域兴起的基本动因。当前，我国已经进入新发展阶段，开启全面建设社会主义现代化国家新征程。2021 年出台的《"十四五"循环经济发展规划》专门提出："推动修订循环经济促进法""鼓励各地方制定促进循环经济发展的地方性法规"。可以预见的是，在推进生态文明的新时代，以"人与自然和谐共生"为突出价值追求的循环经济法，无论是其法律体系还是制度内容均将不断优化、持续发展。

第二节　循环经济法的工具价值

第一节所述之目的价值，反映的是法律能够满足法律主体某种需要的功能、意义，是客体与主体之间客观存在的价值关系。但价值本身是一个

---

① 如在实践中，北京市对废弃电器电子产品实行"无选择性回收"，回收企业在对废弃电器电子产品进行品类判定、估值定价并形成回收订单后，不应以任何理由拒绝。参见张楠：《废弃电器等将"无选择性回收"》，载《北京日报》2021 年 7 月 21 日，第 5 版。

② 张力红：《法的伦理性价值与和谐社会的构建》，载《河北法学》2009 年第 6 期，第 86 页。

③ 冯之浚：《关于〈中华人民共和国循环经济法（草案）〉的说明——2007 年 8 月 26 日在第十届全国人民代表大会常务委员会第二十九次会议上》，载《中华人民共和国全国人民代表大会常务委员会公报》2008 年第 6 期，第 565—566 页。

主客观相统一的范畴，法律是否能够满足法律主体的需要、是否有价值，依赖于法律主体对这种功能与意义的体验、认知和评价。[①]质言之，作为社会经济、政治、文化和一般社会生活内容的特殊表现形式，法律不仅具有目的价值，也是对它所反映的这些目的价值认识的手段[②]，这体现的即为法律的工具价值。理论上，法律是通过确认、分配、保护、衡量及认识主体的价值追求等方式来满足主体的需求的。由此，循环经济法的工具价值具体包括确认性价值、分配性价值、保护性价值、衡量性价值、认识性价值等。[③]

一、确认性价值

确认性价值是指循环经济法的目的价值通过法律的形式加以确定，并使之得到法律的保障。质言之，确认性价值是循环经济法最基本的工具价值，且主要是通过循环经济的立法活动加以实现。具体如下所述。

（一）通过立法目的确认

立法目的，是全部法律条文价值目标的体现。如果没有明确的立法目的做指引，立法活动便是盲目的、任意的。[④]实践中，立法目的往往是立法中最容易被忽视的部分，但实际上立法目的在实现循环经济法确认性价值的过程中发挥着不可替代的重要作用。

一方面，从立法表现上看，立法目的的相关内容大都会体现在循环经济法律文件的第1条或前言、序言等起始部分。因此，立法目的通常是对循环经济法目的价值给予的首次确认。例如，德国《避免和利用包装废弃物法》第1条规定："制定本法的目的是避免或减少包装废弃物对环境的影响。"[⑤]其中不难看出，该法的立法目的确认了其所追求的安全价值，具体来说就是生态安全。

另一方面，从立法表述上看，立法目的的相关内容往往是对该循环经济立法所追求的价值目的的全面且高度的概括。因此，立法目的更是对循

① 安东：《论法律的安全价值》，载《法学评论（双月刊）》2012年第3期，第3页。
② 孙国华：《论法的和谐价值》，载《法学家》2008年第5期，第18页。
③ 本部分关于法律工具价值的类型划分参考了孙国华、何贝倍：《法的价值研究中的几个基本理论问题》，载《法制与社会发展》2001年第4期，第24—25页；刘冰、栾景和：《法律价值的二重性》，载《学习与探索》2006年第6期，第103页。
④ 吕忠梅、刘佳奇：《26年后，野生动物保护法该怎么修》，载《环境经济》2016年第3期，第28页。
⑤ 中关村国际环保产业促进中心：《循环经济：国际趋势与中国实践》，人民出版社2005年版，第283页。

环经济法目的价值的全面确认。例如，我国《清洁生产促进法》第一条规定："为了促进清洁生产，提高资源利用效率，减少和避免污染物的产生，保护和改善环境，保障人体健康，促进经济与社会可持续发展，制定本法。"其中，不仅包括了资源安全、生态安全等安全价值的追求，还包括了对经济与资源环境共赢的社会效率价值的追求（"促进经济与社会可持续发展"）。

（二）通过法律原则确认

法律原则是法律中为法律规则提供的某种基础性、本源性的原理、准则。它可能是抽象的原则，如公序良俗原则；亦可能是具体的原则，如买卖不破租赁原则。法律原则是法之要旨与目的的凝练，是法律规则的基础或本源，因而在法律结构中居于核心地位。[1]正基于此，循环经济法所追求的价值目标，能够通过循环经济法对法律原则的确认和表达得以确认和表达。例如，《甘肃省循环经济促进条例》第三条规定："发展循环经济应当贯彻新发展理念……坚持科技创新与制度创新并重，资源节约与环境保护相结合的原则。"其中，"资源节约与环境保护相结合"是该条例所确立的一项原则，这显然是对同步追求资源安全和生态安全价值的表达。

（三）通过法律规则确认

法律规则是法律中关于人们行为的直接指南部分[2]，是相较法律原则更具体、确定的法律规范。虽然法律原则在法律结构中处于核心，但毋庸置疑的事实是，法律规则从规模或数量上要远超法律原则。而且，从法律适用的角度看，法律规则的直接适用频率也远高于法律原则。因此，通过法律规则确认循环经济法所追求的价值目标，是确认性价值中不可或缺的一部分。例如，《韩国低碳绿色增长基本法》第24条规定："为资源节约和高效利用资源、减少废物排放、提高资源循环利用率，政府应制定有关发展和扶持资源循环产业的各项政策。"[3]再如，《天津市绿色建筑管理规定》中的"绿色建筑"，具体是"与自然和谐共生的建筑"；对于这种绿色建筑项目，该规定则"鼓励使用可再生、可循环的建筑材料"。[4]虽然，法律规则的设定并不像立法目的、法律原则那样明确、全面地确认目

---

① 庞凌：《法律原则的识别和适用》，载《法学》2004年第10期，第34页。
② 谢晖：《论法律规则》，载《广东社会科学》2005年第2期，第168页。
③ 郑彤彤译、魏丽娇校：《韩国低碳绿色增长基本法（2013年修订）》，载《南京工业大学学报（社会科学版）》2013年第3期，第28页。
④ 参见《天津市绿色建筑管理规定》第二条、第二十五条。

的价值，但其毕竟与立法目的、法律原则一脉相承，从中同样可以透露出相应的价值追求。如前者显然是对经济安全价值的一种具体化表达和确认，其中还包含了对资源安全、生态安全的考量；后者则无疑体现了对人与自然和谐这一目的价值的确认。

二、分配性价值

分配性价值是指循环经济法通过对权利（力）的公平合理的分配，来满足主体对目的价值的追求。在当代法治社会，自然资源、人文资源和政治社会资源往往表现为法律资源的形式（如采矿权、选举权等），因而对法律资源的配置往往制约以至决定着其他资源的分配状况。权利和权力是最重要的法律资源，是法律配置的基本单元。[①]传统民法是权利法，是对平等主体间权利的合理分配；传统行政法是权力法，是对行政权的合理分配；传统刑法则是对侦查权、起诉权、审判权等公权力的合理分配。诚然，循环经济法分配性价值的内涵同样在于合理分配权利和权力。但与传统法律单纯分配权利或权力不同，循环经济法所具备的开放性使这一领域中既有平等主体间权利的分配，又有对行政权的合理分配，还包括对行政权之外的公权力的合理分配。正因如此，其分配过程呈现出如下特色。

（一）权力（利）的双向、互动分配

传统的行政法以权力的纵向行使作为权力分配、运行的基本方式，单方面干预相对人的权利义务，且对于相对人具有约束力。与传统行政法对权力单向分配不同，循环经济法对权力的分配是双向的、互动式的。诚然，政府对于发展循环经济这类社会公共事务负有不可推卸的监管责任。但在对循环经济活动的调整中，单向分配权力不利于调动社会、市场、组织、公民等的积极性。故对于循环经济这类涉及社会公共利益的事项，法律在分配权力的过程中，应当充分调动全社会的积极性，赋予社会组织（如环境保护组织）、公民等相应的权利，使其充分参与到社会公共利益的实现过程中。通过权利的行使，形成对政府权力的监督和制约，促使政府更勤勉地履行职责，充分发挥权力的作用保障循环经济活动的开展。例如，瑞士《饮料容器条例》第 15 条规定，"联邦环境办公室可以授权一个适格的私有主体行使征税、行政管理和使用费用的权利"[②]；再如，《大连市循

---

① 邹平学：《论法的六大基本价值》，载《当代法学》2003 年第 8 期，第 7 页。
② 吴大华、邓琳君等编译：《瑞士生态环保法律法规译汇》，社会科学文献出版社 2015 年版，第 234 页。

环经济促进条例》第六条第二款规定："新闻媒体应当开展循环经济发展情况的宣传报道，普及循环经济科学知识。"无论是非政府的私人主体，还是被称为"第四部门"的新闻媒体，循环经济法通过对其分配必要的权力（利），使其在发展循环经济的过程中发挥重要的作用。

（二）权利的倾向性分配

与传统民法在平等法律主体之间平等地分配权利不同，发展循环经济就要突破传统"线性经济模式"的桎梏甚至障碍，发展循环经济的法律主体在与传统线性经济的法律主体的竞争中需要具备更大、更强的后发优势。因此，循环经济法在分配权利的过程中，不仅不是在各类法律主体间实施简单的平均分配，反而应当对走循环经济之路的主体进行倾向性分配。例如，日本《绿色采购法》规定了国家机关和地方政府等单位应当在购买商品如纸类、文具用品、家电产品、汽车和照明等物品时，优先购买能够减少环境负荷的环境友好型产品[1]；再如，《天津子牙循环经济产业区管理办法》第6条规定："产业区内禁止兴办不符合循环经济产业政策、技术工艺落后、未达到国家和本市有关环境保护标准的项目。"无论是政府的优先采购，还是产业园区的差异化准入门槛，循环经济法都通过倾向性地分配权利，使得发展循环经济的法律主体在与传统线性经济的法律主体竞争中获得了必要的优势地位，为推进循环经济的发展创造了法治条件。

三、保护性价值

保护性价值是指循环经济法保护其确认和分配的目的价值的价值。只要是被法律所确认和分配的价值，就会成为法律保护的对象。没有法律的保护性价值，法律对主体的价值追求的确认和分配只是徒劳。[2]循环经济法的保护性价值，具体体现在以下三个方面。

（一）立法保护

立法既是对法律主体相关行为的指引，也是对违法者实施违法行为的震慑和警示。从法律规范的性质角度，又可以把立法保护类型划分为义务性规范的立法保护、禁止性规范的立法保护和责任追究规范的立法保护。

1. 义务性规范的立法保护

义务性规范是循环经济立法规定相关主体"应当"做出某种积极行为

① 李岩：《日本循环经济研究》，经济科学出版社2013年版，第115页。
② 刘冰、栾景和：《法律价值的二重性》，载《学习与探索》2006年第6期，第103—104页。

的法律规范。根据这类规范，法律主体必须履行自己的责任。例如，《青海省循环经济促进条例》第十四条规定："生产经营者应当遵守限制商品过度包装的强制性标准，避免过度包装。"过度包装不仅浪费了大量本就非常有限的资源，还增加了固体废物的产生量。避免过度包装条款就是立法为产品生产者设定的义务性规范，这也具体体现了立法对资源安全、生态安全价值的保护。

2. 禁止性规范的立法保护

禁止性规范是循环经济立法规定相关主体"不得"做出某种积极行为的法律规范。根据这类规范，法律主体被禁止从事某些特定的行为。例如，2019 年 10 月法国参议院批准了《反垃圾法》（*Loi Anti Gaspillage*）以支持循环经济。其中规定，禁止销毁未售出的产品，要求这些产品必须重复使用或回收。再如，《甘肃省循环经济促进条例》第十七条规定："禁止生产、进口、销售、使用列入国家淘汰名录的技术、工艺、设备、材料和产品。"显然，对浪费资源、严重污染环境的生产技术、工艺、设备和产品设定禁止性规范，是减少资源浪费和控制环境污染的必然要求，更体现了相关循环经济立法对资源安全、生态安全价值的具体保护。

3. 责任追究规范的立法保护

法律责任是指主体因其违法行为而承担的不利法律后果或否定性法律评价，是对义务性、禁止性规范的兜底保障。例如，日本《资源有效利用促进法》第 43 条规定："违反以下任何一项者，处以二十万日元以下的罚款。……二、未按第 37 条第一项至第五项的规定进行报告，或者进行虚假的报告，或者拒绝、妨碍或者逃避这些规定的检查者。"该法第 37 条规定了主务大臣可以依法要求特定经营者汇报业务状况，或者让其职员进入特定省资源经营者或者特定再利用经营者的事务所、工厂、工作单位或仓库，对设备、账簿、文件及其他物件进行检查。对于特定经营者而言，这是对其设定了义务性规范。如果其违反这一义务性规范的规定，就触发了责任追究规范。一方面，这是对既有法律秩序价值的破坏；另一方面，这也是对义务性规范所保护的安全价值的破坏。因此，该条法律责任既是对秩序价值的保护，也是对安全价值的保障。

（二）执法保护

执法又称法律执行，是指国家行政机关依照法定职权和法定程序，行使行政管理职权、履行职责、贯彻和实施循环经济立法的活动。由此，对立法所确认、分配的法律价值的保护，就从应然的状态进入实然的状态。《中共中央关于全面推进依法治国若干重大问题的决定》明确提出，"法律的生命力在于实施，法律的权威也在于实施"。例如，宁波市环保局的执法人员在北仑区小港街道巡查时，发现离通途路不远处一支高高的烟囱正冒出滚滚黑烟。但在现场，公司负责人一再解释，自己经营的是绿色循环项目，是环保部门一直倡导的循环经济。^①通过该案例不难看出，发展循环经济、减少经济活动对生态环境的不利影响是循环经济立法的重要目的，其体现了循环经济法对社会与自然的共同有序这一秩序价值的追求。但是，纸面上的立法在实施过程中未必得到主体的严格遵守，本案中其使用简陋的回收处理设施、未取得环评文件即开工建设等均属违反循环经济法的行为。这些行为表面上看是对循环经济法律规范的违背，但从法律价值的角度看，本质上是对循环经济法所确认的社会新秩序的抵制甚至冲击。环保部门的现场检查及之后的严肃处理等执法活动，则是有权主体依据循环经济相关立法对这种冲击的防范、抵御和纠正，更是对受冲击的秩序价值的必要保护。

（三）司法保护

司法是国家司法机关依据法定职权和程序将法律适用于具体案件并解决纠纷的活动^②，是最正式也是最终的循环经济法律运行阶段。在发展循环经济的过程中，司法发挥着定分止争、恢复社会秩序、再造社会关系的重要职能，如果循环经济法不能通过司法加以实施，那么再完美的立法也只能是"无牙的老虎"。因此，司法保护是保护循环经济法所确认和分配的目标价值的"最后防线"。

例如，著名的"泰州天价赔偿案"是一起典型的生态环境侵权案件^③，损害波及范围巨大、破坏程度严重、生态环境修复费用高昂。更恶劣的还在于生态环境损害所造成的生态破坏后果在很多情况下具有不可逆转性，即使花费重金，也难以修复。案件的审理不能满足于传统司法的事后救济，而应预防性地消除不良影响，防止环境污染、生态破坏的产生或扩大。仅要求被告企业承担事后责任固然能在一定程度上修复已经受损的生态环境，但只要涉事企业的生产方式没有得到根本改变，其仍然会继续成为影

---

① 本案例摘自《宁波晚报》2011年9月20日，第10版。
② 张文显主编：《新视野·新思维·新概念：法学理论前沿论坛》，吉林大学出版社2001年版，第199页。
③ 具体详见《中华人民共和国最高人民检察院公报》2015年第4号（总第147号），第28—30页。

响生态环境的源头。故从法律价值的角度看，相关主体仍有继续威胁甚至减损生态安全价值的可能性。因此，司法不能仅止步于生态环境侵害后果的事后救济，而应树立生态环境保护的审判目标，积极采取措施有效地消除可能对生态环境产生不良影响的因素，选择切实可行的生态环境救济方案并督促其实施。[1]本案中，江苏高院遵循《循环经济促进法》的立法目的，判令被告通过技术改造对副产酸进行循环利用以明显降低环境风险，是从根本上控制污染源头进而消除环境风险隐患的有效司法手段，充分体现出司法对生态安全价值的保护。

四、衡量性价值

所谓衡量性价值，是通过将法的目的价值划分为若干层级或等级，从而使循环经济法成为衡量不同价值的标准。具体而言，循环经济法的衡量性价值一般通过以下方式实现。[2]

（一）在价值体系中确定诸价值的不同位阶

循环经济法所追求的前述诸目的价值，理论上和实践中均非完全处于同一位面。因此，需要通过划分为不同的价值等级，将其放置在不同的价值位阶上。具体而言：自孟德斯鸠《论法的精神》问世以来，"法的精神"作为法律制度的灵魂或中枢神经，代表法的价值基础、核心价值、元价值。理论上，传统法的精神是自然经济的产物，是与人治体制相适应的；现代法的精神是与市场经济、民主政治和先进文化的本质和规律相适应的理性精神和价值内核。[3]当前，中国已经进入生态文明时代，我们要实现的中国式现代化是以人与自然和谐共生为基本标志的。故新时代"法的精神"，本质上不仅包括人域和谐，更应体现人与自然的和谐。正因如此，不仅要把和谐作为一个独立的价值，而且应当把和谐提升到法律价值体系之元价值的高度上来。换言之，和谐（特别是人与自然的和谐）是正义、秩序、效率诸价值的基础或源泉，在循环经济法的价值体系中应该居于核心地位，在价值序列为第一位阶。[4]

① 吕忠梅：《环境司法理性不能止于"天价"赔偿：泰州环境公益诉讼案评析》，载《中国法学》2016年第3期，第252页。
② 关于衡量性价值的实现方式，参考了刘冰、栾景和：《法律价值的二重性》，载《学习与探索》2006年第6期，第104页。
③ 张文显：《和谐精神的导入与中国法治的转型——从以法而治到良法善治》，载《吉林大学社会科学学报》2010年第3期，第6—7页。
④ 贾少学：《论和谐作为法价值的表现》，载《法制与社会发展》2006年第4期，第23页。

正义、平等不仅是循环经济法的基本价值追求，更是一切法律领域共同的价值追求（如平等也是民法的基本价值追求）。只不过，循环经济法对正义、平等价值的新追求需要得以宣示和彰显。例如，日本《循环型社会形成推进基本法》第1条就对平等价值，特别是代际平等价值的追求进行了宣示："制定本法的目的是……确保现在及未来全体国民的身体健康……"[①]在价值的内涵特别是实际实现的过程中，由于和谐价值本身具有统合性，其与正义、平等这样的"传统"价值不但不相冲突，而且正义、平等的实现本身就是追求和谐的题中应有之意。换言之，有正义、平等才会有和谐，无正义、无平等则无和谐，没有则不能体现正义、平等的和谐。不仅如此，和谐价值是一种结果抑或是评价标准而非手段，必须防止公权力在"和谐高于正义"名义下的滥用[②]，特别是不能为了"和谐"而牺牲正义、平等。

安全价值是反思传统经济发展模式及其对资源环境的影响后，循环经济法所需追求和保护的基本价值。因此，在循环经济法领域中，该价值目标被置于前提性和"兜底性"地位。亦即，无论在何种目的价值之间进行选择和排序，均应以维系安全为前提、均不得以减损安全为代价。尽管和谐是法的精神、正义和平等是法律永恒的价值追求，但以牺牲安全为代价换来的所谓"和谐""正义""平等"本身就是不和谐、非正义、不平等。换言之，实现循环经济法整个价值体系的基本要求和最低限度是保障安全。例如，日本《多氯联苯废弃物妥善处理特别措施法》第1条就规定："本法律的目的是，鉴于多氯联苯具有难分解的性状且是可危害人体健康以及生活环境的物质，同时多氯联苯废弃物在日本处于长期未被处置的状态，所以在对多氯联苯废弃物的保管和处置等进行必要的限制，同时通过早日建立和完善的多氯联苯废弃物处理的必要体制，推进对多氯联苯废弃物进行切实妥善的处理，以期保护国民的健康以及保全生活环境为有效清除、处理废弃物，改善环境卫生，维护国民健康，特制定本法。"[③]显然，该法的目的在于管控多氯联苯这种有毒有害物质，以维系国民的健康和生活环境安全状态。

秩序是法律所确认或塑造的一种社会运行状态，是法律永远伴随的价

---

① 中关村国际环保产业促进中心：《循环经济：国际趋势与中国实践》，人民出版社2005年版，第272页。

② 许苏民：《正义即和谐：晚明西方政治哲学的东渐——以"西学治平四书"为主要文献依据的考察》，载《中山大学学报（社会科学版）》2012年第6期，第147页。

③ 国家环境保护总局政策法规司编译：《循环经济立法选译》，中国科学技术出版社2003年版，第62页。

值。传统意义上，秩序作为法律的目的价值强调的是秩序的形式性，亦即"有秩序"本身是中性的。随着"恶法非法"这种价值判断的出现，秩序本身的纯中性状态已然被打破。换言之，秩序必须是建立在良法基础上的秩序。随着和谐价值的提出和确立，对秩序价值进一步提出的实质性要求，即良法基础上"和睦共处的秩序"①。对于循环经济法而言，其所追求的秩序价值不是对传统法律所确认和维护的秩序的被动接受，而是在反思安全价值的前提下，对既有法律秩序中不合理、不适当、不安全的部分加以必要的完善甚至变革；对传统法律秩序中尚未充分涉及的自然秩序与社会秩序互动的部分加以必要的填补甚至塑造。亦即，最终确认和维护的是前述社会与自然共同和谐的秩序。例如，日本《促进资源有效利用法》第 1 条规定，"为控制废弃物的产生以及保护环境，控制使用过的物品以及副产品的产生，并采取能促进再生资源及再生零件利用的必要措施，以促进国民经济的全面发展"。其中，"国民经济的全面发展"是法律所欲追求的一种良好、理想的社会秩序，但这种秩序的实现是以"控制废弃物的产生以及保护环境"的安全状态而非"高污染、高消耗、高排放、低效益"的不安全状态为基础的。

　　长期以来，效率一直是传统法律的重要价值。例如，"买卖不破租赁"就是充分发挥物的使用价值的重要民法表现。"买卖不破租赁"规则的立法目的在于保护承租人的利益，稳定租赁关系，保护交易安全，有利于鼓励商业承租人对商业用房进行长期投资，以充分发挥其商业价值，实现物尽其用②。从价值层面看，保持租赁关系的稳定以实现"物尽其用"就是对效率价值的一种追求。再如，"比例原则"是行政法基本原则之一，其中明显表达出了行政活动对效率价值的追求，即所谓的"不能用大炮打蚊子"。固然，效率同样是循环经济法的重要价值追求，但不是单纯地追求。因为传统经济的发展，是以忽视甚至无视、牺牲资源环境为代价的。循环经济法作为一种变革的力量：一方面，不能脱离人与自然的和谐单纯追求效率。习近平总书记强调，在生态环境保护上一定要算大账、算长远账、算整体账、算综合账，不能因小失大、顾此失彼、寅吃卯粮、急功近利③。这就要求，效率不单纯是追求短时间内在经济上的高回报，而是更大时空

---

①　马陇平：《论和谐精神与法的价值实现的内在统一性》，载《甘肃社会科学》2011 年第 6 期，第 150 页。

②　王利明：《论"买卖不破租赁"》，载《中州学刊》2013 年第 9 期，第 48 页。

③　习近平：《坚决打好扶贫开发攻坚战 加快民族地区经济社会发展》，载《人民日报》2015 年 1 月 22 日，第 1 版。

尺度下经济、社会、生态的"综合效率"。另一方面，无论是法律本身的运行成本，还是法律实施后取得的社会效益，其考量同样需以保障安全为基础和前提。例如，德国《循环经济和废弃物处置法》第 4 条规定："1. 废物（1）必须以避免为主，特别是通过减少其数量和毒性；（2）其次，必须：a）从属于物质的回收利用。b）用于取得能源（能源的回收）。"①显然，避免废物的产生（即生态安全）是该法的首要目标，回收利用固然提高了资源的利用效率，但必须建立在避免废物产生的基础上。

（二）同一价值下不同主体（行为）的差异化对待

尽管法律对目的价值的追求在一定程度上是永恒的，但人类对法律价值的追求似乎从未停留于固定状态，总是不断提出各种各样的具体需求。这一点，突出地体现在法律主体行为的价值水平及其差异化的法律对待上。质言之，对于同一个需要追求的目的价值，不同法律主体因自身所处不同的价值水平，可能会受到循环经济法不同的对待。例如，作为实现清洁生产的重要"抓手"，清洁生产审核制度的建立体现了循环经济法对安全价值的追求。但对安全价值的追求，并非所有的企业均需要处于同一价值水平。如某些污染严重、使用有毒有害原料进行生产或者在生产中排放有毒有害物质的企业，其在追求安全价值的过程中处于较高的价值水平；相比之下，如 IT、金融等对资源环境影响较小的行业，其在追求安全价值的过程中就处于较低的价值水平。如果对安全价值水平高低存在差异的主体不给予差异化的法律对待，则可能使处于较高价值水平的主体未能有效实现价值目标，或者让处于较低价值水平的主体过度承担责任。为此，我国《清洁生产审核办法》规定，清洁生产审核分为自愿性审核和强制性审核。对于实施强制性清洁生产审核的主体，由于其在实现安全价值的过程中处于较高价值水平，故该办法对其约束更强；对于未列入强制审核名单的其他主体，因其在实现安全价值的过程中处于相对较低价值水平，则对其采取鼓励、自愿的法律态度。

（三）价值冲突的解决

一般情况下，通过对不同层级或等级的目的价值进行等级排序，可以实现价值之间的相互配合与良性共存。但是，毕竟诸目的价值的内涵和外延具有模糊性、存在一定的张力。在特定的时空条件及法律关系之下，仍

①　中关村国际环保产业促进中心：《循环经济：国际趋势与中国实践》，人民出版社 2005 年版，第 301 页。

然存在不同层级或等级的目的价值间发生冲突的可能。在此特殊情况下，循环经济法的衡量性价值还体现在对目的价值存在具体冲突的解决上。

1. 价值冲突的立法解决

事实上，某些法律规范的设定，尤其是某些特别法律条款的设定，就是循环经济法对价值冲突进行判断和衡量的立法体现。例如，《天津市清洁生产促进条例》第十五条规定："企业可以自行组织开展清洁生产审核，不具备审核能力的企业可以委托从事清洁生产审核的咨询服务机构进行审核。"企业开展清洁生产审核，是实现循环经济的重要手段，有助于实现生态安全和资源安全，并可促进社会与自然共同和谐的良好秩序。如果单纯从保护秩序的角度看，审核作为企业的"自己责任"，自然应当由其"亲自履行"。但企业作为市场经济的主体，其本质上仍需以追求经济效益为目的，自行组织清洁生产审核无疑增加其用工成本，不利于其以最小的投入获得最大的收益。亦即，单纯从追求效率的角度来说，自行组织开展审核很多情况下未必高效。在此，既不能简单地以追求秩序是法律的永恒价值、基本价值就放弃对效率价值的考量，也不能以效率优先忽视法律对新秩序的塑造。显然，"不具备审核能力的企业可以委托从事清洁生产审核的咨询服务机构进行审核"的规定就是对特定情况下秩序与效率价值冲突的一种具体的立法平衡。一方面，由专业的咨询服务机构审核，完全可以使良好秩序的实现具备充分的技术和能力保障；另一方面，对于不具备审核能力的企业，则为其考虑相关成本投入与产出留下了必要的空间，使其继续追求效率价值同样能够得到法律的确认和保护。

2. 价值冲突的司法解决

司法的重要功能之一，就是在个案中实现价值判断与利益衡量。因此，司法对个案的处理也是循环经济法所确认和排序的诸目的价值间发生冲突时不可或缺的解决方式。例如，在"朱德玉诉如东县住房和城乡建设局、如东县人民政府行政许可案"的二审过程中[①]，上诉人朱德玉之所以主张被上诉人（原审被告）行政行为违法，其依据主要在于根据《建筑法》的规定，预缴散装水泥专项资金和新型墙体材料专项基金并不是取得施工许可证的法定条件。即便该法第八条留有"法律、行政法规规定的其他条件"

---

① 本案例摘编自《朱德玉与如东县住房和城乡建设局、如东县人民政府行政许可二审行政判决书》（2015）通中行终字第 00475 号，网址：http://www.pkulaw.cn/case/pfnl_1970324852700623.html?keywords=朱德玉与如东县住房和城乡建设局、如东县人民政府行政许可二审行政判决书&match=Exact。

这样的解释空间，但相关法律、行政法规也没有对"其他条件"作出规定。从法律价值的角度分析，依法行政、依法裁判是维护法律秩序的基本遵循，上诉人的主张从维护法律秩序的角度而言是无可厚非的。但在二审中，人民法院没有采信上诉人的上诉请求，其理由除《行政许可法》的相关依据外，还通过论证循环经济法的立法目的进一步增强了裁判的说理性。即本案中，《江苏省散装水泥促进条例》和《江苏省发展新型墙体材料条例》中预缴散装水泥专项资金和新型墙体材料专项基金的许可前置性规定之所以应当被遵守，不仅因为行政许可可以地方性法规作为依据，更重要的是此类循环经济的地方立法符合上位立法"达到节约资源能源、保护环境的目的，符合上位法的精神"。从目的价值的角度讲，上位循环经济立法的目的和精神实质上是对一种新秩序的追求，是在追求安全价值的基础上对资源节约、环境友好的社会状态的追求。预缴散装水泥专项资金和新型墙体材料专项基金作为建筑许可的前置必要条件就是这种新秩序在本案法律适用中的具体表现。虽然，形式上这种变革及法院的法律适用对一般意义上的法律秩序造成了一定的冲击，但这种冲击本质上是基于对安全价值的必然追求，既具有形式上的法律依据也具有实质上的合法性。进一步讲，本案二审法院的判决是在一般意义上的秩序价值与循环经济法所欲塑造的秩序价值之间，在秩序价值与安全价值之间进行了个案的司法判断与衡量。在此，本书无意评判本案裁判文书及法律适用、法治理论等问题，仅想借此说明法律文本上被分别安置的各类、各级目的价值之间的冲突，完全可以通过司法对个案裁判的方式加以解决。

五、认识性价值

任何社会规范，都暗含着对它所调整的社会关系的价值评估。换言之，任何社会规范都含蓄地包含着评价，评价渗透于规范之中。法律规范也是对事实的认可，这种认可之中也暗含着评价。法律虽然规定了政府有权禁止和惩罚。但是，当法律触及并创造一种共同价值观的文化时，它往往才是最有效的。[①]所以，法律也可以成为人们认识它所规定的事实的性质和意义的手段，从而具有了认识性价值。正因为法律具有认识性工具价值，通过循环经济法的制定及其实施，我们可以认识到一个循环型企业、园区甚至循环型社会的经济、政治、文化和社会生活的状况，从而使循环经济

---

① Amy DeLorenzo, Kate Parizeau, Mike von Massow. Regulating Ontario's circular economy through food waste legislation. Society and Business Review. 2019, 14(2), pp.200-216.

法又具有了提高人们循环经济法律意识、对人们进行发展循环经济的思想教育和宣传的价值。[①]前文已述，循环经济法所欲构建的秩序是对传统秩序的变革。这一变革过程一方面是对旧秩序的扬弃；另一方面也是对新秩序的塑造。这种社会和自然共同有序的新秩序要得到全社会的普遍接受、纠偏乃至最终认同并遵循，还需要一个过程。在接受、纠偏、认同、遵循新秩序的过程中，对主体进行不断的宣传和教育，使其了解这一新的事实及其背后所蕴含的新评价标准是必不可少的。循环经济法在这一过程中，发挥着不可或缺的作用。

一方面，法律作为一种社会行为规范，其本身具有引导和塑造社会秩序的功能，这使得循环经济法本身就成为一种宣传教育的手段。例如，在德国立法机关构建与完善循环经济法律体系的过程中，社会公众的环保意识与行动构成了一个重要的外部动因。当今德国社会公众具有强烈与清晰的关于废弃物收集与处置的意识，循环经济理念已经渗入生产与生活的各个领域。实际上，这种自主性环保意识的形成、培养、发展经历了一个漫长的历史进程。它是德国废弃物经济、废弃物技术与废弃物法律长期发展后产生的自然结果。[②]再如，日本《促进资源有效利用法》第 5 条规定："消费者尽量长期使用产品，并且努力促进再生资源及再生零件的利用。"从法律规范性质的角度看，该条款充其量是对公民基本义务的宣示性规定；但若从认识性价值的角度看，无疑也是对公民守法的一种宣传和教育。

另一方面，循环经济法的实施过程，也是发挥其认识性价值的过程。例如，在审理江苏省镇江市生态环境公益保护协会诉优立公司一案中，镇江市中级人民法院发现对涉案废物属性的确定和管理，将影响当地眼镜产业数百家企业的生产模式，以及区域危险废物处置能力的调整。在此情况下，法院发出司法建议，推动和督促当地眼镜商会和生态环境主管部门依法纠正长达十余年的行业误评，鼓励、支持地方政府和行业组织采取有利于保护生态环境的固体废物集中处置措施。[③]这不仅充分发挥了司法推动循环经济政策形成的功能，还在法律实施过程中促进相关主体更准确、更充分地认知循环经济。

---

① 孙国华、何贝倍：《法的价值研究中的几个基本理论问题》，载《法制与社会发展》2001 年第 4 期，第 24 页。

② 转引自翟巍：《德国循环经济法律制度精解》，中国政法大学出版社 2017 年版，第 19 页。

③ 参见娄银生、孙彩萍：《辨明行业危险废物 保障"眼镜之都"清洁》，载《人民法院报》2016 年 7 月 28 日，第 5 版。

第四章　循环经济法的基本原则

欲将人们的活动、行为纳入循环经济法的调整范围，建立正当的循环经济法律秩序，必须首先确立一些基本的判断标准，表明法律以怎样的视角、从怎样的逻辑起点来观察、分析并规范循环经济活动。这种标准或起点就是循环经济法的基本原则——凝练循环经济法的基本精神、阐明循环经济法的基本态度。①循环经济法的基本原则是由循环经济法确认或体现，贯穿整个循环经济法律体系，反映循环经济法的价值追求，对循环经济法的贯彻和实施具有普遍指导作用的基本准则。它是整个循环经济法律活动的原理指导和出发点，是对循环经济立法、执法、司法、守法、法律监督等法律运行诸环节的基本要求。应当说，学术界对于什么是循环经济法的基本原则这一问题可谓众说纷纭，也提出了繁多的"循环经济法基本原则"。诸如，"循环利用原则""行政强制与经济激励相结合原则""多层次推进原则""鼓励技术创新的原则""政府引导、市场调节、企业实施相结合原则"等，可谓不一而足。本书认为，一项法律原则能够成为循环经济法的基本原则，应当具备如下条件。

首先，循环经济法的基本原则是循环经济法中所规定或体现的。法律的基本原则，其最佳表现方式莫过于有法律的明文规定（如民法的公序良俗原则）；即使未在法律条文中直接表述，其也应通过对条文的理论抽象和概括加以提炼（如刑法的罪刑法定原则）。例如，有学者提出的"循环利用原则"是循环经济活动所需坚持的基本遵循，但显然不能成为循环经济法应当遵循的基本方向，故其不属于循环经济法的基本原则。

其次，循环经济法的基本原则应当贯穿整个法律体系。这是基本原则作为连接法的价值和法律规范的纽带作用的必然要求。一项法律原则如果不能贯穿循环经济法的体系，就不能成为循环经济法的基本原则。例如，有学者提出的"行政强制与经济激励相结合原则"确实应当适用于循环经济的立法、执法过程中，但如果适用于司法过程就无法得以解释，因而难以成为循环经济法的基本原则。

再次，循环经济法的基本原则必须体现法律的价值和特征。循环经济

---

① 参见吕忠梅主编：《环境法导论》（第三版），北京大学出版社 2015 年版，第 45—46 页。

法虽然具有领域的开放性，但法律区别于道德、政策等其自身特有属性，如规范性、确定性、以权利义务为内容等决定了法律的基本原则必须是对法律价值和特征的表达。如有学者提出的"多层次推进原则""鼓励技术创新的原则"等均属于国家推行循环经济的政策表达，既无法体现正义、平等、效率、秩序、安全等循环经济法的目的价值，又无法表现循环经济法的特征，故其不应成为循环经济法的基本原则。

最后，循环经济法的基本原则必须具有普遍适用性。基本原则不能是徒具空泛形式的口号，必须对循环经济立法、执法、司法和守法等法律运行的全过程产生指导意义。其中，基本原则为实体法的制定提供应当遵循的一般方向。当行政被法令授予权力时，基本原则可以作为行政决定的准则发挥作用。或者说，当法令的规定有裁量、解释的空间时，基本原则可以将裁量、解释引导至一定的方向。此外，基本原则还可以为法院解释、适用实体法提供指引。甚至在更为广泛的层面上，行为者可以使用基本原则为自己的主张提供正当依据。[①]据此说来，有学者提出的"政府引导、市场调节、企业实施相结合"原则显然难以对司法过程产生指导意义，因而无法成为循环经济法的基本原则。

第一节　可持续发展原则

如今，距离 1975 年联合国环境规划署提出"可持续发展"一语已近 50 年[②]，距离 1987 年《我们共同的未来》将可持续发展纳入国际议程也已经过去了 37 年。在世界范围内，可持续发展作为一种新的发展观、伦理观"得到了各国政要的广泛认同，被迅速转化为国家政策与战略"[③]。习近平在上海合作组织成员国元首理事会第二十次会议上的讲话中指出：大家一起发展才是真发展，可持续发展才是好发展。[④]如本书第一章所讲，发展循环经济就是实现可持续发展战略的必要路径之一。理论界对于可持续发展观的理论探索和研究方兴未艾，特别是将其奉为法律所欲达成之目标。

① 〔日〕大塚直著、张震等译：《日本环境法的理念、原则以及环境权构造》，载《求是学刊》2017 年第 2 期，第 2 页。

② 参见〔荷兰〕尼科·斯赫雷弗：《可持续发展在国际法中的演进：起源、涵义及地位》，汪习根、黄海滨译，社会科学文献出版社 2010 年版，第 24—25 页。

③ 吕忠梅主编：《超越与保守：可持续发展视野下的环境法创新》，法律出版社 2003 年版，序第 1 页。

④ 习近平：《弘扬"上海精神"深化团结协作 构建更加紧密的命运共同体》，载《人民日报》2020 年 11 月 11 日，第 2 版。

然而，却鲜有将可持续发展作为一项法律原则进行研究①，似乎忽视了以法律原则的形式存在这一可持续发展观的法律化路径。实际上，可持续发展观作为一种发展观、一种伦理观要进入循环经济法的领域，并非只有将其落实到具体制度中这一种路径。将其作为一项法律原则，以法律原则的形式实现其"法律化"也是重要的，而且是更直接且有现实可能性的路径。

一、可持续发展成为法律原则的证成

诚然，可持续发展观本身已经并且仍在经受着种种质疑、诟病；可持续发展理论本身也处于不断发展的过程之中。但是，这些并不妨碍可持续发展观从伦理道德、发展观向法律原则的进化。抑或是，可持续发展作为法律原则是有其正当性的。

（一）法律原则是可持续发展观法律化的必要路径

1992 年，联合国在里约热内卢召开了有 183 个国家和 70 个国际组织的代表出席的"联合国环境与发展大会"。会议通过了著名的《21 世纪议程》，以促进现有社会转变为可持续发展的社会，使人类生存方式与地球的有限承受能力相适应。②由此足见，可持续发展已经得到了世界范围内的广泛认同。尽管可持续发展作为一种发展观、伦理观仍存在着不甚成熟的问题，但当今世界环境与发展的问题已经十分突出、解决问题已是刻不容缓，客观上又要求可持续发展作为一种发展观、一种普遍性价值与伦理道德发挥其应有的作用。那些被视为社会交往的基本而必要的道德正义原则，在所有的社会中都被赋予了具有强大力量的强制性质。这些道德原则约束力的增强，当然是通过将它们转化为法律规则实现的。③因此，包括中国在内的世界各国已将可持续发展以各种形式纳入包括循环经济法在内的法律之中，即实现可持续发展观的"法律化"。实际上，伦理道德的"法律化"不仅仅体现在可持续发展观上。随着科学技术的不断发展，新的社会问题层出不穷。任何全新的现象出现以后，最初做出回应的都是伦理批判。例如，在国际互联网出现以后，产生了网络伦理，然后是相应的法律规范。在一定的法规没有出台之前，已有的道德规范成为主要的参照系。

---

① 现有成果中，仅王曦教授在其所著的《国际环境法》（法律出版社 2005 年版）中，将"可持续发展原则"纳入"国际环境法的基本原则"一章中。此外，陈虹教授在其国家社科基金后期资助项目《可持续发展法原论》中也将可持续发展作为一项法律原则进行研究。

② 吕忠梅：《论可持续发展与环境法的更新》，载《科技与法律》2005 年第 2 期，第 111 页。

③ 〔美〕E.博登海默：《法理学：法律哲学与法律方法》，邓正来译，中国政法大学出版社 2017 年版，第 392—393 页。

也就是说，道德在反映社会现实的过程中发展了自身，道德规范的发展又促进了法律规范的丰富。这个过程既是道德的拓展过程，也是法律的拓展过程。①

何谓道德法律化？目前理论界通行的认识是通过立法将道德规范上升为法律规范的过程。②具体而言，道德法律化"主要侧重于立法过程，指的是立法者将一定的道德理念和道德规范或道德规则借助于立法程序以法律的、国家意志的形式表现出来并使之规范化、制度化"③。道德法律化的路径包括了直接转化和间接转化两种。间接转化就是体现在人们运用技术性手段把道德转化为各种法律规则以及法律文本的过程。④如吕忠梅教授所著的《超越与保守：可持续发展视野下的环境法创新》一书，曾设计了环境税收制度、押金制度、生态补偿制度、民事救济制度等具体的法律规则，这就属于对间接转化进行研究范例。⑤此外，道德法律化还存在直接转化的路径——道德直接转化为法律原则，也就是将可持续发展转化为法律原则以实现可持续发展观的法律化。如我国《森林法》第三条规定："保护、培育、利用森林资源应当尊重自然、顺应自然，坚持生态优先、保护优先、保育结合、可持续发展的原则。"其中就明确了"可持续发展"作为该法规定的一项基本原则。由此不难看出，将可持续发展作为一项法律原则是可持续发展观法律化的必要路径，其与适应、契合可持续发展观的法律规则共同构成了可持续发展观法律化的两大路径。

（二）可持续发展具备成为法律原则的条件

从道德法律化的角度论证可持续发展观应当包括法律原则这样一种法律化的路径，属于从其他的理论寻找正当性依据。但如果可持续发展自身不具备成为循环经济法基本原则的条件，那么无论运用什么样的理论对正当性加以论证都将显得苍白无力。故从可持续发展自身的角度分析其成为法律原则的条件是证其作为一项法律原则的关键。

---

① 李辉：《道德法律化的必要与限度》，载《中山大学学报（社会科学版）》2004年第4期，第7页。

② 刘云林：《道德法律化的学理基础及其限度》，载《南京师范大学学报（社会科学版）》2001年第6期，第34页。

③ 范进学：《论道德法律化与法律道德化》，载《法学评论》1998年第2期，第34页。

④ 参见郭忠：《道德法律化的途径、方式和表现形态》，载《道德与文明》2010年第3期，第122页。

⑤ 参见吕忠梅：《超越与保守：可持续发展视野下的环境法创新》，法律出版社2003年版，第271—432页。

1. 作为法律原则以多种样态存在

首先，存在于制定法中。例如，欧盟各国于 1997 年缔结的《阿姆斯特丹条约》中规定，"在决定增进经济和社会的发展中，考虑到可持续发展原则"。其中的"考虑到可持续发展原则"的表述就属于可持续发展原则作为一项法律原则直接存在于制定法中。再如澳大利亚《避免产生废弃物和资源回收法案》（2001）第 3 条规定："本法的目标包括：1. 按照生态可持续发展原则，鼓励资源的最有效利用以及减少环境损害……"其次，存在于相关司法判例中。如前述著名的盖巴斯科夫–拉基玛洛大坝案，国际法院在判决书中使用了"可持续发展"作为其判案的依据之一。

2. 具有作为法律原则的确定内涵

必须承认，一些国家特别是发展中国家的环境保护政策难以主流化，可持续发展的实质性进展不如预期。[①]其中一个重要原因就是其理论和内涵的不确定性，也正是因为相关理论和实践的分歧、模糊之处，成为可持续发展观法律化的障碍。在承认相关理论仍需完善和不断发展的前提下，本书认为可持续发展作为一项循环经济法的基本原则，其内涵仍然是确定的，或者说可持续发展已经具备了足够使其成为一项法律原则的确定内涵。

首先，强调人口、资源、环境与发展的内在协调是确定的。[②]无论是《21 世纪议程》，还是世界各国的相关立法，凡涉及可持续发展的表述，均彰显一个基本共识——人口、资源、环境与发展的内在协调。或者可以将可持续发展关注的三个方面（或称可持续发展的"三根支柱"）概括为环境可持续性、社会公平性和经济可行性。国家间、地区间的分歧只是对如何具体实现协调的认识有所不同，但这并不妨碍世界范围内广泛达成需要协调这一基本共识。亦即无论何种程度或形式的协调，在发展中必须要协调是确定无疑的。以"厦门设定出租车排气量门槛"事件为例，2005 年在厦门市出租车经营权的招标中，厦门市政府有关部门规定，新增出租车的 40%排气量要在 2.0 升以上，同时规定在竞标中多一辆 2.0 升以上排量的车，参加竞标的出租车公司多得 1 分。在 2005 年 7 月 1 日的开标中，中标的车型全部为 2.0 升排气量的中高档车。据了解，为了竞标成功，参与竞标的出租车公司新购出租车排量均在 2.0 升以上。厦门市道路运输管理处负责人说，厦门是著名的旅游城市，选用中高档车能提高城市品位。但

---

① 王毅：《全球可持续发展进入 2.0 时代》，载《IMI 研究动态》2015 年第 45 期，第 26 页。

② 邓宏兵、张毅：《人口、资源与环境经济学学科发展与教材建设问题初步研究》，载张锦高、成锦华主编：《自然环境经济学进展》，湖北人民出版社 2007 年版，第 319 页。

有人算了一笔账，使用 2.0 升的车型，每月比使用排气量 1.6 升的车型多耗油 540 升，多花油费 2300 元（时价）。厦门市 2005 年 8 月份就将投放 1000 辆 2.0 升大排量出租车，这些车每月将多耗油 540 000 升，多花油费 230 万元（时价）。^①有学者认为这种行为有悖行政许可法的规定，即设定许可没有遵守可持续发展原则。^②

其次，要求实现代际公平的价值目标是确定的。正如《里约宣言》中所言："发展权应以使今后世代关于发展和环境的需要公正地得到满足的方式实现。"这是可持续发展作为一项法律原则区别于传统法律原则的最显著之处——对代际公平的要求。同样，无论对代际公平的认可程度如何，必须将未来利益纳入考量业已成为共识，或者说在可持续发展观广为认可的当今社会，代际公平理应成为其确定的内容。

最后，法律原则内容的确定性本身就是相对的。以民法上普遍承认的"公序良俗"原则为例，其内容的确定程度也只能局限在"社会普遍接受的公共秩序和善良风俗"这个层面，至于何谓"社会普遍遵守"明显需要结合所处时代、文化等条件具体确定，实际上不可能完全明确。如某些地域性的良俗在当地必须遵守，但在其他地区未必还会被奉为良俗；公共秩序的要求也是因时、因地存在不确定性。既然公序良俗原则的确定性程度尚且如此，又何必求全责备可持续发展的内涵不甚确定呢？

3. 满足作为法律原则的基本条件

首先，可持续发展植根于社会生活，是事物本然之理的反映。可持续发展观的诞生是基于人类面临的环境与发展问题，目的是纠正人类以往错误的发展观。其次，遵循可持续发展"是因为它是公平、正义的要求，或者是其他道德层面的要求"^③。其倡导的代际公平体现了一种更高的正义和公平要求。再次，可以通过它推演出一系列的法律规则。如循环经济规划、产品生态设计等法律规则都是可持续发展的题中之意。最后，可持续发展具有较强的包容性和普适性，因而也高度契合和谐这一新时代法的精

① 参见郭宏鹏：《厦门设定出租车排气量门槛》，网址：https://news.sina.com.cn/o/2005-08-22/11376751816s.shtml。

② 根据《行政许可法》第 11 条的规定："设定行政许可，应当遵循经济和社会发展规律，促进经济、社会和生态环境协调发展"。厦门市政府的做法并没有考虑到社会经济发展的合理性，一味追求中高档车，不符合建设节约型社会的要求。参见郭宏鹏：《厦门设定出租车排气量门槛》，网址：https://news.sina.com.cn/o/2005-08-22/11376751816s.shtml。

③ 〔美〕罗纳德·德沃金：《认真对待权利》，信春鹰、吴玉章译，中国大百科全书出版社 1998 年版，第 41 页。

神。可持续发展"以其高超的'妥协'艺术平衡协调各种矛盾与冲突，巧妙地缓和'人类中心主义'与'生态中心主义'的尖锐对立与紧张"①，应该说可持续发展从诞生之日起就具备了前所未有的包容性。可持续发展的上述属性使其满足成为法律原则的基本条件。

4. 具备明确区别于法律规则的特征

鉴于"可持续发展"这种表述已经出现在立法之中，且法律主要包含法律原则、法律规则两部分内容。因此，有必要将可持续发展原则与法律规则区别开，以更加充分地证明可持续发展是一项法律原则。首先，可持续发展具有更高程度的一般性，因而需要依照具体场合作解释。②如在某些条件下，建设循环型工业园区是可持续发展原则的实践；而在另外一些情况下，禁止使用某些落后技术、设备、工艺则更体现了可持续发展原则。到底是何种条件，需要依据具体的场合和不同的情况加以解释和衡量。其次，构成对规则的支持和评价。③例如，在可持续发展作为法律原则的支持下，废弃物回收和处理、提高资源效率等相关法律规则得以逐步建立并完善。最后，按照德沃金的观点：一个规则对于一个预定的事件做出一个固定的反应；而一个原则则指导我们在决定如何对一个特定的事件做出反应时，指导我们对特定因素的思考。换言之，法律规则基本上是以"全有或全无"的方式适用。但可持续发展在法律上的适用并非如此，需要对相关因素进行具体思考并结合实际情况适用。此外，当可持续发展与相关的原则、规则发生冲突时，显然不能导致其必然无效，而只能衡量其与相关规则、原则的"分量"孰强孰弱，针对不同场合进行不同判断，而这显然也是法律原则的重要表现。

二、可持续发展原则的法律效力

以上论述仅阐释了可持续发展可以而且应当作为一项循环经济法的基本原则。但理论界对于法律原则的功能却存在不同的观点。有学者就指出："我国法律中有关原则的规定，多半只具有道德上的象征意义，而没有法律意义的功能上的作用，其目的只是希望通过有关基本原则的规定，

---

① 吕忠梅主编：《超越与保守：可持续发展视野下的环境法创新》，法律出版社 2003 年版，第16页。
② 〔英〕米尔恩：《人的权力与人的多样性：人权哲学》，夏勇、张志铭译，中国大百科全书出版社 1995 年版，第24页。
③ 庞凌：《法律原则的识别和适用》，载《法学》2004 年第 10 期，第38页。

告知公众：我们的法律是有原则的！ 仅此而已！"①这种观点无疑值得商
榷，理由就是法律原则不仅仅是道德宣誓，同样具有法律效力。法律效力
乃是由法律的"合法性"所生成，反映全体社会成员对法律的自觉认同，
而于法律存续期间以规范压力和规范动力形成积极的指向其规制对象人的
作用力。法律的效力之"法律"应作整体理解，包括法律规范、法律原则、
法律概念等。②据此，可持续发展作为循环经济法的基本原则不仅是道德
宣誓，更具有实在的法律效力；法律效力也是可持续发展原则得以存在的
不竭生命力。

（一）作为立法原则的法律效力

理论上，法律原则具体有两种类型，一者是立法原则，抑或称为立法
目的；再者就是法律规定的原则，即通常意义上的法律原则。实践中，可
持续发展原则作为立法原则已经出现在循环经济立法之中。例如，《深圳
经济特区循环经济促进条例》第一条规定："为了促进深圳经济特区循环
经济发展，建设资源节约型和环境友好型城市，实现经济、社会和环境的
全面协调可持续发展，制定本条例。"在这种情况下，可持续发展原则彰
显的是该立法的目的和精神。在立法原则这个层面上，可持续发展原则确
实存在上文所述的"道德的象征意义"。尽管如此，在肯定立法原则具有
道德象征意义的基础上，立法原则同样具有法律效力。其表现是不仅会形
成对适用法律方法的有效约束，而且一定情形下还会影响法律方法选择的
方向。也就是说，立法原则的法律效力往往不是通过对其自身的适用而产
生的，而是通过在适用法律方法的过程中体现出来的。特别是当法律适用
以规范目的（法的目的）的实现为目标时，特定时期的社会利益、国家利
益或者社会公众利益等，常常就转义成法的目的而成为司法者优先考虑的
因素。③例如，在行政案件中，法院多是基于立法目的较高的论据效力来
证成法院改变行政解释的合法性与正当性，从而在地位不平等的当事人之
间获得认可。④

例如，在前述菲律宾四十五名儿童诉环境与自然资源部案的审理过程

①　葛洪义：《法律原则在法律推理中的地位和作用—— 一个比较的研究》，载《法学研究》2002
年第 6 期，第 3 页。
②　姚建宗：《法律效力论纲》，载《法商研究》1996 年第 4 期，第 19 页。
③　刘治斌：《立法目的、法院职能与法律适用的方法问题》，载《法律科学（西北政法大学学报）》
2010 年第 2 期，第 24、28 页。
④　杨铜铜：《立法目的司法运用的功能及其效果提升——以指导性案例为分析对象》，载《社会
科学》2022 年第 8 期，第 182 页。

中，戴维德法官在向法院提出的报告中指出："我们发现没有任何困难判决他们能够为他们自己、他们的同代人以及后代提起诉讼。就生态平衡和健康的环境而言，他们代表后代提起诉讼的资格建立在几代人共同责任的基础上。"①尽管依据菲律宾当时的相关法律并没有限制后代人作为原告或利害关系人的法律规定，但是当真正出现以后代人为利害关系人的诉讼时，法官在适用法律时还是体现出了对立法原则的考虑，即"就生态平衡和健康的环境而言，他们代表后代提起诉讼的资格建立在几代人共同责任的基础上"。其中就包含着可持续发展的基本内涵——代际公平和人口、资源、环境与发展的协调。这些内涵虽然没有明示于法律条文中，但法官在适用法律的过程中遵循了可持续发展立法原则的精神，进而做出了维护该原则确定内涵的法律适用结果。即通过确认后代人为利害关系人的法律适用过程，最终做出了体现可持续发展原则的判决，实现了可持续发展原则作为立法原则的法律效力。②

（二）作为法律原则的法律效力

作为通常意义上的法律原则，可持续发展原则主要表现在有关循环经济的法律文件之中。例如，《安康市硒资源保护与利用条例》第三条规定："硒资源的保护、利用与管理应当坚持统一规划、保护优先、合理利用、科学管理、可持续发展的原则。"其中的"可持续发展"就是该类自然资源利用过程中必须坚持的基本法律原则。相比循环经济立法原则，循环经济法律中规定的可持续发展原则其法律效力是直接的，是通过自身在循环经济执法、司法等过程的直接适用得以实现的。

1. 执法上的效力表现

生态环境部（原国家环保总局）在 2007 年做出了《钱左生和李惠兰等 6 人的行政复议决定书》（环法〔2007〕18 号），复议的事项是北京市环保局对于北京六里屯垃圾焚烧发电项目的环境影响评价报告书的批复（京环审〔2005〕1066）。申请人请求当时的国家环保总局责令缓建该项目。"在现有六里屯垃圾填埋场旁新建垃圾焚烧发电项目，可能加重该区域居民的环境风险"的情况下，复议做出如下决定："在拟选址区域的环境功能

---

① 常纪文：《国外环境资源行政起诉权的晚近发展及对我国的启示（之一）——兼论中国环境资源行政起诉权立法应采取的措施》，载《宁波职业技术学院学报》2003 年第 4 期，第 25 页。

② 此后，菲律宾最高法院在 2010 年颁布的《菲律宾环境案件程序规则》第 2 节第 5 条明确规定："任何菲律宾人均可代表包括未成年人和未出生的后代在内的他人，提起行使环境法的权利或义务的诉讼"。

发生较大变化和国家发布了关于垃圾焚烧场建设新的限制性规定的情况下，对该项目的卫生防护距离是否准确、周边环境容量是否能满足需求、工程地质是否符合条件、二噁英排放是否会污染京密引水渠、周边环境敏感点的环境风险防范措施是否有效等关键问题上，项目所在地地方政府与北京市环保局还需组织专家进一步论证。在完成论证之前，该项目应予缓建。"[①]本案中复议决定缓建该项目的理由就是根据生态环境的变化，建设垃圾焚烧项目可能会加剧环境风险，而实际上建设的垃圾焚烧发电项目本身还属于实现资源循环利用的项目。尽管如此，当时的国家环保总局仍然按照可持续发展原则的确定内容——人口、资源、环境与发展的内在协调，决定缓建该项目。其所协调的是周围人群的环境健康风险（主要是周围居民担心垃圾焚烧会产生"二噁英"）与垃圾焚烧项目带来的经济利益之间的关系。随着生态文明建设的不断深化，可持续发展原则在执法中的法律效力会得到更为充分的实现。

首先，配合现有循环经济相关法律规定，进一步增加执法文书的确定性和制作水平。其次，结合后出台的循环经济相关法律法规，为"溯及"地执行有关法律条文、扩张有关条文的时间效力寻找法律原则上的依据。虽然"法不溯及既往"是一条法律效力的基本原则，但如果新规定更有利于协调发展、更有利于保护今后更长时间的利益，应当对"法不溯及既往"的原则做出有条件的保留。再次，在执法中弥补法律规则的漏洞和空白。社会发展日新月异，法律固有的滞后性不可能完全涵盖一切循环经济管理事务，在没有明确法律规则的情况下，应当在一定的限度内准许行政机关依据有关法律明文确立的可持续发展原则处理项目建设、资源开发与利用等行政事务。最后，协调法律规则的冲突。对于那些位阶相同但规定矛盾或不一致的法律条文，可以在可持续发展原则的指引下选择执行更符合该原则的法律规则。

2. 司法上的效力表现

作为一项法律原则，其最直接的法律效力表现就是体现在司法活动中。由于摆在法官案头的疑难案件必须予以处理，这迫使他们摆脱了"法治就是严格规则之治"的窠臼，而走向了法律原则的司法适用。[②]例如，

[①] 与案件有关内容参见中华人民共和国生态环境部：《钱左生和李惠兰等 6 人的行政复议决定书》，网址：https://www.mee.gov.cn/gkml/sthjbgw/qt/200910/t20091023_179549_wh.htm。

[②] 胡君：《原则裁判论：基于当代中国司法实践的理论反思》，中国政法大学出版社 2012 年版，第 39 页。

在"盖巴斯科夫-拉基玛洛大坝案"中，国际法院适用了可持续发展原则作为审理案件的重要依据，展示了可持续发展原则在司法领域所具有的法律效力。再如，我国《行政诉讼法》第五十三条规定："在对行政行为提起诉讼时，可以一并请求对该规范性文件进行审查。"一旦对"红头文件"进行审查，其中就必然有大量涉及人口、资源、环境与发展协调的问题，由此带来了司法对此类"红头文件"如何审查违法性的问题。如果此类"红头文件"的形式或程序违法，如与上位立法冲突、不符合制定程序等，法院自然可以判断其违法性。但如果此类"红头文件"形式或程序上合法而实质违法，如以合法程序修改规划而对生态环境造成重大破坏，仅对其实施形式审查显然是不够的，必须进行实质审查。在实质审查的依据中，各类鉴定、证据、依据以及人民法院对上述证据的判断无外都要说明同一个问题——该"红头文件"是否符合可持续发展原则。进而在案件的审理和判决中，根据证据的指向，法院应当适用可持续发展原则作为判断"红头文件"是否构成实质违法的依据。退一步讲，即使人民法院在判决中不直接援引可持续发展原则作为判案的法律依据，也需要将该原则作为判决书等司法文书中论述该"红头文件"违法、瑕疵等的论证依据出现。由此，可持续发展原则的法律效力也得以在司法中充分体现。

三、可持续发展原则的法律适用

在承认可持续发展成为循环经济法的基本原则具有正当性，进而通过立法、执法、司法上的效力表现论证其具有法律效力后，随之而来的问题是可持续发展原则如何具体适用的问题，亦即在什么样的条件下适用该原则，以及如何具体适用该原则。

（一）法律规则与可持续发展原则的适用关系

1. 可持续发展原则与法律规则一致

现行法律的具体规定是法律原则精神的产物和体现，比之原则更确定，更具针对性，而且法官运用具体规则时的价值比运用原则时更有据可查。[①]此外，法律规则的清晰明了也能培养公民在日常生活中遵纪守法的法治意识。因此，运用既有法律规则进行裁判是法官尊重法律、保证公民守法行为连续一贯性的应有要求，同时还能够约束法官的自由裁量权，防止司法权力的不当行使。[②]如《奥地利民法典》第 1 条规定，民事案件不

---

① 庞凌：《法律原则的识别和适用》，载《法学》2004 年第 10 期，第 43 页。
② 苏治：《法律原则的司法适用问题探讨》，载《理论探索》2007 年第 5 期，第 148 页。

能依法律的条文而为裁判时，得类推适用其他法律，无其他法律可类推适用时，则依自然法律原则处理。故在可持续发展原则与相关循环经济法律规则一致的情况下，应当依照"穷尽法律规则"的基本准则适用法律规则处理具体的案件。尽管如此，优先适用规则仍不妨碍同时适用可持续发展原则作为案件论述的依据以配合法律规则的适用。例如，安徽省高级人民法院在处理"肥东县桥头集镇丰原石料厂等18家矿山开采企业、个体工商户不服合肥市中级人民法院（2009）合行初字第8号行政裁定案"的行政裁决书（2010）皖行终第00029号中，尽管依据《行政诉讼法》的具体规定做出案件的判决，但仍然在判决中称认为"为保护生态环境，实现可持续发展，政府可以在其辖区范围内依职权制定相应的总体规划"，即将可持续发展原则作为判决书中论证《肥东县矿山资源总体规划》（2008—2015）合法性的理由。[1]这在相当程度上有助于提升法律文书的制作水平，有利于增强法律文书的说理性。

2. 法律规则缺位

在任何一个国家，法律都不可能包罗万象，所谓"法网恢恢疏而不漏"仅仅是一理想状态。[2]也就是说，法律规则的缺位是无法避免的。在法律规则缺位的情况下，法律原则就起到了弥补漏洞的功能。例如，1889年美国的"里格斯诉帕尔默案"案中被告帕尔默（Palmer）因担心再婚的祖父更改已经立下的把遗产留给自己的遗嘱而把祖父毒死，但当时的法律却没有关于遗嘱指定的遗产继承人谋杀立遗嘱人则丧失继承权的规定，而且该案中的遗嘱在遗嘱法上也无任何瑕疵。但是，法院最终还是根据任何人均不得利用自己的错误或不义行为主张任何权利的这一原则，判决帕尔默败诉。[3]无独有偶，可持续发展原则也具有同样的弥补漏洞功能，其可以在循环经济具体法律规则缺位的情况下作为法律依据直接适用。

3. 可持续发展原则与法律规则冲突

在原则与规则相冲突的情况下，要优先适用原则必须要具备更加严格的条件。正如阿列克西所言：在具体个案中，若涉及原则 P1 与规则的冲

---

① 案件内容参见《安徽法院网》，网址：http://218.22.2.189/gb/ahgy_2004/cpws/xz/userobject1ai22604.html。

② 汪习根主编：《发展人权与法治研究：发展困境与社会管理创新》，武汉大学出版社2012年版，第204页。

③ 林来梵、张卓明：《论法律原则的司法适用——从规范性法学方法论角度的一个分析》，载《中国法学》2006年第3期，第127页。

突，那么，原则 P1 就不仅需要与支持该规则的原则 P2 进行衡量，还须与一些 "形式原则"（formal principles）相衡量，这些形式原则中就包括 "通过正当权威所制定的规则必须遵守" 以及 "不得无理由地偏离一贯的法律实践" 等原则，为此，不能只是因为原则 P1 的分量比原则 P2 大，就无条件地推论出原则 P1 应优先适用。[1]舒国滢教授的概括则更为直接："若无更强理由，不适用法律原则。"[2]

尽管在规则与原则相冲突时不必然优先适用原则，但这仍然不能排除和否认可持续发展原则的优先地位。以江苏苏州与浙江嘉兴边界发生的水纠纷为例。面对江苏方面的超标排污，嘉兴市民沉船筑坝，封堵了边界河道麻溪港，导致航运受阻、河道被堵。这显然违反了《水法》《防洪法》《河道管理条例》等法律法规中的相关规则，但水利部会同当时的国家环保总局进行调处的结果却是明确要求造成水污染的江苏方立即责令苏州盛泽镇所有超标排污企业停产治理，并依法予以处罚，同时立即查封排污暗管。究其原因，参加该纠纷处理的时任水利部水资源司司长吴季松认为："江浙边界水污染和水事矛盾的实质是对水的利用（非取水性利用）超过了本区域的水环境承载能力而产生的矛盾。"[3]本案中存在明确的法律规则（沉船行为严重违反法律规则）与可持续发展原则之间的冲突问题（超过环境承载能力是破坏了协调发展的表现）。在案件的处理过程中，处理结果指向了问题的根源——超标排污，抓住了解决问题的关键——经济社会发展与生态环境保护的协调。因而没有机械地适用法律规则，而是遵循可持续发展原则做出合理的调处决定。应当指出，在可持续发展原则与法律规则相冲突而选择适用其一的情况下，必须通过行政文书、司法文书等给予更充分的论证和说明。我们不可能苛求二者冲突时一贯地优先适用可持续发展原则，但必须使执法者、司法者在法律适用过程和结果展示中对是否优先适用该原则加以充分论述和说明。这样即使最终排除了对该原则的适用，也是将该原则充分纳入了考量的范围。

4. 法律规则之间冲突

如果有关人口、资源、环境与发展相协调的法律规则间存在冲突的情况，在适用可持续发展原则作为衡量标准前，首先需要依据法律规则的冲

---

① See Robert Alexy, supra, n17, p581.

② 舒国滢：《法律原则适用中的难题何在》，载《苏州大学学报(哲学社会科学版)》2004 年第 6 期，第 19 页。

③ 参见蔡守秋：《论处理水纠纷的方法》，网址：http://hbssyjzx.hbue.edu.cn/99/ac/c4764a104876/page.htm。

突规则进行判断（特别法优于一般法、上位法优于下位法、新法优于旧法等）。如果适用冲突规则仍无法解决，再援引可持续发展原则以最终确定相互冲突的法律规则是适用其中之一，还是对冲突双方均排除适用；如果相冲突的法律规则有一方是符合可持续发展原则的，则适用该法律规则，此时可持续发展起到的是价值判断与衡量的作用；如果冲突双方都不符合可持续发展原则，则应当依据可持续发展原则适用其他更符合该原则的规则，或者直接适用该原则，此时可持续发展原则则是起到漏洞补充或指引法律适用的作用。唯需指出，如果援引可持续发展原则漏洞补充或指引法律适用，也必须使执法者、司法者在形成文书、裁决案件的过程和结果中对适用该原则弥补漏洞或指引法律适用的理由加以充分论述和说明，以体现"更强理由"的判断。

（二）可持续发展原则与其他法律原则的冲突与调适

可持续发展原则除与循环经济法律规则之间可能存在冲突之外，还可能与其他循环经济法律原则存在冲突，因而存在原则间冲突的调适问题。按照德沃金的观点，法律原则之间的冲突并不是如同法律规则冲突那样以"全有或全无"的方式调适，而是在具体的个案中针对不同的案件情况加以具体衡量。阿列克西对于法律原则之间的冲突如何进行衡量似乎研究得更为精确，他提出了解决法律原则之间冲突的所谓的"最佳化要求"（optimization requirement）。[1]这种分析具体包括三个方面：适合性分析要求某一原则的适用能够实现法律的目的；必要性分析要求原则的适用是不可避免的，而且应将因为适用某一原则而对其他原则、法律安定性价值的减损控制在最小限度；相称性分析要求适用某一原则所获得的法益应当大于不适用该原则所获得的法益。[2]显然，上述调适方法亦可以适用于可持续发展原则与其他循环经济法律原则的冲突及调适。

不仅如此，法律原则之间也存在不同的层级，如拉伦茨提到"内在的阶层秩序"，认为相较于财产法益，生命、自由、人性尊严具有较高的位阶。[3]质言之，如果相互衡量的两个原则之间本身就存在"阶层"上的差别，一般选择适用阶层较高的法律原则。本书认为，可持续发展原则就属于阶层较高的原则，如遇法律原则冲突应当优先予以衡量和考虑。理由如下：首先，可持续发展原则中的代际公平是对平等价值的拓展，不仅要求

① Robert Alexy. A Theory of Constitutional Rights. Oxford University Press. 2002, p.47.
② 秦策：《法律原则裁判功能之限定》，载《江海学刊》2011年第6期，第157页。
③ 〔德〕卡尔·拉伦茨：《法学方法论》，陈爱娥译，商务印书馆2003年版，第349—350页。

实现当代人之间的公平，更要求后代人的公平。其次，可持续发展原则尊重的不仅仅是人的生命与尊严，其强调的协调发展建立在人与自然和谐共生的基础上，关注的视角超越人类本身。最后，可持续发展原则是对人性的重新认识。将人类的发展观从"人类中心主义"转变为"生态人类中心主义"①，人的本性不再是对自然无节制地征服与改造，而是在遵守自然法则前提下的社会和自然共同有序。概言之，可持续发展原则是对平等、安全、秩序、和谐等法律基本价值的拓展。在生态环境问题日益严重，资源环境约束对经济社会发展的影响越发明显的当下，将可持续发展原则置于诸法律原则中的较高位置已是大势所趋。正如《我们共同的未来》中所讲："现在是采取保证使今世和后代得以持续生存的决策的时候了。"②

（三）适用可持续发展原则的特别要求

以上论证的是可持续发展原则的具体适用条件，特别是与其他法律原则冲突时其应具有的优先地位。但优先地位不代表无条件、无限制地适用，适用可持续发展原则还必须遵循如下特别要求。

1. 正确理解可持续发展原则的含义

可持续发展原则尽管包含了人口、资源、环境与发展的内在协调和代际公平等核心要义，也确实关注生态环境保护与经济社会发展的问题。但这并不意味着可持续发展原则仅仅指的是保护、限制甚至禁止。实际上，可持续发展原则的核心是发展，发展是其第一要义。可持续发展原则所指的发展是人的发展，纳入生态环境考量的终极目的是仍为了实现人的全面发展。这意味着可持续发展原则会因为地域、经济社会发展水平、资源禀赋等差异存在差异化的法律适用结果，并非通过该原则的适用来一味地限制经济建设或停止对于自然资源的开发利用。在某些情况下，适用该原则的结果反而是最终确定开展项目建设或促进对资源的使用。其原因在于：首先，可持续发展原则意在实现经济、生态环境、社会等因素的综合考量，本身必然包含促进经济发展的要素。其次，某些项目建设本身就是促进可持续发展的，如循环型园区的建设。最后，一项法律原则对于不同案件的法律适用本身也不可能是千篇一律的结果，这也是法律原则本身的性质所决定的。

例如，海南省文昌市国土环境资源局在针对辖区内历史遗留问题——

① 参见陈映霞：《一种新型的生态人类中心主义——从两点论和重点论相结合的辩证观点看可持续发展》，载《怀化师专学报》2002 年第 3 期，第 4—7 页。

② 世界环境与发展委员会：《我们共同的未来》，王之佳等译，吉林人民出版社 1997 年版，第 2 页。

传统椰壳炭灶的生产加工产生环境污染的问题处理上，并没有直接援用既有立法中停产整改的法律规定，而是考虑到了"椰壳行业的可持续发展"，主要是"产业链接、人员就业、社会稳定"等因素后，通过与椰壳厂签订《承诺书》的形式，允许当地的椰壳业主在三个月内"一边生产一边进行整改"①。该案中，执法部门直接要求椰壳厂停产整改于法有据，但停产仅是手段，保护生态环境、促进本地区经济社会的可持续发展才是执法的终极目标（椰壳产业在某种程度上说也属于是一种"废物利用"产业）。在考虑了本地区的实际情况之后，执法部门综合考量了生态环境、经济、社会、人口等因素，做出了令各方以及各种利益得以充分协调的处理结果，符合可持续发展原则的要义。是故，可持续发展原则在法律适用的过程中需要实现生态环境保护与经济发展的综合决策，避免陷入一味限制经济发展的误区。

2. 立法中不限于固定的称谓

"可持续发展"这一称谓在国际文件中正式提出是在 1987 年，而受到世界范围内各国政府的广泛认可是在 1992 年，在距今如此短的时间内要求国内立法充分而明确地表述该原则，在立法中明示"可持续发展"这一表述，是不现实的。本书认为，既有循环经济相关立法中只要能够体现可持续发展原则基本内涵和精神，相关表述均可以通过法律解释的方式将其视为"可持续发展原则"而不必苛求明确的称谓。例如，在我国的相关立法实践中出现的"绿色发展""永续发展""永续利用"等法律原则的表述，实际上也可以解释为"可持续发展原则"的具体立法表现。因为上述表述中已经明显地体现出了可持续发展原则的基本内涵——人口、资源、环境与发展的内在协调和代际公平。综上所述，在立法中识别可持续发展原则不以唯一的称谓为必要，关键在于立法是否体现了可持续发展原则应有的内涵。

3. 执法中适用必须有明确规定

依据"依法行政"的行政法治基本理念，执法过程中主要实现的应当是立法中确定的具体法律原则和（或）法律规则的法律效力。换言之，执法中不能简单地以法律原则作为执法的依据，对可持续发展原则的适用应以有明确法律规定为限。仍如上文所述，可持续发展原则是否有明文规定并不以表述或称谓为唯一判断标准，而应以法条表述是否体现该原则的基

---

① 相关内容参见《海南法院网》，网址：http://www.hicourt.gov.cn/juanzong/detail_new_ws.asp。

本精神和内涵作为判断标准。尤其对于那些未明确被冠以"可持续发展"称谓的原则表述的适用，执法者在执法过程中必须对其做出充分的解释，以增加执法的权威性和确定性。

4. 司法中适用必须有充分论证

纠纷的解决是一个技术性和规则性都非常强的问题，故专业人员的理解与普通人的理解之间的合理差距应该有多大，始终是一个值得重视的问题。期间，法官是否符合公众的期望取决于他们的理由是否具有说服力。[①] 这就意味着，当法院适用法律原则作为司法裁判的依据或理由时，更要加强判决和理由的说服力和确定性。因为法律修辞极具可塑性，这使一个聪明的法官可以找到一种似乎很有道理的语言来包装几乎任何决定。[②] 显然，可持续发展原则的修辞就极具可塑性，其中的"可持续"和"发展"两个词在不同国家、不同地区、不同的部门正在而且将在相当长的时期内存在不同的甚至相反的理解。这就要求在适用可持续发展原则裁判案件时，法官应当而且有义务将法律原则具体化。[③] 亦即，通过司法文书等形式将适用可持续发展原则作为裁判依据或论证依据的理由加以充分说明。特别是为了保证司法对该原则适用的准确性和权威性，无论司法适用中是否最终选择适用可持续发展原则，均需有说服力的论证——援用该原则需要加以充分论证，排除该原则的适用同样需要加以充分的论证。

第二节　预 防 原 则

日本《循环型社会形成推进基本法》提出了著名的循环经济"3R"原则，即减量化原则（reduce）、再利用原则（reuse）、资源化原则（recycle）。[④] 2004年6月，在美国佐治亚州海岛举行的八国峰会（海岛峰会）上，时任日本首相小泉纯一郎又提出了加强资源有效利用，通过环境和经济发展齐头并进的"3R"举措以构筑循环型社会的"3R"倡议。小泉首相的提案得到了八国首脑的赞同，成为八国峰会的新的倡议，并发表了题为《可持续开发的科学技术："3R"行动计划及实施步骤》的文件。2005年4月在东京举行了"3R"倡议部长级会议，就在国际合作框架下进一步充实和强化"3R"

---

① 井涛：《法律适用的和谐与归一：论法官的自由裁量权》，中国方正出版社2001年版，第63页。
② [美]理查德·A.波斯纳：《超越法律》，苏力译，中国政法大学出版社2001年版，第182页。
③ 刘治斌：《论法律原则的可诉性》，载《法商研究》2003年第4期，第112页。
④ 参见日本《循环型社会形成推进基本法》第5、6、7条。

达成了一致。^①此后，"3R"原则成为世界范围内循环经济活动遵循的基本原则，我国的《循环经济促进法》中相应地确认了该原则。^②据此，"3R"原则被很多人视为是循环经济法的基本原则。

诚然，"3R"原则作为循环经济活动所需遵循的基本准则当属无疑。但值得思考的是，"3R"原则是彼此独立且相互间存在效力上递减的三个具体原则的统称或简称，既不是一项明确的法律基本原则，也无法体现出法律基本原则对法律所追求价值的表达。此外，法律基本原则除具备价值宣示、指导法律执行等功能外，还应成为司法中法律规范适用的援引，即具有重要的法律漏洞弥补和利益衡量功能。"3R"原则的适用主要是针对循环经济实践活动，尤其是工业生产活动，在司法过程中难以直接援引。更何况，循环经济发展至今除"3R"之外，还包括但不限于 repair（再修复）、re-market（再销售）、re-manufacture（再制造）、re-refine（再提炼）、re-programme（再编程）等诸多内容。^③基于以上考虑，"3R"原则虽然反映了循环经济法所需确立的一些基本准则，但充其量是对基本法律原则在实践中的描述而非该原则本身。据此，仍需要通过对"3R"原则进行深入分析，进一步揭示、提炼其背后所表达的法律精神和法律态度。

一、"3R"原则的实质——预防

2000 年 5 月，日本国会通过的《循环型社会形成推进基本法》以立法的形式将建设循环型可持续发展社会作为日本经济社会发展的总体目标。这是该国对二战后工业化过程中所付出的惨痛代价进行彻底反思的结果：首先，反思传统的生态环境治理模式。针对 20 世纪中叶以来发生的公害问题，日本政府虽然采取了相应的对策，但当时的政策措施是在公害产生之后对污染及废弃物进行治理，亦即前述的"末端治理模式"。20 世纪 80 年代后，日本开始尝试从生产和消费源头防止污染，亦即通过"源头预防"实现了生态环境治理模式和思路的转变，并取得了一定的成效。例如，该国曾经颁布了《废弃物管理法》（1970 年）、《再生资源利用促进法》（1991年）、《促进包装和容器分类收集及再生利用法》（1995 年）、《家用电器再生利用法》（1998 年）等多部法律，且其中有些法律已进行多次修改

---

① 参见日本國政府環境省：《アジア太平洋 3 R 推进フォーラム》，网址：http://www.env.go.jp/recycle/3r/index.html。
② 我国《循环经济促进法》第四条规定："发展循环经济应当在技术可行、经济合理和有利于节约资源、保护环境的前提下，按照减量化优先的原则实施。在废物再利用和资源化过程中，应当保障生产安全，保证产品质量符合国家规定的标准，并防止产生再次污染"。
③ Walter R. Stahel. The Circular Economy: A User's Guide. New York: Routledge. 2019, p.27.

（例如《废弃物管理法》分别于 1976 年、1991 年、1992 年、1997 年进行修改）。这些法律的施行对推进废弃物的适当处理与再利用着实取得了良好效果。[1]但是，由于传统的线性产业结构没有从根本上得到改变，仍然产生了大量的废弃物。以至于进入 20 世纪 90 年代后期，日本的一般废弃物年排放量约为 5000 万吨，产业废弃物排放量约为 4 亿吨。[2]对于国土空间地域狭小、人口稠密、生态环境容量极其有限的日本而言，大量的废弃物无疑对本国生态安全构成巨大威胁。其次，反思传统的资源开发利用模式。日本是资源消费大国，但本身的自然资源极度匮乏，经济社会发展所需的能源与物资大部分依赖进口，易受国外能源、原材料价格的冲击。20 世纪 70 年代的两次石油危机更是对日本的经济带来巨大的负面影响。虽然这促使日本重视节能降耗，并在 20 世纪 80 年代形成节约资源能源的经济结构。但是，"大量生产、大量消耗、大量废弃"的传统"线性经济模式"在基本面上并没有得到改变。特别是 1990 年"泡沫经济"崩溃之后，日本经济产业结构转换迟缓、经济复苏乏力，新的经济增长点尚未形成。如果继续依赖以进口为主的资源开发利用模式，日本的经济安全、资源安全均将严重受制。

"公害列岛"和两次"石油危机"带来的阴霾尚未完全散去，还要面对"泡沫经济"崩溃后持续的经济停滞状态。正是在这种严重威胁自身生态安全、经济安全、资源安全的背景下，日本政府认识到，为了谋求从根本上解决问题，应该彻底反思迄今为止的社会运行状态及国民的生活方式，构筑废弃物处理与资源循环再利用一体化的物质循环链条，建立起抑制天然资源消费、降低环境负荷的"循环型社会"是不可缺少的。正是在这样的基本立法共识下，《循环型社会形成推进基本法》作为世界循环经济立法史上的典型范例，首次将"废弃物·循环利用对策"优先顺序法定化。即：①抑制产生；②再使用；③再生利用；④热回收；⑤适当处置。这是以最大限度地降低环境负荷为出发点确定的基本原则。[3]由此可见，所谓的"3R"其实是对"废弃物·循环利用对策"优先顺序法定化后呈现的一种高度形象化的立法表达。它的提出，不仅是为了减少待处理的废弃物的体积和重量，使得诸如填埋场等可以用的时间更长。相反，它是要从根本

---

① 曲阳：《日本循环经济法管窥——以〈循环型社会形成推进基本法〉为中心》，载何勤华主编：《20 世纪外国经济法的前沿》，法律出版社 2002 年版，第 575 页。

② 李冬：《论日本的循环型经济社会发展模式》，载《现代日本经济》2003 年第 4 期，第 26 页。

③ 曲阳：《日本循环经济法管窥——以〈循环型社会形成推进基本法〉为中心》，载何勤华主编：《20 世纪外国经济法的前沿》，法律出版社 2002 年版，第 578 页。

上减少自然资源的消耗，减少由传统经济模式引起的环境退化。[①]正如该法第 6 条所言："鉴于减少废物处置总量可以有效降低环境负荷，因而对可循环资源必须尽可能予以循环利用。"[②]

由此可见，"3R"原则的提出实质上是对经济、生态、资源安全隐患甚至危机的防范。因为生态环境对废弃物的容纳是有一定限度的，人类处理废物的能力也是有限的，因此，一旦大量的废物超出人类的净化和循环能力，生态危机就是不可避免的。[③]要从根本上解决生态环境问题、重建人与自然的和谐关系，仅仅满足于对废弃物的大量处理是远远不够的，必须着眼于对未来时空范围内安全危机的避免。所以，未雨绸缪于先、亡羊补牢于后，才是循环经济法确认循环经济法律关系、引导循环经济活动应有的基本态度。无论是减量化、再利用，还是资源化、无害化，其终极目标都是首先尽量减少资源能源的消耗，预防废弃物的产生对生态环境造成负面影响。即《循环型社会形成推进基本法》第二条所言之"自然资源的消耗受到抑制，环境负荷得到削减的社会形态"[④]。这一点，在德国修改后的《促进循环经济和确保合乎环境承受能力废弃物管理法》中也得以印证。该法第 3 条规定，预防废弃物产生的废弃物减量化具有优先适用性，其是指物质、材料或产品已成为废弃物之前而采取任何措施，其目的是减少废弃物数量、减少废弃物对人类或环境的有害影响或者减少材料和产品中的有害物质的含量。尤其包括物质在设备内部的循环利用，将产生较少废弃物的产品设计、产品的再使用或它们使用周期的延长以及获取将产生较少废弃物与较少有害物质的产品为导向和以使用可重复使用包装为导向的消费行为。[⑤]综上所述，"3R"原则背后体现的价值追求（即法的目的价值）是维护安全，"3R"原则背后表达的法律态度是预防。[⑥]因此，预防原则才是对"3R"原则在基本法律原则层面的应然表述，才是对法律确

① 参见冯之浚主编：《循环经济导论》，人民出版社 2004 年版，第 104—110 页。

② 中关村国际环保产业促进中心：《循环经济：国际趋势与中国实践》，人民出版社 2005 年版，第 274 页。

③ 孙文营：《循环经济哲学维度研究》，光明日报出版社 2013 年版，第 40 页。

④ 中关村国际环保产业促进中心：《循环经济：国际趋势与中国实践》，人民出版社 2005 年版，第 273 页。

⑤ 翟巍：《德国循环经济法律制度精解》，中国政法大学出版社 2017 年版，第 13 页。

⑥ 目前，以法国为主的科学家提出应在"3R"原则基础上，逐渐贯彻落实欧盟《关于废弃物的第 2008/98 号指令》中的金字塔废弃物处理优先次序。最优至次优的路径是：事前预防、减量化、重复使用、循环利用、能源回收和废弃填埋。事前预防被单独提出并被置于废弃物处理的最优路径，由此更可进一步探明法律的基本态度。参见张敏：《欧盟迈向零废弃垃圾管理机制》，网址：http://www.chinanews.com/gj/2017/03-20/8178226.shtml。

立"3R"原则所欲实现安全价值的准确表达。

二、预防原则的内涵

预防原则是对未来时空范围内经济、生态、资源、社会等安全可能遭受影响甚至威胁的防范。从防范对象的角度，预防原则的内涵可以包括两个方面：一是运用已有的信息、技术和知识，对资源环境的开发利用活动将要给"社会-生态系统"带来的危害事前采取措施以防止不利后果的产生。二是在科学不确定的条件下，基于现实的科学知识去评价环境风险，即对开发利用环境行为可能带来的尚未明确或者无法具体确定的环境危害进行事前预测、分析和评价，促使开发决策避免这种可能造成的环境危害及其风险的出现。[1]具体如下所述。

（一）对已知危害的防止

世界范围内的工业化进程既带来了物质和财富的极大丰富，也付出了生态破坏、资源枯竭、环境污染的代价。生态环境问题的结果一旦发生，就往往难以消除和恢复，甚至具有不可逆转性，严重损害和威胁人类健康和经济社会发展。不仅如此，等待生态环境问题出现后再进行事后补救，从经济上来说也是最不合算的。例如，美国《资源保护与回收法》第6973条规定，美国联邦环保署被授权对那些可能造成"健康和环境的急迫和重大威胁"的有害废物进行管理。[2]因此，发展循环经济的重要目的就是为了避免生态环境问题的出现，通过经济发展模式的转变保障人类健康、促进经济社会的可持续发展。例如，震惊世界的"日本米糠油事件"就是因对脱臭工艺中使用的热载体——多氯化联苯（PCB）管理不善而被人畜食用后引起的。由于日本的多氯化联苯（PCB）废弃物处于长期未被处理的状态，所以尽快完备必要的多氯化联苯（PCB）废弃物处理机制、推进切实且妥善处理便成为当务之急。[3]故日本于2002年制定并施行了《PCB特别措置法》，以确保PCB废弃物处理的安全性和可靠性。在此基础上，日本《环境安全事业株式会社法》（2003年实施），又建立完善了PCB废弃物处理的框架。根据该框架，以日本环境安全事业株式会社为事业主体，在北九州市、爱知县丰田市、东京都、北海道室兰市、大阪

---

① 汪劲：《环境法律的解释：问题与方法》，人民法院出版社2006年版，第297页。
② 〔美〕瓦伦·弗雷德曼：《美国联邦环境保护法规》，曹叠云、杨延华等译，中国环境科学出版社1993年版，第132页。
③ 张婉如、王海澜、姜毅然编著：《日本循环经济法规与实践》，人民出版社2008年版，第69页。

市设置处理场。①再如，瑞典《废弃物收集与处置法》第 3 条规定："废弃物处理应当以避免引起公共健康和环境保护方面的损害的方式加以管理。用于废弃物管理的场所、容器及其他装置，应当在不发生这种损害的情况下加以利用。"②这些立法例均表明，防止已知危害是循环经济法中预防原则的基本内涵之一。

（二）对未知风险的预防

如今，人类社会所面临的生态环境问题无疑具有发展变化性和极端复杂性。其中，不仅包括已经出现的损害后果、已知的危害，还包括诸如气候变化、（新）化学品、微塑料、生物多样性保护等充满未知和不确定的问题。究其原因，就是人类认知能力的有限性与生态环境问题发展变化的无限性之间存在矛盾，致使人类对许多生态环境问题的产生、传递以及反应机制存在着无知、充满了不确定性。这种不确定导致"社会-生态系统"存在遭受危害的可能性以及所致损害的严重性，即存在风险。相比传统风险（如保险风险），这种风险明显是一种未知风险。亦即人类没有充分的信息来源和技术能力去了解、熟悉、应对的风险。但如果等到能够确切地证明人类活动与此类风险之间存在科学上的因果关系后再来采取措施，恐怕已是于事无补。例如，全球气候变暖最终被科学完全证实之际，恐怕其对人类造成的不利后果早已显露无遗。很难想象当前的风险在未来真的转化为不利后果时，人类将面临怎样的灾难。

为解决因科学不确定导致行动上的滞后性与未知风险的预防性需要之间的矛盾，1984 年，第二届国际北海保护会议发表的《伦敦宣言》第一次明确、系统地阐述了风险预防原则（precautionary principle）："即使没有绝对的科学证据证明因果关系之前，也应采取风险预防的措施以控制最危险物质的进入，这是必要的。" 1992 年《里约宣言》原则十五更是明确宣布："遇有严重的或不可逆转损害的威胁时，不得以缺乏科学充分确实的证据为理由，延迟采取符合成本效益的措施防治环境恶化。"风险预防形成了在科学不确定性下的一种实质性谨慎义务，丰富了预防原则的含义，拓展了预防原则的适用范围。然而，发展循环经济的基本目标之一就是降低人类活动对生态环境影响的强度，其不仅有效防止了"社会-生态系统"发生危险的可能性，也减少了其产生风险的可能性。更何况，在废弃

---

① 参见日本國政府環境省：《有害物質·処理困難物に係る施策》，网址：http://www.env.go.jp/recycle/poly/index.html。

② 赵国青主编：《外国环境法选编》，中国政法大学出版社 2000 年版，第 1153 页。

物的资源化过程中也存在一些现有科学技术还无法确定的风险性。故对废弃物的再生利用也必须引入风险预防的原则，防止对人类、动植物健康、安全造成不可逆转的损害。[1]可见，预防原则作为循环经济法的基本原则，其内涵不仅包括对已知危害的防止，还必然包括对未知风险的预防。

具体而言：一方面，预防因危险物质（特别是化学品）而产生的风险。例如，欧盟2006年颁布的《化学品注册、评估、授权和限制》（REACH指令）旨在加强对人类健康和环境的保护，使其免受化学品可能带来的风险。根据该条例，使用原始物质或回收物质的制造商都必须查明和管理与其在欧盟生产和销售的物质有关的风险。他们必须向欧洲化学品管理局演示如何安全使用该物质，并且必须将风险管理措施传达给用户。[2]另一方面，预防因温室气体排放所带来气候变化风险。发展循环经济可以有效减少产品的加工和制造过程，延长材料和产品的生命周期，减少由于原材料开采、材料初加工、产品废弃处理处置等环节所造成的能源资源消耗，从而减少二氧化碳排放。[3]正因如此，我国《"十四五"循环经济发展规划》专门提出，大力发展循环经济对"推动实现碳达峰、碳中和"具有重大意义，是"应对气候变化"的要求。由此可见，应对气候变化带来的风险和挑战也是循环经济法中风险预防原则的题中应有之意。例如，德国《促进循环经济和确保合乎环境承受能力废弃物管理法》的基本宗旨是："通过加强废弃物减量化与废弃物回收利用的方式，确保持续性实现环境保护与气候保护的优化目标，并提升资源利用效率。"[4]近年来，随着应对气候变化这一议题日益受到世界范围内的广泛关注，循环经济法的风险预防功能表现得愈发明显。[5]例如，欧盟从2020年开始将采取包括法律在内的一系列措施推动工业向清洁循环经济转型，其目标落实最新的"欧洲绿色新政"以助力欧盟实现"气候中和"这一目标。[6]

---

① 蔡守秋、蔡文灿：《循环经济立法研究——模式选择与范围限制》，载《中国人口·资源与环境》2004年第6期，第42页。

② EC/1907/2006.

③ 马玲：《发改委出台多项举措推动循环经济发展》，载《金融时报》2021年7月8日，第4版。

④ 转引自翟巍：《德国循环经济法律制度精解》，中国政法大学出版社2017年版，第27页。

⑤ 艾伦·麦克阿瑟基金会在《循环经济：应对气候变化的另一半蓝图》的报告指出，可再生能源转型仅能影响全球55%的温室气体排放，若要实现联合国气候目标，国际社会须关注剩余45%的排放量。如果在五大关键领域（钢铁、塑料、铝、水泥和食物）采用循环经济框架，到2050年，全球将减少总计达93亿吨的温室气体排放量，相当于目前全球所有交通工具的排放总量。

⑥ "气候中和"是欧盟在2018年联合国气候变化大会卡托维兹峰会举行之际提出的，希望其在2050年成为全球第一个有竞争力的"气候中和"大型经济体，即碳排放总量为零。

三、预防原则的法律适用

（一）作为循环经济立法的基本原则

一方面，预防原则直接作为循环经济立法中所确立的基本原则。例如，美国 1990 年《污染预防法》第 6602 条 b 款规定，"国会在此宣布，必须从根源上尽可能地预防和减少污染，是联邦的国家政策"；再如日本《循环型社会形成推进基本法》第 6 条第二款规定，"在对循环资源进行循环利用及处理时，要适当地进行，避免对环境保护产生不良影响"。另一方面，循环经济立法中表达出将预防原则置于基本原则的地位。例如，德国《可再生能源优先法》（2004）在第 1 条就提出，"……保护自然和环境，为避免围绕化石能源可能发生的冲突做出贡献"，其中明确地表达出预防资源安全和生态安全隐患的含义。

（二）指导循环经济活动中预防措施的采用

根据预防原则，循环经济立法中规定了相应的预防已知危险或未知风险的制度措施，其可具体表现包括但不限于：①在循环经济活动中建立风险评估体系。例如，我国按照《环境风险评估技术指南——粗铅冶炼企业环境风险等级划分方法（试行）》（环发〔2013〕39 号）的规定，将粗铅冶炼企业的清洁生产水平划分为三级，根据粗铅冶炼企业清洁生产水平不同，给予不同的分值。清洁生产水平越高，风险越低，分值就越小。[①]②开展清洁生产审核。政府有关职能部门依法对生产和服务过程进行调查和诊断，找出能耗高、物耗高、污染重的原因，提出减少有毒有害物料的使用、产生，降低能耗、物耗以及废物产生的方案，进而选定技术经济及环境可行的清洁生产方案。[②]③在产品设计环节考虑对人类健康和生态环境的影响。如我国《清洁生产促进法》第二十条要求产品和包装物的设计"优先选择无毒、无害、易于降解或者便于回收利用的方案"等。

（三）作为循环经济司法的重要依据

例如，在铅业协会诉美国环保局（Environmental Protection Agency，EPA）案中，法院在判决中明确提及了风险预防的思想，"EPA 必须等到能够结论性地证明特定影响对健康有害时才能采取行动，这种观点与法律的预防导向不符，也与制定法赋予行政官员的职责不符……管理者做出必

---

① 详见《环境风险评估技术指南——粗铅冶炼企业环境风险等级划分方法（试行）》（环发〔2013〕39 号）"6.1.6 清洁生产水平"。

② 参见《清洁生产审核暂行办法》第二条。

要决定时，国会允许其出于谨慎目的而犯错"①。在我国，虽然预防原则直接适用于司法判决的情况在我国比较鲜见，但这并不妨碍该原则成为我国循环经济司法中的重要依据。例如，《黑龙江省高级人民法院关于为优化发展环境提供司法服务保障的若干意见》中明确提出："支持和监督环保行政执法机关依法履行环保职能，促进绿色经济、低碳经济和循环经济发展。"山东省也提出"各级人民法院、人民检察院加强对生态破坏行为的打击力度，及时审理生态环境保护中的民事、行政、刑事案件。在审理中发现的有关生态环境等问题，应及时向有关单位或部门提出司法建议"②。上述举措无疑体现出司法机关在应对生态环境问题、促进循环经济发展的过程中，将有效预防各类资源环境违法行为作为其重要的工作内容和司法实践中应当遵循的基本原则。

第三节　公　平　原　则

公平原则是法律正义与平等价值的根本体现。它最初来源于民法中的债法原则，后来逐渐向外延伸其运作空间，成为经济法、社会法和其他部门法中的一项重要原则。但在不同的部门法中，它的含义又有新的变化。同时，公平原则随着历史条件的变化，不断地增加新的内容。③循环经济活动作为应对经济社会与资源环境双重问题的一类新型人类活动，必然也涉及对利益关系的调整和重新处理，也必须进行谨慎的利益考量，也会出现与传统法律部门类似的利益公平享有和责任公平负担问题。因此，循环经济法同样需要遵循公平原则以正确分配循环经济活动中的利益与责任，实现循环经济活动的公平与正义。

一、公平原则的内涵

循环经济法的公平原则，是指循环经济活动中所涉及的相关主体，如政府、社会组织、企业、公民等，在从事有关循环经济的活动时应当按照正义精神，公平分配相关利益及责任，以平衡各种利益关系、实现经济社

---

① See Lead Industries Association Inc v. Environmental Protection Agency. 647 F.2d 1130; 1980 U.S. App.

② 时立军：《加强环境法治　推进生态省建设》，网址：http://news.sohu.com/50/81/news213938150. shtml。

③ 杨思斌、吕世伦：《和谐社会实现公平原则的法律机制》，载《法学家》2007 年第 3 期，第 25 页。

会的可持续发展。具体而言，循环经济法的公平原则包括两个方面的内容——利益的公平享有和责任的公平负担。

（一）利益的公平享有

1. 生态环境利益的公平享有

为应对工业化时代以来严重的生态环境问题，发展循环经济的功能之一就在于使生产和消费过程中投入的自然资源最少，向生态环境中排放的废弃物最少，对生态环境的危害或破坏最小。[①]因此，作为保障循环经济活动的法律领域，循环经济法必然包含维护生态环境利益的内涵。例如，我国《循环经济促进法》第一条就宣布："为了促进循环经济发展，提高资源利用效率，保护和改善环境，实现可持续发展，制定本法。"作为客观事实，每个人自出生开始都需要洁净的空气、干净的水源、安静的环境和适于成长的其他基本自然条件，这没有职业、种族、性别、宗教信仰和劳动能力的差别。[②]不仅如此，正如《里约宣言》原则三所言，"公正合理地满足当代和世世代代的发展与环境需要"。也就是说，生态环境利益的满足需要突破当前的时空局限，需要将后代人的生态环境利益也纳入考量。有鉴于此，生态环境利益的公平享有具体是指所有的当代人与后代人都能够在良好生态环境中生存和发展。这是可持续化发展观的核心，也是实现可持续发展的必备条件。[③]

综上所述，循环经济法意义上生态环境利益的公平享有包含两方面的含义：一是代内生态环境利益的公平享有。正如《里约宣言》原则八所言，"为了实现持续发展和提高所有人的生活质量，各国应减少和消除不能持续的生产和消费模式"。二是代际生态环境利益的公平享有。例如，日本《循环型社会形成推进基本法》第1条宣布，"致力于确保现在及将来的国民健康和文化生活"。

2. 经济利益的公平享有

实际上，作为一种新的经济发展模式，循环经济本身依然是一个追逐经济利益的过程。例如，再生资源回收利用不仅能够获得良好的生态环境效益，其经济效益也十分可观。目前，再生资源产业已成为节能降耗、环保增效的战略性新兴产业和新经济增长点。[④]因此，在循环经济已经成为

---

① 俞金香、何文杰、武晓红：《循环经济法制保障研究》，法律出版社 2009 年版，第 11 页。

② 张志辽：《环境利益公平分享的基本理论》，载《社会科学家》2010 年第 5 期，第 75 页。

③ 吕忠梅主编：《环境法导论》（第三版），北京大学出版社 2015 年版，第 56 页。

④ 参见《关于加快推进再生资源产业发展的指导意见》（工信部联节〔2016〕440 号）。

世界经济发展的潮流，循环经济产业已经成为新的经济增长点的背景下，实现经济利益的过程中无疑需要一个公平合理的市场环境，以促进循环经济的健康、有序发展，以保障经营者通过公平竞争获得利益。例如，《武汉市再生资源回收管理条例》第二十五条第三款规定："禁止以暴力、恐吓等手段霸占、操纵再生资源回收市场。"

（二）责任的公平负担

循环经济法对于循环经济活动相关责任的负担问题，经历了一个逐步认知和完善过程。由于循环经济诞生于工业生产尤其是废弃物的回收利用，因此起初关于循环经济活动的责任承担原则是"生产者责任延伸"（Extended Producer Responsibility，EPR）。生产者责任延伸的思想，最早可追溯到瑞典1975年关于废物循环利用和管理的议案。该议案提出，产品生产前生产者有责任了解当产品废弃后，如何从环境和节约资源的角度，以适当的方式处理废弃产品的问题。"生产者责任延伸"这一概念则是1988年由瑞典隆德大学（Lund University）环境经济学家托马斯·林德维斯特（Thomas Lindhqvist）在给瑞典环境署提交的一份报告中首次提出的，即将生产者的责任延伸到产品的整个生命周期，特别强调生产者对产品的回收、循环和最终处置的责任。受此影响，1991年德国率先在《包装物法令》中引入EPR概念，确立了包装物的生产者责任延伸，随后各发达工业化国家在其循环经济立法中也纷纷引入这一概念，我国的《循环经济促进法》也引入了相关的规定。[1]因而，也有人据此认为"生产者责任延伸"是我国循环经济促进法的基本原则之一。[2]

然而，随着循环经济在全社会范围内的广泛开展，其含义早已突破工业产品生产者责任延伸的范畴。循环型社会的建立不单单是国家或公众等某类群体的责任，作为一项系统、复杂的社会工程，它要求社会中一切与循环经济活动相关的主体都参与进来。其中：政府是循环经济的主导者，负责循环经济的规划、管理和监督；企业是循环经济活动的主体，也是循环经济法的直接贯彻者；社会组织作为社会公共利益的代表者，是循环经济的参与者、监督者；公民作为最广泛的社会主体和消费者，是循环经济参与者和配合者、监督者。各种主体分工明确、共担责任、密切配合，才

---

[1] 我国《循环经济促进法》第十五条规定："生产列入强制回收名录的产品或者包装物的企业，必须对废弃的产品或者包装物负责回收；对其中可以利用的，由各该生产企业负责利用；对因不具备技术经济条件而不适合利用的，由各该生产企业负责无害化处置。"

[2] 参见蒋冬梅、赵湘军：《论循环经济促进法的基本原则》，载《广东第二师范学院学报》2013年第6期，第46—49页。

能共促社会大循环的最终形成。因此说，循环经济法对于循环经济活动中的责任，必须是在国家、企业、社会组织、公民等主体之间进行公平分配。例如，日本《循环型社会形成推进基本法》第4条规定："为了建立循环型社会，国家、地方公共团体、生产单位及个人必须在进行适当的责任分工的基础上采取必要的措施，并且适当地、公平地负担采取该措施所需的费用。"

需要特别指出的是，以上所谓之"责任"是法理学意义上的广义责任，其中包括第一性义务和第二性义务两方面。前者是法律直接规定或由法律关系主体依法通过积极活动而设定的义务，如日本《报废车辆再生利用法》第27条规定，"汽车制造者应当根据主务省令之规定公布再生利用物品的状况"。后者则是因违反第一性义务而承担的后果性义务，如《江苏省循环经济促进条例》第五十九条规定，"餐饮经营者不按照规定提供可循环使用筷子的，由县级以上地方人民政府市场监督管理部门责令限期改正，并可以处五百元以上五千元以下的罚款"。

二、公平原则的法律适用

（一）实现利益的公平享有

1. 明确生态环境利益的归属

国家的每一个公民，无论其民族、种族、性别、职业、家庭出身、宗教信仰、教育程度、财产状况等，均有权享有清洁、良好的生态环境，均有权享有生态环境为其带来的惠益。因此，循环经济法应当依据公平原则，明确生态环境利益的归属为本国范围内的全体国民。例如，日本《环境基本法》第3条规定，"将环境作为一种完整而富有恩惠之物而加以维持，是人类的健康与精神文明生活所不可欠缺的一件事"，"鉴于此，现在与将来世代的人类在享受完整而富有恩惠的环境惠泽的同时，还应当为了作为人类存续基础的环境在将来得以维持而妥当地对其进行保护"。

2. 保障公平合理的市场环境

首先，保障循环经济产业经营者之间的公平竞争。如我国《可再生能源法》第四条第二款规定："国家鼓励各种所有制经济主体参与可再生能源的开发利用，依法保护可再生能源开发利用者的合法权益。"其次，提升循环经济相关产业和主体的市场竞争力。面对人类社会长期形成的生产方式和消费习惯，循环经济及其相关产业作为"后来者"在同传统经济及其相关产业的初期竞争中往往不易被认可，并处于不利地位。同时，循环经济也是有成本概念的经济，只有当其能带来实际收益时企业才有足够的动力去发展循环经济。因此，需要运用法律手段保障和提升循环经济相关产业和主体的市场竞争力，为循环经济及其相关产业的发展营造有利的市场环境。例如，《大连市循环经济促进条例》第三十四条规定："固定资产投资行政主管部门在制定和实施投资计划时，应当将节能、节水、节地、节材、资源综合利用等项目列为重点投资领域。"

3. 探索后代人利益的制度安排

当代人造成的环境污染、生态破坏、资源枯竭等问题，客观上已经对于未来生活在地球上的人类造成了伤害，威胁到他们可持续生存发展和享有人类文明，需要采取一定的矫正和弥补措施。如《国际清洁生产宣言》就宣称，"我们认识到实现可持续发展是共同的责任，保护地球环境必须实施并不断改进可持续生产和消费的实践"。《菲律宾环境案件程序规则》（ *Philippine Rules of Procedure for Environmental Cases* ）第 2 节第 5 条更是明确规定："任何菲律宾人均可代表包括未成年人和未出生的后代人在内的他人，提起行使环境法的权利或义务的诉讼。"[1]尽管世界范围内已经开始探索为后代人的利益提供法律保障，但如何通过法律制度的适当安排实现后代人的权益仍需进一步探索。不过总体而言，循环经济法的出现本身就是将后代人利益纳入现实考量的一种制度安排，因为其所促进和保障的循环经济是一种善待未来的经济发展模式。

（二）实现责任的公平负担

1. 生产者责任延伸

生产者在谋求自身利益的同时，必须承担相关的社会责任，其间当然包括相应的生态环境责任。不仅如此，生产者可以从不付成本的资源环境利用行为中获利，而由此产生的负效益则由政府、社会、公众等为其分担，长此以往必然导致"公地的悲剧"。要解决上述问题，必须使生产者的私人成本内部化，或者说增加生产者对相应的生态环境责任负担。基于上述理论，在循环经济活动中将生产者的责任延伸到产品的整个生命周期，特别强调生产者对产品的回收、循环和最终处置的责任。[2]生产者责任延伸对于提高资源利用率，减少废弃物的排放，保护和改善生态环境发挥着重

---

① 详见黄婧：《〈菲律宾环境案件程序规则〉及其借鉴意义》，载《中国政法大学学报》2012年第 1 期，第 75—82 页。

② 李源：《"生产者责任延伸"为何停在纸上？》，载《中国环境报》2010 年 9 月 24 日，第 3 版。

要的作用。例如，日本《家用电器再生利用法》规定，家用空调、电视机、冰箱和冰柜及洗衣机等的生产企业应当进行再利用。[①]

2. 原因者负担

鉴于生态环境问题具有公共性，其不可能完全通过市场手段加以解决，这使得人们把目光投向政府，期待通过政府的"有形之手"提供良好生态环境这种公共产品。因此，在工业革命以后相当长的一段时期内，人类的活动即使是破坏了自然，但只要是不侵害到他人的具体利益就可放任自流。[②]但面对政府不断追加的生态环境保护公共财政投入，以及随之增加的纳税人的负担，污染治理与控制费用的合理负担问题引起了政府和社会公众的广泛关注。由于政府用于污染治理和控制的公共投入来自全体纳税人贡献的税收，而政府使用全体纳税人的税收用于污染者个体造成的污染治理和控制显然有悖于社会公平。又因为环境污染是污染者在追求利润的生产经营活动中产生的"副产品"，由政府使用公共资金用于污染治理和控制，不仅无助于阻止污染环境的行为，反而会纵容污染者的污染行为及其污染成本的社会转嫁。[③]是故，"污染者负担"就逐渐成为环境污染治理及其相关立法中被广为接受的一项基本原则。例如，《欧洲联盟条约》第 130 条 R 款就规定，"环境政策所依据的原则是：预防原则，采取预防行动原则、环境的破坏应首先从根本上得到纠正原则和污染者承担责任原则"。质言之，该原则的提出是为在生态环境治理领域矫正社会不公、实现社会正义提供一项基本遵循。

根据 1975 年经济合作发展组织理事会《关于环境事项成本分摊和公共机构行动的建议》，落实污染者负担原则的最适当手段就是建立环境税、费制度，使污染者为环境污染预防、控制和治理等方面公共政策的实施提供资金保障。时至今日，污染者的概念已经远远超过了最初意义上生产经营者的范畴，每一个国民在日常生活中都可能成为生态环境问题产生的"原因者"。但是，通过税费等方式使"原因者"承受必要的负担，依然是实现生态环境治理领域社会公平的必要手段。例如，为了营造干净整洁的环境，韩国从 1995 年 1 月起根据垃圾产生量由排放者负担垃圾处理费用的排放者负担原则，以所有国民为对象，对垃圾实施收费从量的制度。至

---

① 参见张婉如、王海澜、姜毅然编著：《日本循环经济法规与实践》，人民出版社 2008 年版，第 62 页。

② 参见[日]山村恒年：《自然的权利》，信山社 1996 年版，第 30—31 页。转引自陈泉生：《论可持续发展立法倾向》，载《福建政法管理干部学院学报》2001 年第 4 期，第 1 页。

③ 柯坚：《论污染者负担原则的嬗变》，载《法学评论（双月刊）》2010 年第 6 期，第 83 页。

2004 年，该制度实行的效果显著——韩国的人均垃圾产生量已经低于美国
（2.0 kg/d）和日本（1.13 kg/d）。[①]

3. 受益者补偿

良好生态环境作为人类共同的生存栖息之所，具有明显的公共产品属
性。根据外部性理论，公共产品在其供给和消费过程中会产生外部性。如
果不采取相应的矫正机制，多元主体间在利益的享有上会出现不公平的情
况。除要求生产者、原因者承担相应的责任外，外部性的受益者承担一定
的补偿责任也是责任公平负担的题中之意。

一方面，受益者对负外部性的补偿责任。诚然，发展循环经济本身是
解决生态环境问题的有效途径，但循环经济并不意味着不会对生态环境产
生负面影响。例如，丹麦的卡伦堡工业园区是世界公认的工业生态系统运
行最为典型的代表，但整个工业园区进行水的循环使用每年也只是减少
25%的需水量。再如，美国杜邦公司在企业层面上成功建立的小循环模式
也仅能使该公司生产造成的废弃塑料物减少了 25%，空气污染物排放量减
少了 70%。[②]可见，循环经济活动同样可能产生负外部性问题，并需要进
行相应的利益矫正。除前述的税、费之外，补偿也是一种必要矫正措施，
其本质在于受益者通过经济手段实现对利益受损者所受损失的弥补，最终
达到一种平衡。[③]例如，《浙江省固体废物污染环境防治条例》第十三条
第二款规定，"跨设区的市、县（市、区）行政区域转移处置固体废物的，
移出方与接收方所在地人民政府可以签订生态补偿协议，明确补偿方式、
范围、对象和标准"。

另一方面，受益者对正外部性的补偿责任。作为实现经济、生态、社
会效益多赢的发展模式，开展循环经济活动需要大量的人、财、物投入。
如果大量投入后效益有限或根本无法获得收益，即"循环不经济"，那么
循环经济就难以得到充分发展。例如，火力发电厂的脱硫脱硝废旧资源、
废旧家用电器和废旧电子产品、废旧轮胎、餐厨垃圾、城市生活垃圾、一
些化工生产废旧资源等的回收与再生利用就具有负的效益。[④]因此，单纯

[①] 尤麟：《构建与完善环境法律体系进一步发展循环经济——访韩国环境资源公社北京代表处首
席代表洪智善》，载《再生资源与循环经济》2009 年第 6 期，第 3 页。

[②] 杨雨：《国外循环经济发展经验模式及路径》，载《经济导刊》2007 年第 9 期，第 68 页。

[③] 刘世强：《正确理解生态补偿必须明确几个问题》，载《环境保护与循环经济》2009 年第 12
期，第 19 页。

[④] 齐志强：《告别"循环不经济"》，网址：http://opinion.people.com.cn/n/2013/0812/c1003-2252
6626.html。

要求生产者承担回收或无害化、资源化处理的责任虽然对社会范围内发展循环经济有利，但无疑对生产者的经济效益带来一定的负面影响。不仅如此，对于该部分从事循环经济活动的主体的投入或付出，其他主体则可能通过"搭便车"的方式享受其"外溢"的部分惠益。例如，某风光发电企业投入建设了大量的风光发电设备，消费者可能完全不需要增加额外的负担，就可以在获得持续稳定供电的同时，享受到发展清洁能源给资源环境带来的好处（如空气质量明显改善）。故基于公平分担责任的考量，作为开展循环经济活动、发展循环经济产业的受益者，需要为其通过循环经济而获得的惠益公平合理地支付必要的费用。例如，美国亚拉巴马州《废轮胎环境质量法》第 13 条规定，"（a）废轮胎环境费应在销售点向购买备用轮胎的消费者征收，无论这些轮胎是否安装在轮辋或车轮，每条收取 1 美元，并每月将这些资金汇寄到税务局"，"此外，在向消费者出售翻新备用轮胎时，也应向消费者征收废轮胎环境费"①。

4. 监管者负责

总体而言，循环经济法主要通过两个方面为循环经济活动提供法制保障：一是约束循环经济活动中生产者、消费者等的行为，包括产权界定和保护，合同的执行，公平解决纠纷，维护市场有序竞争等；二是约束政府在循环经济活动中的行为，确保权力被忠实履行而不被滥用，注重防范由权力运用不当或决策失误引发的制度效率风险。之所以需要监管政府，是因为政府作为循环经济活动的监管者地位特殊、影响深远，使得循环经济法强化监管者的责任不仅必要而且亟须。

一方面，政府的决策直接决定着本国或本区域内循环经济的目标、任务、措施等，一旦决策失误就势必影响循环经济的整体发展。因此，循环经济法必须强化监管者的责任，通过相关机制和法律制度的设计使监管者对循环经济活动负责。例如，《陕西省循环经济促进条例》第四条规定："县级以上人民政府负责本行政区域内循环经济发展的统筹规划"；同时，该条例第十九条规定："县级以上人民政府根据国家规定和循环经济发展规划要求，建立和完善循环经济评价指标体系和绩效评估体系，把发展循环经济的指标纳入目标责任制，定期考核本级部门和下级人民政府。"再如，日本《废弃物处理法》第 5 条之二规定，"环境大臣必须制定综合且有计划地推进关于控制废弃物排放、通过再生利用等使废弃物减量及

---

① 环境保护部国际合作司、污染防治司巴塞尔公约亚太区域中心编译：《美国废轮胎管理法律法规选编》，中国环境出版社 2015 年版，第 9 页。

其他废弃物妥善处理等政策措施的基本方针"①。

另一方面，政府通过相关具体权力的行使实现对于循环经济具体活动的有效监管，一旦监管失当必然有碍相关循环经济活动的有序开展。例如，日本的废弃物分为由市町村负责处理的一般废弃物和由专业排放企业负责处理的产业废弃物。近年来，废弃物排放量虽然没有增加，但是依然面临一些问题，如最终处理场残余量接近饱和值、非法抛弃等的不当处理以及各地区对废弃物跨区域运输及处理设施的设置存在着对立。为了解决上述问题，日本于 2004 年对《废弃物管理法》进行了修订，重点增加了强化国家作用以及强化对废弃物不当处理的处罚等措施。②

第四节　民　主　原　则

"民主"是世界范围内法治国家的共同追求和所欲达致的理想状态。观现代世界各国之民主模式，无论美、英、德、法、日等西方各式民主，还是中国式民主③，虽然实现民主的具体模式和判断标准存在差异，但"参与"无疑在现代各式民主均居于核心地位。正如《中共中央关于全面深化改革若干重大问题的决定》所提出的那样，"发展社会主义民主政治，必须以保证人民当家作主为根本"，"从各层次各领域扩大公民有序政治参与"。卡罗尔·佩特曼也指出，"民主意味着参与，这似乎是一个不言自明的问题"④。究其原因，在于当来自社会不同方面的利益相关者共同解决面临的复杂问题时，"参与"有利于各团体实现灵活协调，有助于各方联手解决一系列问题。⑤特别是当今社会民主思想高涨，无论是公民还是各利益相关方都开始通过行使结社权、知情权来关注自身利益的维护，要求积极参与社会公共事务治理的愿望也越发强烈。特别是各种非政府组织在从事经济社会发展事业中异军突起，发挥了政府和市场难以替代的巨大

---

① 国家环境保护总局政策法规司编译：《循环经济立法选译》，中国科学技术出版社 2003 年版，第 82 页。

② 参见日本國政府環境省：《廢棄物の処理及び清掃に関する法律》，网址：http://www.env.go.jp/recycle/waste/laws.html。

③ 关于"中国式民主"的相关内容，可参见高建、佟德志：《中国式民主》，天津人民出版社 2010 年版。

④ [美]卡罗尔·佩特曼：《参与和民主理论》，陈尧译，上海人民出版社 2012 年版，推荐序言第 1 页。

⑤ 参见[美]Brian. Walker. David Salt：《弹性思维：不断变化的世界中社会-生态系统的可持续性》，彭少麟、陈宝明、赵琼等译，高等教育出版社 2010 年版，第 132—133 页。

作用，填补了社会经济发展领域上的一些空白领域，诸如环境保护、消除贫困和落后地区的教育等。[①]因此，相比传统的"代议制民主"，现代民主理论注重"参与式民主"。亦即，通过赋予多元主体共同参与和协商的权利[②]，以实现对多元主体的利益协调与整合。

一、民主原则的内涵

（一）循环经济中的"民主"

20世纪中叶以来，社会公众对于生态环境问题的关注度持续增加，其保护生态环境的意识逐步增强。随之而来的是其对资源环境类社会公共事务的参与越发热衷。例如，20世纪60年代末，西方国家爆发了以环境保护为核心的社会运动，它不仅对西方国家乃至世界范围内生态环境保护的发展产生了重大而深远的影响，也直接促成了当代环境法的产生。[③]无独有偶，作为对生态环境问题关注的一种延伸和拓展，有关发展循环经济的社会公共事务同样离不开社会公众的关注以及参与。例如，在循环经济发展程度较高的国家和地区，社会公众通常都具有强烈的参与意识和较高的生态环境保护与资源节约观念。一项民意调查显示，76%的美国人认为自己是环保人士；在日本，各种以"爱护地球""保护环境"为主旨的民间自愿性组织很多，他们利用空闲时间，积极致力于循环型社会的建设事业。[④]社会公众参与以自下而上的方式、通过非正式规则发挥推动循环经济发展的作用，这种作用是渐进的、和谐的，同时也是坚定的、低成本的，其扩散效应最终将与政府自上而下、通过正式规则的推进相互配合带来社会整体性变迁。[⑤]

（二）循环经济法民主原则的界定

发展循环经济是经济发展模式的重大变革，需要社会提供系统性支撑，尤其是需要培养广泛而坚实的社会基础。因此，要充分发挥政府、企业、社会组织、公众等各方主体的共同作用，做到政府调控、企业运作、

---

① 赵黎青：《非政府组织与可持续发展》，经济科学出版社1998年版，第60页。
② 张紧跟、庄文嘉：《从行政性治理到多元共治：当代中国环境治理的转型思考》，载《中共宁波市委党校学报》2008年第6期，第93页。
③ 吕忠梅主编：《环境法导论》（第三版），北京大学出版社2015年版，第64页。
④ 李冰强：《循环经济发展中的公众参与：问题与思考》，载《中国行政管理》2008年第12期，第83页。
⑤ 参见俞金香、杨国平：《循环经济法视野下公众参与机制及其保障》，载《河南财经政法大学学报》2012年第6期，第90页。

社会公众参与的有机结合和互动推进。例如，日本《循环型社会形成推进基本法》第 12 条规定，"个人……在自发努力建立循环型社会的同时，有责任协助国家或地方公共团体实施有关建立循环型社会的措施"；再如，《广东省实施〈中华人民共和国循环经济促进法〉办法》第四条也规定，"发展循环经济应当坚持以企业为主体，政府推动、市场引导、公众参与相结合的原则"。可见，民主原则是世界各国循环经济法的基本原则之一。

具体而言，循环经济法的民主原则是指社会公众作为循环经济建设的主体之一，有权依法通过一定的程序或途径直接参与到有关循环经济的社会公共事务之中，并相应地承担推动循环经济发展的责任。①一方面，民主原则要求每一个社会成员不仅要自觉地履行法定的保护生态环境，促进生态平衡和经济发展双赢的义务，而且要主动地投入循环经济建设的行列。循环经济法在赋予社会主体享有相应权利的同时，要确定其参与循环经济建设的责任，包括但不限于坚持绿色消费，节约资源，积极宣传、倡导循环经济，各尽所能做好有关循环经济建设力所能及的工作等。另一方面，民主原则还赋予社会主体监督循环经济法律实施的权利及责任，既包括监督政府及其所属之相关职能部门依法推进循环经济管理事务，又应监督生产者、经营者依法经营、节约资源、减少排放，还要监督司法机关依法惩处和及时矫正严重违反循环经济法律的行为。

二、民主原则的法律适用

（一）以知情为基础

社会公众确实掌握并了解循环经济事务的相关信息，这是其参与相关活动实践民主原则的必要前提和基础。因此，民主原则的法律适用首先必须赋予社会公众对与循环经济事务有关的信息的知情权。虽然社会公众实际上产生并占有一定数量的有关循环经济的信息，但总体而言相关信息主要不掌握在其手中，抑或是说相关信息的主要占有者是政府、企业等主体。是故，保障公众知情必然要求政府、企业等相关主体分享（公开）其占有的相关信息。例如，日本《绿色采购法》第 8 条规定："各省厅长官与独立行政法人等的长官，在每会计年度或每事业年度结束后，应当及时汇总环境友好型生产资料的采购情况并公布。"

① 范红霞：《生态文明视阈下公众参与循环经济法治的对策——基于公众参与电子垃圾污染防治的调查》，载《人民论坛》2013 年第 20 期，第 93 页。

不仅如此，循环经济事务所涉相关信息相较一般信息具有很强的专业性和技术性——那些枯燥深奥的化学符号和一系列难以掌握的指标、数据等能够看懂的人并不多，对仅具有一般判断能力的社会公众来说意义并不大。他们最希望得到的是关乎自己切身权益的信息，如污染物对他们的健康及财产是否会有影响，危害程度究竟如何，需要采取什么措施进行防范，等等。[1]这就要求循环经济法对掌握信息的相关主体——政府、企业等提出更高的要求，即他们不仅仅要积极做到形式上的信息公开（分享），更要求对于其所掌握的信息进行必要的加工和解释，以帮助和指导公众了解那些数据反映的社会状态，使信息易于为公众所真正了解和掌握。[2]

（二）以参与为目的

民主原则的唯一目的，就是保障社会公众能够参与到各类循环经济事务中去。正因如此，甚至在部分循环经济法的研究成果中将民主原则直接称作"公众参与原则"。[3]虽然"公众参与"并不能完全涵盖民主原则的全部内涵（如知情、救济等），但这至少说明相关公众参与机制的建立是民主原则法律适用中的关键。

1. 参与的内容

（1）参与循环经济的各类具体事务。具体而言，就是通过参与循环经济活动的具体管理过程以及循环经济法律制度的实施过程、参与循环经济技术的研发与推广、参与循环经济的宣传教育和实施公益性活动，参与相关纠纷的调解等，使社会公众有机会知悉与其自身利益有关的循环经济活动并参与其中，表达自己的意愿、维护自身利益。例如，日本《废弃物管理法》第4条规定："市町村应当促进本地区居民自主地举办关于一般废弃物减量的活动。"

（2）参与循环经济的宏观决策。随着政府职能的日益扩大，政府行为特别是政府的决策行为对"社会-生态系统"可能造成的影响逐渐受到关注。更何况，与具体的建设项目相比，立法、政策等处于决策链源头或顶端的宏观决策显然对循环经济的发展更具全局性、持久性的影响，一旦决策失误所造成的后果也将不可估量。例如，我国曾鼓励钢铁、水泥、船舶

---

[1] 覃哲：《大众媒介在环境信息公开中的功能》，载《新闻爱好者》2012年第2期，第17页。

[2] 刘佳奇：《保障公众环境知情权需加大信息公开力度》，载《环境保护》2013年第12期，第49页。

[3] 参见王灿发、李丹：《循环经济法的建构与实证分析》，载《现代法学》2007年第4期，第106—112页。

等高污染高耗能企业的发展，现在却出现了产能过剩，导致产业结构不合理，大气污染集中。[①]有鉴于此，为了保障循环经济立法、循环经济产业政策等宏观决策的民主性和可接受性，公众应当有权参与到相关决策过程中来。例如，德国《循环经济和废物处置法》（1996）第 60 条规定，"只要是授权颁发法律条款和一般管理条例，一定要听取参与各方的意见。要倾听每个科学家代表、有关人员代表、经济界代表、州主管废物经济的最高部门的代表、社区和社区协会代表的意见"。

2. 参与的法律保障

从法律保障的性质角度讲：一方面，为参与提供实体法保障。即通过立法赋予公众参与各类循环经济事务的实体性权利。例如，我国《清洁生产促进法》第 6 条规定："国家鼓励社会团体和公众参与清洁生产的宣传、教育、推广、实施及监督。"其中，宣传和监督的权利就是实体法意义上保障公众参与的具体表现。另一方面，为参与提供程序法保障。如果说民主参与使政府、企业、社会公众之间架起了相互交流的桥梁，那么程序是多元主体达成协调一致的唯一载体。所谓程序法保障，是通过循环经济立法规范并畅通公众实体性参与权利的行使范围、介入时间、具体参与方式、参与的效力、辅助性措施等。例如，瑞典《废弃物收集与处置法》（1994）第 11 条规定，"在地方废弃物管理法规草案通过以前，草案必须向公众展览至少 4 周时间，以供公众审阅"。[②]

（三）以表达为核心

社会公众的参与虽然是民主原则的目的，但这种目的是否切实达到，还需要建立适当的评判标准。如果在受政府权力操控的情况下，公众参与循环经济事务的程序，如召开听证会、征求意见等可能会流于形式。在这种单纯追求形式合法性的情况下，与其说"参与"是反映民意、发扬民主，倒不如说是这种"局内人""局外人"的分野被官方以难以捉摸的"公共利益"为由确认下来。[③]这不仅不符合参与的最基本目标，还会适得其反，引起愤怒和不信任。[④]因此，公众对于循环经济事务的参与不能停留在满

---

① 宋识径、金煜：《政府制定经济科技政策要环评》，载《新京报》2013 年 10 月 22 日，第 A07 版。

② 赵国青主编：《外国环境法选编》，中国政法大学出版社 2000 年版，第 1155 页。

③ 〔英〕约瑟夫·绍尔卡：《法国环境政策的形成》，韩宇等译，中国环境科学出版社 2012 年版，第 13 页。

④ Judith E. Innes, David E. Booher. Re-framing public participation: Strategies for the 21st century. Planning Theory and Practice. 2004, 5(4), pp.419-436.

足形式合法性的程度。民主原则的法律适用应在形式合法性的基础上，完善以表达为核心的评价标准以实现公众参与的实质合法性。例如，法国《废弃物及资源回收法》第 11-2 条规定："所有可能作为最终废料地下储存之地层研究工作或者地质洞穴研究工作，仅能在符合下列情况下，才得以施行：……此授权可事先商议，并接受民众、民代、相关协会表达其观察意见。"

虽然公众的参与不能代替政府做出最终决策以及企业对项目的具体实施，但其依法通过适当载体或途径的表达应当对相关循环经济事务产生实质影响。

（四）以社会组织为必要载体

首先，社会组织可以优化政治结构。从政府与社会公众的关系来看，政府对于社会系统的有效管理以及良性运行，客观上要求在政府和社会公众之间建立一种社会中介机制，使两者之间通过中介的运转，相互影响，互融共生。①作为社会公众与政府之间的桥梁，社会组织能够协商各层次、不同群体间的利益冲突并缓和矛盾。通过倡导资源节约与生态环境保护、发动公众参与、表达社会公众诉求等，其能够起到在社会公众与政府之间重要的中介作用。

其次，社会组织可以增强社会技术性。包括循环经济在内的许多社会公共事务具有较强的技术性，社会公众仅凭自身具备的一般认知能力难以完全理解并作出判断；而社会组织则可以通过吸纳相关领域科学理性的代表——专家，并通过开展相关科学研究、进行宣传教育等方式，帮助社会公众了解、判断社会公共事务所涉的专业技术问题。更重要的是，社会组织的"社会技术性"逐渐增强，从而形成了一种技术权威，获得与政府、企业相权衡的力量。②这就意味着对社会公共事务科学理性的判断，社会公众同样可以掌握一定的话语权，政府、企业不能再假借"科学理性"恣意妄为。

最后，社会组织可以提升公众参与的效率。在价值取向、道德观念、行为方式、利益诉求、意见表达等日益多元化的当今社会，公众对社会公共事务"一哄而上式"的参与非但无助于政治共同体的塑造，反而会因为个体间"喋喋不休的利益纷争"分散社会整体对政府权力的约束力量。社

---

① 文军：《中国社会组织发展的角色困境及其出路》，载《江苏行政学院学报》2012 年第 1 期，第 58 页。
② 葛道顺：《中国社会组织发展：从社会主体到国家意识——公民社会组织发展及其对意识形态构建的影响》，载《江苏社会科学》2011 年第 3 期，第 20 页。

会组织具有的整合功能，可以将社会公众的多元利益、意见、建议等在组织内加以沟通协调并统一对外发声。这既将个体间的利益冲突或矛盾进行了组织内部化解以防止其不当外溢，又使社会公众在公共事务领域的治理力量得以充分集中使用。①例如，中华环保联合会作为社会组织对上海某房地产发展有限公司提起了民事公益诉讼。其主要理由包括，被告设定的退租时要求承租人将房屋恢复至毛坯状态的格式条款，违反了《清洁生产促进法》中关于从源头削减污染，提高资源利用效率，减少或者避免服务过程中污染物的产生和排放的规定；还违反了《循环经济促进法》中关于生产、流通和消费等过程中资源消耗和废物产生减量化的要求。该社会组织进而提出，基于环境公共利益和企业社会责任的考虑，被告应当改善管理，对格式租赁合同中的相关条款内容予以变更，以践行绿色生产/服务方式，从源头促进减少污染物排放和节约资源，同时对承租人起到正确引导作用。②

综上，推动、发展社会组织是实现民主原则的组织保证和社会基础。非政府组织（Non-Governmental Organizations，NGO）、基金会、行业协会等社会组织，开展循环经济、节能减排、绿色消费等方面的宣传倡导、学术交流、科技成果研究与推广、公益诉讼等社会活动，将有效促进全社会范围内循环经济的发展。为此，日本《循环型社会形成推进基本法》第28条专门规定，"国家应采取必要的措施，促进……个人组织起来的民间团体自发回收、转让或交换循环资源，以及当产品、容器等转变为循环资源时所表现出的有助于循环利用及处理的行为及其他有关建立循环型社会的活动"。

（五）以救济为保障

法谚有云："有权利必有救济，无救济即无权利。"实践中，救济权作为一项基本人权得到了《世界人权宣言》《公民权利和政治权利国际公约》等国际人权公约的确认，受到了世界范围内法治国家《宪法》及相关法律的保障。具体在循环经济立法中，社会公众在相关循环经济事务中享有的知情权、参与权等原权利如果受到侵害或有受侵害的现实危险，那么就必须保障原权利具有相应的救济途径（包括但不限于举报、诉讼等）。例如，《河北省发展循环经济条例》第10条规定："任何单位和个人有权向各级人民政府有关部门举报浪费资源、破坏环境的行为。"

---

① 刘佳奇：《基于政治认同的"PX事件"探析》，载《辽宁大学学报（哲学社会科学版）》2016年第1期，第125页。

② 中华环保联合会：《积极探索〈民法典〉，我会一绿色循环经济环境公益诉讼案起诉！》，网址：http://www.acef.com.cn/a/flzx/ytyhd/2020/0622/20585.html。

第五章　循环经济法的核心立法

构建完备的循环经济法律体系，是世界各国发展循环经济的基本共识。环顾世界各国的循环经济法律体系，其中普遍存在这样一部标志性立法。首先，就法律体系内部而言，该法是一国循环经济法律体系中的基本法或基础法，处于整个法律体系的核心地位。其次，就立法表现而言，该法或在一国循环经济法律体系中具有首创性，或直接被冠以"循环经济"的立法称谓。总之，其无疑是该国循环经济法律体系中的最典型代表。最后，就立法内容而言，该法对本国循环经济法制建设或建构了治理体系，或明确了基本制度，或规定了主要法律手段。本书将此部标志性立法定义为一国循环经济法律体系中的核心立法，即"循环经济法的核心立法"，以下简称为"核心立法"。

第一节　世界范围内核心立法的主要模式类型

鉴于核心立法的突出重要地位，其立法过程势必对一国循环经济法律体系的建立和完善乃至整个循环经济的发展，都将起到至关重要的作用。从立法学的角度讲，立法模式是立法时所采取的法律类型，立法模式的选择直接影响甚至决定了该部立法中确认的立法目的、调整范围、权利（力）义务配置、法律手段运用等一系列重大问题[1]，对整个立法活动具有决定性的意义。因此，对于循环经济法的核心立法而言，立法模式的选择问题必然是其立法过程中所涉及的基础性、关键性理论问题。从法现象上看，世界各国循环经济法律体系中的核心立法呈现出迥异的样态。概而言之，这些迥异的样态或立法现象可以被类型化为如下核心立法的主要模式类型。

一、日韩的"基本法"模式

日本作为发展循环经济并使之走上法制化道路的典范国家，其 2000

---

① 参见江国华：《立法模式及其类型化研究》，载刘茂林主编：《公法评论》（第四卷），北京大学出版社 2007 年版，第 89—90 页。

年颁布的《循环型社会形成推进基本法》堪称"典范中的典范"。该法的制定，无疑标志着日本跨入循环经济法制的先进国家行列。尤其是作为一种循环经济"基本法"模式，在世界范围的循环经济立法中也是首次出现。质言之，《循环型社会形成推进基本法》就是日本发展循环经济的"核心法"乃至"基本法"。与之类似，韩国于 2008 年颁布实施的《构建资源循环经济社会基本法》，也是一部定位为"基本法"的核心立法。之所以将此类核心立法定位为"基本法"，不仅在于其立法称谓中包括"基本法"的表述，更主要的是基于以下理由。

（1）明确了建立社会大循环的立法目的。毫不夸张地说，《循环型社会形成推进基本法》为日本开启了一个新的时代，该法的颁布是日本环境立法史上的一座里程碑。这是因为其所欲建立的"使自然资源的消耗受到抑制，环境负荷得到削减的"的循环型社会，是 20 世纪 90 年代日本"环境立国"的具体化和升级版。这一点，在该法的第 1 条就得到了明确宣示："制定本法的目的是……有计划和综合性地实施建立循环型社会的政策，确保现在及未来全体国民的身体健康，保证公众的文化生活水平。"[①]同样，韩国《构建资源循环经济社会基本法》也以构建循环经济社会为立法目标，努力提高韩国国民的生活质量，加快国家经济的发展。[②]

（2）形成了"多元共治"的循环经济治理体系。循环型社会是理论上的"大循环经济"，其塑造的是一种新的社会发展模式而非较低层次的循环型企业或园区模式。因此，这种模式的最终形成不可能也不应该仅由政府特别是中央政府单独推进。因此，日韩的"基本法"为该国社会模式的改造提供了一套与之相匹配的治理体系——中央政府、地方政府、企业、公众等多元主体共同治理。例如，日本《循环型社会形成推进基本法》规定："为了建立循环型社会，必须使国家、地方政府、企业和公众在合理承担各自责任的前提下采取必要的措施，并使其公平合理地负担采取措施所需的费用。"[③]在此基础上，该法第 9、10、11、12 条又分别对国家（中央政府）、地方政府（即日本的地方公共团体）、企业、公众应当承担的责任进行了系统性规定。由此，在全社会范围内形成了建立循环型社会的治理合力。韩国《构建资源循环经济社会基本法》为建立循环经济社会，

---

① 中关村国际环保产业促进中心：《循环经济：国际趋势与中国实践》，人民出版社 2005 年版，第 272 页。

② 参见尤麟：《构建与完善环境法律体系进一步发展循环经济——访韩国环境资源公社北京代表处首席代表洪智善》，载《再生资源与循环经济》2009 年第 6 期，第 1—3 页。

③ 中关村国际环保产业促进中心：《循环经济：国际趋势与中国实践》，人民出版社 2005 年版，第 273—274 页。

也系统地规定政府应当为循环经济提供政策财政支持，企业尽可能地承担社会责任实施清洁生产等。

（3）提出了发展循环经济的基本原则。前文已述，日本《循环型社会形成推进基本法》第5、6、7条确立了著名的循环经济"3R"原则，即减量化（reduce）、再利用（reuse）、资源化（recycle）原则。作为指导循环经济发展的基本原则。"3R"原则不仅在日本落地生根，如今也已为世界各国发展循环经济所普遍推崇，成为该法对世界范围内发展循环经济做出的重要贡献。无独有偶，韩国《构建资源循环经济社会基本法》中，也要求通过"3R"原则，使环境污染最小化，达到经济可持续增长，最终实现循环经济社会。[①]

（4）建立了该国循环经济的基本法律制度体系。为实现建立循环型社会的基本目标，日本《循环型社会形成推进基本法》建立了规划（计划）制度，即该法第二章的"建立循环型社会的基本计划"。具体是以该法第15、16条对该计划的内容、制定程序、修改、与其他计划之间的关系等问题进行了系统性规定。在此基础上，为配合建立循环型社会这一基本国策的实施，该法又设定了抑制原材料、产品等变成废弃物的措施（第17条）、保证可循环资源适当循环和处置的措施（第18条）、促进再生品使用（第19条）、产品和容器的事先评价（第20条）、防止和消除对环境保护的障碍（第21、22条）、经济措施（第23条）、公共设施的建设（第24条）、合理决策（第25条）、财政措施（第26条）、宣传教育（第27条）、公众参与（第28条）、调查（第29条）、发展科技（第30条）、加强国际合作（第31条）等一系列制度。由此，建立起了该国循环经济法律制度的基本框架。同样，韩国《构建资源循环经济社会基本法》对资源循环经济政策的建设、调整等必要事项也做出了明确具体的规定。[②]

（5）构建了以之为核心的循环经济法律体系。日本的《循环型社会形成推进基本法》既然被定位为循环经济领域内的"基本法"，其必然应当在日本循环经济法律体系中发挥统领与核心作用。事实上，日本第147次通常国会在通过《循环型社会形成推进基本法》的同时，还对《废弃物管理法》《再生资源利用促进法》进行了修改（后者连名称也改为《促进资源有效利用法》），并通过三部新的法律：《建筑材料再生利用法》《食

---

① 参见尤麟：《构建与完善环境法律体系进一步发展循环经济——访韩国环境资源公社北京代表处首席代表洪智善》，载《再生资源与循环经济》2009年第6期，第1—3页。

② 参见尤麟：《构建与完善环境法律体系进一步发展循环经济——访韩国环境资源公社北京代表处首席代表洪智善》，载《再生资源与循环经济》2009年第6期，第1—3页。

品再生利用法》《绿色采购法》。这样，再加上此前已经制定的《促进包装和容器分类收集及再生利用法》和《家用电器再生利用法》等，就构成以《循环型社会形成推进基本法》为核心、以相关个别法为羽翼的循环型社会的法律体系。①

二、德国的"管制法"模式

德国于 1994 年颁布的《循环经济和废弃物处置法》，被公认为是"循环经济"立法首次正式出现在世界各国的立法体系之中。该法无疑也是一部循环经济典范立法，不仅在德国国内以之为核心建立了完备的循环经济法律体系，其还对欧盟甚至世界范围内循环经济立法活动提供了重要的借鉴与参考。2012 年，该法被新的《促进循环经济和确保合乎环境承受能力废弃物管理法》所替代。但与日本《循环型社会形成推进基本法》所欲建立循环型社会的"宏大叙事"不同，德国新、旧版的核心立法虽然也对发展循环经济的基本目标、基本定义、基本原则等进行了详尽的立法表述，但其更加突出的特点是对循环经济活动的全面严格"管制"。具体表现为：立法中以义务性、禁止性规范为主要内容，对循环经济相关主体采取了包括义务、要求、任务、责任、许可、监督、罚款、没收等在内的可操作性极强、程序性极强的命令控制类法律手段。不仅如此，德国新、旧版的核心立法都在附则中具体规定了废物的分类、废物处置程序、回收及回收再利用程序等，以配合相关管制类法律制度的有效实施。除去必要的听证、信息公开、公众参与条款，透过严密的法律制度体系可以真切地感受到该核心立法的威严和强力。

三、美国的"污染预防法"模式

虽然，美国一直在倡导和实施涵盖在"循环经济"这一理论范畴之内的"污染预防""废弃物回收利用""源头削减"等经济活动。据悉，美国的大多数公司都处于理解循环经济的含义以及如何在其内部实施的早期阶段。与此同时，为了在美国推广循环经济，开发新的循环经济机会，埃伦·麦克阿瑟基金会于 2016 年在其"循环经济 100 计划"中设立了美国分会。②但是，无论是理论界还是实务界，在美国都较少使用"循

---

① 曲阳：《日本循环经济法管窥——以〈循环型社会形成推进基本法〉为中心》，载何勤华主编：《20 世纪外国经济法的前沿》，法律出版社 2002 年版，第 576 页。

② Mika Sillanpää, Mohamed Chaker Ncibi. The Circular Economy: Case Studies about the Transition from the linear economy. Academic Press, 2019, pp.238-241.

环经济"这一概念。与此相适应，美国将清洁生产、污染减量化等与"循环经济"相关的内容纳入污染预防的法律范畴。[①]其表现为，美国虽然于1990 年通过了《污染预防法》，提出用污染预防政策补充和取代以末端治理为主的污染控制政策。但是，作为环境资源类成文立法十分发达的国家之一，美国目前尚没有一部在全国范围内实行的循环经济法规或再生利用法规。[②]特别是，美国 1990 年制定的《污染预防法》强调了对污染物的预防，通过源头削减和过程控制减少污染物的产生，保护人体健康，在生产领域贯彻了循环经济的理念和思路，但并未提到在全社会范围内推行一种新型的、更为先进的经济增长模式，立法中也未出现"循环经济"的字眼。[③]正因如此，美国 1990 年制定的《污染预防法》就以其独树一帜的"污染预防法"模式，成为世界范围内核心立法家族里的"另类"。

四、法国的"片段法"模式

日韩德美等国的核心立法虽然模式类型各异，但也均具备同一特质，即从立法现象上看至少存在一部独立的法律文件。然而作为工业化程度同样很高的发达资本主义国家，法国虽然于 1975 年就制定了《废弃物及资源回收法》，并在 1992 年对该法进行修改，但直至 2013 年，总统奥朗德才在法国政府第二次环境大会上提出了建设"循环经济"的构想，即改变对传统能源的依赖，使经济发展不仅不以牺牲环境为代价，还能促进就业和技术创新。[④]此后的 2014 年，法国制定的《推动绿色增长之能源转型法令》，将发展循环经济纳入该法令作为其中第四卷的内容。法令中定义了发展循环经济总体的数量化目标：建设公共垃圾场，减少一半废弃物数量，2025年废弃物循环利用达到 60%；改善产品概念以减少对环境的影响，增加产品生命周期；加强废弃物管理中的就近原则，缩短废弃物的再利用和循环周期；扩大有关废弃物的激励税率，降低消耗等。[⑤]显然，法国循环

---

① 参见于大伟：《论我国循环经济立法的构建模式》，载《经济论坛》2006 年第 11 期，第 117—118 页。

② 参见蔡文灿、蔡守秋、胡靓：《我国循环经济立法模式选择》，载《云南环境科学》2004 年第 4 期，第 15—17 页。虽然，美国 1976 年制定的《资源保护与回收法》（RCRA）从称谓上看似乎与"循环经济"高度相关，但其内容主要是赋予联邦环境保护局控制危险废物的产生、运输、处理、储存和处置的权力。

③ 参见刘华：《发达国家循环经济立法的模式及借鉴》，载《中国科技投资》2007 年第 7 期，第 72-75 页。

④ 梁晓华：《法国政府提出建设"循环经济"构想》，载《光明日报》2013 年 10 月 8 日，第 8 版。

⑤ 参见彭峰、闫立东：《环境与发展：理想主义抑或现实主义？——以法国〈推动绿色增长之能源转型法令〉为例》，载《上海大学学报（社会科学版）》2015 年第 3 期，第 16—29 页。

经济法的核心立法不是一部独立的法律文件，而是其他相关立法中的一个部分。是故，本书将这种特殊的核心立法模式称为"片段法"模式。

第二节　影响核心立法模式选择的主要因素

与其说立法是一种专门的技术活动，毋宁说它首先是一种重大的社会抉择，是关于社会基本价值选择、社会中相互冲突的诸利益协调的重要活动。特别是在发展循环经济的进程中，产生了将因此而形成的各种利益关系转化为法律上的利益的需要。但因发展循环经济而产生的新利益并不是要从根本上排斥或者消灭原有的各种法律利益，而只是要对原有的利益进行新的排序，在法律上重新界定原有利益与新利益的边界，或者对原有利益进行不同程度的限制。[①]因此可以说，循环经济法的核心立法构造过程是一个多元利益博弈的过程，最终呈现在世人面前的立法文件是达到某种利益均衡的结果。但问题在于，既然同为均衡利益的过程及结果，为何世界各国循环经济法的核心立法却选择并呈现出差异化的模式？究其原因，主要是以下四大因素影响所致。

一、经济社会发展状况

在任何时代，经济社会发展状况在任何时空条件下都是影响立法活动的关键因素之一。这一点，对循环经济法的核心立法而言亦不例外。以德国为例，20 世纪 70 年代末"垃圾经济"的概念在德国兴起。当时，德国有 5 万多个垃圾堆放场，垃圾滤液严重污染了周边的土壤和地下水。这对原本自然资源就匮乏的德国而言，无疑是"雪上加霜"。自那时起，德国政府便开始着手制定一系列法律法规，来规范人们对废弃物的处理。[②]至20 世纪 90 年代，该国经济社会发展水平更是处于后工业化时代，资源利用效率已经很高，前端减量化的潜力相对较小，其循环经济的发展必然起源于生活和工业废弃物的再利用与处置（如包装物），并向生产和消费领域的资源循环利用延伸和转变。故其发展循环经济侧重于资源的再生利用，或者可以说是一种"垃圾经济"。与之相适应，该国循环经济法的核心立法重点亦是从末端治理转变为全程管理，从而实现物质闭路循环与资源循环利用。正如某些学者所概括的那样，废物治理与再利用是德国循环经济

---

① 史忠良主编：《新编产业经济学》，中国社会科学出版社 2007 年版，第 307 页。

② 冯雪珺：《德国：垃圾分类，重立法更重执法》，载《人民日报》2017 年 3 月 27 日，第 22 版。

法的核心。^①其表现为，无论是最初的《循环经济与废弃物管理法》，还是新的《促进循环经济和确保合乎环境承受能力废弃物管理法》，如何实现对废弃物的管理始终是其中的核心内容。

同理，日本循环经济法的核心立法之所以具有社会建构性，则是该国对二战后工业化过程中所付出的惨痛代价进行彻底反思的结果。从二战后的"公海列岛"到 20 世纪 70 年代的两次"石油危机"再到 20 世纪八九十年代的"泡沫经济"，日本政府认识到，为了谋求从根本上解决问题并需求新的经济增长点，应该反思迄今为止的社会运行状态及国民的生活方式，建立起抑制天然资源消费、降低环境负荷的"循环型社会"是不可缺少的。正是在这样的基本经济社会发展状况下，《循环型社会形成推进基本法》才被塑造成了世界循环经济立法史上的一座里程碑。

还需说明的是，由于各国所处经济社会发展阶段不同、国情不同，并非所有的国家都能达到类似德国、日本等西方主要发达国家那样较高的经济社会发展水平。因此，制定循环经济法的核心立法必须考虑本国的实际情况，不能脱离经济社会发展的实际情况盲目"照抄照搬"。例如，荷兰 TNO 研究公司的报告表示，充分发展循环经济可使荷兰企业每年获益约 73 亿欧元，并创造了 54 000 个新的就业机会。但显然，在东欧国家，回收仍处在起步阶段。受此影响，欧盟委员会发布的"循环经济一揽子计划"虽然设定了到 2030 年欧洲 65%的生活垃圾和 75%的外包装必须得到回收这样的目标，但是，对于许多欧盟的东欧成员国如罗马尼亚不得不承认过高目标是"不可行的"。

二、政策环境

政策与法律，原本是国家向社会输出制度供给过程中的对立双方——政策的阶段性与法律的长期性、政策的易变性与法律的稳定性之间似乎形同水火、势不两立。然而，生态环境问题的出现以及不断变化，促使世界各国不得不重新审视政策与法律关系：一方面，不再努力划清政策与法律的界限，而是直接以"政策法""对策法"为立法命名^②，并在立法中直接宣示国家的资源环境政策，如美国《国家环境政策法》、日本《公害对策基本法》等。另一方面，对法律的价值评判，也不再停留在简单的形式

① 参见铁燕、蔡守秋：《日德循环经济法之合作机制比较研究》，载《宁夏社会科学》2009 年第 5 期，第34—38 页。
② 吕忠梅主编：《环境法导论》（第三版），北京大学出版社 2015 年版，第 28 页。

合法层面，而发展到对法律的"政策性评价"，即一部法律的制定或修改是否契合不断发展变化的国家政策需要。正如《中共中央关于全面推进依法治国若干重大问题的决定》中所指出的那样，"实现立法和改革决策相衔接，做到重大改革于法有据、立法主动适应改革和经济社会发展需要"。概言之，法律政策化这种新的立法趋势受到了各国的高度重视，政策环境因而也成为影响立法活动的重要因素。作为变革经济发展模式的新路径，发展循环经济逐渐成为各国政策中的热门词汇和重要战略选择。这样的政策环境，也影响到了各国循环经济法的核心立法制定过程。例如，日本根据 1994 年制定的《第一个环境基本计划》，就将"循环""共生"确立为环境政策的理念，其目的是能够实现以环境负荷少的循环为基调的经济社会体系，为了能够使人类与多样的自然和生物共生。[①]在此基础上，2000年 5 月日本专门制定了《循环型社会形成推进基本法》，作为综合和有计划推进废弃物和再生利用对策的基本法。

　　不仅如此，受循环经济政策本身阶段性与易变性的影响，循环经济法的核心立法也具有较大的变动性和灵活性。其表现是，不同国家或地区以及同一国家或地区不同时期的核心立法在内容和侧重点上往往差别很大。特别是，循环经济法的核心立法具有较明显的时限性和阶段性，往往较短时间内就会进行修改以适应政策环境的新发展、新变化。例如，于 1994年颁布的德国《循环经济和废弃物处置法》仅运行了十余年，就在 2012年被新的《促进循环经济和确保合乎环境承受能力废弃物管理法》所替代。从表面上看，这似乎有违一向严谨、稳定的德国法治传统。但其背后的重要原因之一，正是该国国内的循环经济政策环境发生了变化，需要得到新的立法回应。具体而言，在 2010 年 10 月德国联邦政府发布的《原材料战略》中，就曾要求制定实施《资源效率计划》，以降低德国经济对原材料消费的依赖程度，减少原材料使用所造成的生态环境负载。至 2012年 2 月,德国政府制定了旨在实现原料生产对生态环境影响最小化的《资源效率计划》之后，1994 年制定的《循环经济和废弃物处置法》已明显难以充分保障上述战略、计划设定目标的实现。因此，国家循环经济政策环境发生的新变化，促使循环经济法律目标从废弃物管理升级为国际水准的资源管理，也就成为德国在 2012 年革新其核心立法的重要因素之一。

---

① 参见「環境基本計画」(平成 6 年 12 月 16 日閣議決定)，网址：http://www.env.go.jp/policy/kihon_
keikaku/plan/main.html。

三、既有法制体系

　　循环经济法虽然具有变革经济发展模式的力量，但这种变革毕竟是在一国、一地既有法制体系下进行的。因此，循环经济法的核心立法不可能也不应当成为一国、一地法制体系中的"怪胎"。不同国家或地区法制体系的特点、不同国家或地区相互间法制体系的差异性，也成为影响核心立法模式选择的主要因素之一。例如，长期的"法治国"传统，使得德国的立法一向以严谨著称。故在其既有法制体系的影响下，核心立法明确的义务条款和可以量化的标准非常之多，法律的可操作性极强，重视程序性规定。[①]该国循环经济法的核心立法之所以在 2012 年经历了新旧更迭，除前述政策环境这一因素之外，对既有欧盟法制体系的遵守也是一个重要原因。起初，德国的《循环经济和废弃物处置法》作为立法典范，影响了欧盟层面循环经济相关法律法规的初定。当 2008 年欧盟通过了《关于废弃物的第 2008/98 号指令》后，德国所处的域内（欧盟）法制体系已发生了显著变化。该指令不仅规定欧盟的立法目标是建成"循环利用社会"，还对循环经济有关的概念、规则等在借鉴德国《循环经济和废弃物处置法》的基础上进行了进一步发展。德国作为欧盟的重要成员国，欧盟法是该国法律的重要渊源之一，对该国国内法制体系的完善和发展无疑具有重要的指引作用。因此，欧盟立法机关不断修订和完善循环经济领域的指令、法规等，直接促使作为欧盟成员国的德国有义务将欧盟有关循环经济立法的新理念、新目标、新制度纳入本国循环经济法律体系。其重点之一就在于，清理本国既有核心立法中与欧盟法新理念、新目标、新制度之间的矛盾、冲突及不一致之处。

　　不仅如此，既有法制体系作为影响核心立法模式选择的重要因素，其不仅能够为分析一国的核心立法提供一种思路、一条线索，更有助于在核心立法的国别比较中做出客观准确的评价。例如，有学者认为美国"污染预防型"模式虽然比末端治理进了一步，但仍未摆脱狭义的环保理念。明确建立循环经济法的核心立法是通过社会内部对经济社会发展与生态环境保护的协调，提高资源的利用率，从根本上解决污染问题。因此，日本、德国的核心立法模式要比美国的"污染预防型"模式更具有科学性和远瞻性，更有利于形成完整的循环经济法律体系。[②]应当说，仅凭立法是否明

---

① 参见刘华：《发达国家循环经济立法的模式及借鉴》，载《中国科技投资》2007 年第 7 期，第 72—75 页。

② 参见王群：《我国循环经济立法模式探讨》，载《学术交流》2008 年第 3 期，第 49—51 页。

确表达了"循环经济"就对各国循环经济法的核心立法进行优劣评价是值得商榷的。事实上，美国无论是中央还是各州，对废弃物回收、资源利用、可再生能源开发、废弃物减量化等"循环经济"的题中应有之意都给予了必要的立法回应。例如，美国能源部于 2001 年制订了《报废汽车回收利用未来指南》；加利福尼亚州在 2003 年颁布了《电子废物循环再利用法案》；亚拉巴马州、爱达荷州、华盛顿州、纽约州、亚利桑那州、犹他州等州均制定了有关废旧轮胎的回收处置管理立法；等等。诸如此类的立法活动及法律文件无疑说明，美国虽然没有一部在全国范围内适用的、被冠以"循环经济"称谓的核心立法，但其既有的、较为完备的法律体系足以有效规范该国循环经济相关活动的开展。既然能够达到日、德等国同样的立法目的、效果和功能，似无必要纠结甚至过度解读核心立法在模式选择中未冠以"循环经济"称谓这种状态。

四、现实立法需求

对于循环经济法的核心立法而言，立法需求显然也是影响其模式选择的一种现实而迫切的因素。例如，法国之所以将发展循环经济纳入《推动绿色增长之能源转型法令》之中，很重要的原因之一就是期待通过立法缓解和释放国际、国内对该国能源转型带来的双重压力：一方面，长期以来核电是法国经济发展的重要支柱和保持良好生态环境的重要原因。但该国超过 80% 的核电站到 2017 年达到运行 30 年以上，这意味着事故风险和安全维护成本将逐年增加。特别是日本福岛核电站因地震海啸导致泄漏事故后，法国主张减少核电比例的民众曾经达到 60% 以上。另一方面，法国于2015 年担任联合国第二十一届气候变化大会和第十一届《京都议定书》签约各方会议的东道国。时任总统奥朗德已经提出，要把法国建成"环境优良国家"，并要求将"环境外交"作为法国外交政策的优先选项。因此在近期内，法国无疑将坚守对减少能源消耗和排放以及向"循环经济"过渡的承诺。[①]正是在这样的现实立法需求下，法国才将发展循环经济正式纳入法治轨道，并作为其实现能源转型的重要途径。

再如，日本循环经济法的核心立法确立了建立循环型社会这样的立法目标，而德国等国虽然同样开展了大量的循环经济实践活动，但其核心立法中并没有如同日本一样去描绘一幅"宏伟蓝图"。对于这一问题的分析

---

① 参见梁晓华：《法国政府提出"循环经济"构想》，载《能源研究与利用》2013 年第 6 期，第23—24 页。

和解释，有学者就认为日本因为国土面积小，资源奇缺，因此迫切要求发展资源消耗少的循环经济，而且其很多技术已达到推行循环经济的水平。但德国资源相对丰富，没有日本的迫切性，因此更加务实，没有提出循环型社会的构想。[①]必须说明的是，一国循环经济法的核心立法是否建立一整套新的经济（社会）发展模式是个十分复杂的问题，恐怕不是资源多与寡这样的单一因素所能决定的。但上述观点起码反映了这样一个基本事实，就是不同国家或地区对发展循环经济的现实立法需求存在差异，正是这种差异塑造出了前述不同的核心立法模式。事实上，在20世纪80年代末，由于德国社会公众激烈反对新建废弃物填埋场与废弃物焚烧设施，德国的废弃物处置行业进入发展瓶颈阶段。以至于到20世纪90年代初，德国每年产生五百万至六百万吨包装废弃物，但只有约三分之一此类废弃物被利用。为了解决本国日益严重的废弃物处置问题，当时的德国联邦环境、自然保护和核安全部部长克劳斯·特普费尔提出将资源节约作为废弃物管理的新目标，并为此采用了循环经济的概念，这一动议成为该国1994年颁布《循环经济和废弃物处置法》的立法动机。[②]可见，德国在最初制定循环经济法的核心立法时，其现实立法需求是解决废弃物的处置和回收问题，而不是对"环境立国"这一经济（社会）发展模式的具体化和升级版。因而，其核心立法注重对废弃物回收与利用过程的"管制"，而非在全社会范围内塑造循环型社会。

第三节 中国循环经济法的核心立法

与世界各国为发展循环经济提供法制保障的路径基本相同，中国也已完成了循环经济法律体系中核心立法的创制——于2008年颁布了《循环经济促进法》。之所以将该法视为中国循环经济法的核心立法，主要是基于以下考量：首先，从在法律体系中的作用上看，该法是中国第一部全面系统规范循环经济活动的专门立法，为中国规范循环经济活动提供了综合性、基础性法制遵循。其次，从立法表现上看，该法直接被冠以"循环经济"的称谓，在世界循环经济法律之林中具有高显示度。最后，从立法内容上看，该法确立了中国循环经济发展的基本原则、构造了循环经济的基本管理体制和法律制度体系。

[①] 参见蔡守秋、蔡文灿：《循环经济立法研究——模式选择与范围限制》，载《中国人口·资源与环境》2004年第6期，第38—43页。

[②] 翟巍：《德国循环经济法律制度精解》，中国政法大学出版社2017年版，第7页。

一、"促进法"—— 中国核心立法的现状模式

然而，作为中国循环经济法的核心立法，《循环经济促进法》却不能被定位于前述任何一种立法模式。原因在于：首先，该法被直接冠以"循环经济"的称谓，并将发展以"3R"为核心的循环经济作为立法目标和制度体系构造的主线，这显然与美国的"污染预防法"模式及法国的"片段法"模式不同。其次，这部法律虽然从内容上看似乎具备日本《循环型社会形成推进基本法》那样成为"基本法"的"潜质"，但囿于自身所处的法律位阶，在中国既有的立法层级中难当循环经济"基本法"的重任。最后，该法中虽不乏淘汰落后产能、行政处罚等"刚性"制度，但内容上多为鼓励、支持、引导手段。总体而言，其并不具备德国新、旧版核心立法一以贯之的"管制法"性格。但也正因如此，凸显了其"促进法"的"特质"。受其影响，目前中国大多数循环经济地方立法，也普遍具备这种"特质"。例如，《江苏省循环经济促进条例》《武汉市实施〈中华人民共和国循环经济促进法〉办法》等。有鉴于此，本书将现阶段中国循环经济法的核心立法定位为一种"促进法"模式。

（一）"促进法"模式的合理性

可以说，从这部核心立法制定之初至今，关于该法是否应当制定、应当如何制定的争议持续不断，其最终呈现的"促进法"模式更是饱受诟病。但是，如果从前述影响核心立法模式选择的四大因素分析，这部立法在当时的时空条件下选择此种模式并非偶然。

1. 考量了当时的经济社会发展状况

正如有些学者所言，此部《循环经济促进法》采用的是欧盟（德国）和日本以外的第三条路径，既不类似于欧盟的解决资源问题，也不同于日本的从系统论角度构建循环型社会。第三条路径，表面上看是产业促进路径，实质上是立法解决问题的无的放矢，有关立法中既包括资源的规定，又包括废物的规定，还包括产业推动的规定。所以，该法就像一个"大杂烩"，试图把资源、废物、产业问题全部杂糅到一起。[①]上述情况的出现，表面看似乎可以成为对《循环经济促进法》进行诟病的充分理由。但不容忽视的是，影响这种立法现象出现背后的经济社会发展因素。前文已述，以德国为代表的欧盟国家经济社会发展中资源利用效率总体已经较高，前

[①] 参见彭峰：《资源、废物抑或产业推动——我国〈循环经济促进法〉修订路径反思》，载《政治与法律》2017年第9期，第98—109页。

端减量化的潜力相对较小，因而其发展循环经济侧重于资源的高效及再生利用。日本之所以欲打造"循环型社会"，经济社会发展基本面上存在的经济发展与资源环境的双重压力是重要原因，这一问题有赖从经济（社会）发展模式的基本面上加以彻底解决。这种状态，在《循环型社会形成推进基本法》构造之初是如此，之后仍是如此。例如，2006 年 4 月，由日本内阁审议批准通过的《第三次环境基本计划》中，为实现"全面提升环境、经济和社会的整体水平"的目标，仍将"确保物质循环以及构筑循环社会的举措"作为其中的"重点领域政策计划"①。2012 年 4 月，由日本内阁审议批准通过的《第四次环境基本计划》中，更是把"达成低碳、循环、自然共生各领域的统合"作为实现可持续发展社会的目标。②

相比而言，中国制定《循环经济促进法》之时，与日本、欧盟等国家和地区制定核心立法时所处的经济社会发展状况明显不同。一方面，传统经济发展模式中资源浪费情况严重；另一方面，伴随粗放型资源利用方式而来的就是污染物排放量较大。更为严重的是，高消耗、高排放的生产过程，带来的却是不可持续的低效益结果。正是在这样多重经济社会发展因素叠加的复杂状况下，《关于〈中华人民共和国循环经济法（草案）〉的说明——2007 年 8 月 26 日在第十届全国人民代表大会常务委员会第二十九次会议上》中指出我国"发展循环经济具有以下积极作用"：一是为经济发展开辟新的资源；二是有效减少污染物排放；三是有利于提高经济效益。③这就解释了为什么中国的《循环经济促进法》中会出现"既包括资源的规定，又包括废物的规定，还包括产业推动的规定"的所谓"大杂烩"状态。因为上述多方面的问题，都是当时中国经济社会发展面临的现实问题，都有待这部发展循环经济的核心立法加以应对和解决。如果再具体考察经济社会发展状况，无论是欧盟国家还是日本，其构造核心立法时都已经基本走过了从末端治理到源头预防的生态环境治理之路，经济社会发展中前端污染物排放已经得到有效控制，因而其核心立法的重点必然在于废弃物回收利用以及之后的资源高效利用。中国当时总体上处于工业化高速发展阶段，能耗、物耗普遍较高，环境污染严重，前端减量化的潜力很大，需要实行减量化优先与资源综合利用相结合的全过程管理。所以，诚如孙

---

① 参见「環境基本計画 – 環境から拓く 新たなゆたかさへの道 – 」（平成 18 年 4 月 7 日閣議決定），网址：http://www.env.go.jp/policy/kihon_keikaku/kakugi_honbun20060407.pdf。

② 参见「第四次環境基本計画」（平成 24 年 4 月 27 日閣議決定），网址：http://www.env.go.jp/policy/kihon_keikaku/plan/plan_4/attach/pamph_ja-1.pdf。

③ 参见冯之俊：《关于〈中华人民共和国循环经济法（草案）〉的说明》，载《全国人民代表大会常务委员会公报》2008 年第 6 期，第 50—52 页。

佑海教授在该法制定之际成文的《制定一部适合中国国情的循环经济法》中所言，"当前特别强调和抓紧减量化"[①]。可见，所谓的"大杂烩"是考量了当时中国经济社会发展实际情况的选择，与不适应世界范围内循环经济法的核心立法潮流没有必然的关联。

2. 适应了当时的政策环境

2002 年 10 月 16 日，在全球环境基金第二届成员国大会上，国家主席的江泽民同志在题为《采取积极行动　共创美好家园》的讲话中指出，"只有走以最有效利用资源和保护环境为基础的循环经济之路，可持续发展才能得到实现"。这是中国的执政党第一次在官方表述中使用"循环经济"一词，标志着发展循环经济开始成为中国共产党的重要执政思路和理念。此后的党的十六届四中全会、中央人口资源环境工作座谈会、党的十六届五中全会等重要会议上，发展循环经济都被作为重要的政策信号对外释放。特别是中共中央总书记的胡锦涛同志在 2005 年 3 月中央人口资源环境工作座谈会上，明确指出"加快制定循环经济促进法"。正是在这样的政策环境下，同年 7 月全国人大常委会决定启动立法程序，责成全国人大环资委组织起草《循环经济促进法》草案。同年 12 月，第十届全国人大常委会第四十次委员长会议决定将制定循环经济法补充列入立法计划。[②]

在启动立法程序后的 2006 年，全国人民代表大会通过的《国民经济和社会发展第十一个五年规划纲要》中，提出了"发展循环经济，是建设资源节约型、环境友好型社会和实现可持续发展的重要途径"。在 2007 年召开的中国共产党第十七次全国代表大会上，则更加明确地提出使"循环经济形成较大规模"的目标。"发展循环经济""重要途径""较大规模"等政策表述说明，循环经济已经由理论、理念上升为党和政府实现可持续发展的重要政策目标与方向。正在这样的政策环境下，于 2008 年 8 月通过的《循环经济促进法》，就成为"落实党中央提出的实现循环经济较大规模发展战略目标的重要举措"[③]，实现了对当时国家发展循环经济政策的法制化。

[①] 参见孙佑海：《制定一部适合中国国情的循环经济法》，载《南京农业大学学报（社会科学版）》2007 年第 2 期，第 57—63 页。

[②] 参见翟勇：《〈中华人民共和国循环经济促进法〉立法的相关问题试解》，载《印刷技术》2009 年第 5 期，第 20—23 页。

[③] 参见孙佑海：《推动循环经济促进科学发展——〈中华人民共和国循环经济促进法〉解读》，载《求是》2009 年第 6 期，第 53—55 页。

3. 关注了法制体系的协调性问题

如何更好地融入既有法律体系之中，是任何一部新法在制定过程中均需考虑的重要问题之一，循环经济法的核心立法也不例外。

作为该领域的核心立法，如何对"循环经济"的概念进行法律界定，将直接影响该法的效力范围与立法效果。[①]况且，早在 2002 年全国人大常委会就已经制定了《清洁生产促进法》，对"循环经济"的重要内涵——清洁生产作了比较全面的规范。此外，《节约能源法》《土地管理法》《环境保护法》《产品质量法》等既有同位法也均与本法所涉"循环经济"存在或多或少的关联。一旦相关法律之间的关系无法厘清、理顺，则不仅法律文本之间的矛盾、冲突难以避免，更会传导至法律的实施过程进而影响法律实效，既有法制体系的协调性也势必因此受到冲击。所以，在既有法制体系之下新设一部有关循环经济的核心立法，不免有"牵一发而动全身"之感。

这一点，充分体现在了该法的制定过程中——关于"循环经济"等用语的定义、本法有关规定与其他相关法律出现过多重复等问题一直为全国人大常委会委员、有关专家等所关注。[②]最终结果，就是形式上从最初计划制定"循环经济法"到最终出台"循环经济促进法"；内容上设计了大量的鼓励、支持、引导条款。正基于此，在该法律草案审议过程中，有些常委会组成人员和全国人大代表提出，草案的内容较多的属于引导、促进的规定，体现出循环经济立法的阶段性特征。为使法的名称与主要内容相衔接，应将本法的名称改为"循环经济促进法"。这样的立法选择，虽然减损了法律的可操作性，但也在相当程度上规避了相关法律之间可能存在冲突的立法风险。所以客观地讲，中国循环经济法的核心立法之所以采用"促进法"模式，重要原因之一是为了避免在立法不够成熟的情况下对既有法制体系造成不当冲击。或者可以说，这是当时的一种"权宜之计"和"无奈之举"。

---

① 有学者认为，现行的我国《循环经济促进法》出现了很大程度的文不对题的困境，因为法律的名称表达的核心内容是促进循环经济发展，法律的大部分内容却是物质资源利用的行为规范。（参见郭延军：《立法是促进循环经济还是规范物质资源综合利用——以修订我国〈循环经济促进法〉为视角》，载《政治与法律》2017 年第 8 期，第 130—141 页。）实质上，类似现象的出现并非所谓的文不对题，而是《循环经济促进法》如何处理"循环经济"的理论概念与法律概念之间的关系问题。抑或是，法律概念上的"循环经济"应当涵摄多大范围的问题——是仅包括废弃物回收利用？还是同时涵盖提高资源利用效率？甚至是在全社会意义上构建循环经济？理论上，这些范畴循环经济这一理论概念都可以涵盖，但不同程度的法律概念界定与选择，则会产生不同的法律效力范围与立法效果。

② 参见李重庵：《全国人民代表大会法律委员会关于〈中华人民共和国循环经济法（草案）〉审议结果的报告》，载《全国人民代表大会常务委员会公报》2008 年第 6 期，第 569—570 页。

4. 回应了当时的立法需求

循环经济作为一种源起于 20 世纪 60 年代、植根于市场经济条件下的经济发展新模式，市场毫无疑问在培育和发展循环经济的过程中发挥着基础性配置作用。接下来的问题就是，法律在发展循环经济的过程中究竟应当发挥什么样的作用？抑或是说，对于发展循环经济而言，是否有立法之必要？例如，有学者认为循环经济作为经济模式的一种类型，当然也就只能通过市场来选择，而不适合动用法律这种具有国家强制力的社会规范来强力推进。试图用法律来推进某种经济模式的发展，其本质是计划经济的思维方式[①]。

如果从自由市场经济经典的政府与市场二分理论来看，对于《循环经济促进法》必要性的此种疑问似乎颇有道理。但当今社会，政府有形之手适当介入市场经济早已成为世界各国经济社会发展中的普遍共识。无论是从计划经济时代走来的中国，还是从自由市场经济发端的西方主要发达国家，概无例外。毫不夸张地说，法律是用来实现经济社会发展和生态环境保护相协调的必要手段。仅从前述西方主要发达国家的法制化进程和经验来看，发展循环经济首先需要一个清晰的法律环境[②]，已成为世界范围内的基本共识。无独有偶，正如《关于〈中华人民共和国循环经济法（草案）〉的说明——2007 年 8 月 26 日在第十届全国人民代表大会常务委员会第二十九次会议上》所言，"只有在统一的社会规范和协调的法律体系下，才能把资源节约、环境保护同经济发展和社会进步有机结合起来，既保证资源和环境对经济发展的支持，又保证经济发展对促进资源节约和环境改善的支持，实现符合可持续发展战略的良性循环。因此，抓紧制定循环经济法是十分必要的"[③]。可见，中国制定并实施循环经济法的核心立法，与所谓沿袭计划经济思维模式没有关联。这既是对世界范围内推动循环经济发展普遍规律的遵循，更体现了中国当时需要统一规范循环经济活动的立法需求。

（二）新时代对"促进法"模式的重新审视

2015 年，第十二届全国人大常委会在调整立法规划项目的过程中，将

---

① 参见郭延军：《立法是促进循环经济还是规范物质资源综合利用——以修订我国〈循环经济促进法〉为视角》，载《政治与法律》2017 年第 8 期，第 130—141 页。

② 〔法〕让-克洛德·乐伟：《循环经济：迫在眉睫的生态问题》，王吉会、范晓虹译，上海科技教育出版社 2012 年版，第 103 页。

③ 参见冯之浚：《关于〈中华人民共和国循环经济法（草案）〉的说明——2007 年 8 月 26 日在第十届全国人民代表大会常务委员会第二十九次会议上》，载《中华人民共和国全国人民代表大会常务委员会公报》2008 年第 6 期，第 50—52 页。

《循环经济促进法》的修改列入第二类立法规划项目。进而，全国人大环资委成立了修改工作领导小组，先后召开多次座谈会听取法律修改意见建议，并赴山东、甘肃、福建等地进行调研，开展了相关立法起草工作。诚然，中国循环经济法的核心立法在制定之初选择的"促进法"模式一直饱受诟病。但其毕竟对于促进降低资源消耗、抑制污染物产生、提高资源利用效率、转变经济发展方式发挥了一定的作用。更何况，该法从2009年开始施行到2015年决定启动修改程序，前后仅有短短6年多的时间。极其短暂的法律实施周期、急迫的法律修改意愿，这一切看似异常，实则仍是受前述四大因素影响。换言之，中国在进入新时代后，上述四大因素相较立法之初已发生显著变化，促使立法者必须对这部循环经济法的核心立法进行重新审视。

1. 无法适应当前的经济社会发展状况

如果说，《循环经济促进法》创设之初，中国总体上处于工业化高速增长阶段，由此引发的是高投入、高消耗、高排放、低效益问题。那么，进入新时代后中国的经济社会发展已经处在换挡升级的"新常态"，相较当时已然发生了较大变化。一方面，发展的速度从之前的高速换挡至目前的中高速。依靠要素驱动、投资驱动的传统发展方式已经不能适应"新常态"的需要，亟须通过发展循环经济实现经济结构优化升级，提高经济发展的效率和效益。另一方面，生态文明、绿色发展已经成为时代的主旋律。为了适应人与自然和谐共生的新时代，通过发展循环经济控制过度的资源消耗、过量的污染排放，对于中国而言不再是此前的被动应对，而是如今的主动而为。在新时代的背景下，中国发展循环经济既需要同美国一样继续强调"污染预防"，又需要像德国一样强调废弃物处理与再利用；还需要吸收法国经验，用循环经济的办法主动提高资源能源的利用效率以保持经济的可持续性，更需要效仿日本、韩国在全社会范围内塑造循环经济发展的宏伟蓝图。显然，这是既有的"促进法"模式无法充分涵盖和实现的。

2. 无法契合当前中国发展循环经济的政策环境

客观地讲，《循环经济促进法》创制之时，中国循环经济的发展处于起步阶段，循环经济更多地还停留在概念层面[①]，理论支撑与实践经验不足。随着循环经济理论研究的深入和实践经验的积累，中国发展循环经济

---

① 苏显龙：《循环经济，立法以外的期待》，载《经营与管理》2008年第S1期，第5页。

的目标定位和路径选择都越发清晰，这首先反映在有关循环经济的政策之中。2011 年和 2016 年，"大力发展循环经济"分别被写入我国"十二五""十三五"规划纲要，成为国家经济社会发展战略中的重要内容。2013 年，国务院印发的《循环经济发展战略及近期行动计划》中明确提出，"发展循环经济是我国的一项重大战略决策，是加快转变经济发展方式，实现可持续发展的必然选择"。2016 年 8 月，习近平总书记在青海省视察时更是明确指出，循环利用是转变经济发展模式的要求，全国都应该走这样的路。①从之前的"发展循环经济""重要途径""较大规模"到新时代的"大力发展循环经济""必然选择""全国都应该走这样的路"，政策环境的变化无疑显示出中国对发展循环经济提出了新的、更高的时代要求。

不仅如此，当前中国在资源环境领域面临的国际压力和责任也空前加大。特别是温室气体主动减排的任务目标设定之后，中国履行国际承诺、落实"双碳"目标的重担，需要在国内落地实施。发展循环经济作为促进节能减排的重要路径，对中国履行国际义务也具有重要作用。循环经济法的核心立法作为推进和保障循环经济发展的关键性法制节点，其在促进节能减排中的作用在德国、法国等国家的立法中均得以彰显。总而言之，在当前国内、国际双重政策环境影响下，发展循环经济已经不能局限于最初的"促进""试点"阶段，全方位、全地域、全过程发展循环经济成为新时代的政策目标。显然，既有的"促进法"模式无法与之充分契合。

3. 无法实现既有法制体系的充分协调

前文已述，《循环经济促进法》制定之初，有关该法与既有法制体系的关系之争就已经存在，而选择"促进法"模式本身也是为调和争议的一种"权宜之计"。但是，这种"权宜之计"并没有也不可能从根本上消弭既有法制体系的潜在矛盾和冲突。而且，这些矛盾和冲突在该法实施后还被不断暴露甚至放大。这是因为，循环经济法的核心立法要得以有效实施，首先需要在各级政府及其相关部门之间进行权力的科学配置。但现实的情况却是，《循环经济促进法》作为专门规范循环经济活动的本位法，其自身的内容虚化、弱化难以执行，导致其在权力配置的过程中无法真正发挥作用。加之，与发展循环经济相关的诸多同位法却从各自的角度入手，对与循环经济有关的活动进行规范。其间，不免因为立法目标、功能等不一致而导致既有法制体系内部本位法与同位法之间、同位法与同位法之间难

① 钟倩：《以"绿"为进，阔步迈向高质量发展新征程》，载《青海日报》2021 年 7 月 1 日，第 17 版。

以协调。囿于法律依据本身存在上述天然缺陷，执法者自然难以充分明晰自身的权责，执法过程中缺位、越位、错位等情况也不免会出现。

不仅如此，发展循环经济是对新时代经济发展模式的变革，虽然政府有形之手可以为其提供"初始动能"。但根本上仍需要系统性支撑，尤其是需要培养广泛而坚实的社会基础。这是因为：一方面，社会公众作为生态环境问题的受害者，有权要求参与生态环境治理过程；另一方面，公民个人作为产品和服务的消费者，亦有责任控制和约束自身存在的高消费生活方式以避免助长高投入、高消耗、高排放的传统生产方式。因此，发展循环经济还必须充分发挥政府之外企业、公众等多元主体的共同作用。例如，日本《循环型社会形成推进基本法》在为政府设定相关职责的同时，也为企业、公众分别设定了循环经济相关权责。无独有偶，美国《污染预防法》，德国循环经济法的新、旧核心立法以及该国既有的法制体系中（如美国《阳光政府法案》、德国《环境信息法》等），也均包含有关信息公开和公众参与的制度设计。反观《循环经济促进法》，虽然在总则中规定了"政府推动、市场引导，企业实施、公众参与"的基本原则（第3条）。但市场、企业、公众如何引导、实施、参与，则缺乏具有系统性的、可操作性的立法设计。其结果是非政府主体的权责尚未得到核心立法的有效配置，难以在全社会范围内形成推动循环经济发展的合力。

4. 无法满足当前的立法需求

立法只是一种书本上的法律，处在应然状态。在法律实施后，未必能产生如立法者所期望的效果。[1]所以，我们不仅仅要看立法的美好愿望，还要看实施后的结果。[2]在审议《循环经济促进法》的过程中，立法者就已经注意到了该法未来的实效问题。例如，部分全国人大常委会组成人员提出应明确规定该法的执法部门，以把好执行关，防止循环经济法变成"软法"。同时，也有人表达了对"规定过于笼统，多头管理很容易造成无人管理"问题的担忧。[3]但是，囿于其最终确定的"促进法"模式，过多的鼓励、引导、促进类法律规范使其本身的政策宣示功能大于、多于实际操作价值，导致该法在实施过程中远未达到立法者所期望的效果。不仅理论

---

[1] 刘佳奇：《论大数据时代法律实效研究范式之变革》，载《湖北社会科学》2015年第7期，第140页。

[2] 参见柯华庆：《科斯命题的博弈特征与法律实效主义》，载《中山大学学报（社会科学版）》2008年第2期，第165页。

[3] 中国人大网：《部分常委会组成人员强调 要防止循环经济法变"软"》，网址：http://www.npc.gov.cn/zgrdw/npc/zt/2007-09/11/content_370902.htm。

界认为该法缺乏强制力，能够发挥的效能有限[1]，作为发展循环经济的"基本单元"，企业对该法实效的评价也不高——"在实施过程中缺少环保权威性、约束性"。甚至，立法者自己都承认，"社会上要求修改这部法律，使之可操作、可实施的呼声较为强烈"[2]。综上，"促进法"模式并不能使中国对循环经济法中核心立法的需求得到充分释放，迫切需要提升法律实效、进一步满足现实立法需求。

二、"综合法"——中国核心立法的应然模式

2021年7月1日印发的《"十四五"循环经济发展规划》中明确提出，"推动修订循环经济促进法"；同年9月，国家发展改革委就《循环经济促进法》的修订公开征集意见。既然当初的"促进法"模式无法满足新时代中国发展循环经济对核心立法的需要，那么就应当选择一种新的、更加适应中国现阶段实际需要的立法模式。本书认为，综合考量当前中国经济社会发展、政策环境、既有法制体系、现实立法需求等四大影响因素，这种新的立法模式应当定位为一种"综合法"模式。

（一）"综合法"模式的基本内涵

1. 立法定位的综合性

立法定位是对法律类型的基本判断和选择，在立法过程中发挥着引导作用。从世界范围看，循环经济法的核心立法主要有三种立法定位：一是定位于废弃物管理法，即减少废弃物的排放、减轻生态环境压力。[3]例如，德国的《循环经济和废弃物处置法》其核心内容在于废弃物管理；美国的《污染预防法》中对污染物"源头削减"的基本思想无疑也指向了废弃物的管理。二是定位于资源（物质）高效利用法。例如，德国2012年修改后的《促进循环经济和确保合乎环境承受能力废弃物管理法》就重点关注资源高效利用；法国《推动绿色增长之能源转型法令》中也将降低资源能源消耗作为发展循环经济的主要目标。三是定位于"循环经济社会"建设法。例如，无论是日本的"循环型社会"，还是韩国的"资源循环经济社会"，其核心立法的定位都已从传统意义上（工业）企业和循环经济园区提升至

① 参见彭峰：《资源、废物抑或产业推动——我国〈循环经济促进法〉修订路径反思》，载《政治与法律》2017年第9期，第98—109页。
② 高勇：《全国人大环资委来甘开展循环经济促进法修改立法调研》，网址：http://www.gsrdw.gov.cn/html/2016/rdxw_0826/13609.html。
③ 参见郭延军：《立法是促进循环经济还是规范物质资源综合利用——以修订我国〈循环经济促进法〉为视角》，载《政治与法律》2017年第8期，第130—141页。

社会层面。结合前述中国经济社会发展现状，中国循环经济法的核心立法选择"综合性"定位，就是该法既不应局限于废弃物管理，也不能仅停留在资源（物质）高效利用，更不是空泛地提出建立"社会大循环"，而应将其定位为一部同时涵盖废弃物管理与资源能源高效利用，包括企业、园区、社会三大维度，涉及工业、农业、服务业等全产业链的综合性立法。

2. 立法表现的综合性

所谓立法表现，就是不涉及框架结构、制度设计等具体的立法内容，专指一部立法外在的、形式上的表现。虽然对于一部立法的观察和评价不能仅凭其外在的表现而定，但立法表现毕竟对外代表或彰显了该部立法的"整体形象"。选择一种立法模式，对于一部立法而言本质上就是一种宏观的、总体的决策。是故，立法表现理应作为判断中国循环经济法的核心立法是否选择"综合法"模式的重要指征之一。其中又主要涉及两大重要"指标"：一是立法称谓，即该部立法的官方名称。例如，美国的《污染预防法》就是其定位于"污染预防性"立法模式的重要依据和指征。二是立法目的，即全部法律条文价值目标的体现。从形式上看，立法目的的相关表述一般会出现在成文法的第1条或前言、序言等起始部分。这使得其最有条件成为核心立法对其立法模式给予的首次明示。例如，日本《循环型社会形成推进基本法》第1条就明确表述了该法构建循环型社会的目标。据此，中国循环经济法的核心立法欲选择"综合法"模式，也必然要使其立法表现具备"综合性"。一方面，其不宜继续沿用《循环经济促进法》这一突出"促进法"模式的立法称谓。另一方面，应以恰当之立法表述明示其系统性、综合性推进我国循环经济发展的立法目的。

3. 治理体系的综合性

所谓治理体系的综合性，是指循环经济法的核心立法应当建立一种"多元共治"的治理体系。其意旨在于，推动循环经济发展的权力（利）不再仅以自上而下的方式在政府和企业间单向运行，而是在政府（及其相关职能部门）、企业、公众等循环经济所涉多元主体彼此确立并认同共同目标的基础上，通过建立合作、参与的伙伴关系，进而谋求对循环经济事务实施互动式的综合治理。其基本要求是：首先，"多元共治"打破了政府的一元管理体系，但也不意味着政府在治理活动中的重要性丧失。①换言

---

① 参见肖巍、钱箭星：《环境治理中的政府行为》，载《复旦学报（社会科学版）》2003年第3期，第73—79页。

之，政府对于维持"多元共治"过程中合理的秩序依然不可或缺①，"多元共治"仍需要在各级政府之间、政府相关职能部门之间进行合理的、必要的权力配置。特别是在既有相关立法、"三定方案"等对于循环经济领域的相关权力已经进行了"初次分配"的现状下，政府权力配置的重点不在于重新划分而在于有效整合。展开来说：①尽量明确列举政府及其相关部门的现状权力范围；②对既有权力之间存在矛盾或冲突之处，通过核心立法提供权力矛盾或冲突的解决方案（或确定性指引）；③对既有权力范围仍存在模糊甚至空白的领域，以核心立法进行充分、有效的弥补。其次，"多元共治"需要打破了政府对权力的垄断性地位。故从为治理权提供法制保障的角度，中国循环经济法的核心立法应当为在循环经济事务的治理过程中所涉企业、园区、社会公众等相关主体均应依法配置相应的权责。

4. 法律手段的综合性

在"综合法"模式下，应充分借鉴相关国家制定和实施核心立法的有益经验，综合运用多种法律手段。首先，发展循环经济势必对传统的经济发展模式及其秩序造成了冲击，势必遭到"既得利益者"的抵触甚至反对。故核心立法首先必须以必要之管制手段，以国家强制力守住循环经济活动有序开展的"底线"，保障发展循环经济的基本秩序得以维系。其次，循环经济作为一种经济发展模式，同样需要追求经济效益。但发展循环经济，却需要新投入必要的资金、技术、人力、物力等。对于企业等相关主体而言，这无疑增加了成本进而影响其支付意愿。即使相关主体承受了上述成本，倘若循环型产品或服务相比传统产品或服务没有市场优势，消费者对循环型产品或服务缺乏支付意愿，很可能会出现"循环不经济"的困局，这势必挫伤相关主体发展循环经济的积极性。故核心立法应在守住"底线"的基础上，以必要之法律手段鼓励、支持、引导循环经济活动在符合经济规律、市场规则的情况下有序进行。最后，发展循环经济需要多元主体在一定的时空下实现彼此间权力（利）的交互，而权力（利）交互的媒介主要是信息。因此，信息成为实现"多元共治"的关键性要素，加强信息管理是实现"多元共治"的必要手段。有鉴于此，核心立法亦应充分考虑信息对"多元共治"治理体系建立和运行的要素价值，通过信息管理法律手段的运用促进多元主体权力（利）的有效、有序交互。

---

① 参见〔日〕大桥洋一：《行政法学的结构性变革》，吕艳滨译，中国人民大学出版社 2008 年版，第 278 页。

（二）选择"综合法"模式的妥当性

1. 以立法定位的综合性适应经济社会发展现状

鉴于循环经济是针对工业化运动以来高消耗、高排放的单项式（线性）经济而言的[①]，其发展最初源自废弃物回收与利用。因而，循环经济法的核心立法最初也主要定位在废弃物回收利用领域。但同时，废弃物的管理特别是减量化，不仅解决了传统生产过程中大量排放给生态环境带来的负面影响，也通过对废弃物的回收利用节约了资源，从而提高了资源的利用效率。因此，循环经济既可以从根本上解决环境污染问题的新模式，也可以有效提高资源的利用效率。这一点，比较突出地体现在了欧盟国家近期的循环经济立法活动中，即以废弃物管理为基础，普遍将提高资源能源利用效率作为立法的重点内容，循环经济所涵盖的范围也扩展至资源能源高效可持续利用领域。而时至今日，循环经济已非简单的"垃圾经济""静脉经济"。正如本书第一章所述，循环经济不仅是一种新的经济发展模式，更是一种新的社会发展模式。

正因如此，循环经济发展至今，其含义之丰富、所涉领域之广泛，几乎可以涵盖经济社会发展的所有层次、全部领域。当前语境下所言之循环经济，已经升级为一个多维度、宽视域、全方位的概念，将"经济—社会—环境"纳入统一协调的范畴。[②]无论何种具体的立法定位结果，均可包含在循环经济的既有理论体系和实践活动之内。因此，"废弃物管理""资源高效利用""循环型社会"看似立法定位之争，实则是不同国家、不同经济社会发展阶段对发展循环经济的不同需求、不同侧重。中国的循环经济实践，是当今世界实践领域最宽、模式最丰富、认识最深刻、政府推动力度最大的。[③]其中，既不局限于以污染预防为核心的废弃物管理，也必然包含资源高效利用的内容，还有赖于在全社会层面的推进。这就是中国循环经济法的核心立法在模式选择的过程中，必须考虑的经济社会发展现状。换言之，单纯从前述某一个或某几个层次对中国的循环经济进行描述，均不足准确定位中国的循环经济。只有综合考量上述各层次、各领域，才能使核心立法准确把握当前中国经济社会发展对循环经济的现状需求。

---

① 参见诸大建：《可持续发展呼唤循环经济》，载《科技导报》1998 年第 9 期，第 39—42、26 页。

② 参见中关村国际环保产业促进中心：《循环经济：国际趋势与中国实践》，人民出版社 2005 年版，第 122—125 页。

③ 参见《延伸责任提高执行力度——专家聚焦〈循环经济促进法〉修订》，载《再生资源与循环经济》2016 年第 7 期，第 5 页。

2. 以立法形式的综合性契合政策环境变化

通过分析政策环境这一影响因素可知，与创制《循环经济促进法》时相比，当前发展循环经济已经从党和国家的重要战略选择，提升为经济社会全方位、全地域、全过程转型升级的必由之路。如果仍然将循环经济法的核心立法停留于"促进法"状态，显然无法契合政策环境变化对其提出的新需求。欲实现从"促进法"到"综合法"的模式转变，立法形式的调整无疑是题中应有之意。实际上，从立法称谓和立法目的两个方面体现"综合法"模式，在中国最新的循环经济立法实践中已有迹可循。首先，受政策环境影响，2016 年以后制定的有关循环经济的地方立法，从立法称谓上已经开始放弃了对"促进"二字的使用（表 5-1）。例如，《河北省发展循环经济条例》《山东省循环经济条例》等。其次，与立法称谓的变化相适应，相关立法在立法目的的设定上也普遍去除了立法表述中的"促进"色彩，转而从资源、环境、经济社会发展等全方位、各层次，综合性地设定立法目的。①

表 5-1　《循环经济促进法》制定后我国部分循环经济地方立法情况

试点地区立法名称	颁布时间
《大连市循环经济促进条例》	2010 年
《甘肃省循环经济促进条例》	2012 年
《山西省循环经济促进条例》	2012 年
《武汉市实施〈中华人民共和国循环经济促进法〉办法》	2013 年
《江苏省循环经济促进条例》	2015 年
《山东省循环经济条例》	2016 年
《河北省发展循环经济条例》	2016 年
《鹤壁市循环经济生态城市建设条例》	2016 年

3. 以治理体系的综合性理顺既有法制体系

改革开放四十多年来，我国资源环境类立法的数量不断增加，仅全国人大常委会制定的法律就有 30 多部。但法制体系越庞大，体系内部相关立法之间协调性问题也越突出。主要原因之一，就是既有立法普遍以赋予政

---

① 例如，《河北省发展循环经济条例》中规定了其立法目的为："为了发展循环经济，节约资源和保护环境，推进生态文明建设，实现经济社会可持续发展……"；再如，《山东省循环经济条例》第 1 条也将立法目的确定为："为了发展循环经济，提高资源利用效率，保护和改善环境，推进生态文明建设……"

府及其相关职能部门行政监管权为主，特别是以确定"主管或统管"部门及其监管权为核心。对于某些单一资源环境要素或行为而言，这无疑是必要的。但"循环经济"作为一个综合性范畴，在今天几乎到了"无所不包"的程度。在相关职能部门之间简单地划分"主管与分管""统管与协管"，已无助于建构良性有序的权力配置关系。特别是在既有法制体系已经对政府权力进行了系统性配置的情况下，"叠床架屋式"的赋权还容易加剧既有法制体系内部的失调。有鉴于此，"综合法"模式所建立的"多元共治"体系，其重点不是在各级政府及其相关职能部门之间进一步或重新划分"势力范围"，而是基于既有的权力配置，通过前述确认、协调、补漏三种方式，将之整合在核心立法之内。如此一来，循环经济法的核心立法在既有法制体系中的作用不是"圈地者""搅局者"，而是对既有法制体系的"理顺者"。

不仅如此，全方位、全地域、全过程发展循环经济属于典型的社会公共事务，其所涉及主体和权益必然超出"政府—企业"的单一关系范畴。而传统由企业自主开展生产经营，由政府单一主体负责监管经营活动的管理体系，在发展循环经济的过程中明显"失灵"。一方面，有限的政府无法对循环经济这种变革传统发展模式的活动进行无限的监管，甚至可能因为自身并非"全知全能"而导致对循环经济的管理出现失误。尤其是在法制体系对政府权力配置失灵的情况下，政府对循环经济的管理作用更将大打折扣。另一方面，企业主动、自愿发展循环经济的决策和投入能力的不足而致其参与循环经济的积极性不高，对废弃物进行规模化循环利用或无害化处理的能力不足导致循环经济这一"闭路循环系统"难以形成。"多元共治"的治理体系，则使得发展循环经济的过程中充分发挥行业协会、第三方治理主体等政府和企业之外相关主体的作用，实现了政府调控、企业运作、社会公众参与的有机结合和互动推进。

4. 以法律手段的综合性满足现实立法需求

《循环经济促进法》的实效性不强，特别是未充分释放和满足现实立法需求，与立法中原则性、宣示性、引导性规范过多直接相关。理论上讲，这是"促进法"模式在法律手段的运用上"偏虚""偏软"造成的。但是，这并不意味着此类法律手段的立法运用就是无效的。从世界各国循环经济法的核心立法所规定的法律手段来看，经济激励类手段的运用并不鲜见，甚至说是一种"立法常态"。例如，法国在《推动绿色增长之能源转型法令》中扩大了有关废弃物的激励税率。只是问题在于，当循环经济法的核心立法将这些"偏虚""偏软"的手段作为主要法律手段加以规定和运用的情况下，则必然会因为失去法律强制力的保障而难以充分发挥作用。更何况，循环经济领域所涉问题具有较强的技术性，相关人类活动的法律控制及其效果难以进行传统意义上的感官判断，需要凭借必要的信息加以识别。特别是，在实现"多元共治"的过程中，相关主体的治理互动也有赖于信息的交互。因此，中国循环经济法的核心立法只有综合运用命令控制、经济激励、信息管理三大法律手段，才能在守住法律底线的同时，通过有效的信息管理和交互，改变"促进法"模式下法律手段以鼓励、引导为主而致法律实效性不强的问题。

（三）"综合法"模式的实现路径

如果"综合法"模式成为未来中国核心立法新的模式选择，那么这种模式应当在立法的过程中通过以下路径加以具体实现。

1. 准确界定"循环经济"这一法律概念

理论上，法律概念、法律原则与法律规则共同构成了立法的基本内容。其中，法律概念直接体现了立法定位、适用范围等一系列基本立法问题。故对于一部立法而言，实现立法定位的关键在于准确界定该法中的基础性法律概念。就循环经济法的核心立法来说，这一基础性概念显然是"循环经济"。质言之，核心立法欲实现立法定位的综合化，必须实现对"循环经济"这一法律概念的准确界定。例如，有学者认为我国现行的《循环经济促进法》出现了很大程度的文不对题的困境，因为法律的名称表达的核心内容是促进循环经济发展，法律的大部分内容却是物质资源利用的行为规范。①实质上，类似现象的出现并非所谓的文不对题，而是核心立法中如何处理"循环经济"的理论概念与法律概念之间的关系问题。亦即，法律概念上的"循环经济"应当涵摄多大范围的问题——是仅包括废弃物回收利用、还是同时涵盖提高资源利用效率、抑或是在全社会意义上构建循环经济。理论上，这些范畴"循环经济"的理论概念都可以涵盖，只是法律概念不同的界定结果产生了立法定位的差异。

目前，《循环经济促进法》对"循环经济"法律概念的界定主要体现了"生产、流通和消费"等过程，以及"减量化、再利用、资源化"等活动（第 2 条）。一方面，上述过程主要是针对工业而言，不能充分展示新时代全产业背景的循环经济。另一方面，"减量化、再利用、资源化"（简

---

① 郭延军：《立法是促进循环经济还是规范物质资源综合利用——以修订我国〈循环经济促进法〉为视角》，载《政治与法律》2017 年第 8 期，第 135 页。

称"3R"原则）是循环经济活动应当遵循的基本原则，但并不是循环经济活动的全部内容，如末端的无害化、前端的生态设计等都是循环经济的题中应有之意。而前文已述，"综合法"模式意味着循环经济法的核心立法将"循环经济"定位于同时涵盖废弃物管理与资源能源高效利用，包括企业、园区、社会三大维度，涉及工业、农业、服务业等全产业链的综合性范畴。显然，既有法律概念界定的科学性、准确性与"综合法"模式下的立法定位之间存在较大差距。建议，未来中国循环经济法的核心立法可以对"循环经济"的概念作如下界定："本法所称的循环经济，是指在工业、农业、服务业等行业中进行的，以减量化、再利用、资源化为原则，以实现循环发展、加强废弃物管理与资源能源高效利用为特征的各类活动的总称。"

2. 使立法形式与"综合法"身份相契合

首先，回归《循环经济法》的最初立法称谓。前文已述，中国在创制循环经济法的核心立法时，不仅考虑到了避免立法"过软"的问题，而且最初的立法称谓中也并不包含"促进法"的表述。只是在后来的立法过程中，受当时相关因素的影响，"促进法"才被后加入立法称谓中。如今，"促进法"的立法称谓与应选择的"综合法"模式明显不相匹配，反倒是最初的《循环经济法》这一称谓对这种模式给予了很好的诠释。因为"循环经济"这一概念，如前所述本身就是一个综合性概念范畴，以之为称谓的核心立法属于一部综合法当无疑义。更何况，最初立法者选择《循环经济法》作为称谓，其中也包含了力求立法具有可操作性和较好实效之意。若能回归此称谓，也可契合立法者对核心立法模式选择的初心。因此，若中国循环经济法的核心立法选择"综合法"模式，应首先从立法称谓做出改变，从《循环经济促进法》回归《循环经济法》。

其次，明确综合法的立法目的。事实上，《循环经济促进法》也规定了该法的立法目的是"为了促进循环经济发展"（第1条）。显然，从立法目的开始，该法就展示了其"促进法"的模式定位。未来中国循环经济法的核心立法应结合当前的政策环境，从立法目的入手进行"综合法"模式改造。例如，可具体表述为，"为了发展循环经济，提高资源利用效率，保护和改善生态环境，推动形成绿色发展方式和生活方式，推进生态文明建设，促进经济社会可持续发展，制定本法"。

3. 合理配置多元主体的权力（利）

首先，赋予中央政府宏观决策权。为使中央政府在"多元共治"中具有宏观主导的地位和职能的法定化，日本《循环型社会形成推进基本法》

第9条规定，国家有责任制定有关建立循环型社会的基本的、综合的措施。以此为据，日本中央政府向国会报告了《循环型社会形成推进基本计划》，为循环型社会建设设定了数值指标，规定了相应的措施。在此基础上，日本中央政府还依法颁布了多部与循环经济相关的配套规范。这些依法制定的计划、规范是全社会开展循环经济活动的基础性、指导性依据，体现了中央政府在"多元共治"治理体系中的角色定位。

其次，细化地方政府的具体执行权。为在各地落实中央政府的循环经济宏观决策，日本《循环型社会形成推进基本法》规定，地方政府（日本称"地方公共团体"）不仅要采取必要的措施确保对再生资源进行适当的循环利用及处理，还有责任根据与国家的适当的责任分工来制定适应所在区域自然社会条件的措施并加以实施。也就是说，地方政府在"多元共治"的治理体系中依法对循环经济的具体执行权表现在如下两方面：一是依据法定职责，采取相应必要措施以整体推进本区域内的循环经济活动；二是依法有权制定循环经济的地方政策和立法。例如，日本滋贺县就颁布了《滋贺县环境友好农业推进条例》，群马县也出台了《防止大量使用肥料条例》等。大量地方立法的制定和实施，使中央政府的循环经济法律和政策更具可操作性、更容易在特定的时空条件下得到落实。

再次，在政府相关职能部门之间建立"整合式"监管体制。也就是说，摒弃"主管与分管""统管与配合"的部门分割管理体制，在核心立法中对相关职能部门负责循环经济活动的监管权进行整合式列举。在此基础上，相关职能部门在本级政府"负总责"和统筹协调之下，依法根据自身的职能定位和权力范围，适时、适当、适度实施对循环经济活动的监管。同时，在相关职能部门之间还应建立健全执法协调、协作机制，以增强执法的协调性、协同性。

最后，合理配置相关主体的权利。一方面，企业事业单位和其他生产经营者依法享有自主经营权，这是其在"多元共治"治理体系中维系自身法律主体地位的基础性权利。但如前所述，发展循环经济就要突破传统"线性经济模式"的桎梏甚至障碍，循环型生产经营主体在与传统线性经济主体的竞争中就要具备更大、更强的后发竞争优势。因此，中国循环经济法的核心立法对相关主体自主经营权的尊重，不仅不是简单地在诸生产经营者间平均分配权利和利益，而且是对循环型生产经营主体进行权利和利益的倾向性分配，如借鉴日本立法中的政府绿色采购制度等。另一方面，社会公众依法享有参与权。为充分调动社会公众积极性，举全社会之力共同推进循环经济发展，核心立法还应明确赋予社会公众在"多元共治"中参与循环经济事务的权利，并为公众参与提供必要之信息、途径等。

4. 建立多元化的法律手段

（1）以命令控制法律手段为基础。首先，控制政府权力的行使。例如，日本《循环型社会形成推进基本法》第 14 条规定，"政府必须每年向国会提交有关可循环资源的产生、循环利用以及处置情况的报告"[①]。可见，中央政府的宏观决策权不能专断恣意，也必须接受来自权力机关的监督。其次，规范生产经营者的自主经营权。例如，德国《促进循环经济和确保合乎环境承受能力废弃物管理法》（2012）第 24 条规定，"只有以特定的明显减轻废弃物清理工作的方式，特别是以有利于重复使用或再利用方式存在的特定产品可以进入流通"[②]。再次，规范社会公众的消费行为。社会公众既是循环经济事务的参与者，也是"生产—流通—消费—再生产"这一循环过程中的消费者。如果其消费行为不受到法律的约束，依然延续传统的高消费生活方式，则循环经济的产业链条难以闭合，社会范围内的循环经济难以实现。有鉴于此，日本《循环型社会形成推进基本法》专门为消费者设定了其发展循环经济过程中所应当承担的责任，包括抑制产品变成废弃物、促进产品循环利用、尽可能长期使用产品、协助分类收集可循环资源、配合国家和地方政府实施有关政策等。最后，设定必要的法律责任。没有法律责任，核心立法中所有对多元主体权力（利）的配置就可能沦为一纸空文。因此，无论是政府主体权力行使不当，还是政府主体之外的相关主体违法行使权利，法律都要迫使其承担相应的责任。

（2）充分发挥经济激励法律手段的作用。相关经济激励法律手段的运用，一方面释放政府发展循环经济的强烈信号，另一方面使循环型产品或服务在市场竞争中更具优势，保障走循环经济之路的相关主体可以充分获得经济效益，从而激发其持续投身循环经济事务的热情。换言之，《循环经济促进法》中既有的经济激励类法律手段不仅不应当被摒弃，反而应当进一步细化和加强，以真正发挥其应有的作用。

（3）强化信息管理法律手段的运用。一方面，政府主体依法向相关主体公开与共享信息。鉴于政府在"多元共治"治理体系中的主导地位及其强大的信息收集、占有能力，政府信息公开与共享不仅是打破政府垄断性地位的前提，更是保障相关主体知情权、参与权，实现多元主体合作的信

---

① 中关村国际环保产业促进中心：《循环经济：国际趋势与中国实践》，人民出版社 2005 年版，第 271 页。

② 翟巍：《德国循环经济法律制度精解》，中国政法大学出版社 2017 年版，第 270 页。

息基础。因此，在中国循环经济法的核心立法中，政府信息的公开和共享应当成为一项基本的法制要求。例如，美国《污染预防法》规定："（EPA）行政长官向公众告知根据本法案收集的有关源头削减方面的信息和类似其他有关信息。"另一方面，相关主体依法向政府主体传递信息。以政府信息公开与共享为基础，其他相关主体既需要对政府主体传递的信息进行反馈，还需要在自身的反馈信息传递给政府主体后进一步得到政府主体的再反馈。例如，日本《循环型社会形成推进基本法》第 23 条规定，"为了促使企业和公众采取行动抑制产品和容器变成废弃物，或者对已经成为可循环资源的产品和容器进行适当和顺利的循环与处置，如果需要征收适当和公平的费用或者实施其他经济政策，国家应当进行适当的调查研究，分析此类措施对日本经济可能产生的任何效果和影响"①。其中的"调查研究"，从法律手段的性质上讲就属于获得社会公众的必要信息反馈。

---

① 中关村国际环保产业促进中心：《循环经济：国际趋势与中国实践》，人民出版社 2005 年版，第 280 页。

第六章　循环经济法的制度体系

如果我们将法律"庖丁解牛"，从立法学的角度可以将其内容分解为三个部分，即法律概念、法律原则、法律规范（或具体法律规则）。其中，法律概念是对各种法律事实进行概括，抽象出它们的共同特征而形成的权威性范畴。[①] 例如，对循环经济、清洁生产、可再生能源、废弃物等法律概念的界定虽然重要性不言而喻，但相对于法律的全部内容而言并非"重头戏"。前文已述，法律原则特别是可持续发展原则、预防原则等基本法律原则，是法律态度的表达和逻辑起点的设定，其在法律中的地位与功能也毋庸置疑。但是，法律原则具有适当的弹性且效力并不是绝对的，其直接适用也是有颇多限制的。因此，实际上法律效力的发挥和直接适用应当以更加具体、明确、具有可操作性的法律规范（或具体法律规则）为主。然而，当数量庞大、内容繁杂的法律规范出现在人们面前时，对它们的观察和研究往往需要适当的方法。有鉴于此，类型化研究方法应用在法律规范的研究过程中就显得尤为重要。通过将调整某一类或某一项人类活动、社会关系的法律规范进行总体"打包"，就会得出一类或一项法律制度。于是，庞大繁杂的法律规范体系就被理论化、类型化为法律制度体系。在这个法律制度体系构成的高楼大厦中，每个制度发挥着各自应有的功能，同时又与其他制度相互联系、紧密配合。当循环经济法在数量上和质量上均已达到十分可观的状态下，我们也完全有理由和必要从法律制度体系的视角对其进行观察和研究。

第一节　制度体系的基本构造

一、制度体系的基本构造机理

"机理"一词，指为实现某一特定功能而需包括的要素以及要素之间的关系。循环经济法欲形成一套系统完备的法律制度体系，需要首先研究

[①] 胡玉鸿主编：《法律原理与技术》，中国政法大学出版社 2002 年版，第 133 页。

其基本的构造机理。亦即，制度体系中包括哪些具体制度，以及具体制度之间的关系如何。但是，循环经济法作为开放的法律领域，其边界显然是相对模糊的。因此，对其制度体系的基本构造机理进行研究并非易事。一方面，究竟哪些具体法律制度可以归为循环经济法的制度体系，在学术上是一个见仁见智的问题；另一方面，具体制度之间亦可能存在多种关系（如主要与一般、宏观与微观等关系）。有鉴于此，本书在研究制度体系的基本构造机理时，必须首先明确如下两个基本前提。

（1）纳入循环经济法制度体系的具体法律制度需要具备一定的条件。首先，纳入制度体系的具体法律制度应当具有代表性或特殊性，并非循环经济法这一领域的所有具体法律制度都需要纳入制度体系。例如，行政许可、环评、行政处罚等具体法律制度，虽然在循环经济法中普遍存在并广泛发挥着重要作用，但其并非本领域特有或并不具备较强的代表性，因而不在本书的重点研究制度之列。其次，具体法律制度应是循环经济法这一法律领域内的某一类或几类法律规范，不等同于前章所述之循环经济法的核心立法（如我国的《循环经济促进法》）中所设定的法律制度。虽然二者在相当程度上存在关联甚至是重合，但二者并不能简单地画等号。最后，循环经济法作为世界范围内普遍构建和实施的法律领域，对其法律制度的归纳视角不能局限于本国、本地，亦即具体法律制度应具有相当的普遍性，而非仅局限于中国国内视野。

（2）具体法律制度间的关系认定应当体现循环经济法自身的特点。如前所述，主要与一般、宏观与微观、源头控制与过程控制等法律制度间关系的一般认定标准，虽然可以在相当程度上展示循环经济法制度体系的基本构造机理，但这种关系的认定并不能充分体现此制度体系的特点，尤其是不能有效展示法律制度体系调整、规范循环经济活动的层次和作用。有鉴于此，本书对具体法律制度间关系的认定，聚焦于发展循环经济的两个基本层次，即最初的"物质循环"以及之后进一步发展出的"功能循环"。进而，从具体法律制度作用于物质循环和功能循环的角度，将制度体系进行如下分类。

（一）物质循环类制度

所谓物质循环类制度，就是通过法律制度的设定和实施，将原本的线性经济调整为"物质闭环流动经济"，并规范相关的物质循环活动。显然，这是发展循环经济的基础层次。依据产品全生命周期管理的理念，实现对物质循环的管理，依次包括如下主要典型制度：①产品生态设计制度，即以产品的设计为生命周期的起点，通过加强对设计阶段的制度约束更好地实现物质循环。②清洁生产制度，即主要针对产品设计后的生产环节，最大限度实现资源能源消耗和污染物排放的减量化。③生产者责任延伸制度，即主要针对生产后的流通、消费及之后的废弃环节，为物质循环的实现设定相应的义务与责任。④废弃物分类管理制度，即主要针对消费后的废弃环节，为原本处于生命周期终点的废弃物能够充分、有效地循环利用提供前提性制度保障。⑤废旧物资回收制度，即设定法律制度对废弃物分类后其中的废旧物质进行有效回收加以规范，主要目的在于为"变废为宝"做好必要的制度准备。⑥资源能源循环利用制度，即在废旧物质有效回收的基础上，实现"变废为宝"的过程，也就是针对循环经济活动中的"静脉产业"进行法律规制。⑦产业园区循环化发展制度，即着眼于循环经济的中观层面，对园区这一循环经济活动的重点和"特色"空间进行系统性制度规范。

（二）经济社会系统管理类制度

所谓经济社会系统管理类制度，是通过有针对性的法律制度设定和实施，实现循环经济更高层次的功能循环。但考虑到人类社会只是地球生态系统的一部分，不可能通过人定法这个部分决定自然生态系统这一整体。只能通过对自身所在的经济社会系统进行管理，以引导、规范人类的经济社会系统与自然生态系统实现功能上的协调。故此类更高层次的制度体系应定位于"经济社会系统管理"，而非直接表述为"功能循环类制度"。其具体包括如下主要典型制度：①循环经济规划制度，即以规划对经济社会系统的管理进行展望和设计。②循环经济标准制度，即对经济社会系统内的活动进行符合功能循环要求的标准化识别、评价和管理。③循环经济标识制度，即对经济社会系统内符合功能循环的产品、服务等进行标识，以彰显其"走新路"的特性。④禁限制度，即对经济社会系统内相关人类活动设定必要的底线、红线，以避免"功能循环"变质、变味。⑤区域循环经济绩效制度。即对某一区域作为一个经济社会系统的整体功能、状况、效果等进行统计和评价，并据此对该系统整体的发展和完善形成有效反馈。

二、制度体系的基本构造形式

一般来说，法律制度体系的构造有两个基本要求：健全与协调。健全即构成体系的各个部分必须齐备，不能欠缺；协调即各个部分必须逻辑地、有机地构成一体，避免冲突和矛盾。①照此看来，作为循环经济法制化进程中的重要步骤之一，法律制度体系的构造亦应当遵循如下目标——既要保证法律制度的完备性，又要满足法律制度之间的协调性与统一性。为实现这一目标，循环经济法在构造制度体系的过程中，综合采用了如下必要之形式。

（一）新法的创制

从法制实践的层面看，法律制度体系的形成是一个从无到有、从不完备到逐步完备的过程。②其中，新法的创制是过程中不可或缺的必要形式。特别是对于像循环经济法这样变革既有法制体系的新领域，其所含诸法律制度在最初阶段普遍需要采取创制的形式进行构造。例如，1991年德国首次按照"资源—产品—资源"的循环经济思路制定了《包装条例》（或被译为《包装废弃物处理法》），对于商品的包装物，要求生产商和零售商在避免废弃物的产生同时要求回收利用，以减少商品包装废弃物的填埋和焚烧的数量。③其在包装物领域所创制的循环经济法律制度，不仅对该国此后完备的循环经济法律制度体系具有开创意义，甚至对全世界循环经济法律制度的构造均具有典型示范作用。无独有偶，2002年6月29日我国制定的《清洁生产促进法》是世界上第一部以推广清洁生产为目的的法律。④这是我国第一次以专门法律的形式规范清洁生产，发展循环经济，标志着我国可持续发展事业有了历史性的进步。⑤

（二）法律的修改和补充

法律是以调整社会关系和适应社会关系的需要为使命的。社会关系既有相对的稳定性，又有相对的变动性。如果现行法律所调整的社会关系已发生重要变化，只有加以修改，才能适应调整新的社会关系的需要。⑥例如，2012年2月29日，《全国人民代表大会常务委员会关于修改〈中华人民共和国清洁生产促进法〉的决定》对《清洁生产促进法》作如下修

---

① 万劲波、陈赛：《我国〈循环经济法〉立法模式的探讨》，载《上海政法学院学报：法治论丛》2006年第4期，第88页。

② 刘莘：《立法法》，北京大学出版社2008年版，第22页。

③ 刘华：《发达国家循环经济立法的模式及借鉴》，载《中国科技投资》2007年第7期，第72页。

④ 本报评论员：《依法推行清洁生产 实施可持续发展战略》，载《人民日报》2002年7月5日，第5版。

⑤ 唐荣智、于杨曜：《循环经济法比较研究——兼评我国首部清洁生产促进法》，载《浙江工商大学学报》，2002年第5期，第25页。

⑥ 谭振亭、张奎、王永武主编：《会计执法全书》，中国统计出版社1997年版，第56页。

改——将第 4 条中的"将清洁生产纳入国民经济和社会发展计划"修改为
"将清洁生产促进工作纳入国民经济和社会发展规划、年度计划"。之所以
做出这样的修改,正是基于适应社会关系变化的需要。因为在该制度初创
之际,我国沿用的仍是"国民经济与社会发展计划",而在中国市场经济
体系得到全世界范围广泛认同的新时期,国家对国民经济与社会发展的调
整已经不再使用传统的"计划",而是使"计划"让位于"规划"。以凸
显政府更加注重发挥市场对资源配置的基础性作用,更加注重对经济社会
发展的宏观把握和调控。[1]因此,"计划"改"规划"表面看似一字之差,
实则表达了截然不同的立法目的和法律对社会关系的调整定位。

不仅如此,任何法律制度的创制都不可能是尽善尽美的,由于之前法
律制度创制的过程中对某些问题未能给予正确处理,或者由于认识能力的
限制,使所制定的法律制度存在先天不足,或者是立法时考虑不周,使法
律制度有不科学之处等。随着社会实践和法律制度实践的发展,这些问题
给法律制度的实施带来明显的甚至很大的弊端。这就需要通过对法律的修
改和补充,以弥补现行法律的缺项。[2]例如,1984 年美国对《固体废物处
置法》进行了修改,将其重新命名为《资源保护和回收法》(*Resource
Conservation and Recovery Act*),将过去固体废弃物管理的重点由被动处
理调整为对固体废弃物的处理、处置与回收利用相结合,提出了减少固体
废弃物产生总量的技术和方法,宣布从固体废弃物产生开始,实行"从摇
篮到坟墓"的全过程管理和废物减量化原则,取得了生态环境管理思想的
突破性进展。[3]显然,这种新的管理模式设计是法律创制之时的认知水平
无法企及的,但是相关理论和实践将这一问题暴露了出来,通过法律制度
体系的修改和补充就可以起到使之不断发展完备的作用。

(三)法律的解释

法律解释,是指解释者对立法性文件中的法律条文及相关内容等所做
的理解和说明。在最广泛的意义上,法律解释的主体既可以是权力机关(如
人大、议会),也可以是其他组织(如行政机关、司法机关)或个人(如
法学家)。但只有具有法律效力的权威解释,才是循环经济法律制度体系

---

① 陈二厚、刘铮、王立彬:《"计划"让位"规划" 一字之变传递三大信号》,载《金融信息
参考》2005 年第 11 期,第 6—7 页。
② 孙敬、侯淑雯主编:《立法学教程》,中国政法大学出版社 2000 年版,第 258 页。
③ 吕忠梅、霍阳:《清洁生产法的立法构想》,载韩德培主编:《环境资源法论丛》(第 2 卷),
法律出版社 2002 年版,第 5 页。

构造的形式之一。[1]例如，《最高人民法院、最高人民检察院关于办理环境污染刑事案件适用法律若干问题的解释》（法释〔2016〕29 号）第 16 条就对"非法处置危险废物"进行了具有法律效力的司法解释。由此观之，法律解释也是循环经济法制度体系构造过程的一个重要形式，其有助于促进法律制度的及时性、清晰性和系统性。[2]

（四）法律的废止

对法律废止可作狭义和广义两种理解。狭义的法律废止，是指有权机关或人员依法定程序将现行有效的法律予以明确废弃，使之失去法律效力的活动。例如，2016 年 7 月 13 日，原环保部通过《关于废止部分环保部门规章和规范性文件的决定》（部令第 40 号）对《秸秆禁烧和综合利用管理办法》（环发〔1999〕98 号）予以废止。广义的法律废止，除了包括狭义的法律废止外，还包括当然废止。所谓法律的当然废止，是指法律规定有施行期限或其他施行条件，期限届满或施行条件消失而废止。[3]例如，为落实《清洁生产促进法》，进一步规范清洁生产审核程序，更好地指导地方和企业开展清洁生产审核，国家发改委、原环保部对《清洁生产审核暂行办法》进行了修订，修订后的《清洁生产审核办法》于 2016 年 7 月 1 日起正式实施，而 2004 年 8 月 16 日颁布的《清洁生产审核暂行办法》（国家发展和改革委员会、原国家环境保护总局第 16 号令）同时废止。

（五）法典的编撰

从系统论的观点来看，循环经济法制度体系构造的前述形式，基本上共同保证了循环经济法的制度体系能够始终维持在一种良性循环的、开放性的状态：新法的创设制定承担着实现法律制度从无到有的任务，是这个系统的"入口"；循环经济法的完善和补充、解释使既定之法律制度体系趋于完善，不断适应变化着的社会生活的需要；循环经济法的废止则把丧失存在价值的法律制度从现行法律制度体系中剔除，因而是制度体系的"出口"。它们共同保证了循环经济法律制度体系的不断新陈代谢，更新发展。

在此基础上，作为法律制度体系中的最高立法形式，法典的编纂具有其他立法形式难以比拟的法治价值、政治价值和文化价值。其不仅可以通过形式理性提高法律制度的逻辑体系，实现法制统一、促进法治实施，同时可以更好地促进国家战略转型、实现社会发展变革。从世界各国法典编

---

① 参见刘莘主编：《立法法》，北京大学出版社 2008 年版，第 18 页。
② 参见朱立宇、叶传星主编：《立法学》（第四版），中国人民大学出版社 2015 年版，第 188 页。
③ 李林：《试论法律废止》，载《宁夏社会科学》1991 年第 4 期，第 66 页。

撰的情况看，在法典中适度设置有关循环经济的基本制度已有先例可循。例如，在《菲律宾环境保护法典》的"第五编　废物管理"中，明确规定了"通过恢复、循环和重复使用废物和废品，防止造成国家环境损害和不必要的珍贵资源的损失"①；再如，《瑞典环境法典》第十五章"废物和生产者责任"中，明确规定了有关生产者责任的基本制度要求，包括要求生产者"提供与生产责任有关的，关于产品或包装所含物质和材料的信息，以及有关收集、再利用及循环利用潜质或其他因素的信息"等内容。②

习近平总书记在党的二十大报告中强调："统筹立改废释纂，增强立法系统性、整体性、协同性、时效性。"③首次在党的报告中明确将"纂"作为一种独立的立法形式，为我国法律制度体系的构造确定了新方式、创造了新契机。结合目前我国法典编撰工作的相关进展，编撰环境法典的工作已经明确被提上了立法机关的议事日程④，相关研究论证工作也取得了较为显著的成效。因此，完全有理由相信和期待，在未来中国环境法典的编撰过程中，有关发展循环经济的基础性、关键性法律制度（如清洁生产制度、生产者责任延伸制度等）可以适度地纳入法典，并且作为绿色低碳发展法律制度体系中的重要组成部分。

第二节　物质循环类制度

一、产品生态设计制度

产品生态设计（eco-design），也称产品绿色设计，是指按照全生命周期的理念，在产品设计开发阶段系统考虑原辅材料选用、生产、销售、使用、回收、处理等各个环节对资源环境造成的影响，力求产品在全生命周期中最大限度降低资源能源消耗、尽可能少用或不用含有毒有害物质的原辅材料，以减少污染物的产生和排放，从而实现生态环境保护的产

---

① 《菲律宾环境保护法典》，岳小花译、李聚广校，法律出版社 2020 年版，第 28 页。
② 《瑞典环境法典》，竺效等译，竺效、张燕雪丹等校，法律出版社 2018 年版，第 72 页。
③ 习近平：《高举中国特色社会主义伟大旗帜　为全面建设社会主义现代化国家而团结奋斗——在中国共产党第二十次全国代表大会上的报告》（2022 年 10 月 16 日），人民出版社 2022 年版，第 41 页。
④ 2021 年 4 月，全国人大常委会公布 2021 年度立法工作计划，明确提出启动环境法典、教育法典、行政基本法等条件成熟的行政立法领域的法典编纂研究工作；2023 年 9 月，《十四届全国人大常委会立法规划》明确提出，积极研究推进环境（生态环境）法典和其他条件成熟领域的法典编纂工作。适时启动法律清理工作。

业活动。[1]通过立法建立并推行产品生态设计制度，有利于促进生产方式、消费方式向绿色低碳、清洁安全转变。2005 年 7 月 6 日，欧洲议会和欧盟理事会颁布了第 2005/32/EC 号指令——《用能产品生态设计框架指令》（简称"EUP 指令"），对电视机、冰箱等产品提出具体的生态设计要求。2009 年 10 月 31 日，欧盟又公布了第 2009/125/EC 号指令——《确立能源相关产品生态设计要求的框架指令》（简称"ERP 指令"），在 EUP 指令的基础上替代性地提出了适用范围更大、更为完备的生态设计要求。[2]在我国，2002 年颁布的《清洁生产促进法》中就对产品和包装物、建筑工程提出了生态设计方面的要求[3]；《中华人民共和国国民经济和社会发展第十一个五年规划纲要》中更是明确提出"推行产品生态设计"。此后，《循环经济促进法》《固体废物污染环境防治法》等法律和相关地方立法中也都规定了此项制度。

（一）产品生态设计制度的功能

1. 预防生态环境问题

从产品生命周期的角度讲，一旦其被创造出来，就会在自然界留下资源环境印迹。有研究表明，80%的资源消耗和环境影响又取决于产品设计阶段。但传统的产品设计仅仅是从用户的需要和企业盈利的角度出发，主要从投入产出、成本节约、经济利益等方面进行考虑，未将产品开发中由社会和自然界承担的隐性成本作为设计过程中的考量因素，把生产和消费造成的资源枯竭和环境污染等问题留待末端治理。例如，一次性发泡餐盒就是典型的表现之一。如果能在产品设计这一起始阶段就充分考虑现有技术条件、原辅材料保障等因素，便能最大限度实现资源节约，从源头减少环境污染。这也是发展循环经济的基本目标。产品生态设计制度从可持续发展的角度审视产品整个生命周期，在产品生产之前就充分考虑产品整个生命周期内可能对生态环境造成的影响。正如 EUP 指令明确的那样，"产品生态设计……在保持产品功能质量的同时，通过设计使产品生态环境性

---

① 参见《关于开展工业产品生态设计的指导意见》（工信部联节〔2013〕58 号）。

② 根据该指令的授权，欧盟委员会于 2019 年针对服务器和数据存储产品、电动机和变速驱动器、制冷设备、光源和独立控制装置、电子显示器、家用洗碗机、家用洗衣机和具有直接销售功能的家用洗衣机制定了相应的实施条例，分别为：(EU)2019/424、(EU)2019/1781、(EU)2019/2019、(EU)2019/2020、(EU)2019/2021、(EU)2019/2022、(EU)2019/2023 以及(EU)2019/2024。并且，欧盟委员会于 2021 年 2 月 23 日以(EU)2021/341 对上述 8 项条例进行了修改。

③ 参见《清洁生产促进法》第 20、24 条。

能最大化"①。作为一种重要的预防措施，产品生态设计制度已成为处理产品对生态环境影响的最著名的立法举措之一。②

2. 引导绿色消费

发展循环经济既需要在生产环节摒弃"高投入、高排放、高消耗"，也需要在消费环节践行绿色消费从而形成完整的循环经济体系。绿色消费必然需要开发相应的绿色产品，突出其在资源能源利用率高、易于回收处理、利于生态环境保护等方面的优势。为了引导绿色消费，发挥消费对绿色生产的促进作用，欧盟已发布 REACH 法案、ROHS 指令等，对出口欧盟国家产品的安全、环保性能提出了严格要求。中共中央、国务院印发的《生态文明体制改革总体方案》也明确要求，"建立统一的绿色产品体系"。而产品的绿色化，其前提或起点无疑是设计的绿色化。因此，建立并实施产品生态设计制度能够"显著提升产品节能环保低碳水平，引导绿色生产和绿色消费"③。

3. 促进物质高效循环利用

废弃物的回收与循环利用一直是发展循环经济的重要组成部分，而且相关领域的制度"门槛"也越来越高。例如，欧盟出台的《废弃电子电气设备指令》（WEEE 指令），旨在减少防治电子电气废弃物以及实现这些废弃物的再利用、再循环使用和其他形式的回收。其中，对于气体放电灯的组件、材料和物质再利用、再循环率要求达到灯重量的80%以上。这就必然从制度上"倒逼"产品设计必须考虑制造以及消费后的循环能力。建立并实施产品生态设计制度，可以在保持产品功能质量的基础上，通过生态设计实现产品生态环境性能最大化，特别是产品耐久性、可修复性和翻新能力、备件供应能力、产品可回收性和二次原材料和（或）部件的再利用能力。这就意味着，该制度从设计阶段就已经将物质循环纳入产品层面的实际需求，为后端的高效循环利用提供了良好的基础和条件。

4. 推进绿色品牌建设

鉴于品牌对于产品具有巨大的"无形价值"，其在提升企业形象、增

---

① 参见 2005/32/EC: EUP。

② Davide Polverinia, Ugo Mirettib.An approach for the techno-economic assessment of circular economy requirements under the Eco-design Directive. Resources, Conservation and Recycling. 2019, 150 (Nov.), p.10.

③ 国务院关于印发《中国制造2025》的通知（国发〔2015〕28号）。

加商业利润、建立与消费者关联并与竞争对手设立区别方面具有不可或缺的重要作用。早期的品牌建设更多关注产品本身的质量、价格、名人效应等，而随着生态环境问题日益成为世界范围内的重要关切，产品的绿色化成为大势所趋，将绿色作为品牌建设的特色和重要方向已成为一种趋势。在此过程中：一方面，生产企业通过实行产品生态设计可以有效履行节约资源能源和保护生态环境的责任，为企业和品牌树立了良好的社会形象；另一方面，通过轻量化、单一化、模块化、无（低）害化、易维护设计，以及延长寿命、绿色包装、节能降耗、循环利用等设计①，产品的绿色化水平明显得到提升，更加契合当今世界范围内绿色消费的理念和趋势。例如，著名的绿色环保品牌——Seventh Generation，其生产的餐具洗洁精产品因为不含石油成分且采用生物降解配方而广受全球消费者的认可。正因如此，国务院办公厅印发的《贯彻实施质量发展纲要 2015 年行动计划》（国办发〔2015〕19 号）中明确将产品生态设计作为绿色品牌建设的重要实现方式。

（二）产品生态设计制度的主要内容

1. 产品生态设计的主要考量环节

从整个产品生命周期的角度，产品生态设计需要统筹考虑原辅材料选用、生产、包装、销售、使用、回收、处理等各环节的资源环境影响。具体而言：①原辅材料的选择与使用阶段。通过减少损失浪费以及推动生产原辅料、能源的绿色替代等方式，提高原辅材料的利用率。②例如，我国《循环经济促进法》第十九条第二款规定："对在拆解和处置过程中可能造成环境污染的电器电子等产品，不得设计使用国家禁止使用的有毒有害物质。"②生产（制造）阶段。确保产品在其设计生产阶段应采取生态环境友好的设计方案。例如，按照欧盟委员会条例（EU）932/2012 号的生态设计要求，计算家用滚筒干衣机的能耗和其他参数时，应使用将棉织物由最初的 60%含水率烘干至 0%含水率的程序。这一程序应在家用滚筒干衣机程序选择装置或显示屏上明确标识出来。③包装、运输与配送阶段。例如，按照我国《固体废物污染环境防治法》第六十八条的规定，包装物的设计应当遵守国家有关清洁生产的规定。④安装与维护阶段。例如，欧盟 2019 年制定的生态设计实施条例中规定目标产品的制造商、进口商或其授权代表应确保努力延长产品使用寿命，既要减少维修困难度，还应提供充足的维

---

① 参见国务院办公厅关于印发《生产者责任延伸制度推行方案》的通知（国办发〔2016〕99 号）。

② 参见 2009/125/EC: ERP。

修零件，以保障消费者购买产品后 7～10 年处于可维修状态。[①]⑤使用阶段。例如，按照第 2009/643/EC 号指令的生态设计要求，有效容积小于 10 立升的家用制冷器具应在清空后的 1 小时内自动进入电力消耗为 0W 的状态。⑥使用寿命结束后（回收再利用）阶段。例如，选择易回收、可重复使用的绿色环保材料，以及选择无毒、无害、易于降解或者便于回收利用的设计方案。

2. 产品生态设计的主要考量因素

产品生态设计涵盖了资源属性、能源属性、生态环境属性、健康安全属性等方面[②]，其应当考虑的因素主要包括：①资源和能源消耗。例如，《河北省发展循环经济条例》第二十八条规定，"新建建筑应当采用有利于资源循环利用和环境保护的设计方案，使用节能、节水、节地、节材的技术、工艺、设备和建筑装修材料"。②环境污染。例如，德国《促进循环经济和确保合乎环境承受能力废弃物管理法》第 23 条第一款规定，"产品的构成须尽最大可能使其在生产与使用过程中减少废弃物的形成"[③]。③温室气体排放。例如，欧盟 ERP 指令（2009/125/EC）要求，"尽管一种对环境性能的综合方法更令人期待，但……通过增加能效来缓解温室气体效应是优先考虑的生态环境目标"。④人类（公共）健康。例如，瑞士《有害物质和制剂防治条例》第 7 条规定，"如果某产品含有（该条例附件七中所列举的）危险物质或制剂，制造商必须评价这些物质或制剂是否会危害人类健康，并提出在使用这些物质或制剂时，应该采取有倾向性的、可以预期的有效处理方法"[④]。⑤其他生态损害，如生物损害。[⑤]例如，欧洲议会和理事会生物杀灭产品条例（2012/528/EU）（*Biocidal Products Regulation*，BPR）规定，"为保护人类和动物的健康，在适当情况下，应对生物杀灭产品中所含活性物质规定食品和饲料的最高残留限量"。

（三）产品生态设计制度中相关主体的主要责任

1. 政府的主要职责

政府应指定相应的部门、机构负责市场监管，并使有关部门、机构依

---

① 赵云：《欧盟电子电器产品生态设计新法中的责任规范研究》，载《再生资源与循环经济》2021 年第 1 期，第 12 页。

② 杨宇涛、查丽：《电子电气产品生态设计与绿色评价指标体系》，载《信息技术与标准化》2017 年第 Z1 期，第 18 页。

③ 翟巍：《德国循环经济法律制度精解》，中国政法大学出版社 2017 年版，第 270 页。

④ 吴大华、邓琳君等编译：《瑞士生态环保法律法规译汇》，社会科学文献出版社 2015 年版，第 128 页。

⑤ 参见《产品生态设计通则》（GB/T 24256-2009）。

法拥有并行使权力，以采取各种适当的监管措施。例如，参考德国《用能产品生态设计法（草案）》及我国的有关规定，政府的职责主要包括但不限于：①应采取适当的措施，确保只有符合产品生态设计相关规定的产品，方可投放市场或投入使用。具体而言：首先，建立完善生态设计方面的标准规范，实现生态设计标准化。同时，建立统一的绿色产品标准、认证、标识体系，将生态设计产品纳入其中。其次，确定一定时期内本国（地）产品生态设计制度的适用重点。如在实践中，电器电子、汽车、铅蓄电池、车用动力电池和复合包装等生产过程资源消耗大、污染物排放多、有毒有害物质含量高的产业（产品）是现阶段我国部分地方立法确定的重点关注产业（产品）。①②组织对产品生态设计制度的实施情况进行检查（如建立材料消耗核算制度），并责成生产者从市场上召回不符合产品生态设计制度的产品。③要求有关各方提供所有必需的信息。④对产品进行生态设计的符合性检查、检测。⑤确保消费者和其他利益相关方有机会向政府提交其对产品是否符合产品生态设计制度的观察、建议等。⑥在要求生产者和（或）其授权代表提供有关产品生态设计信息时，为其保守必要的商业秘密。

2. 生产者的主要责任

①可替代的产品设计。在产品设计之初就考虑未来的可修改性、易升级性以及可生产几种产品的基础设计，并在评估的基础上建立产品生态档案，基于评估评价其他的可选设计方案和与参考基准相比已获得的产品的生态环境性能。②设计采用清洁的原辅材料。在产品设计时考虑在生产中使用更少的材料或更多的节能成分，优先选择易回收、易拆解、易降解以及无毒、低毒、少污染的原辅材料替代原有毒性较大的原辅材料，防止原辅材料及产品对人类和生态环境的危害。③产品投放市场和（或）投入使用之前，应确保已经对该产品适用产品生态设计制度所有相关要求的符合性进行过评定，且不应影响终端用户期望的产品功能。④产品投放市场和/或投入使用前，应加附有关合格标志并出具合格声明，确保并声明该产品符合产品生态设计制度的所有相关规定。⑤在将产品投放市场或投入使用后，应在最后制造该产品的一定期限（如 EUP 指令规定的 10 年期间）内保留与所进行的合格评定有关的文件和出具的合格声明，以备政府检查。

---

① 以上内容参考了国务院办公厅关于印发《生产者责任延伸制度推行方案》的通知（国办发〔2016〕99号）以及《山西省固体废物污染环境防治条例》第十九条、《荆门市生态环境保护条例》第五十三条的有关规定。

⑥将部件和组件投放市场和（或）投入使用的生产者，应向实施产品生态设计制度的生产者提供该部件或组件的材料成分、能耗、材料和（或）资源的有关信息。⑦应确保以其认为适当的形式（如标识、产品说明等）向消费者提供产品生态设计方面的有关信息，如产品使用信息、能效等级、回收信息、有毒有害物质含量等。⑧保证其有采取诸如回收、提出合适有效的提示和召回措施的能力，以防止不符合生态设计的产品投入市场或者投入使用。①

3. 其他相关主体的主要责任

①进口商的主要责任。确保投放市场或投入使用的产品符合产品生态设计制度的有关规定；随时备妥合格声明与技术文件，按要求提交相关报告；保证其有采取诸如回收、提出合适有效的提示和召回措施的能力，以防止不符合生态设计的产品投入市场或者投入使用。②经销商的主要责任。应在销售时正确展示或提供产品的生态设计相关信息，如能效标识、产品卡片等。③生态设计专业技术机构的主要责任。为生产者、销售商等提供产品生态设计的研发、测试、建档、查询、认证、评估、改进等相关服务，或按照有关规定或授权接受生产者、消费者等的投诉。同时，包括政府和生产者在内的有关主体应当确保社会公众参与的透明度，特别是消费者和环保社会组织的参与和监督。④行业协会的主要责任。通过制定行业标准、产品生态（绿色）设计指南，推广绿色设计案例等方式，规范本行业的产品生态设计活动。例如，《光网络终端产品生态设计评价要求》（RB/T 013-2019）经过认证，就成为国家认监委认证认可的行业标准。②

二、清洁生产制度

清洁生产这一概念最初源于 20 世纪 60 年代美国化工行业的污染预防审核，成形于 20 世纪 70 年代在欧洲发达工业国家的"无废和低废技术"工业环境污染预防活动。③1974 年，欧洲共同体在巴黎举行了"无废工艺和无废生产的国际研讨会"，提出协调社会与自然的关系应主要着眼于消除千万污染的根源，而不仅仅是消除污染引起的后果。④1979 年 4 月，欧

① 参见《德国〈用能产品生态设计法〉介绍》，网址：http://www.cnzsyz.com/ouzhou/ShowArticle. asp?ArticleID=362582。

② 参见认监委关于发布《2019 年第一批认证认可行业标准》的通知（国认监〔2019〕11 号）以及国家发展改革委等部门关于印发《"十四五"全国清洁生产推行方案》的通知（发改环资〔2021〕1524 号）。

③ 参见柯坚：《关于我国清洁生产法律规制的思考》，载《中国软科学》2000 年第 9 期，第 25—28 页。

④ 牛桂敏：《循环经济发展模式与预测》，天津社会科学院出版社 2008 年版，第 14—15 页。

共体理事会宣布推行清洁生产政策，1984、1985、1987 年欧共体环境事务委员会三次拨款支持清洁生产示范工程。[①]1989 年，联合国环境规划署在总结工业污染防治概念和实践的基础上制定了《清洁生产计划》，首次提出了"清洁生产"（cleaner production）这一概念，开始在全球范围内推广清洁生产。1992 年 6 月，在巴西里约热内卢召开的联合国环境与发展大会上，清洁生产已成为《21 世纪议程》所确认的实现可持续发展的关键性因素。[②]2000 年 10 月，联合国环境规划署（United Nations Environment Programme，UNEP）在第六届清洁生产国际高级研讨会上对清洁生产的发展现状做出概括："对于清洁生产，我们已经在很大程度上达成全球范围内的共识。"通过将这种源头控制的生产经营模式法制化，就形成了清洁生产制度。早在 2002 年，我国就颁布了《清洁生产促进法》，这是世界上第一部专门以推行清洁生产为目的的法律。[③]

（一）清洁生产的内涵

1990 年，在第一次国际清洁生产高级研讨会上，正式给出了清洁生产的最初定义。其是指对工艺和产品不断运用综合性的预防战略，以减少其对人体和生态环境的风险。同一时期，美国在《污染预防法》中也提出，"对于工业有许多的机会可以通过经济而有效地改变生产、操作和原材料使用而从根源上减少或预防污染。这种改变实质上为工业生产解决了减少原材料消耗、污染控制与补偿费用的问题，同时也有助于保护生态环境和减少工人健康与安全上的风险"[④]。无独有偶，我国第八届全国人民代表大会第四次会议关于《1995 年国民经济和社会发展计划执行情况与 1996 年国民经济和社会发展计划的决议》也提出，"大力推广清洁生产，努力提高全国工业污染防治能力"。可见，最初意义上的清洁生产主要针对工业领域。这一点从清洁生产思想的源头——"无废和低废技术"工业环境污染预防活动也可以得到印证。亦即，最初意义上的清洁生产是指工业生产过程的清洁生产。

最初含义的有限性并没有束缚清洁生产作为一种新理念、新方式向更

---

① 中关村国际环保产业促进中心：《循环经济：国际趋势与中国实践》，人民出版社 2005 年版，第 136 页。

② 王明远：《清洁生产法的含义与本质辨析》，载《现代法学》2006 年第 6 期，第 129 页。

③ 本报评论员：《依法推行清洁生产 实施可持续发展战略》，载《人民日报》2002 年 7 月 5 日，第 5 版。

④ 在美国，"污染预防"包含了"清洁生产"的相关内涵。参见李春生：《美国清洁生产法律制度及其对我国清洁生产的启示》，载《内蒙古财经学院学报（综合版）》2005 年第 3 期，第 64—66 页。

广泛、更深入的领域拓展。1995 年，经济合作发展组织（OECD）发表的题为《清洁生产及产品科技——面向可持续发展的科技转移》的报告中，将农业作为未来采用清洁技术的优先产业正式提出，为世界各国农业可持续发展指引了方向——积极倡导和推动农业清洁生产。①从此，农业被纳入了清洁生产的范畴。1996 年，联合国环境规划署在吸收世界范围清洁生产实践经验基础上又将服务的概念纳入清洁生产的范畴，将清洁生产的定义修订为：将综合性预防的战略持续地应用于生产过程、产品和服务中，以提高效率和降低对人类安全和生态环境的风险。②至此，服务业被正式纳入清洁生产的范畴。③国家发展改革委等部门关于印发《“十四五”全国清洁生产推行方案》的通知（发改环资〔2021〕1524 号）中也明确提出："工业领域清洁生产全面推行，农业、服务业、建筑业、交通运输业等领域清洁生产进一步深化"。由此可见，清洁生产这一概念从最初工业的清洁生产，发展到如今涵盖工业、农业、服务业的清洁生产。

（二）清洁生产制度的主要内容

在理论上，清洁生产可以通过采用清洁生产审计、生态环境管理体系、产品生态设计、生命周期评价、生态环境标志和生态环境管理会计等工具，渗透到生产营销、财务和环保等各个领域，将生态环境保护与生产技术、产品和服务的全部生命周期紧密结合。④或者说，只要与生产环节相关，均可能成为"清洁生产"的内容之一。但从法律制度的意义上讲，清洁生产则主要涉及如下内容。

1. 清洁生产的规范依据

实现清洁生产，关键是相关产业、企业采用资源利用率高、能耗物耗小、污染物产生量少的清洁生产工艺，或者采用先进清洁生产工艺技术实施升级改造。但考虑到"清洁"本身是一个相对概念，故在一定的时空条件下判断是否达到或改造成了"清洁"的状态，必然需要在法律依据的基

① 罗良国等：《国外农业清洁生产政策法规综述》，载《农业环境与发展》2011 年第 6 期，第 41 页。
② 参见石磊、钱易：《清洁生产的回顾与展望——世界及中国推行清洁生产的进程》，载《中国人口·资源与环境》2002 年第 2 期，第 121 页。
③ 实际上，在服务业推行清洁生产的思想在 1992 年的《21 世纪议程》中即有表现："减少在生产货物和服务中能源和材料的单位使用量，既有助于减轻环境压力，也有助于提高经济和工业征税率和竞争力"。
④ 中关村国际环保产业促进中心：《循环经济：国际趋势与中国实践》，人民出版社 2005 年版，第 124 页。

础上进一步制定相应的规范依据进行具体评价、判断、衡量。为此，清洁生产的相关法律规范中普遍要求政府（及其有关职能部门）应当编制发布清洁生产指南、清洁生产先进技术名录（目录）、制定有关清洁生产审核和评价的标准、要求等。例如，我国制定和颁布了《国家重点行业清洁生产技术导向目录》、《清洁生产标准 铁矿采选业》（HJ/T 294-2006）、《工业企业清洁生产审核技术导则》（GB/T 25973-2010）等一系列的规范依据。在当前实施京津冀等区域协同发展重大战略的过程中，清洁生产相关规范依据还有跨地区统一的趋势和要求。亦即，通过增强区域间规范依据的统一性推进清洁生产（及其改造）的区域协同。

2. 清洁生产评价

前章已述，清洁生产已被证明是优于污染末端控制且需优先考虑的一种战略，故将清洁生产引入环评中，并以此强化工程分析，这将大大提高环境影响评价的质量。目前，清洁生产评价已成为环评的重要组成部分。特别是对标节能减排和碳达峰、碳中和目标的过程中，加强高耗能、高排放项目的清洁生产评价还有利于严控"两高"项目的准入。详细来说，清洁生产评价就是新建、改建和扩建项目的环境影响报告书（表）应当包括清洁生产分析的专题（栏），通过对企业的生产从原辅材料的选取、生产过程到产品服务的全过程进行综合评价，评定出企业清洁生产的总体水平以及每个环节的清洁生产水平。明确该企业现有生产过程、产品、服务各环节的清洁生产水平在国际和国内所处的位置，并针对其清洁生产水平较低的环节提出相应的清洁生产措施和管理制度。[1]其基本内容如下。[2]

（1）收集相关行业清洁生产标准。以我国为例，环评中的清洁生产指标可分为六大类：生产工艺与装备要求、资源能源利用指标、产品指标、污染物产生指标、废物回收利用指标和环境管理要求，既包括定量指标也包括定性指标。

（2）预测本项目的清洁生产指标值。根据建设项目工程分析的结果，并结合对资源能源利用、生产工艺和装备选择、产品指标、废弃物的回收利用、污染物产生的深入分析，确定环评项目相应各类清洁生产指标数值。

（3）分析本项目清洁生产水平并与标准值比较。例如，我国已经对部分行业公布了清洁生产指标基础数据，如炼油、造纸、电镀、焦化等。因

---

[1] 白保柱等：《清洁生产分析与评价实践》，载《环境科学与技术》2001年第5期，第36页。

[2] 以下内容参见郝大举、杨娟娟：《环境影响评价中清洁生产分析要点及方法》，载《北方环境》2010年第4期，第70—72页。

此，在建设项目的清洁生产水平分析中，应以这些数据与建设项目相应的指标进行比较，以此衡量建设项目的清洁生产水平。

（4）编写清洁生产分析专节，并判别本项目清洁生产水平。例如，《大冶市厚信矿业有限公司选矿和配套尾砂干排工程环境影响评价第二次公示》中设置"1.6　清洁生产分析结论"，对该项目清洁生产水平做出的判断为："在清洁生产标准29项指标中，本项目有25项指标达到二级即国内清洁先进水平以上水平，其余4项指标达到三级即国内清洁生产一般水平。因此，从总体上说，拟建项目符合《清洁生产标准　铁矿采选业》（HJ/T 294-2006）铁矿采选行业清洁生产标准，满足清洁生产需要，但仍有进步空间，仍需改善。"①

（5）提出清洁生产改进方案或建议。在对建设项目进行清洁生产分析的基础上，确定存在的主要问题，并提出相应的解决方案和建议。特别是高耗能、高排放项目应采取先进适用的工艺技术和装备，单位产品能耗、物耗和水耗等达到清洁生产先进水平。

（6）清洁生产评价制度对建设项目审批的效力。作为项目实施前环评制度的重要内容之一，清洁生产评价可以在建设项目审批管理中发挥"门槛"和"过滤器"的作用。例如，《"十四五"全国清洁生产推行方案》明确要求"加强高耗能高排放项目清洁生产评价"，对不符合所在地区能耗强度和总量控制相关要求、不符合煤炭消费减量替代或污染物排放区域削减等要求的高耗能高排放项目予以停批、停建。在此后项目的设计、施工、验收、运营过程中，有关单位则应当依法落实环境影响评价中确定的清洁生产措施。

3. 清洁生产审核

由于生产过程的技术性，传统的生态环境管理制度还难以直接渗透到生产过程的环境管理。清洁生产审核正是对现有制度的有效补充，以一种操作性很强的方式将生态环境管理引入生产过程的污染防治，对企业乃至行业、园区和产业集群整体的污染物达标排放、削减污染物总量必然发挥明显的作用。其中，又具体包括强制性清洁生产审核和自愿性清洁生产审核。所谓强制性清洁生产审核，是指对于有色金属冶炼、石油开采、石油加工、化工、焦化、电镀等重点行业的企业以及使用有毒有害化学物质进行生产或者在生产过程中排放有毒有害化学物质的企业，强制性地要求其

---

① 《大冶市厚信矿业有限公司选矿和配套尾砂干排工程环境影响评价第二次公示》，网址：http://www.d1ea.com/front/eia/3287.html。

按照相应的标准和要求，对生产、服务过程进行调查诊断，找出能耗高、物耗高、污染重的原因，综合进行技术经济与资源环境评价，提出减少有毒有害物料的使用和产生，降低能耗、物耗以及废物产生的方案并实施的过程。所谓自愿性清洁生产审核，是指依法未纳入强制性清洁生产审核的企事业单位自愿组织实施清洁生产审核，提出进一步节约资源、削减污染物排放量的目标。清洁生产审核的具体程序包括以下七个步骤。

（1）审核准备。为确保清洁生产审核工作的顺利开展，接受审核的企业成立由企业管理人员和技术人员组成的清洁生产审核小组，并制订了详细的清洁生产审核工作计划。同时，对企业员工进行清洁生产宣传和培训。

（2）预审核。首先，对企业近年来产品的产出物耗、能耗、污染物产生和排放、碳排放指标及环保达标、总量控制执行情况进行分析汇总，确定审核重点。其次，在确定审核重点后，为推动企业清洁生产审核工作，在企业生产现状的基础之上，依据相关标准的要求及同行业历史最佳水平，通过定性和定量分析，设置企业的清洁生产目标，作为企业实施清洁生产的动力方向。

（3）审核。通过对生产和服务过程的投入产出进行分析，建立物料平衡、水平衡、能量平衡，从中找出并分析废弃物产生、物耗能耗较大的原因，进而为清洁生产方案的进一步确定和分析提供依据。

（4）方案产生与筛选。首先，方案产生和汇总。对物料流失、资源浪费、污染物产生和排放进行分析，利用各种渠道和多种方式，提出清洁生产实施方案。其次，方案分类筛选。结合企业的实际情况，对采取上述途径所收集到的清洁生产备选方案进行筛选和分析。分析出可行的无/低费方案、初步可行的中/高费方案和不可行方案三大类。最后，继续实施无/低费方案。其中，可行的无/低费方案可立即实施；初步可行的中/高费方案供下一步进行研制和进一步筛选；不可行的方案则搁置或否定。

（5）方案可行性分析。对方案进行技术、生态环境、经济方面的综合分析，以确定可以实施的清洁生产方案。通过对备选方案的分析评估，推荐可实施的中/高费方案。

（6）编写清洁生产审核报告。清洁生产审核报告应当包括企业基本情况、清洁生产审核过程和结果、清洁生产方案汇总和效益预测分析、清洁生产方案实施计划等。政府有关部门应当对企业实施强制性清洁生产审核的情况依法进行监督检查。

（7）持续清洁生产。清洁生产是一个动态、持续的过程。通过清洁生产审核活动，企业已经熟练掌握了整个工作程序及方法，应当通过建立和完善清洁生产组织、清洁生产管理体制、清洁生产激励机制，保证稳定的清洁生产资金来源，制订持续清洁生产计划，持续清洁生产培训等方式继续不断提高企业清洁生产水平。

4. 清洁生产的信息管理

无论是政府主导，还是发挥市场的基础性配置作用，抑或是技术的创新与运用，多元主体在推行清洁生产的过程中必然要通过信息实现交流与互动。通过信息在不同主体间的收集、传输、加工、存储，清洁生产活动得以准确地、充分地表达和实现。特别是在通信、网络、数据库技术等飞速发展的今天，清洁生产的信息化已经成为时代发展的潮流。加强对清洁生产过程中的信息管理无疑已经成为清洁生产法律制度中必不可少的重要内容。具体而言，其主要包括清洁生产信息的收集、加工、传递和使用。[①]例如，《云南省清洁生产促进条例》第十一条规定，由政府中负责清洁生产的有关行政主管部门组织和支持建立清洁生产信息系统，就是一种集信息收集、加工、传递和使用等环节和功能于一体的法定信息系统。

鉴于企业是实施清洁生产的基本主体，其也是清洁生产相关信息的主要制造者和拥有者。故实现清洁生产信息的有效管理，前提在于从企业获取相关信息。从法律制度的角度讲，主要路径有二：一是政府凭借自身的相关权力获取信息，包括但不限于企业向政府依法申报、报告以及政府通过检查、监测等收集与清洁生产相关的信息。例如，美国《污染预防法》要求企业必须定期向政府主管部门呈报污染物排放清单。同时，环保部门也有权依法进入工厂检查排污设施，进行记录和要求企业提供所需信息。[②]二是企业依法主动披露（公开）其有关清洁生产的相关信息，特别是实施强制性清洁生产审核企业应当按照《清洁生产促进法》等规定进行信息披露。无论是政府依权力获取还是企业依法主动披露，获取企业的信息不是信息管理的终点，其在多元主体间实现交互的信息基础。以信息披露为例：一方面，披露的信息是公众监督企业实施清洁生产的重要依据；另一方面，也是政府向其"反馈"相应监管信息的前提（如披露不实就可能收到政府有关违法行为的处理信息）。

---

① 罗吉：《我国清洁生产法律制度的发展和完善》，载《中国人口·资源与环境》2011 年第 3 期，第 29 页。

② 李春生：《美国清洁生产法律制度及其对我国清洁生产的启示》，载《内蒙古财经学院学报（综合版）》2005 年第 3 期，第 65 页。

5. 与清洁生产相关的配套法律制度

总体而言，当前和未来一个时期内推行清洁生产的基本趋势是范围越发广泛、程度越发深入、要求越发严格。在此过程中，在清洁生产法律制度与相关配套法律制度间形成合力，无疑有利于保障法律实效从而提升清洁生产的水平。概括而言，与清洁生产相关的配套法律制度主要包括但不限于：①生态环境信用评价。对于企事业单位而言，信用不仅是其从事相关生产经营活动的"资质"（如信贷、招投标等），也是一种无形的资产。在社会信用体系建设的过程中，可以纳入信息评价的事项不断增多，其中就包括对企事业单位有关生态环境的行为信息进行信用评价。在实施清洁生产的过程中，相关违法违规行为将得到负面的生态环境信用评价，而模范的守法行为则会获得正面的生态环境信用评价。例如，对于未纳入强制性清洁生产审核的企事业单位主动组织完成清洁生产审核评估的，验收后可纳入（正面）生态环境信用评价。②排污（放）权交易。企业实施清洁生产后，其污染物排放量相较排污许可证记载的数量往往会有相当幅度的下降。此时，节余下来的排污（放）权不仅可以依法进行交易，还可能由政府进行回购。也就是说，企事业单位借助排污（放）权交易制度可以通过实施清洁生产直接创造经济价值，其推行清洁生产的主动性、积极性必然增强。③资金支持。如将清洁生产重点工程、项目列入政府有关循环经济、清洁能源等方面专项资金的支持范围，金融机构按照有关规定对清洁生产重点项目给予信贷支持。④行政奖励。特别是对于通过自愿性清洁生产审核的企事业单位，依法可以优先推荐申请荣誉称号或者给予一定的物质奖励。⑤政策优惠。如在安排有关扶持项目时对清洁生产重点项目优先予以安排；使用或者生产列入国家清洁生产鼓励名录的技术、工艺、设备或者产品的，按照国家有关规定享受税收优惠；清洁生产审核和评价结果作为阶梯电价、用水定额等差异化政策制定和实施的重要依据等。①

---

① 以上内容参考了《循环经济促进法》第四十四条、国家发展改革委等部门关于印发《"十四五"全国清洁生产推行方案》的通知（发改环资〔2021〕1524号）、《湖南省实施〈中华人民共和国清洁生产促进法〉办法》第十七条、《上海市企事业单位生态环境信用评价管理办法(试行)》、浙江省生态环境厅、浙江省发展改革委、浙江省财政厅关于印发《浙江省排污权回购管理暂行办法》的通知（浙环发〔2021〕16号）、福建省财政厅、福建省工业和信息化厅关于印发《福建省级节能和循环经济专项资金管理暂行办法》的通知（闽财企〔2021〕13号）、深圳市工业和信息化局关于《组织开展2021年度工业企业自愿性清洁生产审核（第一批）申报工作》的通知、长兴县人民政府关于《加快推进工业经济高质量发展的若干政策意见》（长政发〔2022〕4号）的有关规定。

三、生产者责任延伸制度

1988 年，瑞典环境经济学家托马斯·林德维斯特（Thomas Lindhqvist）在给瑞典环境署提交的一份报告中首次提出了生产者责任延伸的概念。他认为，"生产者责任延伸制度（Extended Producer Responsibility，EPR）是一种环境保护战略，通过将产品生产者的责任延伸到产品的整个生命周期，特别是产品消费后的回收处理和再生阶段，促进改善生产系统全部生命周期内的环境影响状况"[①]。据统计，全球已有近 400 个现有的生产者责任延伸制度，已覆盖包装、废旧轮胎、车辆和电子产品等多种产品，南非、智利、哥伦比亚、肯尼亚等国已制定了专门的生产者责任立法。[②]自采用该制度以来，欧洲、加拿大等国家和地区的收集率和回收利用率都呈现增长趋势，其有效性已得到广泛证明。在我国，《生态文明体制改革总体方案》中明确把"实行生产者责任延伸制度，推动生产者落实废弃产品回收处理等责任"作为加快生态文明制度建设的重要内容；2017 年 1 月，国务院办公厅专门印发《生产者责任延伸制度推行方案》，在世界上首次对一国生产者责任延伸制度进行整体设计和全面部署。目前，我国已建立起以电器电子产品、汽车产品、动力蓄电池、铅酸蓄电池、饮料纸基复合包装物为重点的生产者责任延伸制度，并且正在将该制度的适用范围拓展至农药包装废弃物、快递包装、轮胎等领域。[③]

（一）生产者责任延伸制度的合法性基础

从法律的角度讲，生产者责任延伸制度之所以被提出并广泛接受，其合法性基础在于传统法律中的所有权制度、合同制度以及与之相匹配的产品责任、资源环境责任并不能有效解决日益严重的废弃物污染问题。因为传统法律中的产品责任主要是生产环节中产品本身的质量、服务等方面的责任。除非合同各方有明确的约定或法律有明确的规定（如特殊的售后服务要求等），否则在生产之后的环节由于产品的所有权已经转移，故生产者对其生产的产品不需要再负担其他产品责任。但产品不仅对于消费者而

---

① Lindhqvist T, Lifset R. Getting the goal right: EPR and dfe. Journal of Industrial Ecology. 1998, 11(21), pp.6-8.
② 资料来源：艾伦·麦克阿瑟基金会，《生产者责任延伸：解决包装废弃物及其污染问题的一项必要举措》（2021）。
③ 相关内容参考了《固体废物污染环境防治法》第 66 条以及《关于加快建立绿色生产和消费法规政策体系的意见》（发改环资〔2020〕379 号）、《农业农村部关于贯彻实施〈中华人民共和国固体废物污染环境防治法〉的意见》（农科教发〔2021〕8 号）、《国家邮政局对十三届全国人大四次会议第 6815 号建议的答复》（国邮函〔2021〕45 号）等的有关内容。

言具有使用和交换价值，其整个生命周期对于生态环境而言也会实质地产生影响。换言之，产品责任制度不仅包括产品质量方面的责任，在生态环境问题已然成为广泛关切的情况下也应当包括生态环境方面的责任。

诚然，面对生态环境问题的负外部性，20 世纪 70 年代出现了生态环境责任承担的基本原则——"污染者负担原则"（Polluter Pay's Principle）。但按照"责任自负"的一般法理，生产者如果作为"污染者"其负担的责任主要针对生产过程中产生的环境污染。而对于生产之后的流通及消费过程，特别是对产品成为一定形式的废弃物后的处置过程，责任则应当由该环节的物的所有者——消费者及废弃物的回收部门或企业来承担。但产品的生态环境责任本质上同传统的产品责任（如产品质量责任）一样，也源于生产者和生产阶段（如原辅材料的选择、产品的设计等）。故在产品的整个生命周期中，生产者或其他利益相关方仍应相对地"保留"其对产品（材料）的所有权，因为该所有权明显牵连到产品在生产环节之后可能引发的生态环境问题。而完全要求消费者及回收部门或企业承担废弃物的处理责任，同样有违公平原则。

与传统的责任划分相比，生产者责任延伸制度本质上扩大了生产者对于产品的生态环境责任。具体而言，可以概括为两个基本变化：一是产品在回收的管理和费用方面的责任部分或全部向生产者转移；二是通过引导产品生产者承担产品废弃后的回收和资源化利用责任，激励生产者推行产品源头控制、绿色生产，从而在产品全生命周期中最大限度提升资源利用效率，减少污染物产生和排放。[①]该制度之所以强调产品链中生产者的主导作用，主要理由在于：一方面，生产者作为产品的设计者，是最具有控制能力的角色。只有生产者才能决定产品设计的改进，挖掘废弃产品的最大利用价值。另一方面，生产者作为原（辅）材料的选择者，是再生资源的最直接用户，以生产者作为切入点引入外部刺激，可以保证激励信号更为流畅地在产品链上下游传播，更好地起到减少废弃物、鼓励再（生）利用的作用[②]，从而加速循环经济发展。

不仅如此，废弃物的处置需要持续、大量的资金投入，依靠公共预算资金或者自愿性资金（如捐款等）虽然都是可行的方案，但这些方案显然不可能长期提供足够的资金。更重要的是，消费阶段后废弃物的处理虽然可以由消费者进行"付费"，但总体而言该阶段的净成本超出处理后的收

---

① 参见工业和信息化部、财政部、商务部、科技部关于《开展电器电子产品生产者责任延伸试点工作》的通知（工信部联节函〔2015〕301 号）。

② 钱光人主编：《国际城市固体废物立法管理与实践》，化学工业出版社 2009 年版，第 18 页。

入。据统计，每年全球范围内仅塑料包装的收集、分类和加工的总净成本就在 300 亿美元左右。如果是所有包装材料，成本将会更高。[①]这就意味着，这一过程对于回收部门或企业而言并不会产生社会盈利。如果不匹配相应的资金投入机制，则完全有可能陷入"循环不经济"，这将直接影响回收部门或企业的意愿和积极性。有鉴于此，建立生产者责任延伸制度还可以通过对责任的配置"倒逼"生产者匹配相应的资金投入。既有利于在生产者、消费者、回收部门或企业、政府等利益相关方之间形成责任和费用负担上的公平，也保证了废弃物的处理可以获得持续、稳定的资金投入。

（二）生产者责任延伸制度的内涵

理论上，生产者责任延伸制度的出现填补了产品责任体系中消费后产品责任的空白，确定了废弃物回收处理、处置、再循环利用的责任主体。[②]正因如此，规范并强化生产者对废弃产品的回收处理责任，始终是该制度的核心内涵。例如，1991 年德国率先在《包装物法令》中引入 EPR 概念，首次对包装物的回收确立了生产者责任延伸制度。2005 年，国务院《关于落实科学发展观加强环境保护的决定》（国发〔2005〕39 号）中对于实行生产者责任延伸也具体表述为"合理延长产业链，强化对各类废物的循环利用"。进而，在国家环境保护"十一五"和"十二五"规划中，有关生产者责任延伸的具体表述都在于废旧产品的回收及之后的综合利用。[③]

诚然，生产者责任延伸制度的核心内涵在于消费后废弃物的回收及处理，但这并不是该制度的全部内涵。早在 1988 年，经济合作发展组织就在《EPR 框架报告》中指出，生产者责任延伸的特点"将责任转移到生产者的上游，并提供激励、鼓励措施让生产者在设计产品时考虑到生态环境因素"。无独有偶，《中国制造 2025》（国发〔2015〕28 号）将落实生产者责任延伸制度定位于"加快建立以资源节约、环境友好为导向的采购、生产、营销、回收及物流体系"。由此可见，对生产者责任延伸制度的理解不局限于向产品生命周期中的消费后阶段延伸，也包括

---

① 资料来源：皮佑慈善信托基金会和 SYSTEMIQ，《力挽狂澜：破除海洋塑料污染》（2020）。

② Lindhqvist T. Extended Producer Responsibility in Cleaner Production. Lund University, Sweden, Ph. D, Dissertation. 2000, pp.50-55.

③ 具体而言，《国家环境保护"十一五"规划》（国发〔2007〕37 号）中提出："建立生产者责任延伸制度，完善再生资源回收利用体系，实现废旧电子电器的规模化、无害化综合利用"；类似地，《国家环境保护"十二五"规划》（国发〔2011〕42 号）中为"推行生产者责任延伸制度"也提出："规范废弃电器电子产品的回收处理活动，建设废旧物品回收体系和集中加工处理园区，推进资源综合利用"。

向产品的上游设计乃至整个生命周期延伸。正如《生产者责任延伸制度推行方案》（国办发〔2016〕99号）所指出的那样，生产者责任延伸制度时至今日已经是一个"将生产者对其产品承担的资源环境责任从生产环节延伸到产品设计、流通消费、回收利用、废物处置等全生命周期的制度"。

（三）生产者责任延伸制度的主要内容

从生产者责任延伸制度的发展轨迹来看，目前主要形成了以欧盟为代表的以"生产者"为主要主体的"生产者延伸责任"和以美国为代表的以产品链条重要环节上最有能力改善产品生态环境影响的责任主体（如轮胎的销售商）承担责任的"产品延伸责任"。[①]但无论哪种主要模式，其制度内容中都不是绝对地要求由生产者负担产品的全部生态环境责任。除生产者外，消费者、销售者、处置者等利益相关方也需要承担相应的责任。例如，美国阿肯色州《废轮胎项目规定及管理程序》中要求，废轮胎费应当被包含在每个新售出的轮胎销售价格之中，由轮胎零售商向购买车辆轮胎的人收取。[②]再如，瑞士《电器和电子设备归还、回收和处置条例》（简称ORDEE）也明确规定，制造商或进口商、销售商、消费者和处理商等利益相关方都必须承担相应的回收和处理责任（详见图6-1）。[③]无独有偶，国务院在《关于加快发展循环经济的若干意见》（国发〔2005〕22号）就提出"研究建立生产者责任延伸制度"，其目的也在于明确生产者、销售商、回收和使用单位以及消费者对废物回收、处理和再利用的法律义务。不仅如此，在建立和落实生产者责任延伸制度的过程中，政府作为组织者、领导者、监管者亦应当承担相应的职责。[④]综上所述，生产者责任延伸制度的主要内容是落实生产者在全生命周期对生态环境所承担的一种相对责任。

---

① 郑艳玲：《生态文明与生产者责任延伸制度：源起与发展》，载《生态经济》2017年第11期，第225页。

② 环境保护部国际合作司、污染防治司、巴塞尔公约亚太区域中心编译：《美国废轮胎管理法律法规选编》，中国环境出版社2015年版，第58页。

③ 徐成、林翎、陈利：《瑞士电子废物生产者责任延伸制度》，载《环境科学与技术》2008年第3期，第117页。

④ 例如，《北京市生活垃圾管理条例》第三十条规定："市城市管理部门应当会同有关部门编制再生资源回收体系建设规划，建立健全再生资源回收体系，合理布局再生资源回收网点，制定再生资源回收管理规范，规范再生资源回收市场秩序，支持再生资源回收行业发展。市发展改革部门应当将生活垃圾源头减量、资源化利用和生产者责任延伸制度纳入循环经济和清洁生产促进相关政策"。

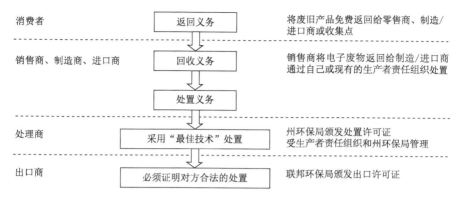

图 6-1　ORDEE 中电子废物回收处理各相关方的责任

　　基于前述生产者责任延伸制度的理论内涵，开展产品生态设计、使用再生原料、保障废弃产品规范回收利用和安全处置、加强信息公开等都可纳入该制度的主要内容之中。例如，《关于推进中央企业高质量发展做好碳达峰碳中和工作的指导意见》（国资发科创〔2021〕93 号）中就明确提出"推进产品绿色设计，强化产品全生命周期绿色管理，落实生产者责任延伸制"。但考虑到设计、回收、循环利用等相关环节的制度本身亦有其独立存在和研究之必要，加之生产者在各环节及相关制度中的角色和权责等亦非完全独立的存在。是故，本节中生产者责任延伸制度的主要内容，系从理论角度重点阐释生产者基于生产环节原有的责任而延伸出的"责任"在性质上主要包括如下类型。

　　（1）目标责任，即在一定时空范围内为生产者设定产品生态设计、废弃产品回收与循环利用、再生原料使用等方面需要达到的数量指标或（和）完成的行动任务。无论是从政府推行该制度的角度，还是从生产者落实该制度的角度，设定并要求生产者实际完成一定的目标都是基础性的、必要的责任内容之一。例如，瑞典于 1994 年颁布实施了轮胎生产者责任法令，要求轮胎制造商和进口商 1998 年废旧轮胎回收率达到 80% 以上。再如，我国《循环发展引领行动》（发改环资〔2017〕751 号）也明确提出到 2020 年一般工业固体废物综合利用率达到 73% 的目标。[①]

　　（2）产品责任，即生产者对已经证实的由产品导致的资源环境或安全损害负有责任。换言之，生产者的产品责任不但存在于产品使用阶段，还存在于产品的最终处置阶段；生产者的产品责任不仅包括产品的质量安全

[①] 相关内容参考了《关于加快推动制造服务业高质量发展的意见》（发改产业〔2021〕372 号）以及《关于鼓励家电生产企业开展回收目标责任制行动的通知》（发改产业〔2021〕1102 号）的有关规定。

责任，还包括资源环境方面的安全责任。例如，我国《新能源汽车动力蓄电池梯次利用管理办法》第三条规定梯次利用企业应落实生产者责任延伸制度，既要"保障本企业生产的梯次产品质量"，还涉及"报废后的规范回收和环保处置"。

（3）经济责任，即生产者支付管理产品（使用后）废弃物的全部或部分处理成本，包括废弃物的收集、分类和处置等方面。例如，2001 年 5 月，索尼、松下和夏普共同在美国康涅狄格州和新泽西州等地开展回收行动，各自对其产品的循环再利用付费。[1]再如，将包装、电器和电子设备、电池、家具、轮胎、打印纸、纺织品等产品首次投放到法国的生产者，必须通过支付"生态贡献费"来确保其产品在使用寿命结束时产生的废弃物的管理责任。

（4）物质责任，即在产品使用期后（消费后阶段）直接或间接的产品物质管理责任。例如，我国《"十二五"国家战略性新兴产业发展规划》（国发〔2012〕28 号）中提出建立强制回收的产品和包装物名录和管理制度。

（5）信息责任，即在产品的生命周期内，生产者被要求提供（包括向消费者或全社会公开以及向有关政府职能部门报告）产品及其生态环境影响的信息。具体包括：公开回收渠道以及产品拆卸、拆解、贮存技术以及有毒有害物质含量等信息；发布生产者延伸责任履行情况报告，公开自身开展生态设计、进行信息披露、推进回收利用的措施以及回收及资源化利用量等情况；向政府相关职能部门报送工作信息和数据等。[2]进而，相关信息不仅是生产者延伸责任的重要组成部分，还是对其开展信用评价以及信用奖惩等的重要参考依据。[3]

（四）生产者责任延伸制度的实现方式

从世界范围来看，生产者责任延伸制度的主要实现方式有三。

---

[1]　钱光人主编：《国际城市固体废物立法管理与实践》，化学工业出版社 2009 年版，第 21 页。

[2]　相关内容参考了《浙江省固体废物污染环境防治条例》第二十六条、《甘肃省固体废物污染环境防治条例》第五十一条以及《饮料纸基复合包装生产者责任延伸制度实施方案》（发改办环资〔2020〕929 号）、《汽车产品生产者责任延伸试点实施方案》（工信部联节函〔2021〕129 号）的有关规定。

[3]　例如，《循环发展引领行动》（发改环资〔2017〕751 号）提出，"建立企业循环经济信用评价制度，将企业履行生产者责任延伸制度信息、资源循环利用企业安全环保信息、再生产品和再制造产品质量信息等纳入全国信用信息共享平台。支持开展企业绿色（环境）信用评价，评价结果向社会公开，并作为信贷审批、贷后监管的重要依据。对信用记录良好的企业，在循环经济相关补贴、优惠政策等方面优先支持，对失信企业建立'黑名单'制度，依法依规采取联合惩戒措施"。

1. 生产者亲自实现

生产者直接实施废旧产品回收等行动，无疑是该制度最为直接的实现方式。具体包括：①自愿实现，即生产者自愿采取措施解决他们的产品在整个生命周期对资源环境的影响。例如，《饮料纸基复合包装生产者责任延伸制度实施方案》（发改办环资〔2020〕929号）明确鼓励年销售量10亿包以上的饮料纸基复合包装生产（进口）企业每年向社会发布生产者延伸责任履行情况报告。②强制实现，即生产者依法必须采取实际行动以实际履行其相应的延伸责任。例如，日本《循环型社会形成推进基本法》第11条规定，产品、容器的制造、销售企业有责任与义务标明产品、容器设计的构思、材质与成分，以促进产品、容器变成的循环资源后被妥当地循环利用。③通过向消费者收取预付处置费、押金等方式实现。例如，我国《旧水泥纸袋回收办法》规定，旧水泥纸袋统一由水泥厂或受水泥厂委托的纸袋收购单位进行回收。当水泥厂在销售袋装水泥时，可以向用户每吨水泥收取纸袋押金6元。[①]

2. 生产者责任组织实现

所谓生产者责任组织（Producer Responsibility Organization，PRO），是指专门成立的、提供废弃物回收、处置服务的第三方机构。例如，德国于1990年在工业联合总会、工商业协会支持下，代表零售业、消费品和包装业的95家公司成立了"双向回收系统"（Dual System Deutschland，DSD）。该系统就是一个接受企业委托专门对包装废弃物进行回收利用的非政府组织，由生产者支付一定的费用，对贴有"绿点"标志的包装进行分类、清洗、回收，然后送至相关的资源再利用厂家循环使用，能直接回收利用的包装废弃物则送至制造商。政府则对其规定回收利用指标以及对它进行法律监控。[②]再如，我国《固体废物污染环境防治法》也规定电器电子、铅蓄电池、车用动力电池等产品的生产者可以采取委托的方式，建立与产品销售量相匹配的废旧产品回收体系。[③]通过联合成立或参加生产者责任组织并形成集体生产者责任延伸系统，有法律义务的生产者可以将其全部或部分责任"转移"（委托）给第三方，从而大大降低自身责任履行的难度和成本。同时，该种组织在生产者与其他利益相关方

---

① 参见《旧水泥纸袋回收办法》第三条、第七条。

② 参见钱光人主编：《国际城市固体废物立法管理与实践》，化学工业出版社2009年版，第90—91页；中关村国际环保产业促进中心：《循环经济：国际趋势与中国实践》，人民出版社2005年版，第126—198页。

③ 徐成、林翔、陈利：《瑞士电子废物生产者责任延伸制度》，载《环境科学与技术》2008年第3期，第118页。

及监管者之间可以起到良好的联系纽带作用，并减少政府相关部门的监管成本。①

3. 生产者付费实现

所谓付费方式，是指将生产者亲自或委托第三方开展回收利用等方面的责任，转化为其依法缴纳相关资（基）金、对专业企业补贴等货币化方式实现。例如，我国《废弃电器电子产品回收处理管理条例》《废弃电器电子产品处理基金征收使用管理办法》等规定，电器电子产品生产者、进口收货人或者其代理人应当按照规定缴纳废弃电器电子产品处理基金。该基金由税务机关对电器电子产品生产者征收，基金使用范围包括废弃电器电子产品回收处理费用补贴、废弃电器电子产品回收处理和电器电子产品生产销售信息管理系统建设等。相比亲自实现与委托第三方实现，付费方式在实现了该责任的同时也明显减轻了对生产者自身实际履行义务或采取行动的制度要求。

四、废弃物分类管理制度

废弃物的管理，是循环经济的发端；废弃物管理法律制度，是循环经济法的基础与起点。毕竟，人类不可能将经济社会发展过程对生态环境造成的负面影响完全通过预防措施加以消除。即使是经济社会发展水平、科学技术水平相对较高的国家和地区，其生产生活中仍然需要产生废弃物。因此说，废弃物的管理是发展循环经济的"永恒主题"之一；废弃物管理法律制度是循环经济法律制度体系中不可或缺的核心内容之一。在对废弃物进行管理的过程中，人类社会逐渐形成了分类管理的成功经验，并且使之法制化为废弃物分类管理制度。其优势或功能在于：①减少废弃物末端处置量。不同的废弃物有不同的特点以及对生态环境危害性最小的处理方式。因此，简单地将所有的废弃物都进行末端处理，显然是一件低效率而又高成本的事情。因此，对废弃物进行分类管理，可以将不需要进行末端处理的废弃物单独分类处理，从而有效减少废弃物的末端处理量。因此说，分类管理本身也是实现循环经济"减量化"的重要步骤。②推动废弃物的资源化利用。废弃物是被放错了位置的资源，通过对其进行分类管理，能够使其中可以资源化、再利用的部分重新回到物质循环的过程中。不仅减少了对生态环境的负面影响，还节约了资源和能源，提高了资源利用率。正因如此，世界范围内的循环经济法中，建立废弃物分类管理制度已经成为普遍共识。

（一）废弃物分类管理制度的立法实践

例如，德国《电子电器设备法案》规定，电子垃圾应当进行分类投放，与其他未分类的城市固废分离开来。再如，日本《废弃物处理法》中，将废弃物分为一般废弃物、特别管理一般废弃物和产业废弃物。其中，一般废弃物是指产业废弃物以外的废弃物。特别管理一般废弃物是指一般废弃物中具有爆炸性、毒性、感染性及其他可能危害人体健康或者生活环境性状而以政令规定的废弃物。产业废弃物是指以下的"废弃物"：①伴随企业活动产生的废弃物中，燃烧渣滓、垃圾、污泥、废油、废酸、废碱、废塑料类及其他以政令规定的废弃物；②进口的废弃物。在此基础上，对各种不同类型的废弃物制定差异化的管理制度。[①]

随着我国对废弃物分类管理的日益重视，2014 年修订后的《环境保护法》从政府与公民两个方面新增加了有关该项制度的专门法律规定。其具体表现为，该法第三十七条规定："地方各级人民政府应当采取措施，组织对生活废弃物的分类处置、回收利用"；第三十八条规定："公民应当遵守环境保护法律法规，配合实施环境保护措施，按照规定对生活废弃物进行分类放置，减少日常生活对环境造成的损害"。2015 年 9 月，《生态文明体制改革总体方案》更是从制度体系构建角度出发，提出要建立和实行垃圾强制分类制度，从而完善资源循环利用制度。

（二）废弃物分类管理制度的内容

从世界范围看，废弃物分类管理制度本身就是一个系统的制度体系。概言之，其具体可以包括主体、手段、类型、过程等制度内容。

1. 废弃物分类管理的主体

（1）政府。作为良好生态环境这一公共物品的主要提供者，政府（包括政府职能部门）对于废弃物这种可能影响生态环境的物质，理应承担相应的管理职责。尤其是实现废弃物的分类管理是一项系统性社会工程，需要政府发挥其在社会公共事务中组织者、领导者的地位和作用，推进分类管理的实现。例如，《中华人民共和国农产品包装和标识管理办法》第十五条规定，县级以上人民政府农业农村主管部门依照《中华人民共和国农产品质量安全法》对农产品包装和标识进行监督检查；再如，美国《爱

达荷州废轮胎处置法》规定，县和市只应当向如下废轮胎储存点颁发许可证或者书面的授权文件：申请表能够证明所提议的或者已有的储存点位于只能用于工业用途的地方。①

（2）废弃物产生者。基于对公平原则的遵循，废弃物产生者作为"污染者"，理应在废弃物分类管理制度中承担相应的义务或责任。当然，随着人类社会对生态环境问题认识的不断深化，废弃物产生者的范围不局限于最初的工业企业，流通者、进口者、销售者、消费者、处置者等相关主体，均可能成为废弃物产生者。例如，根据日本《报废车辆再生利用法》的规定，汽车生产者、进口商应当在自身企业生产或进口的汽车报废时，收回该车的氟类物质、气囊以及产生的碎屑；汽车所有者则具有将报废汽车交给回收企业的义务，并负担报废汽车的再循环利用所需的费用。②

（3）第三方主体。所谓第三方主体，是对除政府和废弃物产生者外，其他有可能参与废弃物分类管理的主体的统称。第三方主体往往凭借其自身的专业技术性，为政府或废弃物产生者提供具备更高效率和效益的管理或服务。例如，我国台湾地区"资源回收再利用法"规定，"主管机关及目的事业主管机关"可以委托专业机构派员携带证明文件，进入事业或再生资源回收再利用之营运、工作或营业场所，检查并要求提供有关资料。

2. 废弃物分类管理的手段

前文已述，虽然循环经济法对价值目标的追求是统一的，但不同法律主体在同一价值目标下却存有不同的价值水平。这一点，对于废弃物分类管理制度而言亦无例外。尽管总体上讲，实施废弃物分类管理有利于循环经济的实现，但不同主体、不同领域对于分类管理也存在不同的价值水平。如果简单不加区分地设定管理强度，反而不利于制度实效的充分发挥。有鉴于此，世界范围内对废弃物的管理普遍设定了差异化的手段，主要包括以下几个方面。

（1）强制手段。所谓强制手段，就是以法律的强制力，强制特定领域或针对特定主体实施某些特定的废弃物管理制度。例如，《深圳市生活垃圾分类和减量管理办法》第二十一条针对生活垃圾运输企业规定，其相关运输车辆必须标示明显的生活垃圾分类标识。再如，美国《纽约州废轮胎管理和回收法》规定，任何轮胎服务商应当在 2013 年 12 月 31 日之前，从

---

① 环境保护部国际合作司、污染防治司巴塞尔公约亚太区域中心编译：《美国废轮胎管理法律法规选编》，中国环境出版社 2015 年版，第 17 页。
② 参见钱光人主编：《国际城市固体废物立法管理与实践》，化学工业出版社 2009 年版，第 106—107 页。

顾客处接收与售出轮胎尺寸接近的、数量等于顾客所采购或安装的新轮胎数量的轮胎。[①]

（2）非强制手段。所谓非强制手段，就是以激励、支持、引导等法律手段，促使相关领域或主体自愿或主动实施废弃物管理制度。例如，《西安市建筑垃圾管理条例》第三十一条第一款规定："市、区县人民政府应当将建筑垃圾综合利用项目列入科技发展规划和高新技术产业发展规划，优先安排建设用地，并在产业、财政、金融等方面给予扶持"。

3. 废弃物分类管理的类型

（1）工业废弃物管理。常见的工业废弃物包括废钢铁、废有色金属、废橡胶、废塑料、废纸、废玻璃、废化纤、冶金渣、尾矿、燃料灰渣、铸造废砂、化工渣等。[②]工业作为一国经济社会发展的重要支柱，其生产过程中废弃物产生量大、对环境影响广泛，但同时资源化的潜力巨大。因而，加强对工业废弃物的管理，对于培育新的经济增长点、推动工业循环发展具有重要意义。例如，我国《固体废物污染环境防治法》中专设"第三章工业固体废物"，明确了政府、产生工业固体废物的单位等相关主体在工业固体废物污染环境防治中的责任。

（2）农业废弃物管理。农业废弃物是指农业生产、农产品加工、畜禽养殖业和农村居民生活排放的废弃物的总称，主要包括畜禽粪污、病死畜禽、农作物秸秆、废旧农膜及废弃农药包装物等。正如《关于推进农业废弃物资源化利用试点的方案》（农计发〔2016〕90号）所指出的那样："农业废弃物量大、面广，用则利，弃则害"。仅以农作物秸秆为例，如果管理得当可以采取肥料化、饲料化、燃料化、基料化、原料化等多种途径"变废为宝"；如果管理不当或放任不管，则焚烧秸秆带来的大气污染等问题便十分棘手。有鉴于此，世界各国对于农业废弃物的管理十分重视，如日本于1997年修订的《废弃物处管理法》就明确规定，从1997年12月开始禁止农户自行使用简易燃烧炉等设备焚烧处理破旧地膜等废弃农用塑料制品。如果违反该法令，将处以3年以下监禁或1000万日元的罚款处罚。[③]

（3）生活废弃物管理。生活废弃物俗称生活垃圾，具体包括有害垃圾

---

① 环境保护部国际合作司、污染防治司巴塞尔公约亚太区域中心编译：《美国废轮胎管理法律法规选编》，中国环境出版社2015年版，第25—26页。

② 左红英、杨忠直：《城市废弃物的分类与回收再利用》，载《生产力研究》2006年第8期，第115页。

③ 《日本农业废弃物管理现状（一）——严禁自行焚烧和"管理票"条例》，载《中国农技推广》1999年第5期，第17页。

（如废弃或过期药品、废旧电池等）、易腐垃圾（如餐厨垃圾、过期或残废食品、食品加工废料等）、可回收物（如废纸、废塑料、废金属、废包装物等）等。[①]生活废弃物的种类很多，不同种类废弃物的管理在制度上也存在一定的差异。例如，日本就针对不同的生活废弃物，制定了《促进包装和容器分类收集及再生利用法》《食品再生利用法》等一系列专门立法；再如，我国《南京市生活垃圾分类管理办法》将生活垃圾分为可回收物、有害垃圾、餐厨垃圾、其他垃圾四类，实施分类投放、分类运输、分类处置。

（4）建筑废弃物管理。建筑废弃物包括建设工程废弃物和装修废弃物。前者主要是指新建、改建、扩建、平整、修缮、拆除、清理各类建筑物、构筑物、管网、场地、道路、河道所产生的渣土、弃土、余泥、废石、弃料等废弃物；后者是指房屋装饰装修过程中产生的弃料和其他废弃物。例如，韩国制定的《建筑废弃物再生促进法》，明确了政府、排放者、建筑废弃物再生产品生产商的义务，以及对建筑废弃物再生产品生产企业的资本、规模、设施、设备、技术能力的要求。[②]再如，我国《住宅室内装饰装修管理办法》第二十七条规定："住宅室内装饰装修过程中所形成的各种固体、可燃液体等废物，应当按照规定的位置、方式和时间堆放和清运。严禁违反规定将各种固体、可燃液体等废物堆放于住宅垃圾道、楼道或者其他地方"。

（5）电子废弃物管理。电子废弃物俗称电子垃圾，包括各种废旧电脑、通信设备、电视机、洗衣机、电冰箱以及一些企事业单位淘汰的精密电子仪器仪表等。[③]电子废弃物中包含金、银、铜等多种贵金属成分，既具有污染性，又蕴含着潜在的利用价值。例如，日本于1998年制定了《家用电器再生利用法》、欧盟于2003年颁布了《报废电子电气设备指令》（WEEE指令）、美国加利福尼亚州2003年制定了《电子废物回收利用法案》等；我国《废弃电器电子产品回收处理管理条例》规定了电子废弃物管理的法律制度，具体包括废弃电子产品处理目录、处理发展规划、基金、处理资格许可等内容。

（6）特殊废弃物管理。所谓特殊废弃物，是指其从类型化的角度而言，

---

① 参见《垃圾强制分类制度方案（征求意见稿）》。
② 谢曦：《日韩建筑废弃物再生利用经验值得借鉴》，载《建筑砌块与砌块建筑》2012年第2期，第5页。
③ 参见吴峰：《电子废弃物的环境管理与处理处置技术初探——国外现状综述》，载《中国环保产业》2001年第2期，第38—39页。

可以归于以上诸类型之中或与以上诸类型存在关联。但鉴于该类型废弃物的特殊性、废弃物管理的迫切性或重要性等，对其设定特殊法律制度甚至单独立法加以管理。例如，近年来高速发展的快递等行业所产生的大量废弃包装物，以及医疗行业产生的医疗废物、废旧汽车、废轮胎、污泥等。例如，欧盟《包装和包装废弃物指令》（94/62/EC）规定："本指令适用于投放欧洲共同体市场的所有包装物和所有废弃包装物，不管它们是工业、商业、办公室、商店、服务业、家庭或其他场所使用的或废弃的，也不管使用的是什么材料"。日本的《报废车辆再生利用法》则扩大汽车生产厂家回收废旧汽车的责任，并要求消费者在购买新车时就要缴纳汽车回收处理费，用于补贴回收废旧汽车。[1]再如，我国将医疗废物作为危险废物进行严格管理，并专门制定了《医疗废物管理条例》规范医疗卫生机构对医疗废物的管理，有效预防和控制医疗废物对人体健康和生态环境产生的危害。

4. 废弃物分类管理的过程

2016 年 12 月，习近平总书记主持召开中央财经领导小组第十四次会议，强调要加快建立分类投放、分类收集、分类运输、分类处理的垃圾处理系统，形成以法治为基础、政府推动、全民参与、城乡统筹、因地制宜的垃圾分类制度，努力提高垃圾分类制度覆盖范围。[2]以下系统地、全面地阐述废弃物分类管理的全过程。

（1）废弃物的分类投放。分类投放是指废弃物产生者将废弃物按不同的成分进行分类后，投放至不同的容器内进行处理的方法。分类投放为有效地实现废弃物的重新利用和最大程度的回收提供了重要条件，是实现废弃物减量化和资源化的最优选择。[3]尽管，世界范围内对于废弃物分类投放的精度和细度存在国家或区域之间的差异。但是，改变将所有的废弃物进行混装投放的传统处理方法，已经成为一种基本的法律制度共识。例如，对于有毒、有害的危险废物实现单独投放，是确保处理过程安全的基本前提。有鉴于此，我国《固体废物污染环境防治法》第 81 条第二款规定："禁止将危险废物混入非危险废物中贮存"。再如，生活废弃物中既包括电池、药品等有害垃圾，也包括废纸、废金属、餐厨垃圾等大量可以回收利用垃

---

① 钱光人主编：《国际城市固体废物立法管理与实践》，化学工业出版社 2009 年版，第 104 页。
② 习近平：《从解决好人民群众普遍关心的突出问题入手 推进全面小康社会建设》，载《黑龙江日报》2016 年 12 月 22 日，第 1 版。
③ 参见刘宁宁、简晓彬：《国内外城市生活垃圾收集与处理现状分析》，载《国土与自然资源研究》2008 年第 4 期，第 67—68 页。

圾。因此，不同类型的生活废弃物有必要分类投放，以实现废弃物管理过程的减量化、资源化、无害化。据此，德国 2009 年修订的《电池法案》就要求，对于安装于各类产品中的电池，要设置专门的投放容器，或在商店中设立收集点。再如，韩国《废弃物管理法》也要求垃圾产生者需要购买特殊的垃圾专用袋用于不可回收垃圾的收集，而可回收垃圾免费分类丢弃。[①]

（2）废弃物的分类收集。废弃物的分类收集可分为两种类型：价值分类收集和环保分类收集。所谓价值分类收集，是以资源价值和经济价值为基础，以废弃物循环利用为目的，力争"物尽其用"的分类收集方式。这种方式主要体现为废弃物的回收利用，如废纸、废金属、废塑料等收集。价值分类收集是早期废弃物分类收集的主要方式并一直沿用至今，对于实现废弃物的减量化、资源化确实起到了很好的作用。例如，美国在《资源保护与回收利用法》中就规定："减少包装材料的消耗量，并对包装废弃物进行回收再利用"。但是，价值分类收集方式的范围显然未能有效覆盖那些无回收价值或回收价值较低但生态环境影响较大的废弃物。单纯依靠这种收集方式，仍不足以充分实现废弃物的分类收集。因此，在价值分类收集之外，还有另外一种环保分类收集方式。所谓环保分类收集，是以降低废弃物处理过程有害物质排放为基础，推进废弃物处理效果生态环境友好为目的分类收集方式。例如，根据我国《医疗卫生机构医疗废物管理办法》规定，医疗卫生机构应当根据《医疗废物分类目录》，对医疗废物实施分类管理，将医疗废物分置于符合《医疗废物专用包装物、容器的标准和警示标识的规定》的包装物或者容器内。[②]

（3）废弃物的分类运输。相比于分类投放和收集，对于废弃物在运输过程的"无差别对待"，亦即将已分类收集的废弃物混合运输，往往是废弃物分类管理体系中更大的硬伤。因此，作为废弃物分类管理的中间环节，需要为不同类型的废弃物配备专用的运输设备，提升废弃物分类运输的能力。例如，我国《固体废物污染环境防治法》第八十一条第一款规定："禁止混合收集、贮存、运输、处置性质不相容而未经安全性处置的危险废物"。不仅如此，即使废弃物实现了分类运输，但如果运输过程中未采取必要措施或未尽必要之义务，就可能导致出现泄漏、遗失、滴落、抛洒或者溅溢等影响生态环境的情况。因此，废弃物的分类运输，不仅需要专用的运输

① 钱光人主编：《国际城市固体废物立法管理与实践》，化学工业出版社 2009 年版，第 57 页。
② 参见《医疗卫生机构医疗废物管理办法》第十、十一条。

设备，还需要保障分类运输过程的生态安全。例如，新加坡《公共环境卫生法》就规定，收集或者运输垃圾或者工业废弃物的任何人员必须保证垃圾或者工业废弃物，或其产生的液体不得滴落、抛洒或者溅溢在任何公共场所。

（4）废弃物的分类处理。废弃物的分类处理，具体包括废弃物的分类处置与废弃物的分类利用。其中，废弃物的分类处置，是指将废弃物焚烧和用其他改变废弃物的物理、化学、生物特性的方法，达到减少已产生的废弃物数量、缩小废弃物体积、减少或者消除其危险成分的活动，或者将废弃物最终置于符合生态环境保护规定要求的填埋场的活动。[①]参照相关法律的规定，根据废弃物的不同类型，所采取的主要处置方式包括倾倒、填埋、焚烧、贮存、堆积等。废弃物的分类利用，是指对于那些原效用已经减失，但仍然具有经济及回收再利用技术可行性的废弃物，分别采取的再利用或再生利用活动。[②]有关废弃物利用的相关制度，将在之后的制度中详述。

五、废旧物资回收制度

据国家发改委测算，我国每年仅淘汰的废旧家电就有 1 亿～1.2 亿台，并且还以平均每年 20%的涨幅增长。[③]大量产生的废旧物资，一方面可能成为环境污染问题的重要源头，但另一方面也是实现资源循环利用的"富矿"。正因如此，党的十九届五中全会明确要求"加快构建废旧物资循环利用体系"。为落实这一要求，国家发展改革委联合相关部门印发了《关于加快废旧物资循环利用体系建设的指导意见》（发改环资〔2022〕109号）。应该说，我国制度语境中的"废旧物资"不同于一般意义上的废弃物、废物等概念，其专指在生产生活过程中产生的，已经失去原有全部或部分使用价值，但经过回收、加工处理后能够重新获得使用价值的各种废弃物。[④]质言之，我国在使用"废旧物资"这一概念时指向的是废弃物被利用之前的状态，并强调其将来的可再生、可利用性。而在废旧物资循环利用体系中，废旧物资的回收无疑是使"前端"的废弃物重获使用价值，

---

① 参见《固体废物污染环境防治法》第 124 条。
② 再利用是指未改变原物质形态，将废弃物直接重复使用或经过适当程序恢复原功用或部分功用后使用的行为；再生利用则是指改变原物质形态或与其他物质结合，供作为材料、燃料、肥料、饲料、填料、土壤改良等用途，使废弃物产生功用的行为。
③ 钟佳：《三部委鼓励完善回收处理体系》，载《泉州晚报》2021 年 8 月 16 日，第 8 版。
④ 以上内容参考了《财政部、国家税务总局关于废旧物资回收经营业务有关增值税政策的通知》（财税〔2001〕78 号）以及《江门市市区废旧物资回收管理办法》（江府办〔2008〕75 号）、《昆明市废旧物资收购业治安管理规定》的有关规定。

亦即使之成为"再生资源"的关键环节。正因如此，早在 20 世纪 70 年代，我国就开始关注废旧物资回收的相关制度建设①，2020 年编纂的《民法典》中也专门规定了出卖人回收废旧物资的义务。②无独有偶，诞生循环经济较早的欧洲、日本等国家和地区，前述的废弃物回收利用也是其发展循环经济的起点和重要内容，故实现该领域的法制化同样备受重视。

（一）废旧物资回收的范围及目标

1. 回收的范围

在特定的时空条件下，考虑到回收利用的技术水平、附加值等因素，一国（地）产生的废弃物未必都能作为废旧物资加以回收，进而作为再生资源加以利用。正因如此，废旧物资回收的法制化，首先就需要明确制度的适用范围，亦即哪些废弃物可以或应当作为废旧物资加以回收。从既有法律制度看，范围的具体确定可以采用如下方式。

首先，按照废旧物资的产生来源，可以划分为工矿产业源的废旧物资回收、生活商业源的废旧物资回收、农业生产源的废旧物资回收。例如，我国有关部门出台的《报废机动车回收管理办法》《商务领域一次性塑料制品使用、回收报告办法（试行）》《农药包装废弃物回收处理管理办法》等规章和规范性文件，就分别属于上述三个领域废旧物资回收的制度规范。其次，按废旧物资的品种划分，可以包括废钢铁、废有色金属、废塑料、废玻璃、废纸、废橡胶（轮胎）、废旧纺织品、废电器电子产品等品种的回收。③例如，2020 年修订的《固体废物污染环境防治法》就明确规定了建立电器电子、铅蓄电池、车用动力电池等的废旧产品回收体系。④最后，按照废旧物资回收制度的效力，还可以分为强制性回收与鼓励性回收。前者如《大气污染防治法》第四十九条规定："工业生产、垃圾填埋或者其他活动产生的可燃性气体应当回收利用"；后者如《快递暂行条例》第九

---

① 具体表现如《国务院批转商业部关于废旧物资回收利用情况和意见的报告》（国发〔1973〕70 号）、《国务院批转供销合作总社关于进一步贯彻执行周总理对废旧物资工作题词的请示报告的通知》等。

② 《民法典》第六百二十五条规定："依照法律、行政法规的规定或者按照当事人的约定，标的物在有效使用年限届满后应予回收的，出卖人负有自行或者委托第三人对标的物予以回收的义务。"

③ 参见《商务部办公厅关于推荐重点联系再生资源回收企业的函》（商办流通函〔2021〕338 号）。

④ 《固体废物污染环境防治法》第六十六条规定，"国家建立电器电子、铅蓄电池、车用动力电池等产品的生产者责任延伸制度。电器电子、铅蓄电池、车用动力电池等产品的生产者应当按照规定以自建或者委托等方式建立与产品销售量相匹配的废旧产品回收体系，并向社会公开，实现有效回收和利用。国家鼓励产品的生产者开展生态设计，促进资源回收利用"。

条规定，"鼓励经营快递业务的企业采取措施回收快件包装材料，实现包装材料的减量化利用和再利用"。

2. 回收的目标

即便以法律的形式确定了废旧物资回收的具体范围、对象，但受回收体系建设、资金支持、回收意愿、产业结构等多种因素的影响，废旧物资的回收工作不可能一蹴而就或者直接就达理想状态。因而，规定阶段性、多层次、可实现的废旧物资回收目标，就成为世界范围内相关制度设计和实施中的普遍做法。具体而言：首先，规定国家（区域）总体目标。例如，欧盟的《废弃电气电子设备指令》（WEEE 指令），要求各成员国设定每年最低收集率。其中，2016 年的最低收集率为 45%，而自 2019 年起，每年要达到的最低收集率应达 65%。[①]再如，我国提出到 2025 年 60 个城市率先建成相对完善的废旧物资循环利用体系。[②]其次，行业（品种）的回收目标。例如，日本《家用电器再生利用法》中对家电产品再商品化的比例做出了明确规定。其中，空调为 60% 以上，阴极射线管电视为 55% 以上，冰箱为 50% 以上，洗衣机为 50% 以上。最后，责任主体的具体回收目标。例如，我国在电视机、电冰箱、洗衣机、空调器 4 类家电产品中，鼓励企业实施回收目标责任制。其中，参与实施回收目标责任制的企业要明确纳入回收目标制的产品品类，并按年度确定回收量、回收率等行动目标。[③]

（二）废旧物资回收的责任主体

1. 生产者

基于前述生产者责任延伸的相关理论和制度实践，废旧物资回收主要应当由生产者负责当无异议。例如，日本家用电器的生产企业除了制造产品外，还需承担废旧家电处理者的角色。我国也积极推动新能源汽车生产企业落实回收主体责任，建设动力电池回收体系。生产者回收具有三点优势：一是生产企业的技术和资金能力有助于完成回收工作；二是将进一步促进生产者实现前端的产品生态设计和清洁生产，以减少产品生命周期对生态环境的影响；三是生产者通过"逆向回收"可以更直接地实现"变废为宝"，减少再生产过程中的资源和能源消耗。在生产者回收的基础上，德国还进一步建立了生产者责任组织以有效进行回收工作。相比于独自负责回收废旧物资的生产者来说，生产者责任组织更可以实现资源有效配置，对回收行为进行专业化分工，与此同时还便于形成规模经济，提高回收效率。此外，生产者责任组织还可以充分进行市场化运作，明确其与相关主体各自的权利义务，并与专业的回收企业和处置企业签订合同，实现产业链上下游的有效衔接。

2. 销售者

此处所谓的销售者，既包括产品的进口或实际销售主体，还可包括产品销售后的相关维修、售后服务机构。考虑到完全由生产者直接负责回收废旧物资（如废旧轮胎），可能存在成本过高、效率较低、流通环节不畅等实际问题。相较而言，销售者在相关经营活动中则可以更高效地对接废旧物资的实际产生者（消费者）。因而，由其作为回收主体也有合理性及特殊优势。例如，我国《废弃电器电子产品回收处理管理条例》第十一条规定，电器电子产品销售者、维修机构、售后服务机构应当在其营业场所显著位置标注废弃电器电子产品回收处理提示性信息。

3. 第三方主体

所谓第三方主体，是指生产者、销售者之外专门或主要从事废旧物资回收、处理、利用等活动的市场主体。其主要包括：①回收经营者，即专门从事废旧物资回收经营活动的市场主体。例如，我国《再生资源回收管理办法》第九条规定："生产企业应当通过与再生资源回收企业签订收购合同的方式交售生产性废旧金属"。随着现代信息技术的发展，废旧物资网络回收平台等新型回收经营者也随之出现。为此，国家发展改革委办公厅等《关于组织开展废旧物资循环利用体系示范城市建设的通知》中专门提出，支持废旧物资网络回收平台发展，运用手机 App、微信小程序等移动互联网媒介，实现网上预约、上门回收，推动线上线下协同发展。②处理（利用）者。废旧物资的回收目的在于为再生资源的利用作准备。因此，处于产业链下游的处理（利用）者回收废旧物资，有利于减少过多的中间环节，提升废旧物资回收利用的效率和附加值。例如，我国要求回收后的废旧家电应全部交由有资质的拆解企业进行规范处理。责任企业可以通过委托加工、联合经营、股权合作等多种市场化方式，与有资质的废旧家电拆解企业联合开展废旧家电加工处理。①

鉴于相当部分的废旧物资具有某些物理、化学、生物等方面的危险特性，如性质上属于危险废物。故无论是专门的废旧物资回收者，还是产业链后端的处理（利用）者，往往需要具有相当程度的专业性。从法律制度的角度讲，世界范围普遍对于第三方回收主体实施资质管理。一方面，从事相关废旧物资回收的主体应当具备相应的资质。例如，《瑞典环境法典》专门规定中央政府可以在必要时发布关于电气和电子设备构成的废物的专业化预处理的规则，以及规定从事拆除和分解的人员应当聘用或使用根据《技术认证法》认可的机构所认证的人员或质量体系。②另一方面，如果具备相关资质的主体违反相关法律规定从事废旧物资回收利用活动，则可能限制甚至剥夺其原本具有的从业资质。例如，在田某芳、阮某华、吴某顺污染环境案中，被告人在从事废旧物资回收经营的活动中实施严重污染环境的犯罪行为，有违法律规定和行业规范。人民法院在依法判处其承担有期徒刑和刑罚罚金的基础上，还充分利用刑事禁止令法律强制措施，禁止被告人阮某华在缓刑考验期内从事废旧物资回收的经营活动。③

4. 政府

废旧物资回收既涉及上下游相关产业、行业、企业之间的经营活动，也因相关活动具有明显的资源环境外溢性而属于社会公共事务。在此过程中，政府的角色和职能必然具有多重性：首先，政府承担着本国（地）废旧物资回收体系建设的职能。也就是说，政府应当提供必要的社会公共服务设施、资金支持等，为相关产业、行业、企业形成废旧物资回收的产业链条创造必要的条件和机会。例如，我国《循环经济促进法》第三十七条规定，地方人民政府应当合理布局废物回收网点和交易市场。其次，为确保废旧物资回收活动的正常秩序，避免二次污染、不正当竞争等情况的出现，政府还必然是废旧物资回收相关活动和主体的监管者。例如，瑞典《环境法典》对专业废物收集者和专业从事第三方废物清除或循环利用的人员实施"注册制"，即应当向中央政府指定的机构进行注册。最后，政府（特别是政府相关职能部门）也可能成为实际提供废旧物资回收服务的主体。这主要是因为政府原本就承担着市容市貌、环境卫生等相关社会公共服务

---

① 参见国家发展改革委、工业和信息化部、生态环境部《关于鼓励家电生产企业开展回收目标责任制行动的通知》（发改产业〔2021〕1102号）。
② 《瑞典环境法典》，竺效等译，竺效、张燕雪丹等校，法律出版社2018年版，第76页。
③ 《最高人民法院发布2019年度人民法院环境资源典型案例》（2020年5月8日）。

职能，这些职能在实现过程中与处理居民日常生活中产生的废旧物资高度相关。例如，我国太原市、泰安市等地就出台相关规定，可由环卫部门负责上门回收废旧家具。[①]

5. 消费者

作为产品的最终所有者和实际使用（消耗）者，消费者无疑是废旧物资的主要产生者。有鉴于此，消费者作为废旧物资回收的重要起点，理应在此过程中承担相应的法律义务，特别是将废旧物资送交回收网点、主体的义务。例如，我国《甘肃省废旧农膜回收利用条例》第十一条规定，"农膜使用者应当在农膜使用期限到期前捡拾废旧农膜，及时交至回收企业或者网点"。在此基础上，消费者本身还可能成为废旧物资回收的参与者。例如，我国开展家电"以旧换新"活动，就需要消费者的主动参与——自愿交售废旧家电。[②]

（三）废旧物资回收的溯源管理

所谓溯源管理，就是通过相关信息管理手段对废旧物资的来源、流向等开展全过程、可追溯的监管，从而实现废旧物资的来源可查、去向可追、节点可控、责任可究。

1. 注册登记

注册登记作为一种长期、广泛使用的管理手段，既是相关主体依法获得从事废旧物资回收相关活动资格（条件）的必经程序，也是监管者掌握被监管者基本信息并对其实施溯源管理的基础和起点。例如，为落实 WEEE 指令（2002/96/EG）有关生产者的回收和处置责任，德国《电子电气法》（2005）要求生产商必须向环保部门进行注册并在取得 WEEE 注册码后方可销售电子电气设备（在销售过程中还应标明注册码），以防止生产商在不履行回收义务的情况下将设备投放市场。再如，我国《再生资源回收管理办法》第十条第一款也规定，"再生资源回收企业回收生产性废旧金属时，应当对物品的名称、数量、规格、新旧程度等如实进行登记"。

2. 台账管理

台账原意为摆放在台上供人翻阅的账簿，现多指企业等经营主体对自行监测及落实相关管理要求等行为的具体记录（如环境管理台账）。对于

[①] 以上内容参考了太原市市容环境卫生管理局《关于做好大件垃圾专项收集、运输、处理、利用有关事项的通知》《泰城大件废弃物收运管理制度》等的有关规定。

[②] 参见商务部等13部门《关于促进绿色智能家电消费若干措施的通知》（商流通发〔2022〕107号）。

废旧物资回收的溯源管理而言，台账作为记录相关主体日常管理信息（主要是废旧物资的来源、种类、数量、去向等）的主要载体，就成为判断、评价相关管理制度是否得到有效执行的重要措施和主要原始依据。例如，我国《农药包装废弃物回收处理管理办法》第十二条规定，"农药经营者和农药包装废弃物回收站（点）应当建立农药包装废弃物回收台账，记录农药包装废弃物的数量和去向信息"。

3. 信息披露

信息披露是相关主体依照法律规定将其自身有关废旧物资回收的相关信息和资料向政府和（或）社会公开或提供，以便监管者和（或）社会公众有效了解回收情况的制度要求。

其具体可以包括两种主要方式：①向监管者提供相关废旧物资的回收信息。例如，《瑞典环境法典》中规定了专业从事废物处理的人员应当向市政委员会提供关于该废物性质、构成和数量的信息，及其来源和处置地点的信息。[①]随着信息化时代的到来，向监管者提供溯源回收信息的方式、要求等也相应地发生变化。例如，我国《新能源汽车动力蓄电池回收利用溯源管理暂行规定》中明确规定了报废汽车回收拆解及综合利用企业向溯源管理平台上传信息的责任，以保障溯源管理顺利实施。②公开相关废旧物资的回收信息。例如，日本法律规定，家用电器回收企业对消费者弃置的家用电器进行回收时，张贴的家电回收管理票应当详细记载该家用电器的性质、制造商以及应当纳入的回收系统等，以便消费者和政府部门能够监督和跟踪废旧家用电器的回收过程。[②]再如，我国《新能源汽车动力蓄电池回收利用溯源管理暂行规定》要求汽车生产企业应报送回收服务网点信息，并在企业网站向社会公布。

4. 回收报告

与信息披露具有的实时性、过程性不同，回收报告则是一种带有"阶段性总结"性质和功能的信息管理手段。从世界范围的法制实践来看，相关主体定期向监管者报告废旧物资回收情况的具体方式主要是两种。一种是强制性报告，即要求相关主体依法必须向相关管理主体履行回收报告义务。例如，我国《固体废物污染环境防治法》第六十九条规定，商品零售

---

① 《瑞典环境法典》，竺效等译，竺效、张燕雪丹等校，法律出版社 2018 年版，第 76 页。

② 参见吕维霞、杜娟：《日本垃圾分类管理经验及其对中国的启示》，载《华中师范大学学报(人文社会科学版)》2016 年第 1 期，第 39—53 页。

场所开办单位、电子商务平台企业和快递企业、外卖企业应当按照国家有关规定向商务、邮政等主管部门报告塑料袋等一次性塑料制品的使用、回收情况。再如，瑞士《饮料容器条例》第 19 条规定，负有义务回收不可回收灌装容器的零售商、生产厂家和进口商应当在每年 2 月底之前向联邦环境办公室报告，其在上一年度所回收的容器的重量。①另一种是自愿性报告，即相关主体可以申请或主动向相关管理主体报告自身的废旧物资回收情况。实践中，我国鼓励家电生产企业根据自身情况编制《废旧家电回收目标责任申请报告》，提出本年度回收率、年度回收量等目标任务以及回收体系建设、家电拆解处理、信息化管理等具体建设方案和措施，并于每年 1 月 31 日前通过省级发展改革委报送国家发展改革委。②诚然，自愿性报告本身属于相关主体自我增加义务（责任），但这也可能会成为监管者有侧重、有选择地提供相关服务、行政指导、优惠政策等的前提条件和重要参考。

六、资源能源循环利用制度

回收废旧物资的主要目的在于为"变废为宝"做准备，诸如废钢、废有色金属、废纸等之所以被称为"城市矿山"，皆因其可以通过一定的技术、工艺、方式等实现再利用和资源化。正基于资源能源的循环利用对于保障一国（地）的资源安全、能源安全具有重要价值，"静脉产业"不仅是循环经济的发端和如今物质循环过程中不可或缺的组成部分，也是循环经济法的重要调整对象。例如，日本针对食品、建筑材料、特定家用电器、容器和包装物、废旧汽车等分别制定了循环利用的专门法律；再如，我国在禁止进口"洋垃圾"的同时明确规定，对于符合相关国家标准的再生钢铁、黄铜、铸造铝合金等原料，不认定为固体废物，可自由进口。③

（一）再生资源循环利用

再生资源，是指在生产和生活过程中产生的已经失去原有使用价值，具有经济及回收再利用技术可行性，经过回收、加工处理能够或者可能作为原材料而被再次利用的各种废旧物资。这里所说的"加工处理"仅限于

---

① 吴大华、邓琳君等编译：《瑞士生态环保法律法规译汇》，社会科学文献出版社 2015 年版，第 235 页。

② 参见国家发展改革委、工业和信息化部、生态环境部《关于鼓励家电生产企业开展回收目标责任制行动的通知》（发改产业〔2021〕1102 号）。

③ 参见生态环境部、海关总署、商务部、工业和信息化部《关于规范再生黄铜原料、再生铜原料和再生铸造铝合金原料进口管理有关事项的公告》（生态环境部、海关总署、商务部、工业和信息化部公告 2020 年第 43 号）。

清洗、挑选、破碎、切割、拆解、打包等改变再生资源密度、湿度、长度、粗细、软硬等物理性状的简单加工。①

1. 再制造与再生利用

所谓再制造（remanufacture），是指将废旧汽车零部件、工程机械、机床等进行专业化修复的批量化生产过程，再制造产品达到与原有新品相同的质量和性能。理论上，再制造是循环经济"再利用"的高级形式。②所谓再生利用，是指改变原物质形态或与其他物质结合，用作原材料、燃料、肥料、饲料、土壤改良或其他规定的用途，使再生资源产生功用的行为。例如，我国《报废机动车回收管理办法》就对拆解的报废机动车"五大总成"递进式地规定了再制造和再生利用的要求。③具体而言，具备再制造条件的，可以按照国家有关规定出售给具有再制造能力的企业经过再制造予以循环利用；不具备再制造条件的，应当作为废金属，交售给钢铁企业作为冶炼原料。

2. 再制造和再生利用产品的使用

再制造和再生利用产品如果不能得到（充分）使用，那么一国（地）的"静脉产业"将难以真正生存并得到发展，进而导致整个循环经济体系难以真正存在和维系。有鉴于此，法律针对再制造和再生利用产品的使用分别设定了三种效力类型：①强制使用，即相关主体必须使用再制造和（或）再生利用产品。例如，《深圳市资源综合利用条例》第二十八条规定，凡具备粉煤灰综合利用条件的建设工程，应当充分利用粉煤灰及其制品。②优先使用，即同时存在再制造和（或）再生利用产品与一般原生产品的情况下，优先使用前者。具体而言，又可以包括绝对优先使用和同等条件下优先使用两种情况。前者如日本《绿色采购法》第 3 条规定，国家在采购商品和劳务时，应当在适当使用预算的同时选择环境友好型生产资料；后者如《长春市再生资源回收利用管理办法》第三十五条规定，使用财政资金进行政府采购时，在性能、技术、服务等指标同等条件下，应当优先采购再生资源利用产品。③鼓励使用。例如，《石家庄市再生资源回收利用管理条例》第二十八条规定，提倡企业自行利用自身生产过程中产生的可以利用的再生资源。

---

① 参见《财政部、税务总局关于完善资源综合利用增值税政策的公告》（财政部、税务总局公告 2021 年第 40 号）。

② 参见《关于推进再制造产业发展的意见》（发改环资〔2010〕991 号）。

③ "五大总成"包括发动机总成、方向机总成、变速器总成、前后桥、车架。

3. 再生资源利用管理

虽然世界范围内对于再生资源的利用总体上抱有肯定和大力支持的态度，但考虑到技术、经济、生态环境等方面因素的限制，实现"变废为宝"并不是绝对的、无条件的。因此，加强对再生资源利用的管理也就成为法律制度中的重要内容之一。其主要包括：①目录管理，即通过编制并发布再生资源回收指导目录，明确再生资源的回收种类、回收规范、利用指引等事宜。②标识管理，即利用再生资源生产的产品或者包装，应当标注再生产品标识。例如，拆解的报废机动车"五大总成"以外的零部件符合保障人身和财产安全等强制性国家标准且能够继续使用的，可以出售，但应当标明"报废机动车回用件"。③产业准入管理，即开展再生资源利用的有关产业活动应当符合国家和当地的产业政策、规划、准入清单等。④产品质量管理，即前述之再制造和再生利用产品的质量必须符合相关标准和要求。[①]⑤生态环境管理，即避免再生资源的利用过程对生态环境产生二次污染或破坏。例如，美国阿肯色州《废轮胎项目规定及管理程序》明确要求，个人不得造成或者允许废轮胎露天燃烧。[②]

（二）水资源循环利用

水资源是推进生态文明建设的必要物质基础。党的十八大以来，我国的生态文明建设进入了新阶段，坚持开源与节流并重成为水资源利用工作的主要目标和发展方向；党的二十大报告更是明确指出，实施全面节约战略，推进各类资源节约集约利用。[③]其中，"节流"主要是实行严格的水资源管理，控制水资源的利用总量、提高利用效率；而"开源"则需要进一步开发新的用水"来源"，相对提升供水总量。作为一种非常规水资源，再生水作为污水资源化利用的一个组成部分，可以有效解决水资源短缺、缓解供水矛盾。"再生水"是指雨水、生活污水、工业和其他生产经营排水等进行适当收集处理后，达到相关的水质标准，可以在一定范围内被再次利用的水。[④]

---

① 以上内容参考了《上海市再生资源回收管理办法》第六条、《深圳市资源综合利用条例》第十四条、《湘潭市城市建筑垃圾管理办法》第十九条的有关规定。

② 环境保护部国际合作司、污染防治司、巴塞尔公约亚太区域中心编译：《美国废轮胎管理法律法规选编》，中国环境出版社 2015 年版，第 71 页。

③ 习近平：《高举中国特色社会主义伟大旗帜 为全面建设社会主义现代化国家而团结奋斗——在中国共产党第二十次全国代表大会上的报告》（2022 年 10 月 16 日），人民出版社 2022 年版，第 50 页。

④ 参见《再生水水质标准》（SL368-2006）及《西安市城市污水处理和再生水利用条例》第三条、第二十九条。

再生水的有效利用是实现水资源循环利用的有效途径，能够在提高水资源利用率、缓解水资源短缺的同时减少污水排放造成的环境污染，实现经济效益、生态环境效益和社会效益的共赢。实践中，日本、新加坡、以色列等许多国家均把再生水视为"第二水源"；美国佛罗里达州《水资源法》也明确规定：再生水的利用有利于满足本州目前与将来的水资源需求，同时有助于维持生态系统的自然状态，因此政府鼓励和发展再生水开发利用项目并提供资金支持。[①]在水资源供需矛盾突出、约束日益趋紧的背景下，再生水的利用和管理工作在我国也日益受到重视。2015 年 4 月，国务院发布的《水污染防治行动计划》（简称"水十条"）中明确提出了再生水利用的要求和目标。[②]近年来，我国进一步提出将市政污水、再生水作为工业用重要水源[③]，推动再生水就近利用、生态利用、循环利用等要求。[④]

概言之，法律对于再生水利用的规范主要包括如下方面：①制定并实施再生水利用的规划及标准、指南等技术规范。例如，我国水利部制定了《再生水水质标准》（SL368-2006）；美国环保局编制了《污水再生利用指南》，对再生水的不同用途给出了不同的处理方法、水质标准、监测指标与监测频率，并对污水处理方法进行了分级。[⑤]②将再生水纳入水资源的供需平衡体系，实行常规水源与非常规水源的统一配置。例如，《沈阳市再生水利用管理办法》规定，具备再生水使用条件但未使用或者未优先使用再生水的，水行政主管部门不予批准其新增取水许可。③纳入法定范围的建设单位应当配套建设再生水利用设施，并与主体工程同时设计、同时施工、同时投入使用。[⑥]④在再生水供水管网可以到达区域的且

---

① 杜寅：《美国再生水管理立法及其镜鉴》，载《生态经济》2016 年第 1 期，第 176—180 页。

② "水十条"中提出："促进再生水利用。以缺水及水污染严重地区城市为重点，完善再生水利用设施，工业生产、城市绿化、道路清扫、车辆冲洗、建筑施工以及生态景观等用水要优先使用再生水"。

③ 参见《住房和城乡建设部办公厅、国家发展改革委办公厅、水利部办公厅、工业和信息化部办公厅关于加强城市节水工作的指导意见》（建办城〔2021〕51 号）。

④ 参见《住房和城乡建设部办公厅关于做好 2022 年全国城市节约用水宣传周工作的通知》（建办城函〔2022〕149 号）。

⑤ 参见杨茂钢、赵树旗、王乾勋：《国外再生水利用进展综述》，载《海河水利》2013 年第 4 期，第 30-33 页。

⑥ 例如，《宁波市城市排水和再生水利用条例》第二十二条规定，建设项目有下列情形之一的，建设单位应当配套建设再生水利用设施：（一）新建、改（扩）建城市污水集中处理设施；（二）新建年用水量超过三十万吨的工业企业；（三）其他按照城市排水和再生水利用专项规划需要建设再生水利用设施的情形。鼓励其他建设项目配套建设再生水利用设施。配套建设的再生水利用设施，其建设资金应当列入建设项目总投资，并与主体工程同时设计、同时施工、同时投入使用。

再生水水质符合用水标准的前提下，符合规定条件的用水必须使用或者优先使用再生水。[1]⑤考虑到再生水毕竟在质量上不能完全等同于常规水源，故对其利用还需进行必要的限制。例如，我国台湾地区"再生水资源发展条例"第七条规定，"再生水不得供作直接食用及食品业、药品业之用水"。

（三）生活垃圾回收与资源化利用

生活垃圾，是指在日常生活中或者为日常生活提供服务的活动中产生的固体废弃物，以及法律、法规规定视为生活垃圾的固体废弃物。[2]新加坡《公共环境卫生法》明确规定，"所有收集的垃圾都是政府的财产"。毫无疑问，"政府的财产"既有利于加强政府对生活垃圾的管理，同时也凸显生活垃圾所具有的资源性、有用性。

1. 分类利用

按照生活垃圾的组成、利用价值以及生态环境影响等，其大致可以分为如下主要类型：可回收物、厨余垃圾、有害垃圾、其他垃圾。其中，有害垃圾的处理重点是实现"无害化"，亦即处置过程及结果尽量避免对生态环境的影响。特别是其中的危险废物，必须由具备相应处理资质和能力的单位进行无害化处置。而其他三类生活垃圾因其具有"废弃物与资源的相对性"，故应在做好减量化的前提下充分回收并实现资源化利用。具体而言：①可回收物（纸张、塑料、金属、玻璃制品、织物等）这一类型本身就强调了其适宜回收和循环利用的属性，故应当经过分拣等处理后由再生资源回收利用或（和）资源综合利用主体（企业）分别进行处理。②厨余垃圾中有大量的含有机质的生活废弃物，可以通过生物技术加工处理实现资源化利用（如可以制成肥料）。③不能利用的厨余垃圾和其他垃圾可以经过焚烧发电的方式获得电能、热能等能量。[3]

2. 过程管理

①工艺运行管理，即按照有关技术规定进行生活垃圾的回收与资源化

---

① 《西安市城市污水处理和再生水利用条例》第三十一条规定，再生水供水管网到达区域内，在再生水水质符合用水标准的前提下，下列用水应当使用再生水：（一）造林育苗、城市绿化用水；（二）道路冲洒、车辆清洗、建筑施工、消防、冲厕等城市杂用水；（三）水源空调用水；（四）冷却、洗涤、锅炉等工业用水；（五）城市水景观、人工湖泊等环境用水。

② 参见《深圳市生活垃圾处理费管理办法》第二条。

③ 以上内容参考了《海口市生活垃圾分类管理办法》第二十五条、《张掖市城市生活垃圾分类管理办法》第二十七条、《亳州市城市生活垃圾分类管理办法》第二十八条的有关规定。

利用，如称重计量系统配置及使用规范、按工艺要求运行、对设施设备进行定期保养和维护等。②生态环境保护管理，主要是防止生活垃圾的回收与资源化利用过程中出现二次污染。主要包括但不限于：配备污染物治理设施并保持其正常运行；按照有关规定和标准处置回收或资源化利用过程中产生的污水、废气、废渣、粉尘等；按照要求定期进行水、气、土壤等生态环境影响监测等。③安全生产，即对生活垃圾回收与资源化利用过程中的不安全因素进行预防与处理。主要包括但不限于：对生活垃圾处理设施的性能和环保指标进行检测评价，确保设施设备安全运行；配备合格的管理人员和作业人员；政府及其有关职能部门、从事生活垃圾回收与资源化利用的相关主体应当建立应急处理机制，因设施故障、事故等突发原因无法正常进行生活垃圾回收与资源化利用的，应当启动应急预案等。①

（四）农业废弃物资源化利用

前文已述，农业废弃物是指在畜禽养殖、种植中所产生的废弃物总称，主要包括农作物秸秆、尾菜、废旧农膜、废弃农药包装物、育苗器具等种植业废弃物，也包括畜禽粪污、水产副产物、病死畜禽、废旧网具等养殖业废弃物。农业废弃物中往往含有大量的有机物，可用于生产有机肥、沼气、食用菌、饲料等产品或者作为工业生产的原材料。

1. 就地就近利用

农业废弃物是农业生产的"另一半"，其本就是农业生产过程中产生，也完全可以经过农业生产自身的"循环"实现变废为宝。更何况，如秸秆、养殖粪污等农业废弃物就地就近利用还具有成本相对较低的优势。为此，我国相关地方立法贯彻"就地就近利用"这一原则，规定建设集中堆肥场就地有效处理养殖粪污；对秸秆等农业废弃物机械化粉碎还田、回收和资源化利用。在相关法律制度实施过程中，还进一步通过创新循环农业生产方式的办法，如粮畜果一体化循环、山地农林立体复合生态循环、草地生态畜牧业循环等模式，明显提高农业废弃物资源化利用水平。②但应当说明的是，就地就近利用并非绝对，必须考虑其必要性、可行性和经济性。

① 以上内容参考了《北京市生活垃圾处理设施运营监督管理办法》第十四条、《莆田市生活垃圾分类管理办法》第十五条、《河南省城市生活垃圾分类管理办法》第三十五条、《辽阳市生活垃圾分类管理条例》第二十六条、《银川市生活垃圾分类管理条例》第三十四条、《六安市生活垃圾分类管理办法》第三十二条、《亳州市城市生活垃圾分类管理办法》第三十三条的有关规定。
② 以上内容参考了《肇庆市农村人居环境治理条例》第二十五条、《江门市扬尘污染防治条例》第二十三条以及天水市人民政府办公室关于印发《天水市"十四五"生态环境保护规划》的通知（天政办发〔2021〕99号）的有关规定。

例如，我国部分地区已经出现了秸秆过量还田超过土地的自然分解能力的情况。此时，还需要在就地就近利用的基础上，规范和引导农业废弃物规模化、产业化、高值化利用的其他方式。

2. 政府职责

农业废弃物资源化利用作为一项系统性工程，政府（及其相关职能部门）作为组织者、管理者，发挥着不可替代的作用。结合相关法律规定，其主要职责包括：①推广农业废弃物综合利用等农业清洁生产技术，具体如推广秸秆还田、青贮、食用菌生产等资源循环利用技术。②规划、建设和配备农业废弃物的收集、清运、处理等清洁设施、设备，包括建设区域性集中综合处理设施、场所。③为了激发市场主体的活力，通过设立专项资金、提供补助、优先采购利用农业废弃物生产的再生产品等方式，推动相关工作目标全面完成。④开展监督管理，主要是确定本国（地）农业废弃物资源化利用目标、方案以及相应的统计范围、口径和方法，定期对农业废弃物资源化利用情况进行评估；加强对秸秆等农业废弃物综合利用的监督管理，防止资源化利用过程对环境的污染和破坏；对农业废弃物资源化（综合）利用行业、企业的经营性活动进行必要的市场监管（如竞争收购农业废弃物），特别是对农药包装废弃物等可能涉及危险废物处置的农业废弃物，还应依法结合本地实际需要确定资源化利用单位并向社会公布。[①]

3. 农业生产经营者责任

农业生产经营者是农业废弃物的直接产生者，理论上应当按照"原因者负担"的原则承担处理农业废弃物的相应责任。但同时，考虑到农业生产经营者（特别是农户）在废弃物处理尤其是资源化利用方面，相比工业、服务业领域的生产经营者明显能力有限。因此，从立法现象上看，为其设置应有的法律"底线"和资源化利用过程中不能触碰的制度"红线"，成为一种普遍的规律。所谓设置法律"底线"，就是规定资源化利用过程中限制从事的行为。主要包括但不限于：使用畜禽粪便等农业废弃物用作肥料的，应当符合国家有关标准；按规定建设农业废弃物综合利用和无害化处理设施，并保证其正常运转。所谓设定制度"红线"，就是规定资源化

---

① 以上内容参考了《丽江市乡村清洁条例》第十二条、《河北省发展循环经济条例》第二十七条、《荆门市农业面源污染防治条例》第二十条、《广东省水污染防治条例》第三十六条、《青岛市农业废弃物管理暂行办法》第二十条、《农药包装废弃物回收处理管理办法》第十六条以及《天津市2021年农膜回收利用实施方案》的有关规定。

利用过程中禁止从事的行为。主要包括但不限于：擅自将无法降解的农用薄膜粉碎还田；将有毒、有害废物用作肥料或用于造田；畜禽养殖场、水产养殖场、养殖小区利用未经无害化处理的厨余垃圾饲喂畜禽、水产动物等。[①]

4. 资源化利用单位责任

前文已述，就地就近利用农业废弃物不是其资源化的唯一方案，特别是要实现农业废弃物规模化、产业化、高值化利用，必然需要专业的资源化利用单位采用市场化的方式参与其中。为了规范资源化利用单位的产业活动，除依法赋予并保障其从事相关经营活动的权利外，同时也还有必要对资源化利用单位设定相应的责任。具体而言：①防止污染责任。从事农业废弃物资源化利用的单位应当依法做好厂区和周边生态环境的保护工作，避免资源化利用过程造成二次污染。②安全生产责任。特别是病死畜禽无害化处理运营单位还应当按照相关管理制度和操作规程及时对病死畜禽进行无害化处理，并向有关部门报告无害化处理情况。此外，承担农业废弃物处理与利用工程建设、维修的单位也应当具备相应的资质，按照有关技术规范开展业务活动，并对工程建设、维修的质量和安全负责。③产品质量责任。利用农业废弃物生产的产品质量应当符合国家规定的标准；对于农药包装废弃物，资源化利用单位不得倒卖，且资源化利用不得用于制造餐饮用具、儿童玩具等产品。[②]

（五）能源循环利用

理论上，除传统化石能源和非化石类的可再生能源外，直接利用废弃物或废弃物经处理后也可以产生一定的能源并可以被利用。在实现"双碳"目标及能源结构优化升级的过程中，能源的循环利用也是能源高效利用的重要路径之一。例如，在我国台湾地区的"立法"中，其亦被纳入所谓"再生能源"的概念范畴之内。[③]具体而言，能源循环利用主要有如下两种路径。

---

① 以上内容参考了《眉山市农村人居环境治理条例》第五十三条、《湖北省实施〈中华人民共和国农产品质量安全法〉办法》第九条、《青岛市农业废弃物管理暂行办法》第十四条、《河北省乡村环境保护和治理条例》第二十六条的有关规定。

② 以上内容参考了《农用薄膜管理办法》第二十条、《浙江省农业废弃物处理与利用促进办法》第十七条、《农药包装废弃物回收处理管理办法》第十六条、《青岛市农业废弃物管理暂行办法》第十三条的有关规定。

③ 根据我国《可再生能源法》的规定，通过低效率炉灶直接燃烧方式利用秸秆、薪柴、粪便等，不适用该法。而按照我国台湾地区"再生能源发展条例"第三条的规定，"再生能源"是指太阳能、生质能、地热能、海洋能、风力、非抽蓄式水力、"国内"一般废弃物与一般事业废弃物等直接利用或经处理所产生之能源，或其他经"中央主管机关"认定可永续利用之能源。

1. 废弃能源再利用

所谓废弃能源再利用，是指被废弃的物质原本就可以产生或转化产生能量（如热能、电能等），只是之前没有被有效利用而直接废弃，现通过一定的技术、工艺等对其加以利用。具体包括：①余热余压回收利用。余热余压是生产过程中释放出来"多余"的副产热能、压差能，这些"副产"热能、压差能在一定的经济技术条件下可以回收利用。例如，《深圳市资源综合利用条例》第三十三条规定，"企业应当积极运用余热、余压回收技术，提高余热、余压综合利用水平"。《法国环境法典》第 L541-37 条也规定，向自然环境进行热量排放的工厂，应当允许第三人因家庭共同使用目的或者工业使用目的而利用其制造的部分热量。[①]②废旧动力蓄电池的梯次利用。随着新能源汽车的销售量持续增长，其核心部件——动力蓄电池的使用量也随之猛增。考虑到动力蓄电池有一定的使用寿命和要求，电池容量只有位于 100%至 80%区间可以满足电动汽车动力使用，低于这一区间对于新能源汽车而言电池就需要退役。退役后的废旧动力蓄电池可以有两种循环利用方式，即电池容量在 80%至 20%区间可用于梯次利用，容量低于 20%则必须报废回收。所谓梯次利用，是指对废旧动力蓄电池进行必要的检验检测、分类、拆分、电池修复或重组为梯次产品，使其可应用至其他领域的过程。新能源汽车动力电池退役后，一般仍有 70%～80%的剩余容量，可降级用于储能、备电等场景。因此，我国专门出台了《新能源汽车动力蓄电池梯次利用管理办法》，以实现电池余能的最大化利用。

2. 废弃物能源化利用

所谓废弃物能源化利用，是指某种废弃物可能的循环利用方式有很多，具体选择通过一定的技术、工艺等将其用于产生电力、热力等能源。例如，我国《大气污染防治法》及相关地方大气污染防治类的立法普遍明令禁止在露天焚烧农作物秸秆、生活垃圾等行为。但同时，此类废弃物的无害化处理方式之一就是由再生能源发电厂进行集中焚烧处理，不仅可以明显减少废弃物的数量、体积，同时可以产生一定的热力、电力。例如，《深圳市资源综合利用条例》第四十二条就规定，鼓励企业综合利用城市垃圾、沼气等低热值燃料生产电力、热力；再如，美国弗吉尼亚州《废轮胎终端利用补贴条例》就明确将回收能源，亦即"从废轮胎燃烧或者热解活动中利用热能或者其他形式的能量"作为"终端利用"的方式之一，并可

[①]　《法国环境法典》（第四至七卷），莫非等译，法律出版社 2020 年版，第 224 页。

以按照该条例的有关规定获得相应的政府补贴。[①]

七、产业园区循环化发展制度

就企业、园区、社会三个循环经济发展的维度（层次）而言，企业自身的"小循环"是基础。亦即，企业自身采用循环经济的新工艺、新技术、新设备、新材料，对生产过程中产生的废水、废气、废渣和余热、余压进行综合利用，促进资源、能源的最大化利用，实现资源占用减量化、洁净排放或者零排放。在此基础上，以产业园区为载体，在不同企业之间建立互利共生的循环产业生态网不仅是一国（地）循环经济发展的标志性成果，也是经由"中循环"最终形成社会"大循环"的必要路径。例如，丹麦著名的卡伦堡（Kalunborg）生态工业园区，早已成为世界范围内循环经济发展的典型范例。一方面，园区内的企业可以进行废物交换利用、能量梯级利用、土地集约利用、水的分类利用和循环使用，共建、共享基础设施和其他有关设施；另一方面，园区内可以形成上下游相关产业链有效衔接、园区内副产品协同处理利用的产业共生组合，实现物质闭路循环的规模化、规范化、专业化发展。[②]鉴于"中循环"对循环经济发展的上述特殊重要意义，相关法律从新建园区循环化建设和现有园区循环化改造两方面入手，建立了产业园区循环化发展制度。

（一）产业园区循环化发展的规划引领

1. 统筹规划产业布局和园区循环化建设

从世界范围看，产业布局的不断优化以及产业（企业）的相对聚集是基本潮流和趋势。期间，优化的重要方向或要求之一就是循环化。与之相适应，诸如生活垃圾协同处理利用基地、静脉产业园区、循环经济产业园区、循环经济基地、生态工业园区等产业（企业）的实际聚集载体也在不断被塑造。而塑造的重要手段之一就是法律规范，即规定根据资源分布、环境容量、空间规划等合理规划产业布局，统筹规划产业园区；并预留必要的土地空间，用于未来相关项目的建设用地保障。[③]同时，为了促进产

---

① 环境保护部国际合作司、污染防治司、巴塞尔公约亚太区域中心编译：《美国废轮胎管理法律法规选编》，中国环境出版社2015年版，第86页。

② 参见三亚市人民政府办公室关于印发《三亚市"无废城市"建设实施方案（2021—2025年）》的通知（三府办〔2021〕280号）。

③ 参见上海市发展和改革委员会、上海市规划和资源管理局、上海市绿化和市容管理局等关于印发《关于进一步支持本市资源循环利用行业稳定发展的实施意见》的通知（沪发改环资〔2021〕133号）。

业布局的优化和园区的循环化发展，政府作为发展循环经济的主要推动者需要给予必要的扶持。具体方式包括但不限于：①开展园区循环化建设和改造试点。根据有关发展循环经济的技术、工艺、设备名录及相关规定，组织评选本国（地）循环化建设（改造）示范试点园区，并定期公布。②设立发展循环经济的有关专项资金，支持重大循环经济项目及园区循环化改造的实施工作。③在统筹规划产业布局和园区建设的基础上，对于循环化发展的园区优先安排产能、主要污染物排放量、水资源等配置指标。①

2. 制定园区循环经济规划或实施方案

为落实前述产业布局和总体规划，新建和建设中的园区应当按照发展循环经济的要求进行整体规划；已建成的园区则应当按照循环经济的要求进行循环化改造。无论是园区的建设或改造，其目的在于构建循环经济产业链，在项目选择、功能布局、设施配置、生态环境影响及综合管理等方面实现资源高效利用和循环利用。因此，相关活动均应当符合发展循环经济的有关法律要求：①产业园区应当根据当地的循环经济发展规划制定或者调整本园区的循环经济发展规划或实施方案，依法报行政机关批准或备案。②规划或实施方案的编制应当符合科学合理利用资源，发展高附加值的深加工产业链，构建企业集中、产业集聚、发展集约的产业组织模式，主要包括产业定位、产业链选择、能量梯级利用、土地集约利用、水的分类利用、再利用及再生利用，企业共同使用的基础设施及基础设施建设等内容。③明确现有园区循环化改造的责任主体。其中，园区的管理主体负责编制本园区循环化改造实施方案并组织实施，如配套建设大气环境监测、污水收集处理、固体废物收集贮存转运、噪声防治等环境基础设施，并保障其正常运行；有条件的园区还可以配套建设集中供热、供气系统等。园区内已经入驻的企业负责实施本企业的循环化改造项目。②

---

① 以上内容参考了《西宁市建设绿色发展样板城市促进条例》第十三条、《武汉市实施〈中华人民共和国循环经济促进法〉办法》第四十七条、《河北省发展循环经济条例》第四十七条、《山西省循环经济促进条例》第十三条的有关规定。

② 以上内容参考了国家发展改革委办公厅、工业和信息化部办公厅关于《做好"十四五"园区循环化改造工作有关事项》的通知（发改办环资〔2021〕1004号）以及《河北省发展循环经济条例》第十二条、《大连市循环经济促进条例》第十条、《云南省创建生态文明建设排头兵促进条例》第四十一条、《杭州市生活垃圾管理条例》第十五条、《天津市水污染防治条例》第四十二条、《深圳经济特区循环经济促进条例》第四十四条、《武汉市实施〈中华人民共和国循环经济促进法〉办法》第十四条、《北京市水污染防治条例》第三十二条、《广东省实施〈中华人民共和国循环经济促进法〉办法》第三十条、《辽宁省环境保护条例》第四十一条、《广西壮族自治区环境保护条例》第二十四条、《大连市环境保护条例》第二十条、《江苏省循环经济促进条例》第九条、《陕西省循环经济促进条例》第十五条、《甘肃省循环经济促进条例》第十三条的有关规定。

3. 规范园区规划环境影响评价

理论上，环境影响评价包括战略（政策）环评、规划环评和建设项目环评三个层次（三种类型）。在我国，规划环评主要适用于一定区域和级别的有关开发利用规划，而建设项目环评则主要针对具体的开发建设项目。但随着产业的循环化、聚集化发展，产业园区作为一种相对独立的特殊环评对象日益受到关注。一方面，园区不同于一定行政区域、地域整体意义的开发利用；另一方面，园区作为整体存在也不等于入园的单个建设项目。有鉴于此，为避免园区循环化对生态环境造成负面影响进而偏离发展循环经济的初衷，我国《循环经济促进法》第二十九条明确规定，新建各类产业园区应当依法进行环境影响评价。生态环境部专门印发的《关于进一步加强产业园区规划环境影响评价工作的意见》（环环评〔2020〕65号）中也明确要求，各类产业园区应依法开展规划环评工作，编制环境影响报告书，针对产业园区循环化建设等方面提出优化调整建议。

在园区整体已经依法依规开展规划环评的情况下，从精简审批事项、提升环评效率的角度讲，对于入园建设项目的环评就可以有所侧重和简化。质言之，应以园区规划环评为依据，重点分析入园建设项目环评与规划环评结论及审查意见的符合性。如果产业园区规划环评结论及审查意见被产业园区管理机构和规划审批机关采纳的，其入园建设项目的环评内容则可以适当简化。①

（二）产业园区循环化发展的指标约束

为了实现经济效益、社会效益和生态环境效益的统一，应当建立和完善相应的指标体系。为此，我国专门发布了《工业园区循环经济评价规范》（GB/T 33567-2017），以规范工业园区循环经济评价的指标要求和循环经济指数计算方法，为园区的建设和改造提供了技术规范和依据。在此基础上，按照园区循环经济规划或实施方案编制大纲、指南等的要求，规划或实施方案中应当包括园区的发展目标和具体指标、年度目标等内容。通过引入相应的考核评价机制，进而对相关目标、指标等的实施和完成情况进行检验，以作为园区和（或）园区内企业循环化建设或改造情况的重要评价依据。②

---

① 参见生态环境部关于《进一步加强产业园区规划环境影响评价工作》的意见（环环评〔2020〕65号）。
② 参见山东省生态环境厅、山东省科学技术厅、山东省商务厅关于印发《山东省省级生态工业园区管理办法》的通知（鲁环发〔2022〕9号）以及柳州市人民政府关于印发《柳州市工业园区管理办法》的通知（柳政规〔2020〕1号）。

在此基础上，鉴于发展循环经济对于实现"双碳"目标具有重要的作用，故实践中已开始将实现碳达峰、碳中和作为园区循环化建设和改造的重要目标。进而，相关目标的落实情况也作为园区示范验收、复查评估等过程中的重点考核评价内容。[①]例如，按照《做好"十四五"园区循环化改造工作有关事项》的要求，改造的预期成效不仅包括节能、节水、污染物减排以及园区单位生产总值能耗、用水量、固体废物综合利用率等资源环境指标，还明确将二氧化碳减排量作为一项改造指标。[②]

(三) 产业园区循环化发展的管理模式

理论上，产业园区是一种特殊的空间单元。一方面，这一空间单元在一定的行政区域之内，故其必然应当受到属地政府及其相关职能部门的管理；另一方面，划定这一空间单元的功能和管理目标具有特殊性——以产业的聚集化进而实现循环化为主要功能，故其管理目标主要集中于经济管理方面。这就意味着，这一相对独立的行政管理空间需要在属地管理的前提下，按照精简、统一、高效的原则采用适应其特殊功能和管理目标的管理模式。

1. "区政合一"模式

所谓"区政合一"模式，就是指将园区管理主体与属地政府机构整合设置，实行"一套机构、两块牌子"的一体化管理模式。例如，实践中甘肃省金昌市永昌县河西堡镇与河西堡化工循环经济产业园区实行"区政合一"。[③]在园区管理和属地管理并行的情况下，往往存在着区政"两张皮"现象。而"区政合一"模式下，两套管理系统实际上就合二为一，可以有效避免行政资源内耗、互相推诿扯皮而导致的行政效能低下等问题。

2. 决策领导机构模式

所谓决策机构模式，就是在既有的属地政府及其相关职能部门依法管理的基础上，通过成立专门的园区管理决策领导机构，既加强属地政府对园区的专门宏观决策管理，同时加强对有关职能部门在园区实际管理中的专项领导和监督。例如，按照《柳州市工业园区管理办法》的有关规定，

---

① 参见生态环境部、商务部、科技部关于《同意嘉兴经济技术开发区等 2 家园区建设国家生态工业示范园区》的通知（环科财〔2021〕60 号）。

② 参见国家发展改革委办公厅、工业和信息化部办公厅关于《做好"十四五"园区循环化改造工作有关事项》的通知（发改办环资〔2021〕1004 号）。

③ 参见国家发展改革委办公厅关于印发《第一批国家新型城镇化综合试点经验》的通知（发改办规划〔2018〕496 号）。

成立柳州市加快工业园区发展工作领导小组并设领导小组办公室(简称"市园区办"），其主要职能是组织制定园区发展规划和产业布局，统筹园区用地、基础设施项目管理工作，并负责入园项目的论证及牵头制定考核评价规则。①

3. 专门管理机构模式

所谓专门管理机构模式，就是在既有的属地管理的基础上，为园区设立专门的管理机构并赋予相应的行政管理和公共服务职能。结合相关法律规定及实践，这种模式又包括以下三种具体模式。①协调领导机构+派出机构模式。具体而言，就是首先成立园区层面的协调领导机构，主要负责园区的组织领导和协调工作，落实有关法律和政策的执行，指导和监督园区规划、实施方案等的实施。在此基础上，成立专门的园区管理机构（如园区管委会）作为属地政府的派出机构，具体行使园区建设与管理的相关职能。②②派出机构模式。即不设协调领导机构，只设属地政府的派出机构。这种模式实践中较为常见，其又可分为两种具体模式：一是统一管理模式，即该派出机构代表属地政府对园区实行统一管理。特别是除海关、检验检疫、税务等实行垂直管理的部门和权力外，该机构可集中行使行政许可、行政处罚等行政管理权。③二是经济管理模式。即该派出机构仅负责园区的规划、开发、经济管理、投资、招商、项目建设等职责，而将教育卫生、公共文化、行政执法等社会事务管理和服务职能剥离给属地政府及其相关职能部门。④③法（规）定机构模式。即虽然按照相关法律或规定成立了专门的园区管理机构，但该机构并非属地政府的派出机构，而是遵循"小机构、大服务"的原则，在同级政府领导下负责园区管理和服务工作，并享有一定的经济管理权限。而园区内公安、安全生产、劳动和社会保障、食品药品监管、知识产权、征地拆迁等社会管理职能仍由属地政府及其相关职能部门负责。⑤

---

① 参见《柳州市工业园区管理办法》第一、二、四、六、七条的有关规定。
② 参见《新疆昌吉国家农业科技园区管理办法（试行）》第二、三条以及《呼和浩特市农业科技园区管理办法》第六条。
③ 具体可详见《定西市循环经济产业园区管理办法》第八条、《天津子牙循环经济产业区管理办法》第九条的有关规定。
④ 具体可详见《内蒙古自治区工业园区管理办法》第十四条、《丽江市重点工业园区管理办法（暂行）》第十三条的有关规定。
⑤ 具体可详见《中国—马来西亚钦州产业园区管理办法》第六、八、九条以及《信阳市人民政府关于加快工业园区建设的意见》的有关规定。

无论采取上述何种具体模式，对于专门管理机构而言，其在属地管理的前提下获得全部或部分行政管理权的方式主要有以下三种：①接受委托。例如，《关于印发南京市市级行政权力事项下放目录的通知》（宁委办发〔2012〕38 号）将南京市园区内的建设项目环评文件审批，委托园区管委会办理。实践中，还有部分地方政府将部分工业投资建设项目审批事项委托下放至各园区管委会直接实施，并规定由园区管委会对引发的纠纷、造成的损失或后果等承担责任。但如果涉及行政诉讼，则对外仍以委托行政机关的名义开展。①②全部或部分授权。例如，《儋州工业园区管理办法》第五条规定，儋州市人民政府授权园区管委会履行公共服务职责，负责园区发展战略、功能定位、投资促进、制度创新、企业服务、园区管理等工作。③前置行政审核（批）。即进入园区的建设项目必须首先征得园区管理机构的同意，再按照相关法律和规定办理立项、用地、规划、建设、环评等方面的审批（许可）手续后方可实施。②

（四）产业园区循环化发展的企业（项目）运作

产业园区的循环化发展，最终需要产业链上下游企业（项目）的聚集得以实现和表现。因此，企业（项目）运作是产业园区循环化发展的基本方式。对于园区企业（项目）运作的规范，自然就成为产业园区循环化发展制度的重要内容之一。

1. 企业（项目）入驻

要形成循环化的工业生态系统，必须首先引导相当数量、规模、类型的企业入驻园区。从法律制度的角度讲，企业入驻主要包括两种方式：一是鼓励入驻。即在统筹规划产业布局和园区建设的同时实施污染企业搬迁、升级改造，从而引导新建企业向园区聚集，鼓励已建企业向园区搬迁。二是强制入驻。结合相关法律规定，除特种项目等特殊审批的情况外，新建排放大气污染物的工业项目，原则上应当按照环境保护的要求进入工业园区。此外，对于印染、电镀、危险废物处置等高污染行业也通过入驻园区的方式，实现统一定点管理。无论是以上哪种方式，入驻园区的企业（项目）必须符合如下要求：①符合国家和（或）本区域产业政策和行业准入条件要求，所在地人民政府还可以制定并公布园区产业优先发展目录和产

① 具体可详见《长沙市人民政府关于下放工业投资建设项目审批权限的决定》（长沙市人民政府令第138号）以及《池州高新技术产业开发区建设工程领域"见章盖章"工作暂行办法》（贵政办〔2020〕53 号）的有关规定。
② 参见《丽江市重点工业园区管理办法（暂行）》第十五条。

业准入负面清单进一步设定准入"门槛"。②符合该园区循环经济发展规划或实施方案的要求，否则不得批准进入。③项目的环评应当符合该园区规划环评结论及审查意见，否则不得引入。④具备相应的生产、加工和（或）处理能力，符合国家和地方生态环境保护标准等要求。①

　　为落实上述入驻要求，一方面，加强新入园企业（项目）的评估和审查成为必要的制度设计。例如，《关于促进化工园区规范发展的指导意见》（工信部原〔2015〕433号）明确提出由园区管委会组织循环经济等方面的专家，对入园项目的土地利用率、工艺先进性、安全风险、污染控制、能源消耗、资源利用、经济效益等进行综合评估。再如，《内蒙古自治区工业园区管理办法》也明确规定，园区所在地人民政府应当对建设项目产业政策、规划选址、环境、安全、用地标准等方面进行审查。另一方面，对于之前已经入驻园区的企业（项目）则应当建立相应的升级与退出制度，从而督促不符合相关法律法规、标准、产业政策规定的企业（项目）开展技术改造，限期完成整改，实现产业升级。对无法通过整改达到相关规定的企业（项目），则依法实施退出。

　　2. 市场化运作

　　此处所谓的"市场化运作"，是指在政府特别是园区管理机构在实施行政管理的基础上，运用市场化的方式进一步加强园区的公共服务水平和能力。从制度实践来看，其具体包括两种实现路径。一是园区管理主体通过市场化方式履行相应职能。例如，园区在设立专门管理机构的同时成立建投公司或开发建设公司等作为园区开发建设、管理和市场化投融资主体，承担园区内土地开发整理、资金融通、基础设施建设，以及国有资产经营管理、招商引资、产业引导与培育等服务职能。二是通过引入金融、保险、法律、审计、会计、技术交易、信息咨询、产权交易和人才中介等第三方服务机构，为园区内的相关生产经营活动提供市场化、社会化服务。②

---

　　①　以上内容参考了《德州市大气污染防治管理规定》第三十一条、《鄂尔多斯市大气污染防治条例》第三十条、《广东省环境保护条例》第三十一条、《聊城市大气污染防治条例》第二十八条、《西安市大气污染防治条例》第四十四条、《江苏省循环经济促进条例》第二十九条、《长春市再生资源回收利用管理办法》第三十七条、《武汉市实施〈中华人民共和国循环经济促进法〉办法》第十四条、《陕西省循环经济促进条例》第十五条的有关规定。
　　②　以上内容参考了《儋州工业园区管理办法》第六条、第九条以及《木垒县工业园区管理办法》第九条的有关规定。

第三节　经济社会系统管理类制度

一、循环经济规划制度

从字面上讲，规划是一种当前为今后进行谋划、策划的人类活动。故广义上，大到一个国家、小到每个自然人都可能而且必然都在进行规划这种活动。但实际上，规划活动的核心乃是行政规划，亦即行政主体在实施公共事业及其他活动之前，首先综合地提出有关行政目标，事前制定出规划蓝图，以作为具体的行政目标，并进一步制定为实现该综合性目标所必需的各项政策性大纲的活动。①故结合行政规划的相关理论，本节中的循环经济规划是负有循环经济活动监督管理权的行政主体对一定时空范围内循环经济的总体发展目标、重点任务、保障措施等预先进行安排和部署的过程。而有关循环经济规划活动的一系列法律规范，则构成了循环经济法律制度。例如，我国《循环经济促进法》第十二条中对于全国和各行政区域的循环经济发展规划的制定并实施做出明确规定。实践中，《贵阳市建设循环经济生态城市条例》还曾设"规划"专章，对循环经济规划的制定、实施、修改的全过程进行了系统性法律规定。

（一）循环经济规划制度的功能

1. 实现对经济社会系统"大循环"的未雨绸缪

凡事预则立，不预则废。发展循环经济作为经济社会系统"走新路"的一项重大发展战略，必然存在未来导向并需要以现实基础与形势为起点的未雨绸缪。而规划作为政府对社会经济生活进行干预的手段之一，不仅在确定经济发展目标和战略，而且在调整产业结构和促进经济动态的平衡和协调过程中发挥了重要作用。②因此，制定并实施循环经济规划就成为"牵引"整个经济社会系统在未来时空尺度内有序开展各类循环经济活动的"龙头"。通过法律制度的形式对这种必要的未雨绸缪活动加以确认，为其能够规范、有序地开展提供了强有力的法制保障。例如，美国 1990 年《污染预防法》第 6602 条明确规定，"作为通过源削减污染预防的第一步，环保局必须制定一项削减规划"。

---

① 姜明安主编：《行政法与行政诉讼法》，法律出版社 2003 年版，第 114 页。
② 李昌麒主编：《经济法学》（第三版），法律出版社 2016 年版，第 324 页。

2. 提升循环经济法律与政策的适用效率

从发展循环经济的层次上讲，为整个经济社会系统制定并实施相关的法律、政策处于宏观层次，而在经济社会系统中实施具体行动、建设并运营有关项目等则处于微观层次。诚然，微观层次的活动需要服从宏观的法律、政策等的要求。但毕竟二者之间存在天然的差距，且不同时空和经济技术条件下的循环经济活动具有复杂性、特异性。例如，法律或政策对于企业提出了进行循环化改造的要求，但不同地区、不同行业、不同规模的企业，如何具体完成改造任务明显存在较大差别。而循环经济规划既可以通过明确目标、原则落实法律与政策的基本要求，又可以通过设定具体的任务、措施等在特定的时空尺度内对微观的循环经济活动加以具体化、差异化的引导、确认及规范。质言之，循环经济规划就成为连接相关法律、政策与具体治理目标、措施之间的桥梁与纽带[①]，其在法制的框架内制定、实施有助于进一步提升法律与政策的适用效率。

3. 提升循环经济公共行政的效率

根据德国行政法学家福斯特霍夫的理论，规划之所以存在主要是因为行政的"三不足状态"——时间紧迫性、空间不足性及财源有限性。[②]面对有限的时空和财源，行政主体通过计划性活动——规划的制定和实施可以使有限的行政资源在一定的时空尺度内（一国或一地的规划期内）获得最大化的行政效益。无独有偶，政府作为发展循环经济的组织者、领导者、管理者，其在对经济社会系统进行管理过程中同样面临前述的"三不足状态"。例如，发展循环经济需要投入大量的资金，而政府的资金一方面总量有限，另一方面在投入时还需要各领域统筹兼顾。而依法制定并实施循环经济规划，无疑是使有限的政府资金能够发挥最大效益、获得最佳收益的必要手段。

（二）循环经济规划的编制

循环经济规划的编制是以深入、细致、全面了解资源环境、经济发展水平、循环经济发展现状为基础，通过运用现代科学技术手段与方法，对现状与未来发展趋势进行分析与评价。在此基础上，初步提出循环经济规划的目标、方案、措施，最终形成循环经济规划的草案。质言之，循环经

---

① 刘佳奇：《环境规划制定过程法律规制研究》，中南财经政法大学 2014 年博士学位论文，第 1 页。
② "三不足状态"说是德国已故行政法学者福斯特霍夫（Ernst Forsthoff）在谈到规划兴盛时的言论。参见莫于川、郭庆珠：《我国行政法学界关于行政规划的理论研究现状分析》，载《南都学刊》2007 年第 1 期，第 85 页。

济规划的编制是循环经济规划整个生命周期的起点。

1. 编制主体

循环经济规划的编制主体一般为各级政府担负循环经济管理职能的部门。例如，我国循环经济发展规划是由各级循环经济发展综合管理部门负责编制。同时，由于经济社会系统发展循环经济涉及诸多相关领域，循环经济规划的编制势必与政府相关部门存在职能上的交叉。为实现政府各职能部门在循环经济发展中的协同合作，编制主体往往需要"会同"有关部门共同编制。例如，《甘肃省循环经济促进条例》第十三条规定："市（州）级以上人民政府发展和改革行政主管部门会同有关部门编制本行政区域循环经济发展规划"。

不仅如此，经济社会系统发展循环经济的最终实施者和受益者均为社会公众。因此，循环经济规划的编制性质上属于社会公共政策的制定，社会公众亦有权参与规划的编制。例如，法国《废弃物及资源回收法》第 10 条规定："环境部长针对某类别废料草拟清除之国家计划，相关辖区团体代表、协助生产以及废料清除的专业组织代表、经认可的环境保护协会代表可与国家代表以及相关公共组织代表，于计划委员会（commission du plan）中参与这些计划的草拟工作"。

2. 编制内容

为确保循环经济规划的科学性，规划的内容应当按照相关要求进行编制。首先，循环经济规划的主要编制内容必须符合法律的基本要求。例如，日本《循环型社会形成推进基本法》规定，循环型社会基本计划的内容主要包括关于建立循环型社会的措施的基本方针；关于建立循环型社会，政府应综合地且有计划地采取的措施以及政府为了综合地且有计划地推进有关建立循环型社会所必要的措施等。[①]其次，规划的编制在内容上还应当满足法律的某些特殊要求。再如，《重庆市废弃农膜回收利用管理办法（试行）》第二十七条规定，将废弃农膜回收利用纳入循环经济规划。

鉴于循环经济规划在内容上兼具专业性和综合性，法律规范本身难以对循环经济规划内容的编制做出过多限制。故在相关实践中，往往在法律规范的基础上设定相关技术导则、编制指南等对循环经济规划编制的内容进行进一步规范。例如，国家发改委专门出台了《循环经济发展规划编制

---

① 详见日本《循环型社会形成推进基本法》第 15 条。

指南》，明确了各级循环经济发展规划的编制背景和总体要求、规划的框架内容等。①

3. 编制进度

循环经济规划作为一国、一地规划体系中的重要组成部分，不仅在内容上应当与整个规划体系保持统一、协调，还应当在编制进度上与整个规划体系，尤其是本国、本地经济社会发展的综合性、整体性规划的编制进度保持一致。如此才能保证各级各类规划同步实施，以形成经济社会系统内部的规划合力。正因如此，《循环经济发展规划编制指南》明确要求，循环经济规划要与国民经济和社会发展规划的编制时间协调一致。②

（三）循环经济规划的审批

审批的功能在于使规划能集思广益，考虑更为周详，而使最终确定之规划内容合理妥善，裨于具体实施规划内容时顺利进行，而达预定之目标。③更为重要的是，此过程将直接决定循环经济规划文本的形成和法律效力的产生。故在德国行政法中，规划的审批也被称为"确定程序"，亦即确定规划的法律效力，形成相应的权力（利）义务关系。

1. 审批主体

如果主导循环经济规划编制过程的编制主体同时又是做出审批决定的审批主体，那么其很难独立地、不受影响地做出决定。因为它很难避免编制过程所赋予它的职能的影响，不论是在实质上还是在形式上都可能影响规划的中立性。④职能上的混合（combining of functions）将致某些规划彻底成为编制主体偏私（bias）⑤的实现机制。因此，对于循环经济规划往往采用编审主体分离的制度设计。例如，我国循环经济发展规划依法由各级循环经济发展综合管理部门会同有关部门行使编制权，同级人民政府行

---

① 规划的框架内容为：前言；规划区域的基本情况；发展循环经济的紧迫性，有利条件及制约因素；发展循环经济的指导思想，基本原则和发展目标；发展循环经济的重点任务；空间布局；发展循环经济的重点领域，重点工程及关键技术与装备；实施效果分析；发展循环经济的保障措施。

② 参见国家发展和改革委员会办公厅关于印发《循环经济发展规划编制指南》的通知（发改办环资〔2010〕3311号）。

③ 翁岳生主编：《行政法》（下册），中国法制出版社2002年版，第805页。

④ 王锡锌：《行政过程中相对人程序性权利研究》，载《中国法学》2001年第4期，第81页。

⑤ 根据美国行政法的观点，这种偏私主要有三种情形：对法律和政策理解上的某种偏好、对特定情况下事实认定的偏好以及对特定当事人的偏爱。参见 Kenneth Culp Davie. Administrative Law Text, 3rd edition. West Publishing Company. 1972, p.245.

使审批权。①不仅如此，部分地区的循环经济发展规划还纳入本区域内的重大战略决策，进而由本级权力机关审批。例如 2008 年，吉林省白山市六届人大常委会第四次会议听取和审议了市政府关于《白山市循环经济发展规划》及其编制说明的报告，做出批准《白山市循环经济发展规划》的决定。②

2. 审批的效力

参考德国的相关立法例，规划的审批（在德国法中称为确定程序）具有"集中事权效力"，规划以及规划确定的相关权力（利）义务关系（如行政许可）等同时具有法律效力。③在我国，目前尚无此类"集中事权"的法律规定，因此我国循环经济规划审批的效力仅及于该规划本身，亦即审批后规划所涉许可等仍需具体审批。

（四）循环经济规划的实施与变更

1. 规划的实施

规划的生命在于实施，规划的权威也在于实施。④对于循环经济规划而言，其实施过程与制定过程同等重要。循环经济规划的实施是将规划确定的目标、措施、任务等进行分解落实，赋予"纸上规划"以真正的生命力。为保证循环经济规划的落实，通常会出台包括年度计划或实施方案、工作意见、考核办法等，具体表现如《定西市循环经济发展规划实施方案》《甘肃省工业和信息化委员会贯彻落实循环经济总体规划实施方案工作意见》《白银市循环经济发展规划实施考核办法》等。此外，毕竟循环经济规划的编制和审批是基于有限理性对未来时空范围内经济社会系统的预先安排，因而难免存在不足与疏漏。故循环经济规划的实施过程还具有发现规划中存在的不足与问题，进一步对规划进行完善与修正的功能。

2. 规划的变更

规划从拟定到实施的过程常常是经年累月，其间不可避免地会因为政治、经济形势等发生变化，而使当初的规划不得不变更或中止，可以说变

---

① 例如，《山西省循环经济条例》第六条规定，"省人民政府发展和改革部门会同经济和信息化、环境保护、城乡规划等部门编制全省循环经济发展规划，报省人民政府批准后公布施行"。

② 长白山日报：《白山市六届人大常委会关于批准〈白山市循环经济发展规划〉的决定》，载《长白山日报》2008 年 6 月 30 日，第 1 版。

③ 参见苏苗罕：《行政计划诉讼问题研究》，载《行政法学研究》2004 年第 3 期，第 99~105 页。

④ 王建新：《区域协调发展战略背景下云南滇中城市群理论与实践研究》，云南大学出版社 2022 年版，第 180 页。

更是规划的"生理现象"。①如果经过必要的反馈，发现循环经济规划的实施结果与目标设定之间存在差距，或循环经济规划的科学性、客观性在实践中没有很好的反馈，或情势变更导致循环经济规划必须做出调整或废止等情况的出现，则循环经济规划在实施过程中还可能发生变更。

（1）变更的条件。理论上，循环经济规划的变更可以分为"修正性变更"和"情势变更性变更"。②其中，修正性变更主要是根据循环经济规划实施过程中所反馈的结果（主要是跟踪评价的结果）确定，属于常态化的变更条件；而情势变更性变更则是因循环经济规划实施过程中情况的发展（如上级法律、政策、规划调整）及时做出的决定，故属于非常态的变更条件。

（2）变更的程序。由于循环经济规划自身具备的公共面向及其适用于多元主体，对于根据其所设定的目标、措施开展行动的相关主体来说，有时会由于变更造成其到目前为止的投资、行动等都是徒劳的，导致对相关主体不利的状况出现。因此，这便产生了若承认循环经济规划的变更本身，就不能对因此给私人带来的危险置之不理的问题。③不仅如此，经历编制、审批过程的循环经济规划，本身具备了科学与价值的双重理性。随意对其进行变更，既可能造成行政资源的浪费，也是对其科学和价值理性的不尊重，同时亦有可能因为任意变更带来新的、更大的经济社会系统风险。出于对循环经济规划编制、审批等过程科学性、民主性的尊重，以及避免造成不必要的行政支出和对相关主体信赖利益的侵害，对循环经济规划变更的启动应采取较为谨慎的态度。较为普遍的做法是在变更中原则上适用"原审报批"程序。例如，《德国联邦行政程序法》规定，"已确定的规划在完成之前需要修改的，应经过新的规划确定程序"④。换言之，在循环经济规划的变更过程得以启动的条件下，原则上需要使变更的规划内容重新经历编制、制定过程才可最终确定。

二、循环经济标准制度

标准化是在经济、技术、科学及管理等社会实践中，对重复性事物和概念通过制定、发布和实施标准，达到统一、简化、协调和选优，以获得

---

① [日]盐野宏：《行政法总论》（第四版），杨建顺译，北京大学出版社 2008 年版，第 146 页。
② 转引自杨临宏：《行政法：原理与制度》，云南大学出版社 2010 年版，第 416 页。
③ [日]盐野宏：《行政法总论》（第四版），杨建顺译，北京大学出版社 2008 年版，第 146 页。
④ 参见《德国联邦行政程序法》第 76 条。

最佳秩序和社会效果的过程。[①]标准化作为发展循环经济的重要技术支撑，在推进产业结构调整和升级、转变发展方式、提高产业竞争力、保护生态环境等方面具有重要的战略意义。要大力推进循环经济发展，必须将循环经济涉及的各个领域、各个流程以及产品设计、生产的全过程纳入标准化轨道。循环经济标准是标准化的重要表征和实现路径，也是对区域社会经济系统与自然生态系统协调发展状况进行综合评价的依据，在循环经济发展过程中具有支撑性作用。[②]所谓循环经济标准，是指循环经济活动中有关主体制定的有关技术、工艺和设备在节能、节水、节材和废物再利用、资源化等方面的统一技术要求和规范，或者对产品在单位产值和单位产品的能耗、物耗中所做的限制要求。[③]循环经济标准制度则是循环经济标准制定、实施的系统性法律依据。例如，我国《循环经济促进法》第十七条明确规定，"国务院标准化主管部门会同国务院循环经济发展综合管理和生态环境等有关主管部门建立健全循环经济标准体系"。

（一）循环经济标准的类型

实践中，有关循环经济的标准数量众多、内容丰富。采用不同的类型化依据，可以将循环经济标准划分为如下不同的类型及其结果。

（1）按照标准的适用范围，循环经济标准可分为国家标准（全国适用）、行业标准（本行业适用）、地方标准（本省或市适用）、团体标准（本社会团体成员适用）、企业标准（本企业适用）。其中，前四类标准依次分别如《工业园区循环经济评价规范》（GB/T 33567-2017）、《国家生态工业示范园区标准》（HJ 274-2015）、《太原市循环经济标准体系》（DB14/T 836-2013）、《基于项目的温室气体减排量评估技术规范循环经济领域资源化过程 废电器电子产品回收处理》（T/CACE 035-2021）。再如，《大连市循环经济促进条例》第十一条规定，"鼓励企业建立健全企业标准体系，制定严于国家标准的企业标准并予以执行"。

（2）按照标准所涉及的循环经济领域不同，循环经济标准可分为节能、节水、节材和废物再利用、资源化等标准。例如，为建立健全循环经济标准体系，我国《循环经济促进法》第十七条明确规定："制定和完善节能、节水、节材和废物再利用、资源化等标准"。

①　王理：《探讨发展循环经济的标准化战略》，载《世界标准化与质量管理》2006 年第 3 期，第 33 页。

②　孙佑海：《制定一部适合中国国情的循环经济法》，载《南京农业大学学报（社会科学版）》2007 年第 2 期，第 62 页。

③　参见孙佑海、张蕾等编著：《中国循环经济法论》，科学出版社 2008 年版，第 277 页。

（3）按照标准所针对的产业不同，循环经济标准可分为工业、农业、服务业标准。例如，《工业企业和园区循环经济标准体系编制通则》（GB/T 33751-2017）就是针对工业的一项循环经济标准。

（4）按照标准所适用的区域不同，循环经济标准可分为城市（社区）、园区、项目（企业）标准。例如，《长治市循环经济标准体系》（DB14/T 837-2013）适用于该城市循环经济标准体系的建立和实施，而《四川省化工园区循环经济标准体系规范》（DB51/T 2625-2019）则适用于化工园区。

（5）按照标准规范的对象不同，循环经济标准可分为绩效评价标准、技术标准、产品标准、管理标准、工作标准等。例如，我国《循环发展引领行动》提出："建立完善产品生态设计标准，推动重点行业循环型生产方式技术管理标准化，健全行业循环经济实践技术指南和行业循环经济绩效评价标准"。实践中，《晋城市循环经济标准体系》（DB14/T 838-2013）内部就包括循环经济公共管理标准体系（如垃圾无害化处理标准）。

此外，按照标准是否具有强制执行性，循环经济标准还可分为强制性标准、推荐性标准。例如，《甘肃省循环经济促进条例》第二十九条规定，"新建建筑物及构筑物应当严格执行建筑节能强制性标准。达不到能耗设计标准的建筑，不得进入市场"。其中的节能标准就是强制性标准。

（二）循环经济标准的制定和实施

1. 标准的制定

首先，循环经济标准作为一国、一地标准体系的重要组成部分，其制定应当首先依据统一的标准化法的规定。例如，我国《标准化法》中对于国家标准、行业标准、地方标准和团体标准、企业标准等各级各类标准的制定均有明确规定，这无疑构成循环经济标准的基本法制遵循。

其次，循环经济领域的标准化有其自身的特点，因此该领域的立法往往对于循环经济标准的制定做出专门规定。例如，针对可再生能源技术和产品，我国《可再生能源法》规定由国务院标准化行政主管部门制定、公布"有关可再生能源技术和产品的国家标准"；而针对节约能源，我国《节约能源法》则规定由"国务院标准化主管部门和国务院有关部门依法组织制定并适时修订有关节能的国家标准、行业标准"。

此外，企业是循环经济标准制定过程中的重要主体。一方面，企业可以积极参与国家、地区、行业标准的制定，进一步增强企业在参与循环经济活动中的话语权；另一方面，企业也可以制定适用于本企业的内控标准。

通过加强企业标准体系建设，能够提高企业的循环经济管理水平，提升产品质量和档次，增强企业在循环经济中的核心竞争力。

2. 标准的实施

如同法律、政策、规划一样，循环经济标准同样也存在"徒法不足以自行"的问题。换言之，制（修）订的标准只停留在"纸面"意义上，需要通过以下方式加以落实。除各级政府及其质量技术监督、发展改革、生态环境等部门运用循环经济标准进行监督管理以及对超过或不符合标准的活动予以依法处理外，还存在如下专门实施循环经济标准的制度措施。

（1）考核评价。将循环经济标准的实施情况纳入政府目标考核体系，加大标准的应用力度。具体通过标准覆盖率、贯彻执行率、宣传培训率等量化考核指标的实现推进循环经济标准的实施。[1]

（2）循环经济标准化试点示范。选择影响力广、示范辐射作用明显、积极性高的重点企业、领域、产业园区、城市等，在不同层次、重点环节开展循环经济标准化试点工作，在全国或本区域形成示范带动。其主要任务是：建立并完善循环经济标准体系，积极采用国际标准和国外先进标准，开展标准的科学性、实用性研究，制（修）订相关国家标准、行业标准、地方标准和企业标准；注重循环经济标准的实施和宣传，重点抓好节能、节水、节材和废物再利用、资源化等方面标准的贯彻应用；进一步探索和完善不同层次（企业、领域、产业园区、城市）循环经济标准化工作模式，总结标准化促进循环经济发展的成功经验与做法；加强循环经济标准信息等平台建设，构建循环经济标准化信息网络。[2]

（3）循环经济产品、管理体系、服务等的认证。认证是由认证机构证明产品、管理体系、服务等符合相关技术规范或标准的要求的评定活动。按照《循环发展引领行动》的有关要求，经过认证的再生产品、再制造产品等绿色产品认证作为政府采购、政府投资、社会推广的优先选择范围。如在实践中，中国质量认证中心开展再生塑料产品的循环经济认证业务。按照该中心《再生塑料产品循环经济认证规则》（CQC52-369991-2017）

---

[1] 以上内容参考了《鹤壁市人民政府关于实施循环经济标准化工作的意见》《晋城市国家循环经济标准化试点工作实施方案》《襄城县创建河南省循环经济标准化示范园区工作实施方案》《江苏省政府办公厅关于印发进一步加强标准化工作意见的通知》（苏政办发〔2015〕7号）的有关规定。

[2] 以上内容参考了《循环经济标准化试点工作指导意见》（国标委工一联〔2009〕48号）、《山西省国家级循环经济标准化试点城市建设管理办法》和《陕西省质量技术监督局关于印发〈支持发展循环经济的实施意见〉的通知》（陕质监量〔2011〕6号）的有关规定。

的规定，再生塑料产品循环经济认证具体包括认证申请、文件审核、产品检验、初始工厂检查、认证结果评价与批准、获证后的监督以及复审等基本环节，认证过程中所依据的标准是《再生塑料产品循环经济认证技术规范》（CNCA/CTS 0019-2015）。换言之，申请并获得该认证以及获证后的监督等过程，本质上就是该标准的实际执行和实施过程。

（三）循环经济标准的法律效力

从现象上看，循环经济标准的内容主要是各种技术指标、量（限）值、方法、要求等。虽然循环经济标准往往依据法律规范制定且对相关循环经济活动具有约束力，但如果按照法理学中关于法律规范的构成要素一般包括假定条件、行为模式、法律后果来判断，循环经济标准本身并不属于法律规范。特别是在循环经济标准体系中，如《运城市循环经济标准体系》（DB14/T 839-2013）等大量存在的推荐性标准并不会对相关主体和活动直接产生约束力。因此，循环经济标准对相关主体及活动的约束力源于法律赋予其的实际约束力，即循环经济标准所具有的法律效力。

1. 作为判断行为违法与否的技术依据

例如，日本制定的节能诊断标准，把管理、运行、用能设施和热电系统全部细分为一系列具体的可操作的评价指标体系，工厂节能诊断由 6 个方面、33 个项目、131 个指标构成，建筑物节能诊断由 7 个方面、31 个项目、155 个指标构成。而且大部分指标都制定了具体技术基准参数，可以根据实际运行参数与基准参数的比较，快速判断设备的运行状况。基于此，根据日本《节能法》的相关规定，制造商必须遵守标准，否则将受到警告、罚款等处罚。[①] 显然，相关法律对于违法行为设定了相应的法律责任，而判断行为是否违法的技术依据在于是否遵守了该标准。

2. 作为相关循环经济活动的技术门槛

前文已述，循环经济标准中存在大量的限值、量值、要求等。进而，相关法律据此对于相关活动提出了必须达到、符合或不超过相关限值、量值、要求的规定。否则，相关活动或依法不被准予开展，或依法必须采取相应的改进措施。在此过程中，标准就成为评价相关活动能否以及在何种程度上开展的技术"门槛"。具体而言：①作为相关活动准入的技术门槛，即标准作为从事相关循环经济活动、产品等必须达到的"底线"。例如，

---

① 参见王荣、储从江：《日本节能经验及启示》，载《中国能源》2007 年第 5 期，第 37 页。

《大连市循环经济促进条例》第十四条规定，"包装物的设计和生产，应当符合产品包装标准"。②作为限制相关活动的技术门槛，即标准作为相关活动、产品等不能突破的"上限"。例如，《广东省实施〈中华人民共和国循环经济促进法〉办法》第十二条规定，"省人民政府质量技术监督部门应当组织制订并公布本省高消耗、高排放的重点行业和产品的限额标准"。③作为禁止相关活动或淘汰落后产能的技术门槛，即标准作为禁止或淘汰相关活动、产品等的"红线"。例如，《高耗能行业重点领域能效标杆水平和基准水平（2021年版）》（发改产业〔2021〕1609号）要求依据能效标杆水平和基准水平，限期分批实施改造升级和淘汰。其中，对于不能按期改造完毕的项目进行淘汰。

3. 作为相关循环经济活动的示范引领

循环经济标准除可以发挥前述的"技术门槛"作用外，还可以通过"标准领先"引导相关区域、产业、企业等实现优化升级和转型，提升发展循环经济方面的竞争力。例如，我国在国家层面就发布过《国家循环经济示范城市建设评价内容》《国家循环经济教育示范基地评选标准》等标准；贵州省在其出台的《贵州省省级循环经济示范园区（基地）、企业认定暂行办法》中，也对循环经济示范园区、企业等的评选明确设定了评价指标。制定上述标准的目的显然不是对相关活动、产品等的强制、限制、准入，而是通过设定指标在不同层面评选发展循环经济的"示范者"和"优秀生"，发挥其示范引领作用。

4. 作为相关激励措施的适用前提

为有效调整循环经济活动，循环经济法采用了综合性的法律手段，其中之一就是奖励、补贴等经济激励措施。而准确地识别适用对象，无疑是有效采用激励措施以充分发挥其应有作用的前提。循环经济标准凭借其统一性、规范性、科学性和可以反复适用的属性，成为识别激励措施适用对象的重要技术依据。例如，我国台湾地区"资源回收再利用法"要求再生资源、再生产品应符合相关机构规定的标准，不符合标准者不能适用相应的辅导奖励措施。①换言之，经评定符合相关标准者就可以获得奖励。

三、循环经济标识制度

循环经济标识，也可称为循环经济标志，是指认证机构依据一定的循

---

① 详见我国台湾地区"资源回收再利用法"第十六条。

环经济标准、指标或规定，强制或向有关自愿申请者颁发的以表明其产品或服务符合要求的一种特定标识（志）。标识的获得者必须或可以将所申请的标识印在相关的物品或其包装、容器上。它表明印有标识的物品及其包装、容器等同其他无标识的物品及其包装、容器相比，在生产、使用、处理等整个过程或其中某个过程符合循环经济的要求。如图 6-2 所示，目前，西方主要发达国家普遍建立实施了循环经济标识制度，如德国于 20 世纪七八十年代就开始推行的"蓝色天使"标识（Blue Angel Scheme），日本于 1989 年开始实施的生态标识（Eco-Mark Scheme）。我国于 1994 年开始从低氟家电制冷器具入手推行循环经济标识制度。目前已初步形成了循环经济标识产品群体，成为我国循环经济中的重要组成部分，为实现经济社会系统的循环发展提供强大动力。[①]

德国"蓝色天使"标识　　日本生态标识　　美国"能源之星"标识　中国节能认证标识
　　　(a)　　　　　　　　(b)　　　　　　　(c)　　　　　　　(d)

图 6-2　世界范围内主要的循环经济标识

（一）循环经济标识制度的功能

1. 引导绿色消费方式的养成

为了降低整个经济社会系统的环境负荷，需要每位公民积极参与绿色消费。为此，日本环境省为了帮助普通消费者在进行绿色采购时能够有所参考，特整理出以生态标识为主的各种标识信息，并建立了相应的数据库，通过该数据库为全体国民提供相关信息。由此可见，建立循环经济标识制度的功能之一，在于准确地引导消费者选择环境友好的产品或服务。通过循环经济标识的评选、审查和传播，提高全民的循环经济意识和尤其是绿色消费的意识。

2. "倒逼"生产者走循环经济之路

通过影响公众的消费习惯，能够有效提高循环型产品的市场竞争力。这将从消费的角度入手，"倒逼"生产者从满足消费的角度出发在生产阶

---

① 参见于粤、韩丽华：《环境标志计划与中国循环经济探讨》，载《环境保护科学》2006 年第 2 期，第 66—68 页。

段就开始节约资源、减少污染。例如，德国为燃油和燃煤气的加热器引入绿色标识后，在短短的两年里具有绿色标识的加热器就占领了加热器市场60%以上的份额。在绿色标识引入油漆产品后，含有对环境有害物质的油漆已经基本上退出了德国的油漆市场。[①]在此基础上，对于生产者而言，循环经济标识制度还是其树立良好形象、打开国际市场、走向世界的金钥匙。因为在绿色发展、应对气候变化等成为全球重大关切的今天，生产者只有不断提高产品的绿色科技含量，取得各类相关循环经济标识认证，才能消除贸易障碍，进而在国际市场上占据优势的竞争地位。[②]

3. 落实生产者责任的重要手段

前文已述，从生产者责任延伸制度的角度出发，生产者对于产品的相关资源环境信息负有一定的公示或告知等责任。公示或告知的手段除在产品说明书中加以详尽描述外，还可以通过标识这种更加直观的方式具体实现。例如，德国《循环经济和废物处置法》（1994）第23条规定，"一定的产品要以一定的方式做标志，以确保履行废物的生产者或拥有者回收义务"；再如，《山西省循环经济促进条例》第十八条规定，"企业应当执行国家循环经济技术导则，并在应当标识的产品及包装物上标识其能效水平和资源消耗情况"。

（二）循环经济标识制度的适用领域

1. 提高资源、能源利用率领域

发展循环经济，首先要改变传统高消耗的经济增长模式，实现对资源、能源利用的减量化。因此，循环经济标识制度首先应被用于提高资源、能源利用的效率。例如，美国著名的"能源之星"标识，贴上"能源之星"标识的产品就标志着它已经获得了美国能源部和环保局认可的能耗指标，消费者可以依据该标识来选购节能产品。再如，我国《循环经济促进法》第十七条规定，"国家建立健全能源效率标识等产品资源消耗标识制度"。

2. 促进环境友好领域

区别于传统经济的高污染，循环经济在实现资源、能源节约的同时，还担负着实现环境友好的功能——最大限度地降低经济社会系统对生态环境的影响。因此，循环经济标识制度也适用在促进环境友好的领域。例如，

---

① 中关村国际环保产业促进中心：《循环经济：国际趋势与中国实践》，人民出版社2005年版，第146页。

② 孙佑海：《循环经济法的基本框架和主要制度论纲》，载《法商研究》2007年第3期，第37页。

"澳大利亚环境选择标志"（AUS Good Environmental Choice Mark）授予环保创新产品等符合或超过环保性能标准的产品；再如，"日本生态标识"原则上要求该产品在整个生命周期中对生态环境造成的压力较同类产品小。

3. 物质再生回收领域

循环经济在德日等发达国家，最初即是源于物质（资源）再生回收领域，如包装、垃圾、汽车、家电等的回收再利用。尽管循环经济提倡优先满足减量化以及再利用，但人类当前的科技发展水平仍无法实现废弃物的"零排放"。因此，对废弃物的再生回收依然是发展循环经济的重要环节，物质再生回收领域依然是循环经济标识制度适用的重点领域。循环经济标识中的再生回收类标识能够帮助废弃产品处理者准确、高效地对产品材料进行分类，是一种最直观地披露相关信息的方式，使产品回收利用的信息更加透明。不仅便于政府监管，也有利于同行业者以及媒体和公众的监督，促使生产者不断改进产品的回收利用特性，减少由于企业社会责任带来的压力，进而赢得市场竞争。[1]实践中，为了方便国民分类排放再生义务对象包装材料，提高可再生废弃物的分类收集率，韩国从 2003 年开始实施分类排放标识制度，如图 6-3 所示。[2]再如，我国《清洁生产促进法》也规定，国务院有关部门可以根据需要批准设立废物再生利用等环境与资源保护方面的产品标识。具体而言，我国的"回收（再生）标志"用于可回收（再生）的资源，包括纸、木、可回收塑料、金属和玻璃等的制品和包装。

▶玻璃，铁，铝

▶塑料类

图 6-3　韩国再生废弃物分类排放标识

---

① 徐风：《我国亟待建立电子电器产品回收利用标识制度》，载《中国质量报》2011 年 5 月 26 日，第 1 版。

② 尤麟：《构建与完善环境法律体系进一步发展循环经济——访韩国环境资源公社北京代表处首席代表洪智善》，载《再生资源与循环经济》2009 年第 6 期，第 3 页。

（三）循环经济标识制度的实施主体

1. 政府相关职能部门

部分循环经济标识的所有权是政府的有关职能部门或机构，故该部门或机构负有此循环经济标识的管理权，同时负责制度实施。例如，我国的"再生资源回收体系"标识属我国商务部所有，由商务部对标识的使用实行统一监督和管理。商务部验收合格的再生资源回收体系建设项目可以在社区回收亭、集散市场、流动回收车、说明书、装潢、广告宣传及互联网等场所或媒介使用该标识。未被验收的再生资源回收体系建设项目，不得使用该标识。①

2. 国际组织

随着经济全球化时代的到来，相关领域适用统一的国际标准、规范已经成为经济全球化的一个显著特征。其中，国际组织特别是负有相关国际标准、国际规范制定职能的国际组织，在经济活动中发挥的作用愈发明显。例如，世贸组织制定的各类规则对其成员国的国际贸易活动具有十分重要的规范功能。无独有偶，与知识经济并称为 21 世纪世界经济发展支柱的循环经济，其在世界范围内的发展过程中，国际组织同样发挥着重要的作用。其中就包括国际通行循环经济标识的制定以及相关制度的实施。例如，"国际铅酸电池循环使用标识"（INT Marking for Lead-Acid Batteries with the Recycling Symbol）就是由国际性电工标准化机构——国际电工委员会（International Electro Technical Commission，IEC）负责相关标准的制定和标识的管理。

3. 第三方组织

循环经济标识的确定、审查标准的制定往往与专业科学技术知识等密不可分，而政府的相关职能部门对于相关专业知识的掌握往往并不充分。出于提高社会公共服务质量的需要，更加具备科学理性的第三方组织可以代替政府的相关职能部门负责循环经济标识制度的实施。例如，"日本生态标识"（JJPN Ecology Mark）就是由日本环境厅（今环境省）授权日本环境协会（Japan Environment Association，JEA）管理。日本环境协会是日本全国性环境保护方面的民间学术团体，具有公益财团法人的地位。

4. 多元主体合作

循环经济的发展是涉及政府、企业、社会主体、公众等多元利益主体的

---

① 参见商务部办公厅关于《启用再生资源回收体系标识》的通知（商改字〔2007〕86 号）。

社会公共事务。对于社会公共事务，尽管政府依然负有主要的管理职能，但政府外的多元主体同样有权参与治理，通过政府与多元主体的合作、协商即形成"多元共治"。循环经济标识制度的实施作为这一系统性社会公共事务中的具体事务之一，同样可以而且应当实现多元主体的合作共治。例如，德国著名的"蓝色天使"计划就是德国政府及一些民间团体共同组织实施的。该计划的核心——"蓝色天使"标识，由科学界、商界和环境团体、消费者协会、手工业、贸易联合会、工业、新闻媒体、商贸及德国地方政府的代表组成的"环保标识审查团"负责其审核工作。可见，该标识相关制度的实施主体既包括政府职能部门，还包括民间组织、专家等，是多元主体的合作共同推进该标识相关制度的科学、高效实施。[①]

（四）循环经济标识制度的实施程序

鉴于各类循环经济标识的适用地域、领域、实施主体等存在差异，故诸多循环经济标识之间在具体实施程序上不可避免地存在一定差别。但从宏观的角度看，循环经济标识制度的实施程序大体包括三个阶段：①循环经济标识产品类别的确定及相关认证标准的制定。例如，德国"蓝色天使标识"的审查标准是由质量与标牌研究会这一公益性的民间组织制定。如果涉及增加适用的产品类别，则需由联邦环境部受理申请及初步审查并经自然保护部的进一步审查后，由联邦环境部和质量与标牌研究会联合组织专家听证会。②循环经济标识产品的申请与认证，主要包括申请、审查并确定产品类别、确定认证标准、公示等具体程序。例如，我国的节能产品标识就是用能产品的生产者、销售者根据自愿原则向经国务院认证认可监督管理部门认可的从事节能产品认证的机构提出节能产品认证申请。③认证后循环经济标识的使用及管理。例如，"日本生态标识"被批准使用后，厂商会与日本环境协会签订"生态标识"使用合同。再如，我国《节约能源法》第二十条规定，节能产品认证合格后，生产者、销售者取得节能产品认证证书并可以在用能产品或者其包装物上使用该标识。

四、禁限制度

当今社会之所以资源浪费、环境污染的问题非常突出，很大程度上在于经济社会系统中一大批活动至今仍在使用落后的生产技术、工艺、设备和产品。因此，法律对浪费资源、严重污染环境的生产技术、工艺、设备

---

① 参见青木：《环保标志，德国不乱发》，载《环球时报》2003年8月8日，第15版。

和产品实行必要的限制甚至禁止，是制止低水平重复建设，加快产业结构调整，促进生产技术、工艺、设备和产品升级换代，减少资源浪费和控制环境污染，推动经济社会系统可持续发展的必然要求。①由于抑制废物形成的代价要比废弃物的再生利用成本小得多，所以对于循环经济活动的禁限制度被许多国家的立法确立为基本的循环经济法律制度。②所谓禁限制度，是指循环经济法根据循环经济活动的特点和保护生态环境的需要，对循环经济活动的行为方式、标准、技术、物质、资质等做出的禁止性和限制性要求。其中，禁止是指绝对不允许使用或利用，而限制则是对使用或利用在一定程度上给予约束。具体而言，禁限制度主要包括以下方面。

（一）行为禁限

造成当今社会环境污染、自然资源枯竭、生态破坏的根源在于人类不合理、不可持续的生产生活方式。因此，发展循环经济必须从规范人类的生产生活入手，禁止、限制那些有碍循环经济、有碍可持续发展的行为。例如，美国《爱达荷州废轮胎处置法》第 39-6502 条规定，"任何人不得在本州任何公共或者私营建筑或水中储存废轮胎，除非该建筑是符合定义的废轮胎储存点，或者符合本章的赦免条款"。③再如，我国《医疗机构废弃物综合治理工作方案》规定，回收利用的输液瓶（袋）不得用于原用途，不得用于制造餐饮容器以及玩具等儿童用品。④

（二）标准禁限

开展循环经济活动必然需要遵守一定的标准，如果无法达到法律法规要求的相应标准，则相关循环经济活动就可能受到禁止或限制。例如，《民用建筑节能条例》第十二条第三款规定，"对不符合民用建筑节能强制性标准的，不得颁发建设工程规划许可证"。当然，这里的标准应当作广义理解，不仅包括循环经济标准，还包括生态环境保护标准等其他各类标准。例如，美国密西西比州《废轮胎管理规定》对"废轮胎收集站"就规定了标准禁限，"如果一个废轮胎收集站的废轮胎被储存在室内，该收集站运营者必须遵守以下工艺标准和操作标准:a.废轮胎堆的长不能超过50英尺，

---

① 孙佑海：《循环经济法的基本框架和主要制度论纲》，载《法商研究》2007年第3期，第35页。
② 常纪文：《欧盟循环经济立法经验及其对我国的启示》，载《当代法学》2005年第1期，第139页。
③ 环境保护部国际合作司、污染防治司巴塞尔公约亚太区域中心编译：《美国废轮胎管理法律法规选编》，中国环境出版社2015年版，第16页。
④ 参见《医疗机构废弃物综合治理工作方案》（国卫医发〔2020〕3号）。

宽不能超过 25 英尺。b.废轮胎存储区距离屋顶结构所有方向的空隙不能少
于 3 英尺"①。

（三）技术禁限

作为对传统经济发展模式的变革，循环经济的发展需要与之相适应的
技术作为保障。其对技术的要求是污染排放量少，合理利用资源和能源，
更多地回收废物和产品，并以生态环境可接受的方式处置残余的废弃物。②
因此，对于无法达到上述要求的技术、工艺，循环经济法必然要禁限其使
用。例如，《废弃电器电子产品回收处理管理条例》第 15 条第二款规定，
"禁止采用国家明令淘汰的技术和工艺处理废弃电器电子产品"。

（四）物质禁限

诚然，经济社会系统的不断发展需要必要的物质条件作为支撑。但是，
发展循环经济对物质的利用必然要摒弃"大量生产、大量消费、大量废弃"
的传统无序状态，其所倡导的"减量化、再利用、资源化"必然要求法律
对物质的利用加以必要的禁限。具体而言：①原材料的禁限。例如，欧盟
2002 年公布的《关于在电子电气设备中禁止使用某些有害物质指令》中规
定，自 2006 年 7 月 1 日起，在电子电器产品和设备中禁止使用铅、汞、镉
等 6 种有害物质。②设备的禁限。例如，《民用建筑节能条例》第十一条
第二款规定，国家限制进口或者禁止进口能源消耗高的技术、材料和设备。
③产品的禁限。2017 年 2 月 28 日，肯尼亚环境与自然资源部部长朱迪·瓦
克洪古告知公众，将行使《环境管理与协调（废物管理）法》第 3 节和第
86 节赋予的权力，自本通知发布之日起 6 个月内将禁止使用、制造和进口
用于商业和家用包装的所有塑料袋，定义如下：（a）购物袋——有提手的
塑料袋，有或没有角撑板；（b）平口袋——没有提手的袋子，有或没有
角撑板。④废弃物的禁限。例如，《武汉市再生资源回收管理条例》第十
三条规定，再生资源回收经营者不得回收无合法来源证明的生产性废旧金
属和其他市政、电力、通讯、消防等专用物品。

（五）资质禁限

资质是法律法规规定的自然人、法人或其他组织具有从事相应循环经
济活动的能力和资格。通常这种能力和资格需要通过有权的行政机关审核、

---

① 环境保护部国际合作司、污染防治司巴塞尔公约亚太区域中心编译：《美国废轮胎管理法律法
　　规选编》，中国环境出版社 2015 年版，第 106 页。英尺，度量单位，1 英尺≈0.3048 米。

② 《循环经济的主要技术》，载《中国经济导报》2009 年 10 月 27 日，第 B03 版。

确认、颁发相应的资质证明。资质是保障循环经济活动有序开展，保证循环经济活动质量的重要手段。因此，在缺少或被剥夺相应资质的情况下，法律可能会禁止或限制有关主体从事与该资质相关的循环经济活动。例如，美国密西西比州《废轮胎运输条例》规定，"废轮胎运输者必须提供生产者和运输者均填写并签署的认证表，如果没有认证表，任何废轮胎收集站、处理站、处置站或者翻新/转售工厂，或者获得批准可接受废轮胎的其他工厂的所有者或经营者不能接收废轮胎"。①

五、区域循环经济绩效制度

绩效原本是管理学概念，其是指有关主体依据绩效目标或标准并采用科学的方法，对特定工作任务的完成情况进行评价的过程。理论上讲，循环经济的绩效有广义和狭义之分。广义的循环经济绩效，是指对各层级循环经济任务、指标的现状与目标之间的差距或相关循环经济工作任务完成情况的分析和评价，包括但不限于产品循环经济绩效、企业循环经济绩效、工业园区循环经济绩效、产业循环经济绩效、区域循环经济绩效等。而狭义的循环经济绩效，专指国家或区域层面的循环经济整体绩效。在通常情况下，对于循环经济主要进行产品、企业、园区等层面的绩效评价。例如，我国制定的《循环经济绩效评价技术导则》（GB/T 34345-2017）采用循环经济指数（如资源产出率、资源循环利用率等）评价企业循环经济各指标现状与目标之间的差距，引领企业循环经济水平不断提升。

与此同时，在评价循环经济战略的有效性方面，对国家和区域层面的整体绩效评价是必不可少的。②尤其是对于评价经济社会系统与自然生态系统的协调状态和程度而言，区域整体层面上的循环经济绩效意义更大。因为这不仅可以在不同区域之间比较发展循环经济方面的工作效果，而且可以使本区域发展循环经济管理模式中的"自反馈机制"得以落实，从而保证区域循环经济绩效的持续提升。③正因如此，艾伦·麦克阿瑟基金会在2015年就倡导根据以下指标实施循环经济绩效：①资源生产力，是指每吨直接物料（包括直接用于生产和消费活动的具有经济价值的所有材料）

---

① 环境保护部国际合作司、污染防治司巴塞尔公约亚太区域中心编译：《美国废轮胎管理法律法规选编》，中国环境出版社2015年版，第115页。

② M. Virtanen, K. Manskinen, V. Uusitalo, J. Syvanne, K. Cura. Regional material flow tools to promote circular economy. Journal of Cleaner Production. 2019, 235 (Oct.20), pp.1020-1025.

③ 参见遂宁市人民政府办公室关于印发《遂宁市"十一五"循环经济发展规划》的通知（遂府办发〔2009〕13号）。

输入创造的 GDP 产值；②循环活动，是指再制造、共享和其他相关活动的水平；③废弃物的产生，包括单位 GDP 产废（不包括主要矿物废料）和人均产废；④能源和温室气体排放，包括可再生能源使用量和单位 GDP 的温室气体排放量。[①]故本书对循环经济绩效的概念取狭义理解，进而主要探讨与区域循环经济绩效有关的法律制度。

（一）区域循环经济绩效指标

毫无疑问，GDP 至今仍是通行的宏观经济活动绩效方法。但是，GDP 指标并不能反映社会安定、生活服务条件、生态环境影响等社会福祉状况。如果经济社会发展造成了污染进而对人类健康产生负面影响，那么由此产生的卫生保健支出的增加对 GDP 指标而言还是一种"积极贡献"。很显然，这种对 GDP 指标的贡献非但不是社会福祉的增加，反而是下降。不仅如此，由自然资源的密集消耗引起的自然资本存量收缩，也会对后代的福祉产生负面影响。这一问题自 GDP 核算理论建立以来就没有得到考虑，亦即对自然资本不适用任何折旧。[②]作为对传统经济发展模式的反思，循环经济的主要目的是减少经济社会系统对自然生态系统的不利作用，以增进人类社会的福祉，为可持续发展做出贡献。这就意味着，循环经济的目标与传统线性经济的目标大不相同，发展循环经济的关键问题之一是如何衡量绩效。[③]亦即，需要制定适当的宏观指标对本区域循环经济发展现状进行评价、对循环经济发展的变化趋势进行监测、对循环经济的发展起到预警作用和为政府的管理决策提供科学的参考依据。

概言之，区域循环经济绩效指标主要包括三种类型：一是专门评价区域循环经济的绩效指标。例如，《中共中央、国务院关于加快推进生态文明建设的意见》（中发〔2015〕12 号）明确提出："建立循环经济统计指标体系"。实践中，根据我国《循环经济促进法》的有关规定[④]，国家发

---

① Ellen MacArthur Foundation. Delivering the circular economy: A tool-kit for policymakers. https://emf.thirdlight.com/file/24/neVTuDFno5ajUene-man5IbBE/Delivering%20the%20circular%20economy%3A%20a%20toolkit%20for%20policymakers.pdf.

② The European Academies' Science Advisory. Council Indicators for a Circular Economy.The Clyvedon Press Ltd. 2016, p.3.

③ Luc Alaertsa, Karel Van Ackera, Sandra Rousseaub, Simon De Jaegerb, Gustavo Moragac, Jo Dewulfc, Steven De Meesterd, Steven Van Passele, Tine Compernollef, Kris Bachusg, Karl Vranckenh, Johan Eyckmansb. Towards a more direct policy feedback in circular economy monitoring via a societal needs perspective. Resources, Conservation and Recycling. 2019, 149 (Jun.), pp.363-371.

④ 《循环经济促进法》第十四条规定，"国务院循环经济发展综合管理部门会同国务院统计、生态环境等有关主管部门建立和完善循环经济评价指标体系"。

展改革委、财政部、环境保护部（原）、国家统计局联合发布了《循环经济发展评价指标体系（2017 年版）》，其中具体包括综合指标、专项指标、参考指标等 3 大类、17 项指标。二是在其他相关区域绩效指标体系中设定有关循环经济的相关绩效指标。例如，关注原材料安全供应的"欧盟创新与合作伙伴关系"（EIP）计划，其评价指标体系中就包括与循环经济直接相关的四个绩效指标，即物质流、二次原料的交易、回收利用对满足物质需求的贡献、废旧电气电子设备管理（WEEE）等。①三是在对某一区域建立健全整体性经济社会绩效指标体系的过程中，设置或者增加有关循环经济的绩效指标。例如，《甘肃省人民政府关于进一步加强统计工作的意见》（甘政发〔2014〕118 号）中明确提出在统计工作中需要注重科学反映结构、质量、效益和可持续发展的指标，加大资源消耗、环境损害、生态效益、产能过剩、科技创新、安全生产、新增债务等方面的统计，扎实做好转型升级及循环经济统计工作。

（二）区域循环经济绩效统计与评价

1. 区域循环经济绩效统计

统计是人们为了认识、研究客观现象，对其数量特征进行搜集、整理、分析的活动。对一个国家或区域而言，统计是循环经济管理的重要基础性工作，是区域循环经济绩效制度的重要内容。具体而言，区域循环经济绩效统计需要由该区域政府及其相关职能部门（特别是统计部门、机构及循环经济主管部门）运用科学的统计方法，对本区域循环经济发展情况进行统计调查、统计分析，为循环经济的运行提供统计资料和统计咨询意见，为改进或提升区域循环经济绩效提供决策依据。鉴于统计制度的上述重要功能，我国《循环经济促进法》第十七条专门规定了国家建立健全循环经济统计制度。

概括起来，区域循环经济绩效统计主要包括以下方面：①统计调查。对区域循环经济发展有关的资源消耗、综合利用和废弃物产生、温室气体排放进行的统计管理，特别是加强对水、土地、矿产等资源和废水、废气、固体废物等可再生资源的实物量、分布与流向的统计，做好基础性的数据采集和分析工作。②统计监测。在统计调查的基础上，通过对资源消耗、污染排放、资源综合利用等重点绩效指标以及工业等重点绩效领域建立动态台账等方式，提高统计的准确性和及时性。③统计核算和数据发布。其

---

① The European Academies' Science Advisory. Council Indicators for a Circular Economy. The Clyvedon Press Ltd. 2016, p.14.

中，统计核算就是通过对区域循环经济统计数据进行数量分析，及时反映绩效指标的完成情况；进而，通过定期公布本地区循环经济统计指标，使全社会能够及时了解本区域循环经济发展状况。①

2. 区域循环经济绩效评价

所谓区域循环经济绩效评价，是指依据监测、统计等手段获得的相关数据、信息，运用相应的绩效指标、标准（体系）对某一区域所确定的循环经济绩效目标的实现程度进行的综合性评价。实践中，区域循环经济绩效评价可能存在四种形式：①权力机关对本级政府实施循环经济绩效制度情况进行的监督性评价，如通过执法检查等形式对资源消耗、综合利用和废物产生的统计管理情况做出评价。②本区域（政府或其相关部门）组织开展的自我评价。根据有关规定，我国的区域循环经济绩效评价主要是由各级统计部门会同本级循环经济主管部门牵头对相关数据指标进行收集、汇总和梳理分析，同级财政、生态环境等部门给予必要的支持和配合。②③上级（政府或其相关部门）对下级组织开展的绩效评价。例如，按照《关于印发〈循环经济发展评价指标体系（2017年版）〉的通知》的要求，国家发展改革委、国家统计局将适时会同有关部门对各省循环经济发展水平开展评价。④委托第三方机构对本区域或下级区域循环经济绩效进行独立评价。实践中，这四种评价形式往往同时存在。考虑到区域循环经济绩效评价活动具有专业技术性，为保证绩效评价过程及结果的科学性、真实性、准确性，委托第三方机构进行独立评价无疑具有特殊优势。③

（三）区域循环经济绩效结果

1. 绩效改进

绩效改进是区域循环经济绩效结果的后续应用阶段，是下一阶段绩效和未来区域循环经济发展规划、目标制定的关键环节。甚至可以说，建立和实施区域循环经济绩效制度的根本目的在于绩效改进。例如，山西省专

---

① 以上内容参考了《江苏省循环经济促进条例》第十五条、常州市人民政府关于《加快发展循环经济的实施意见》（常政发〔2014〕97号）、《循环发展引领行动》的通知（发改环资〔2017〕751号）、鄂尔多斯市人民政府关于印发《"十三五"工业循环经济发展规划》的通知（鄂府发〔2017〕152号）、湖北省人民政府关于《加快循环经济发展的实施意见》（鄂政发〔2006〕18号）、《甘肃省循环经济促进条例》第十五条、《广东省实施〈中华人民共和国循环经济促进法〉办法》第十三条的有关规定。

② 参见《循环经济发展评价指标体系（2017年版）》。

③ 为此，《循环经济发展评价指标体系（2017年版）》明确提出，"国家发展改革委、国家统计局将适时会同有关部门，适时委托第三方机构对各省循环经济发展水平开展独立评价"。

门制定了《区域循环经济绩效改进指南》（DB14/T 1168-2016），从总体要求、潜力分析、识别需求、改进任务、改进路径、分析评价、持续改进等7个方面提出了绩效改进的相关要求。

2. 纳入政府考核评价体系

由于循环经济绩效是对区域循环经济发展的整体绩效，而政府又是本区域发展循环经济的组织者、领导者。特别在我国，《循环经济促进法》规定了发展循环经济的地方政府目标责任制和评价考核制度。因此，绩效结果理应成为评价本地区政府促进循环经济发展工作的重要内容和依据。[1]具体而言，通过将区域循环经济绩效评价目标任务和责任分解，将主要产品能耗、水耗、"三废"排放、资源综合利用等主要指标执行情况纳入地方政府领导干部的政绩考核范畴，甚至开展专项考核。在此基础上，部分地区还把发展循环经济绩效情况纳入督查范围甚至定期开展专项督查，对于加大有关资源、生态环境指标完成情况的督查力度。[2]

3. 作为相关活动的考量因素

循环经济作为一项系统性工程，本身就与诸多经济社会活动高度关联。特别是在区域整体推进循环经济的过程中，更离不开资金、政策等相关活动的密切配合。因此，区域循环经济绩效结果不仅是对发展循环经济进行评价的重要依据，同时也可以作为相关活动的重要考量因素。例如，《循环经济发展战略及近期行动计划》（国发〔2013〕5号）中提出："研究建立区域循环经济发展成效评价机制，对发展循环经济成绩显著的单位和个人依法给予表彰和奖励"。再如，《关于印发〈循环经济发展评价指标体系（2017年版）〉的通知》也提出，"评价结果将作为今后申请相关资金、政策支持的重要参考"。

---

[1] 例如，《循环经济促进法》第十四条规定："上级人民政府根据前款规定的循环经济主要评价指标，对下级人民政府发展循环经济的状况定期进行考核，并将主要评价指标完成情况作为对地方人民政府及其负责人考核评价的内容。"

[2] 相关内容参考了《内蒙古自治区人大常委会关于开展〈中华人民共和国循环经济促进法〉执法检查的公告》、鄂尔多斯市人民政府关于印发《"十三五"工业循环经济发展规划》的通知（鄂府发〔2017〕152号）、山西省人民政府办公厅关于转发省发展改革委《山西省2008－2010年深化经济体制改革指导意见》的通知（晋政办发〔2008〕84号）、南通市人民政府关于印发《南通市循环经济发展三年行动计划》的通知（通政发〔2013〕36号）、《陇南市战略性新兴产业和循环经济发展规划（2016—2020年）》的有关规定。

第七章　循环经济法的调整机制

第一节　循环经济法的调整机制概说

任何一个社会在客观上都要求有组织、有秩序以满足社会生活的一般需要；要保持这种组织和秩序，又离不开社会规范的调整。其中，法律调整是社会规范调整体系中的一个重要且必要组成部分。理论上，其以国家强制力为后盾，通过对一定社会关系的调整实现社会生活的正常有序；实际上，其是一个具有许多中间环节并且这些环节之间存在着有机联系的复杂系统，反映了从法律规范建立到具体权利（力）义务实现的动态过程。显然，这不仅是一套静态的制度体系，还是一个动态发展的调整过程。但通常认为，法律对于某一特定社会领域的调整，是通过法律规范及其集合——法律制度及其构成的制度体系，在主体间配置相应的权利（力）义务来加以实现的。显然，这是一种静态的法律观，与社会关系的动态性、法律调整的过程性难以充分契合。

有鉴于此，当"机制"被引入法律领域进而形成"法律（调整）机制"的概念范畴之后，无疑为法律对社会的调整提供了一种新的贯彻和研究路径。申言之，法律对社会的调整不仅是一套静态的制度（法律规范）体系，更是一个动态的系统性法律治理过程。这是因为，对法律机制的研究，是为了从法的各个方面的联系中，从动态上来考察法对社会关系调整功能的运行过程性。[①]法律制度是一个个孤立的、静止的规定，要使这些制度"动"起来，发挥它的作用和功能，依赖于合理、完善的法律机制。[②]正因如此，为了实现循环经济法律的调整目标，必须建立和完善相应的循环经济法律（调整）机制。[③]当前，发展循环经济无疑已经成为重要的经济社会发展战略和目标。更何况，发展循环经济本身就是一项系统性工程；循环经济活动及有关主体在活动中结成的循环经济社会关系，又因其"循环"这一属性而天然具有动态性、过程性。因此，与循环经济法的制度体系相比，在

---

① 孙钱章主编：《实用领导科学大辞典》，山东人民出版社 1990 年版，第 532 页。

② 查庆九：《现代行政法理念：以可持续发展为背景》，法律出版社 2012 年版，第 100 页。

③ 成红、张辉：《论循环经济法律调整机制》，载《社会科学》2006 年第 4 期，第 56 页。

实现循环经济法制化的进程中，循环经济法的调整机制同样具有理论意义和实践价值。

一、循环经济法调整机制的含义

"机制"这一概念缘起机械工程学，最初意指"机器的构造和工作原理"，现泛指一个工作系统的组织或者组成部分之间相互作用的过程和方式。①一方面，任何事物都有自己的运作过程和方式，从这一点上来说，机制是客观存在的；但另一方面，机制又是人们为了使一个整体内的各部分相互联系起来，从而有效发挥其作用与功能而选择和设计的一种过程和方式。从这个意义上来说，机制又融入了人的主观意志，具有了主观性的特点。人们对机制的选择和设计是否科学、合理，是否符合事物整体的性质和组成事物整体之各部分相互联系、相互作用的要求，直接决定着机制本身的效用。②作为一种系统、动态观察事物的过程和方式，机制如今已经被引入生物学、经济学等诸多领域，形成了生理机制、经济机制、市场机制等一系列与机制相关的范畴。而当机制渗透到了包括循环经济法在内的法律领域，就形成了法律（具体如循环经济法）调整机制。

理论上，法律调整机制有广义和狭义之分。其中，狭义的法律调整机制，是指法律调整的专门法律机制；而广义的法律调整机制，除专门法律机制外，还包括了法律调整的社会机制、心理机制等。本章对循环经济法的调整机制取狭义，即国家为实现循环经济这一社会目的，通过一系列彼此间相互联系和制约的法律手段作用于循环经济社会关系，从而使循环经济法的功能得以发挥的有机过程。③

二、循环经济法调整机制的研究意义

法律调整机制是一个重要的法学研究论题。加强法律调整机制的研究，是法学在当前发展的必然趋势。④在这一基本前提下，开展循环经济法调整机制的研究，具有如下意义。

（一）充实循环经济法的基本理论范畴

在传统的法学理论中，我们主要把法律这种人类活动的现象归纳为法

① 何笑：《以和为道：社会性规制的协调机制研究》，中国发展出版社2014年版，第33页。
② 查庆九：《现代行政法理念：以可持续发展为背景》，法律出版社2012年版，第99页。
③ 参见宋瑞兰：《论法律调整机制》，载《法律科学》1998年第5期，第13页。
④ 宋瑞兰：《论法律调整机制》，载《法律科学》1998年第5期，第17页。

律价值、法律规范、法律关系、法律行为、法律责任等基本理论范畴。虽然这些范畴彼此间存在关联度，如法律价值影响法律规范的制定，法律关系依据法律规范结成等等。但是，对这些理论范畴的研究从基本面看是相对独立的。这一点，在法理学的教材中可以得到比较好的印证，以上诸理论范畴分别可以独立成为法理学教材中的一个部分。诚然，这些理论范畴是对千变万化的法律现象的精致的理论抽象，但从方法论角度看仍是一套相对孤立、静态的范畴体系。法律调整机制这一新的理论范畴，不仅能够把循环经济法的各种现象——法律价值、法律规范、法律关系、法律行为、法律责任等有机地串联起来，把它们作为一个整体加以研究，揭示其整体联系性、统一性、有序性和层次性，而且还着重从循环经济法律系统的运动状态中去认识它们，展现法律调整机制中诸环节、要素的相互联系、相互制约与相互作用。[①]这有助于我们更全面地、更完整地认识循环经济法本身。

（二）拓展循环经济法的观察视角

前章试图从法律规范的总和或集合的视角，即法律制度体系的视角来观察循环经济法。这种视角侧重表达法律规范的内部联系及其组织、结构，长期以来是我们观察循环经济法乃至整个法律体系的最重要视角。但这种视角从方法论的角度看，是一种静态的视角。事实上，法律现象处于不断变化、不断发展之中，仅从此单一视角难以观察到法律现象的全貌。法律调整机制是法学方法论的重要内容，其着重强调作为一切法律现象总体的法律系统的整体联系性、运动性，注重社会关系的法律调整过程。这就为观察循环经济法提供了一种新的、动态的视角。亦即，通过观察和研究调整机制，循环经济法不仅关注对循环经济进行规制的法律规范，更关注法律作用于事实世界的动态化过程。[②]它反映了人们不再满足于静止地、孤立地分析循环经济法律现象，而是要在运动中、相互联系和相互制约中来研究和认识循环经济法是怎样在生活中起作用的。[③]由此，对循环经济法的理解就不局限于法的规范表层和现象形态，这显然更全面，反映了当代法学理论的新思维。[④]

（三）实现循环经济法制走向法治的必要路径

正如亚里士多德所言，法治是良好的法律得到普遍的遵守。其中，良

---

① 宋瑞兰：《论法律调整机制》，载《法律科学》1998年第5期，第16—17页。
② 参见谢晖、陈金钊：《法理学》，高等教育出版社2005年版，第215页。
③ 参见孙国华、朱景文：《法理学》（第二版），中国人民大学出版社2004年版，第237页。
④ 宋瑞兰：《论法律调整机制》，载《法律科学》1998年第5期，第17页。

好的法律意味着法律制度体系的建立和完善；而使之得到普遍的遵守，就需要采用一定的法律手段，使社会关系纳入法律的调整范围之内，从而对法律主体的法律行为确实起到规范作用。因此说，法治本质上就应当包含法律调整机制的内涵。党的十八届四中全会通过的《中共中央关于全面推进依法治国若干重大问题的决定》，对加快建设社会主义法治国家做出了顶层设计。解读该决定不难发现，法治国家的建设是一项系统性工程，既涉及法律制度体系的不断完善，也包括法律调整机制的建立和完善。例如，该决定中提到的"健全立法机关和社会公众沟通机制""健全依法决策机制""责任追究机制""普法宣传教育机制"等，都是社会主义法治国家建设的题中应有之意。循环经济法作为践行法治、建设法治国家的必要内容，其内涵不限于循环经济法律规范、法律制度、法律体系的建立和完善，同样也应当包括建立和完善循环经济法调整机制这一内容。例如，《国务院关于印发循环经济发展战略及近期行动计划的通知》（国发〔2013〕5号）中就明确提出："健全法规标准……形成有效的激励和约束机制，增强发展循环经济的内生动力"。有鉴于此，加强对循环经济法调整机制的研究，能够为实现循环经济法制走向法治提供必要的理论依据和智力支撑。

三、循环经济法调整机制的构成要素

对于任何一个系统而言，抽象出相关构成要素，是对其进行观察和研究的基本方法。例如，对于循环经济法的制度体系而言，其基本构成要素无疑是法律规范，具体构成要素主要在于法律关系主体和权利（力）义务。然而，循环经济法本身就是一个开放的法律领域，其调整机制相比制度体系又具有动态性、过程性。这就意味着，抽象出循环经济法调整机制的构成要素，相比制度体系更为复杂。既需要充分展示法律调整机制的特性，又需要契合循环经济这一调整对象的属性。故本书认为，在前述已经明确循环经济活动包括内容、产业形态、生命周期、层级等四个基本维度的前提下，循环经济法的调整机制应由主体及其关系、过程、手段等三大要素所构成。

（一）主体及其关系

既然法律的调整机制是通过一系列彼此间相互联系和制约的法律手段作用于社会关系，那么主体的存在，特别是多元主体的存在自然是法律调整机制的首要构成条件。换言之，相关法律主体是法律调整机制的形成者。例如，作为传统法律调整机制的责任追究机制，其形成及运行必须包

括法律责任的承担主体（如犯罪嫌疑人或民事侵权主体）、法律责任的追究主体（如人民法院、行政机关）等。而循环经济法作为一个具体的法律领域，主体同样是其调整机制中不可或缺的第一要素。

不仅如此，发展循环经济意味着人类生产生活和行为方式的根本变化。从这个意义上来说，它与每一个人、整个人类社会都密切相关。然而，与以往人类社会的经济发展模式显著不同的是：一方面，循环经济不同于完全自由放任的古典自由市场社会模式，因为它要求的发展需要空前的计划性与协调性（如循环经济规划），同时十分重视和强调政府（无论是对于发达国家还是对发展中国家）在发展循环经济方面的作用；另一方面，循环经济也与政府包揽一切、计划一切的计划经济社会模式有着根本的区别，因为它特别强调各个社会群体乃至每个公民个人在各个层面上的广泛参与。①上述显著特征意味着，对于相关主体而言，循环经济法的调整机制正在被塑造成为一个开放的结构和理性对话的空间②，尤其是政府与公民之间的关系正在从传统的压制、管理走向合作、协调。

作为循环经济法调整机制的形成者，各类主体需要结成一定的关系才能实现相互间的交互，并在交互中推进相关机制的运行。而实现主体之间结成相互关系的要素就是循环经济法调整机制中的权力（利）要素。通过对多元主体在调整机制中权力（利）进行相应的配置，就能够使多元主体间结成相应的权利（力）义务关系。具体而言：调整机制中的公权力主体一方面享有公权力（如立法权、司法权、行政权），同时也因其"权责一致性"而同时肩负相应的职责。传统意义上的企业、公民个人不再只是公权力行使的对象和被动承受者，而是升级为循环经济法"多元共治"体制中的参与主体，享有对公权力的知情权、参与权、监督权等。并且从现代公共行政保障相对人合法权益的角度，参与主体还应当享有对自身合法权益的请求权。公权力主体应维护和增进参与主体的合法权益，参与主体要理解和支持公权力主体的活动，特别是要通过互动的参与机制形成和谐、合作的关系格局。③质言之，循环经济法调整机制中多元主体间的权利（力）义务关系不是固定不变的，呈现出主体权利（力）与义务相互变动的复杂过程。④

---

① 参见查庆九：《现代行政法理念：以可持续发展为背景》，法律出版社2012年版，第39—40页。
② 参见宋功德：《寻找均衡——行政过程的博弈分析》，载《中外法学》2022年第2期，第129—147页。
③ 湛中乐：《现代行政过程论——法治理念、原则与制度》，北京大学出版社2005年版，第10页。
④ 朱维究、阎尔宝：《程序行政行为初论》，载《政法论坛》1997年第3期，第89页。

（二）过程

循环经济法的调整机制不仅是由功能各异的、多样的法律手段构成的系统，而且更是一个过程集合体。[1]不仅如此，这一动态发展的过程不是无序的、杂乱的，而是有序地、分阶段地发挥作用。整体而言，循环经济法的调整机制包括如下具体的阶段。

1. 建立法律规范阶段

立法者或国家根据发展循环经济的战略需要或总体要求，把需要运用法律手段调整的循环经济社会关系通过立法活动确认为国家法律、法规加以塑造和保护。这个阶段，称之为建立法律规范阶段。这个阶段的特点是，确定了法律调整机制、多元法律调整手段的合法性依据，把循环经济社会关系纳入了法律调整的领域，即"有法可依"。[2]

2. 产生法律关系阶段

当循环经济法律规范产生并生效之后，就进入了对循环经济社会关系的调整过程。循环经济社会关系的参加者，就应依照循环经济法律规范设定的权利（力）与义务，在多元法律手段的作用下，在循环经济相关主体之间产生、变更或消灭法律上的权利与义务，使循环经济法律规范转化为现实的、具体的权利（力）义务关系，即产生法律关系阶段。这个阶段的特点是：每个循环经济社会关系的参加者，把法律上规定给自己的权利（力）与义务同自己的循环经济活动相联系，找出自己具体的权利（力）或者义务，并要求其他主体承担一定的义务来保证自己权利（力）的实现，自己承担一定的义务去保证其他主体权利（力）的实现。通过自己的权利（力）与义务同其他主体建立循环经济社会关系，这种以权利（力）义务为内容的循环经济社会关系就是循环经济法律关系。[3]

3. 权利（力）义务实现阶段

循环经济法律关系建立以后，其相关主体通过一定的循环经济活动，使权利（力）主体享有了权利（力），义务主体履行了义务，即权利（力）和义务在这一阶段中获得了实现。这一阶段的特点是：循环经济法律规范设定的权利（力）和义务转化为循环经济社会关系参加者之间的行为尺度或准则，又转化为社会关系参加者的实际行为。通过主体的行为，结束了

---

[1]　宋瑞兰：《论法律调整机制》，载《法律科学》1998 年第 5 期，第 14 页。
[2]　魏清沂：《试论法律调整机制》，载《甘肃政法学院学报》1997 年第 1 期，第 20—21 页。
[3]　魏清沂：《试论法律调整机制》，载《甘肃政法学院学报》1997 年第 1 期，第 21 页。

法律调整这一具体运作过程。这一阶段，实质上是把循环经济法律规范中抽象的规范条文在循环经济活动中逐步具体化的过程。①

4. 矫正阶段

在通常情况下，上述三个阶段是循环经济法调整机制的常态化运行过程，是在循环经济法律关系主体守法的基础上实现的。然而，守法本身是需要付出一定代价的。换言之，并非所有的情况下，都能期待循环经济法律关系主体自觉、自愿守法。而一旦不守法甚至违法的非常态化情形出现，要继续维系常态化的法律调整机制运行过程，就必须在以上三个阶段的基础上增加必要的矫正阶段。这一阶段的特点是：它并非是循环经济法调整机制运行过程中必然触发的，但其又是人们必须提前设置的。这一阶段所采用的法律手段，往往具有矫正、补救、惩罚等功能。

（三）手段

法律调整功能的发挥，是一个自觉地利用已被认识的社会规律的复杂过程，这个过程需要通过一种特殊的机制来实现。②申言之，法律调整机制欲使法律的功能得以发挥，就需要一定的"抓手"，即法律手段（通常也被称为"具体法律机制"）。有鉴于此，法律调整机制的核心要素就是具体的法律手段。鉴于不同法律调整机制间在主体及其关系、过程两大要素上具有共通性，故区分彼此的主要依据或标准就是其所采用的不同法律手段。甚至可以说，不同的法律手段可以被视为不同的法律调整机制，不同法律调整机制的理论称谓也提炼自其所采用的不同的法律手段。

理论上，法律调整机制中传统的手段主要是通过对违法行为相对应的法律责任的规定与落实来激励与诱导行为人选择合法行为、矫正其不法行为，即通常所称的"法律责任追究机制（手段）"。③该机制（手段）的长期存在和运行固然具有合理性与必要性，但鉴于循环经济法所涉主体多元、利益多元、权利义务关系多元，单纯依靠否定性法律评价来调整循环经济社会关系激励作用明显不足。例如，前章所涉之清洁生产审核，如果仅采用法律责任追究机制（手段），对于实施强制清洁审核确能起到调整作用。但是，对于大多数自愿实施清洁生产审核的企业就难以起到调整作用，特别是无法充分调动其自觉、自愿开展清洁生产审核的积极性。这就意味着，循环经济法调整机制所采用的具体手段必然包括但不限于法律责任追究一种。

---

① 魏清沂：《试论法律调整机制》，载《甘肃政法学院学报》1997年第1期，第21页。

② 吕世伦、公丕祥主编：《现代理论法学原理》，黑龙江美术出版社2018年版，第178页。

③ 刘正峰：《法律的调整机制及其缺陷分析》，载《浙江学刊》2005年第5期，第144页。

第二节　循环经济法的主要调整机制

一、综合决策机制

决策正确与否与一个国家、民族、政党、社会成员前途、命运和生活休戚相关，影响每个社会成员的福祉和命运。[1]而人类社会之所以产生了综合决策的思想并得到迅速的发展，是因为长期以来的非综合决策或分隔决策带来了严重的生态环境和经济社会问题，特别是以环境污染、资源枯竭和生态破坏为表现的生态环境问题已经成为直接威胁人类生存和发展的全球性问题之一。人们在反思生态环境问题的成因时，发现了非综合决策的种种弊端，由此而产生并发展了综合决策的思想。[2]所谓综合决策，是指在决策过程中对生态环境、经济和社会发展进行统筹兼顾、综合平衡、科学决策。也就是说，从决策开始就要在经济社会系统和自然生态系统之间寻找最佳结合点，同步实现经济发展、社会进步和生态环境改善。

发展循环经济虽然是一种理论上能够实现生态环境、经济、社会等效益多赢的经济发展模式，但这种模式的具体实现方式、方法却因时、因地而制，不能简单照搬理论或他人的经验。这就需要在实际进行循环经济决策之时，充分考量本国（本地）、本时期经济社会发展的实际情况。不仅如此，一个国家或地区的发展战略、政策、规划等决策的事务、领域众多，发展循环经济只是诸多决策之一，此类决策既不能脱离整个决策体系孤立存在，也不能与其他决策的方向、内容等"南辕北辙"。否则，循环经济决策就得不到相关决策的支持和配合，其贯彻执行将无法获得必要之保障。因此，欲实现循环经济的发展，也须将其纳入决策之中加以统筹考虑，即实现综合决策。诚然，综合决策的产生与发展需要政治意愿来推动。但需要注意的是，政治意愿容易因压力而迅速改变，在缺乏促进综合决策发展的政治意愿时，如果有正式的、健全的法律手段，也可能推动其向前发展。[3]因此说，综合决策法律机制是实现综合决策的最基本保障。其具体是指通过

---

[1]　蔡守秋、莫神星：《环境与发展综合决策的立法探讨》，载《中国人口·资源与环境》2004年第2期，第30页。

[2]　吕忠梅：《环境与发展综合决策的法律思考》，载《甘肃社会科学》2006年第6期，第11页。

[3]　李明光、陈新庚、王树功：《绿化政府行动：英国的环境与发展综合决策机制及启示》，载《环境保护》2001年第10期，第9页。

对各级政府和有关部门的决策过程提出具有法律约束力的明确要求，确保在"源头"（即决策形成阶段）将对生态环境、经济、社会发展的综合考量纳入包括循环经济在内的有关立法、政策、规划中去，为决策的贯彻执行打下坚实的法制基础。①

（一）确立综合决策的原则

综合决策作为一种法律手段能否真正实现，首先有赖于这种系统性、综合性、协调性的决策理念、模式能否成为决策过程的基本遵循和基本态度，抑或是能否成为决策的基本前提和出发点。而以上基本前提的塑造与达成，最为恰当之法律表达方式就是实现综合决策的法律原则化。例如，《武汉市实施〈中华人民共和国循环经济促进法〉》第三条规定，"发展循环经济应当在技术可行、经济合理、节约资源、保护环境、保证产品质量的前提下，按照减量化优先的原则实施"。该条法律规定中明确了发展循环经济的前提条件，而且是一个包含技术、经济、资源、环境、产品质量在内的多元综合性目标的前提。这一前提的遵循和实现，必然要求在多元利益、多元价值之间实现综合决策进而求得利益协调、价值平衡。

（二）加强决策间的有机结合

综合决策是一个双向甚至多向互动的过程。具体而言：一方面，发展循环经济的决策过程中，需要将经济社会发展水平、资源环境禀赋等相关其他因素纳入决策考量。例如，日本《循环型社会形成推进基本法》第 8 条规定，"在制定建立循环型社会的相关政策时，必须对其与其他环境保护政策（如确保物质在自然界合理循环的政策）相互间的有机结合，予以必要考虑"②。另一方面，其他有关经济社会发展的决策过程中，也需要将优先发展循环型工业园区、推行清洁生产等发展循环经济的内容和战略纳入考量。例如，《陕西省循环经济促进条例》第十三条规定，"县级以上人民政府及其有关部门编制国民经济和社会发展规划、年度计划以及生态环境、科学技术、城乡建设、土地利用、矿产资源开发、区域发展等专项规划时，应当包括发展循环经济的内容"。

（三）多元主体参与综合决策过程

在现实中，所谓生态环境保护与经济社会发展之间存在矛盾或冲突，

---

① 吕忠梅：《论生态文明建设的综合决策法律机制》，载《中国法学》2014 年第 3 期，第 24 页。
② 中关村国际环保产业促进中心：《循环经济：国际趋势与中国实践》，人民出版社 2005 年版，第 274—275 页。

实际上是多元主体之间的不同利益类型及需要存在冲突。由于主体的行为动机不同，利益需求当然也不可能完全相同，进而其在具体决策过程中所具有的利益诉求也是不同的。正是因为主体及其利益的多元化带来了综合决策的必要，只有将各种不同主体的利益需求综合平衡、统筹协调，并将其纳入秩序的轨道，才不至于因剧烈的利益冲突导致社会的混乱甚至动荡。[①]质言之，综合决策的过程必然包含多元主体对决策过程的参与。

1. 政府内部多元主体对综合决策过程的参与

鉴于政府主体往往是决策的组织者、领导者，并且是最终决策结果的确定者和主要实施者。因此，综合决策机制中最基本和最核心的部分在于政府主体内部的决策合作，即某一项决策不应当是某一级政府或某一个政府职能部门单独做出的，其决策过程需要相关政府和（或）政府相关职能部门的参与。例如，日本《循环型社会形成推进基本法》第 15 条规定，"环境大臣在拟定建立循环型社会基本计划草案时，应当同其他负责资源有效利用事务的部门大臣进行充分协商"[②]。显然，循环型社会基本计划是一项重大的战略决策，该决策的形成过程不是环保部门的"一言堂"，而是需要在政府相关部门之间进行协商以求得广泛之共识。再如，《山西省循环经济促进条例》第三条规定，县级以上人民政府应当建立发展循环经济联席会议制度，定期召开联席会议，协调解决发展循环经济中的重大问题。联席会议是我国政府内部多方主体就共同涉及的重大议题展开决策的重要形式之一，其功能同样在于通过政府内部有关主体的参与，使决策过程及结果可以综合考量各方面的因素和意见。

2. 非政府主体对综合决策过程的参与

无论是循环经济决策还是其他经济社会发展决策，其内容必将对政府之外的相关主体产生权益方面的影响。因此，相关决策的形成除需在政府内部实现综合平衡和沟通协调外，在政府主体与非政府多元主体之间同样需要进行必要的沟通与协调。质言之，政府之外的多元主体亦应当适时、适度地参与综合决策过程。例如，德国《循环经济和废弃物处置法》第 60 条规定："对于授权颁布法令及管理总则时举行的相关各方的听证会，代表应从有关商业和工业部门、负责废物管理的最高主管部门、社区及社区

---

① 吕忠梅：《环境与发展综合决策的法律思考》，载《甘肃社会科学》2006 年第 6 期，第 12 页。
② 中关村国际环保产业促进中心：《循环经济：国际趋势与中国实践》，人民出版社 2005 年版，第 277 页。

协会中选举产生，他们的意见应得到听取。"①事实上，颁布法令是决策的一种重要表现形式。在此过程之中不仅要听取政府有关管理部门的意见，社区及社区协会等非政府主体的意见同样有权得以表达并纳入最终决策的考量。再如，我国建立了由国家发改委牵头的发展循环经济工作部际联席会议制度，其主要职能是：研究拟订发展循环经济的重大政策措施，向国务院提出建议；协调解决推进循环经济发展中的重大问题；讨论确定年度工作重点并协调落实；指导、督促、检查发展循环经济的各项工作。为充分发挥联席会议的作用，发展循环经济工作部际联席会议议定，设立由有关方面专家组成的发展循环经济工作部际联席会议专家咨询委员会。

二、利益相关方合作机制

前章已述，循环经济法的属性恰在于法律关系中所涉主体多元、利益复杂。因此，循环经济法的良性运行有赖于建立一种沟通和协调不同利益集团的利益的协调机制，使各种利益主体能够有平等的机会和有效的途径富有意义地参与到利益衡量中来。②是故，公众参与机制普遍被认为是循环经济法中的必要法律手段之一。对此，本书无异议并高度认同。但考虑到，在社会公共事务的治理过程中公众参与是普遍采用的法律手段，对循环经济法领域而言总体上没有特殊性。加之，前章在分析"民主原则"的过程中，在其法律适用部分已经对公众参与进行了较为系统的论述。若对法律调整机制（手段）的研究仍停留于公众参与层面，既无较高显示度，又显颇多重复。有鉴于此，需要结合循环经济法调整对象的特点，在公众参与的基础之上对具体法律手段加以进一步提炼。

理论上，公众参与的功能可以包含两个层次：①协调功能，即通过充分表达其不同的利益诉求，建立各种利益平衡、寻求利益共存或利益妥协的方式和途径。②合作功能。如果说，协调功能的前提是主体间存在利益诉求的分歧甚至矛盾。那么，合作功能的前提则是多元主体存在共同的利益需求。在循环经济相关活动中，虽然这两个层次的功能都有表现，但合作功能无疑更为显著。首先，发展循环经济作为转变经济发展模式的有效路径，是政府所大力推进和倡导的。其次，循环经济强调产业"循环""共

① 中关村国际环保产业促进中心：《循环经济：国际趋势与中国实践》，人民出版社2005年版，第334页。
② 刘佳奇：《基于政治认同的"PX事件"探析》，载《辽宁大学学报（哲学社会科学版）》2016年第1期，第124页。

生", 需要循环经济产业园区内、产业链上下游相关企业之间通过合作来实现。最后, 社会公众基于节能减排、增进自身福祉的考虑, 对于经济社会可持续发展亦有着强烈的意愿。这就意味着, 在政府、企业、社会公众等具有共同利益的相关方之间展开合作, 对于发展循环经济而言不仅是可行的, 更是十分必要的。[1]有鉴于此, 循环经济法也有必要在公众参与的基础上, 进一步建立健全"利益相关方合作机制"。[2]如此, 既能彰显循环经济法调整机制在具体手段上的"特色", 又能充分匹配调整对象——循环经济活动对法律手段运用的特殊需求。从世界范围来看, 利益相关方合作机制主要的实现方式包括但不限于以下方面。

（一）政府和社会资本合作

政府和社会资本合作（Public-Private-Partnership, PPP）, 系指通过使用私人部门的资源进行工程项目设计、融资、建造、经营、维护并最终将公共设施向公共部门移交。一方面, 社会资本进入公共服务领域, 在拓展业务范围的同时可以获得相对持续而稳定的收益; 另一方面, 灵活的融资方式对于迫切需要发展基础设施项目而又困于财政预算有限的政府无疑具有很大的吸引力。[3]而发展循环经济不仅需要创造新的项目及业务增长点, 同时需要建设大量的相关基础设施以满足转型升级的需要。正基于此, PPP模式成为公共部门和私人部门在循环经济活动中实现合作共赢的重要方式之一。实践中, 欧盟委员会早在2013年12月就推出了8项政府和社会资本合作研究项目。其中有3项与发展循环经济高度相关:①节能建筑(EeB), 提高建筑业的竞争力和能源利用效率;②欧洲绿色交通创意（EGVI）, 开发有竞争力的、明显减少二氧化碳排放量的节能型交通系统;③可持续发展的工艺流程（SPIRE）, 使工艺流程更加节约资源和能源。[4]无独有偶, 为推动重点领域循环经济发展, 我国各地区也已经开展了循环经济产业园

---

① 例如,《深圳经济特区循环经济促进条例》第三十三条规定: "倡导政府与企业之间平等合作, 共同促进循环经济的发展"。

② 利益相关方是指与公共政策或建设项目等有着密切关系或相互关联的部门或个人, 包括被结果所影响的部门或人、影响结果的部门或人、有决定权的人、提供资源的部门或人、被采纳意见的专家等。可参见王连生编著:《精益生产与精益六西格玛实战》, 中国质检出版社 2012 年版, 第 222 页。

③ 杨蔚林、姜琳:《以欧盟法为借鉴建立我国绿色公共工程采购法律机制》, 载《政治与法律》2009 年第 5 期, 第 3 页。

④ European Commission. EU industrial leadership gets boost through eight new research partnerships, https://ec.europa.eu/commission/presscorner/api/files/document/print/en/ip_13_1261/IP_13_1261_EN.pdf.

（工业园区）、城镇污水处理（再生水利用）、垃圾焚烧发电（再生能源发电）等各类的 PPP 项目。在循环经济的相关立法中，也为此种合作方式的运用提供了基本法律依据。①

（二）循环经济利益相关方合作平台

考虑到，循环经济的各利益相关方可能对发展循环经济有自己不同的理解和解释，而且每类、每个主体又都可能存在自己的利益。因此，建立一个由各利益相关方参与的合作平台，无疑有助于加强利益相关方对议题本身的认识，以及增进对彼此在该议题中所起作用的认知。②例如，设立于 2012—2014 年的"欧洲资源效率平台"对于欧盟委员会在 2014 年 6 月创建第一个"循环经济一揽子计划"而言至关重要，其成为从相关利益相关方收集信息以及制定解决办法的有效机制。此后的 2017 年 1 月，通过建立"支持循环经济融资平台"，使欧盟委员会、欧洲投资银行、金融市场参与者和企业聚集在一起，彼此间增进循环经济业务的了解，提高投资者对循环经济项目的接受程度。该平台有三个支柱性功能：①协调和提高认识，即在项目促进者和利益相关方之间分享最佳做法。通过分析循环经济项目的特点及其特殊的融资需求，就改善银行业务能力提供建议，并协调有关融资的活动。为此，平台还设立一个专门的专家组。②咨询，用于发展循环经济项目和改善银行业务前景。③融资，探讨是否需要为循环经济项目提供专门的融资工具。③在我国，不仅实践中建立了如"中国企业园区循环经济建设联盟"这样涵盖政府机构、园区、企业、设计科研院所和金融等主体的共享合作服务平台，而且在《河北省发展循环经济条例》等相关立法中，也明确将建立"循环经济信息服务平台"作为促进资源合理配置和循环利用的重要方式之一。④

---

① 例如，《河北省发展循环经济条例》第五十一条规定："鼓励和引导社会资本以独资、合资、合作、参股、联营、租赁等方式参与循环经济项目的建设和运营。建立政府和社会资本合作机制，推动重点领域循环经济发展"。

② Amy DeLorenzo, Kate Parizeau, Mike von Massow. Regulating Ontario's circular economy through food waste legislation. Society and Business Review. 2019, 14(2), pp.200-216.

③ See Jeff Dodick, Dan Kauffman. A Review of the European Union's Circular Economy Policy. http://www.r2piproject.eu/wp-content/uploads/2017/04/A-Rview-of-the-European-Unions-Circular-Economy-Policy.pdf.

④ 《河北省发展循环经济条例》第五十七条规定："省和设区的市人民政府发展改革部门建立循环经济信息服务平台，提供循环经济相关信息的采集、分析、处理和发布以及政策引导、技术推广、交换交易、金融支持等服务，促进资源合理配置和循环利用"。

（三）协同消费

在传统消费模式下，消费者追求的是产品的交换价值。这不仅消耗了大量的资源能源，还"制造"了大量的废弃物。加之，当今社会产品迭代升级的速度明显加快，因产品更替也可能造成相当数量的新产品积压。也就是说，传统消费模式下存在大量新、旧产品被闲置的状态，难以进入循环经济的再利用（reuse）阶段，进而更难以进入再循环（recycle）阶段。在此背景下，协同消费这种新的消费模式，使得消费者通过与他人共享、交换、交易或租赁产品及其他资产，从而实现合作和互利消费。[①]特别是进入互联网时代以来，线上协同消费业务得到了极大发展，进一步提升了这种消费模式的影响范围和能力。这种新的消费模式不仅使消费者相互之间、消费者与企业之间从竞争和对立走向互利和合作，更通过扩大再利用（reuse）有效促进了循环经济的发展。正因如此，创新协同消费模式已成为推动欧洲循环经济发展的主要因素之一。在我国，《关于促进分享经济发展的指导性意见》也明确提出，按照"鼓励创新、包容审慎"的原则，探索建立政府、平台企业、行业协会以及资源提供者和消费者共同参与的分享经济多方协同治理机制。[②]为此，循环经济法正在将这种新的消费模式作为发展循环经济过程中实现政府、企业、消费者等利益相关方合作的重要方式之一。例如，《厦门市人民代表大会常务委员会关于发展循环经济的决定》要求，市、区人民政府和有关行政主管部门采取措施，鼓励和扶持二手商品交易市场的设立和建设。[③]

（四）发展循环经济技术

循环经济虽然在总体上是经济发展模式的变革，但其离不开技术层面上的创新。特别是以大数据、物联网、人工智能、区块链、虚拟现实等为代表的新一轮科技革命和产业变革迅猛发展，无疑为循环经济的发展赋予了新的动能。正基于此，为发展循环经济技术提供法制保障，已是世界各国、各地区循环经济法的基本共识和普遍做法。但循环经济技术体系本身相对复杂，且涉及的领域较多、实践性较强。因此，需要打通政、产、学、

---

① 牟焕森、赵添乘、肖雪：《循环经济原则的新发展——基于协同消费研究的 4R 新原则》，载《消费导刊》2013 年第 6 期，第 8 页。
② 理论上，随着分享经济的兴起，消费者获取产品和服务价值的方式，由传统的基于所有权的购买和拥有转变为基于使用权的分享和获取。而借助互联网技术实现的产品和服务分享，就是协同消费。参见卢东、刘懿德、Ivan K. W. Lai、曾小桥：《分享经济下的协同消费：占有还是使用？》，载《外国经济与管理》2018 年第 8 期，第 125 页。
③ 参见《厦门市人民代表大会常务委员会关于发展循环经济的决定》第七条。

研等相关方面之间的壁垒。尤其是对于新兴和高新技术领域而言，相关主体的协同合作已经成为重要的技术创新模式之一。从这个意义上讲，发展循环经济技术不仅需要循环经济法的保障，而且其本身就是循环经济法实现利益相关方合作的一种具体方式。其中，涉及的各主要利益相关方及其功能定位如下所述。

①政府（及其相关职能部门）。在发展循环经济技术的过程中，政府（及其相关部门）是宏观层面的组织者、领导者。其可能采取的行动包括但不限于：加大循环经济科技的财政投入和经费支持；将循环经济重大科技攻关项目列入科技发展规划；组织协调相关重大示范工程建设和循环经济重大科技项目的研发和推广；建立发展循环经济技术咨询服务体系；引进循环经济重大技术、装备等项目；组织引导高等院校、科学研究机构与企业开展多种形式的产学研联合；对在循环经济科学技术研究、产品开发、示范和推广工作中做出突出成绩的单位和个人给予表彰和奖励等。②高等院校、科研机构和科研人员。作为技术研发的主体，高等学校、科研机构和科研人员开展循环经济科学技术的研究，积极推广应用循环经济科学技术研究成果。③行业协会。作为政府与企业的桥梁和纽带，行业协会可以为本行业企业提供发展循环经济的技术指导和服务，制定本行业的技术规范。④第三方中介机构。第三方中介结构不仅可以直接参与循环经济技术的创新，还凭借自身的专业性和技术优势，为企业等有关主体提供循环经济技术咨询、代理、评估等方面的中介服务。⑤企业。一方面，企业可以自主开展循环经济相关技术的研发和改造，另一方面，还可以与高等院校、科研机构等主体合作，实现循环经济相关科技成果的转化。

（五）开展循环经济教育

循环经济从理念、目标、原则转化为具体行动，需要以人的必要认知作为基础。而培养、端正人的认知，必然离不开循环经济教育。具体而言，就是根据当前的需要调整或升级教育的内容，将循环经济理念贯穿到教育之中，以促进确保循环经济正常运行的知识、技能、能力和价值观，促进习惯和个人行为有利于循环经济。[1] 有鉴于此，世界各国普遍将循环经济教育纳入法制化轨道。例如，日本《循环型社会形成推进基本法》规定：

① Brais Suarez-Eiroa, Emilio Fernandez, Gonzalo Mendez-Martínez, David Soto-Onate.Operational principles of circular economy for sustainable development: Linking theory and practice. Journal of Cleaner Production. 2019, 214(Mar.20), pp.952-961.

"国家应采取必要的措施加强有关建立循环型社会的兴教、兴学及其宣传工作"[①]；再如，我国各级循环经济立法中，也普遍将加强循环经济宣传、教育和科学知识普及作为必要的立法内容。但是，教育是一项长期性、系统性工程，政府、学校等单一主体难以单独推进，需要有关方面相互协同、合作才可实现。换言之，开展循环经济教育对于循环经济法而言不仅是立法中一项重要的内容，也是利益相关方合作机制的一种重要方式。其中，涉及的主要利益相关方及其主要活动如下所述。

①政府（及其有关职能部门）。作为教育的管理主体以及教育公共服务的提供主体，政府（及其有关职能部门）的活动包括但不限于：制定循环经济教育规划、计划；完善宣传教育网络、创新宣传教育方式（如建立循环经济教育示范基地），有计划、多层次地开展循环经济宣传教育；组织对重点行业中企业事业单位负责人的循环经济知识培训等。②学校（包括职业培训机构）。作为教育的主体，学校（包括职业培训机构）应当对学生（学员）开展循环经济理念和知识的普及教育。③媒体。媒体作为知识的重要传播途径，有助于营造发展循环经济的良好社会氛围。其在开展循环经济教育过程中主要从事的活动包括但不限于：加大公益宣传力度（如在重要版面或者黄金时段刊登或者播放一定时间的循环经济公益广告）；向公众普及发展循环经济的法律、法规和科技知识等。④企业。企业是循环经济的直接践行者，企业及其员工对循环经济的认知水平，直接影响循环经济发展的实际效果。因此，企业应当根据本行业和自身的实际情况对员工进行循环经济知识的教育和培训。⑤基层群众性自治组织、社会组织和志愿者等。这些主体自身具备多样性、灵活性和自主性等优势，使得他们可以从多领域、多层次参与循环经济教育。例如，消费者协会可以定期向消费者推荐符合循环经济要求的产品，社会公益组织和志愿者可以开展循环经济法律法规知识宣传、普及循环经济知识等。

三、经济激励机制

长期以来，发展循环经济以实现节能减排、防治环境污染更多地被认为只是一种政府行为，包括企业在内的社会各界对于发展循环经济带来的经济效益的认识不足。诚然，政府的规划、命令、标准、许可、处罚、强制等命令控制类手段的建立和运用在发展循环经济的过程中发挥着重要的作用，但循环经济本质上仍是一种经济活动。然而对经济活动

[①] 参见日本《循环型社会形成推进基本法》第27条。

的调节不能完全依赖政府的命令控制，必须充分发挥市场的基础性配置作用。例如，欧盟发展循环经济可谓多举并重，既注重制定各种行政措施，又注重加强各种基于市场的经济手段的运用，引导社会生产和生活方式向绿色可持续转变。[①]诚如《21世纪议程》中所言，"价格、市场以及政府财务和经济政策在塑造对环境的态度和行为方面发挥了互补性的作用"。有鉴于此，在发展循环经济的过程中有必要在采用命令控制类手段的基础上，进一步采用税费、信贷、补贴等经济激励手段调节循环经济活动。

（一）经济激励机制的内涵

1. 经济激励机制的含义

所谓经济激励机制，是指在发展循环经济的过程中，政府尊重市场规律并依法综合运用税费、价格、信贷、政府采购等经济手段，引导企业等多元主体主动地从事循环经济活动的过程。经济激励手段既包括正向的刺激，如向符合条件的循环型企业、园区提供资金支持、补贴等；亦包括反向的刺激，如对依法不实施强制性清洁生产审核的企业不提供信贷支持、实施差别价格等。建立经济激励机制，其目的在于充分体现并发挥市场机制对发展循环经济的调节作用，通过遵循市场供求关系和价值规律，使政府调节与市场调节的"两只手"有机结合、共同发力。既克服单纯命令控制类行政手段的外部性、强制性，也克服单纯市场调节的被动性、盲目性的缺点。[②]

2. 经济激励机制的特征

相比于命令、处罚、许可、强制等命令控制类法律手段，经济激励机制具备如下特征。

（1）调节方式的经济性。循环经济植根于市场经济，重视和充分发挥市场机制、市场手段对经济活动的配置作用，是发展循环经济的题中应有之意。与命令、许可、处罚等手段不同，税费、信贷等经济激励机制所适用的手段、方式均遵循市场经济的基本规律。通过采取一系列的经济鼓励性或者限制性措施，强化运用经济手段引导"理性经济人"进行"损益权衡"后自觉、主动走向循环经济之路。

---

① 谭琦璐、康艳兵、赵盟：《线性发展到循环发展：欧盟循环经济发展经验及启示》，载《中国发展观察》2019年第23期，第73页。

② 孙佑海、张蕾等编著：《中国循环经济法论》，科学出版社2008年版，第360页。

（2）调节经济的间接性。与直接干预企业的生产经营活动不同，经济激励机制以承认微观经济主体自主经营的地位和作用为前提，通过市场机制这一中间环节对循环经济活动进行调节与控制。即根据市场变动规律和长期趋势，通过对价格、税收等市场参数施加影响、释放信号来调整企业的经济行为，达到促进循环经济发展的目的。

（3）发挥作用的灵活性。命令控制类手段欲实现其对发展循环经济的调整作用，必须仰赖政府主体的严格执法以及相对人主体的忠实守法。一旦执法主体和守法主体中有一方或双方存在法律适用的偏差甚至背离，如执法者缺位、越位、错位和（或）生产者知法犯法等情况，该类手段的实施效果便必然大打折扣。相比之下，经济激励机制的核心在于向市场释放经济信号而非命令控制，其实效的发挥可以通过引导、促进、支持等多种方式而非单一的严格执法及迫使企业守法来实现。因为对于企业等非政府主体而言，其虽并非一定要照此类手段执行，但该机制所释放有关经济信号会对其市场竞争力、成本收益等带来的影响，这会促使其自觉按照该机制设定的"走新路"这一目标自行调节其生产经营活动。

（二）经济激励机制的主要手段

1. 行政奖励

现代社会，政府需运用各种手段实现其对社会和国家的管理，其中就包括奖励这种行政活动形式。应该说，行政奖励的出现是现代社会政府职能转变的结果，这种职能转变主要表现在政府由消极的秩序行政到积极的给付行政，从大量做出强制性管理行为到大量做出引导型行为，行政活动形式出现多元化的发展态势。[①]本节所谓之行政奖励，具体是指行政主体为了实现发展循环经济这一公共行政目标，依法对符合条件的单位和个人给予物质、精神或者其他权益，激励、引导其实施循环经济活动的非强制性行政活动形式。[②]例如，法国设立了无污染工厂的奥斯卡奖金，奖励在采用无废工艺方面做出成绩的企业；再如，我国《清洁生产促进法》也规定，"对在清洁生产工作中做出显著成绩的单位和个人，由人民政府给予表彰和奖励"。

按照行政奖励给予受奖者的具体奖励方式，可以将行政奖励分为物质奖励、精神奖励与职务奖励。具体而言：①物质奖励，即给予受奖者奖金或者各种物质类奖品。例如，美国《1990年污染预防法》规定设立一

---

① 林莉红：《行政奖励诉讼初探》，载《法学杂志》2002年第2期，第24页。

② 叶喆喆、李艳斐：《行政奖励的司法审查》，载《人民司法》2012年第14期，第109页。

个年度奖励金，表彰在源削减方面进展显著或有创新的一家或多家企业。②精神奖励，即给予受奖者某种荣誉称号等。例如，《太原市清洁生产条例》第二十四条规定，"符合清洁生产企业标准的单位，由市人民政府授予清洁生产单位称号"。③职务奖励，即给予受奖者某种职务上的晋级或者晋升等。

2. 税费

理论上，税费本身（尤其是征税）在性质上仍属于高权行政的范畴。亦即，纳税或缴费具有法律上的强制性。但在此基础上设定相对灵活、差异化的具体税费措施，却是世界各国循环经济法中普遍采用的经济激励手段之一。尽管税与费二者之间存在本质上的区别，但相关具体措施均遵循了税费作为重要生产成本的这一基本经济规律，通过正向和（或）负向税费信号的释放，引导"理性经济人"权衡税费负担与其生产成本、产品价格等的关系。进而，基于减轻税费负担有利于降低成本、增强市场竞争力的考虑，自觉、主动从事有利于减轻税费负担的相关生产经营活动（如节约资源能源、减少污染物排放等）。具体而言，在发展循环经济的过程中税费手段可以同时发挥如下两方面的经济激励作用。

（1）正向的税费激励，即对生产经营者给予税费方面的优惠。相关研究结果显示，成本高昂是阻碍具体产业和企业实现循环经济的重要因素之一，而减少税、费则是帮助相关产业和企业降低成本的重要手段之一。[1]例如，20世纪90年代初，经济合作发展组织在许多国家采取不同措施鼓励采用清洁生产技术。我国《循环经济促进法》也明确规定，"企业使用或者生产列入国家清洁生产、资源综合利用等鼓励名录的技术、工艺、设备或者产品的，按照国家有关规定享受税收优惠"。如在实践中，我国对废电池无害化处置与资源化相关企业经认定为高新技术企业的，享受15%企业所得税优惠税率。

（2）负向的税费激励，即对生产经营者实施惩罚性税费措施。如果生产经营者不积极改进工艺、技术和设备或不能有效地节能减排，则可视情况通过长期、超额、加倍征收税费的方式迫使其支付更高的生产成本。例如，英国政府为大力推广绿色节能汽车，对绿色车辆和传统车辆采取不同

---

① Leonidas Milios, Bledar Beqiri, Katherine A. Whalen, Simon H. Jelonek. Sailing towards a circular economy: Conditions for increased reuse and remanufacturing in the Scandinavian maritime sector. Journal of Cleaner Production. 2019, 225 (Jul.10), pp.227-235.

的税费政策，对大型汽车和重污染汽车加倍征税。^①再如，《深圳市发展和改革委员会 深圳市财政局关于调整我市污水处理费有关问题的通知》规定，对环保警示企业（黄牌）按照 110%征收污水处理费；对环保不良企业（红牌）按照130%征收污水处理费。据此，可以预见"黄牌""红牌"企业的生产成本将必然显著增加，这将迫使其不得不改变传统的生产方式和经营方式（如高污染、高耗能等）。否则，其在市场竞争中将会处于不利的地位。

3. 价格

价格是影响产品价值和最终消费者购买的关键因素。故在市场经济条件下，价格是经济调节中最敏感、最有效的手段之一，价格变动对整个社会经济活动都有十分重要的影响。运用价格杠杆调节循环经济活动，能够在如下方面充分发挥作用。首先，影响生产经营策略。企业生产何种产品、产量多少，必须以市场供求状况为导向，而市场供求状况又必须视市场价格情况而定。如果市场上循环型产品在价格方面具有比较优势，企业自然会根据供求关系倾向循环型产品的生产或加大循环型产品的产量。其次，影响资源配置。在生产过程中是使用普通原辅材料还是节能环保材料；是采用一般工艺还是清洁、循环工艺，关键因素之一是看其成本价格是高还是低。在传统经济增长模式下，采用节能环保材料和清洁、循环工艺往往会增加生产经营成本，故生产经营者往往没有推行循环经济的积极性。但如果对原辅材料和工艺施以价格影响，改变原本投入高、成本高的价格状态，生产经营者将更容易根据价格变化而自愿选择更有利于循环经济发展的原辅材料和工艺。最后，影响产品分配。生产经营者必须考虑在产品生产出来之后，如何在人们之间进行分配。在市场经济起基础性配置作用的经济体中，价格决定人们对产品的支付意愿和支付结构，亦即决定了为谁而生产的问题。如果循环型产品价格过高，人们对其支付意愿则相对较弱，广大中、低收入者就势必更倾向于购买较少数量的产品。故从发展循环经济的角度，必须通过合理的、有差别的价格调节，使高、中、低收入群体均对循环型产品具有较强支付意愿，促使循环型产品被消费者所普遍接受。为实现价格调节的上述功能，可以将价格调节手段分为如下三种具体类型。

①优惠性价格，即给予符合法定条件的循环经济生产经营者以价格优

---

① 张通：《英国政府推行节能减排的主要特点及其对我国的启示》，载《经济研究参考》2008年第7期，第5页。

惠。例如，江西省《关于完善分时电价机制有关事项的通知》规定，根据用电负荷特性对大工业用户用电分季节划定峰、谷、平时间段，低谷时段电价下浮 50%。②差别性价格，即以发展循环经济为目标，对不同的生产经营者在用能、用水、用材、用地等方面适用差异化的价格标准。例如，我国《节约能源法》第六十六条第三款规定，"对钢铁、有色金属、建材、化工和其他主要耗能行业的企业，分淘汰、限制、允许和鼓励类实行差别电价政策"。③惩罚性价格，即对于推行循环经济不力的生产经营者或不利于推行循环经济的生产经营活动适用高于甚至显著高于一般价格水平的价格标准，以示惩罚。例如，湖南省要求 7—9 月迎峰度夏期间，当预测有供电缺口时，用电大户高耗能企业执行惩罚性电价，每度电增加高达 10 元。

4. 信贷

信贷即信用贷款，是指银行完全凭借客户信用而无须提供担保品而为其发放的贷款。在市场经济发展过程中，资本处于不断流动的状态，信贷作为一种经济调节手段，其目的在于通过信贷资本的流动尽量使资本增值。换言之，哪个领域有条件使资本增值，资本就会通过信贷向哪里流动。可以毫不夸张地说，现代企业的生产经营离不开银行的信贷，没有银行的信贷支持，企业生产经营活动无法开展。[1]正是基于信贷手段在市场经济调节中的上述特殊功能，通过加强信贷手段与发展循环经济的对接——实施差别信贷，从而激发生产经营者投身循环经济活动的积极性。

具体而言：一方面，在信贷投放上加大对循环经济的支持力度，优先支持生态环境保护、清洁能源、节能减排以及资源综合利用等领域企业融资需求。例如，我国《循环经济促进法》第四十五条规定，"对符合国家产业政策的节能、节水、节地、节材、资源综合利用等项目，金融机构应当给予优先贷款等信贷支持"。另一方面，对生态环境负面影响大、节能减排效果差的生产经营者限制提供或不提供信贷支持。例如，我国《循环经济促进法》第四十五条还规定："对生产、进口、销售或者使用列入淘汰名录的技术、工艺、设备、材料或者产品的企业，金融机构不得提供任何形式的授信支持"。

5. 补贴

理论上，补贴即行政主体为引导循环经济发展，做出的能使私人直接受

---

① 朱谦：《企业环境信息与银行信贷安全保障》，载《东方法学》2009 年第 1 期，第 46 页。

益的财政资助行为。^①从行政法学的角度，补贴包括如下四个构成要件：①目的要件，行政补贴的目的在于引导循环经济的发展。行政补贴虽使受补贴人获得财产利益，但使私人受益本身并不是行政补贴的目的，而是行政补贴发挥作用的媒介。②主体要件，补贴是国家或其他行政主体对私主体的行为。其既可以是中央政府、地方政府或公共机构直接给予的补贴，也可以是上述机构委托或指示私主体间接给予的补贴；受补贴人须为私主体。③行为要件，补贴限于积极给予之"给付补助"^②，不包括减免性资助、价格支持与收入支持。^③具体而言，就是政府（一般是通过财政）向生产经营者的循环经济活动提供资金支持，例如为其清洁生产工艺、材料、技术的研发提供资助等。④效果要件，受补贴人须能从中获取利益。^①

作为实施循环经济的主体，企业（抑或生产经营者）如果采用资源节约、环境友好的技术和管理，可以最大限度地减少对其生产经营活动对生态环境的负面影响，并可提供有利于实现绿色消费的产品和服务。然而，研发、采用这些技术、工艺、设备及承担相应的回收义务等往往也会给生产经营者带来诸如生产成本增加、生产方式变化等一系列问题，最终会在一定时期和程度上影响其直接经济效益。而补贴的功能恰在于通过政府的资助解决好生态投资者的合理回报，激励自愿采用清洁的技术和工艺并使生态资本增值。^⑤进一步讲，补贴是一种双赢的经济激励手段，政府通过对生产经营者开展循环经济活动提供资金资助，一方面有利于实现其发展循环经济的公共行政目标，另一方面帮助生产经营者提升自身发展循环经济的水平和能力，增强其市场竞争力。例如，美国《犹他州废轮胎回收法》规定，在该法案规定的情况下，填埋场的拥有者或者运营者可以向申请主管的当地卫生局申请每在填埋场处置 1 吨轮胎，便获得 20 美元的补贴。^⑥

---

① 参见杨解君、裘坚建：《行政补贴特性探讨》，载《法治论丛》2005 年第 5 期，第 60 页。

② 参见石龙潭：《日本行政诉讼之诉的利益》，中国政法大学出版社 2021 年版，第 79—83 页。

③ 亦有学者主张将减免性补贴纳入补贴行为的范畴，即补贴包括给付性补贴和减免性补贴。相关论述可参见裘坚建：《行政补贴概念辨析——WTO 和行政法学的两维视野》，载《行政法学研究》2005 年第 1 期，第 1—7 页。本书采德日以及中国大陆行政法的通说，即补贴仅限于给付性补贴。换言之，补贴行为仅限于给付性行为。

④ 参见裘坚建：《行政补贴概念辨析——WTO 和行政法学的两维视野》，载《行政法学研究》2005 年第 1 期，第 1—7 页。

⑤ 参见周颖、尹昌斌：《我国农业清洁生产补贴机制及激励政策研究》，载《生态经济》2009 年第 11 期，第 149—152 页。

⑥ 环境保护部国际合作司、污染防治司巴塞尔公约亚太区域中心编译：《美国废轮胎管理法律法规选编》，中国环境出版社 2015 年版，第 48 页。

6. 公共绿色采购

公共采购是指各级国家机关、实行预算管理的事业单位和社会团体，为了公共利益的需要而使用公共资金购买、租赁商品、工程、智力成果及雇佣劳务或获取服务的活动。[①]作为当今世界各国政府管理经济社会活动的一种重要手段，公共采购既不同于私主体之间发生的民事采购活动，也不同于政府传统的高权行政。一般来说，公共采购有以下几方面的基本特征（或识别公共采购的标准）：①主体的特定性，即公共采购主体为具有公共职能并使用公共资金的公共机构或组织。②目的的公益性，即公共采购的目的在于提高公共职能行为的效率，从而迅速、高效地为公众谋取福利。③资金来源的公共性，即公共采购的资金主要来源是财政性资金，也包括其他公共资金。④过程的公开性，即公共采购不仅其法律和程序是公开的（如公开招标），而且其过程原则上也是在完全公开的情况下进行的，一切采购活动都要做出公共记录，所有的采购信息都必须公开。[②]⑤权力的公共性，即公共采购权本质上是一种公权力，使用公共资金是公共组织的一种职权，而其他私法组织以及公民个人则不拥有这项权力。[③]⑥形式的契约性，即虽然公共采购是公权力行使的一种方式，但其却是通过合意的方式实现，并以协商一致的协议形式作为其外在表现。

公共采购不仅有利于提升公共资金使用的经济效率，而且适度的公共采购还具有经济宏观调节的功能。这是因为，政府除保持并扩大传统的控制作用外，又是大雇主、买主。[④]有鉴于此，其往往作为区域内最大的单一消费者，就可以通过调节采购的数量、品种和频率介入市场竞争，有效地影响社会供求的总量和结构，体现和配合政府产业政策、地区政策及其他社会经济政策，达到促进整个国民经济持续稳定健康发展的目的。[⑤]特别是20世纪90年代以来，可持续发展成为世界范围内的广泛共识，世界各国纷纷制定了本国的可持续发展战略，将生态环境保护的要求贯穿于经济社会政策的各个方面，政府义不容辞地成为这场"绿色浪潮"的领导者和推动者。[⑥]其中，绿色采购成为政府领导和推动这场"绿色浪潮"的主

---

① 参见孙丽岩：《论对政府采购的法律调整》，载《当代法学》2001年第2期，第13页。
② 以上内容参见陈兆霞：《政府采购法律问题研究》，载《现代法学》2003年第2期，第56页。
③ 参见湛中乐、杨君佐：《政府采购基本法律问题研究（上）》，载《法制与社会发展》2001年第3期，第19—30页。
④ 王名扬：《美国行政法（上）》，中国法制出版社2005年版，第393页。
⑤ 陈兆霞：《政府采购法律问题研究》，载《现代法学》2003年第2期，第58页。
⑥ 屈幼姝、斯琴塔纳：《促进循环经济发展的绿色政府采购政策研究》，载《理论探讨》2008年第3期，第77页。

要手段之一。例如，公共采购占欧洲消费的很大一部分，约占欧盟国内生产总值的近 20%。因此，在公共采购中列入并适用有利于发展循环经济的具体要求，势必能够成为推动循环经济发展的重要手段。

所谓绿色采购，就是充分考虑采购的必要性，在必须采购时强制或优先采购生态环境负荷小的产品及服务（环保物品等）；而所谓公共绿色采购，是指法律规定的各级国家机关、事业单位和团体组织等利用公共资金进行采购时，应当依法引入必要的资源环境认证标准、评估方法和实施程序，强制或在同等条件下优先购买对资源环境影响较小的产品和服务。[①]例如，根据日本《绿色采购法》的规定，国家及独立行政法人等在采购产品及服务时，为促进需求向环保产品转变，必须在注意合理使用预算的同时，努力选择环保产品[②]；欧盟也出台了关于公共采购的第 2014/24/EU 号指令，以促进绿色公共采购。再如，《深圳经济特区循环经济促进条例》第四十一条也规定："政府采购应当优先购买有利于节约能源、节约用水、节约用材和循环利用等符合循环经济要求的产品和服务，其中购买循环产品应当达到规定比例"。当政府的购买力向"绿色""循环"产品和服务倾斜时，能够让相关企业实实在在享受到甜头，进而激发更多的企业参与循环经济的积极性，引导企业在生产经营中自觉地推行循环经济。[③]因此，在公共采购中优先采购那些贯彻循环经济理念、能有效促进节能减排的"绿色"产品和服务，其对促进循环经济发展起到的调节作用是毋庸置疑的。

概言之，公共绿色采购主要包括三类：①绿色产品（货物）。例如，美国联邦政府把绿色采购产品划分为七个部分，分别为：含可回收成分产品、保护臭氧层产品、节能节水产品、替代燃料交通工具、生物基产品、更有利于生态环境的产品、有毒化学物质替代产品。对每一类产品都制定绿色采购标准，使之成为一个完整的绿色产品采购体系。[④]②绿色公共服务。[⑤]例如，青岛市采用政府购买清洁生产咨询机构服务的方式，支持企业清洁生产。按照平等自愿、协商一致的原则，由咨询机构为企业和园区

① 参见张瑛：《政府绿色采购的国际经验与借鉴》，载《山东财政学院学报》2006 年第 3 期，第 38 页。
② 中日友好环境保护中心编译：《日本环境法律法规汇编》，中国环境出版集团 2020 年版，第 18 页。
③ 李兴华、窦延文：《政府采购要向循环经济产品倾斜》，载《深圳特区报》2007 年 11 月 22 日，第 A02 版。
④ 刘小川：《美国政府采购政策透视》，载《中国政府采购》2008 年第 2 期，第 67 页。
⑤ 以下内容参考了林刚：《政府购买机构服务支持清洁生产 青岛全国首举》，网址：https://www.dailyqd.com/2014-09/22/content_131988.htm。

开展清洁生产审核咨询服务，政府择优购买咨询机构的服务。理论上，政府采购绿色技术服务事项又具体包括两类：一类是广义的绿色技术服务事项，包括科研类服务、行业规划、行业规范、行业调查、行业统计分析、资产评估、检验、检疫、检测、监测及会展服务等。另一类是政府履职所需的绿色技术性服务事项，包括法律服务、审计服务、课题研究、评估、绩效评价、咨询等。③绿色公共工程。所谓工程，是指具有整体功能的建筑物或者土木工程活动的成果①，包括建筑物和构筑物的新建、改建、扩建、装修、拆除、修缮等。通过绿色工程采购，对于建筑设计方案、建筑材料和装修材料、建筑构配件及设备和技术提出资源环境方面的特别要求，可以使公共工程最大限度地节约资源与减少对生态环境负面影响。例如，2019 年禄劝绿色光亮工程采购及安装项目的招标文件中就明确要求，技术指标要达到《昆明市"绿色光亮工程"技术规范》要求。②

7. 固定资产加速折旧

固定资产折旧是指固定资产在使用过程中，逐渐损耗而消失的那部分价值。固定资产损耗的这部分价值，应当在固定资产的有效使用年限内进行分摊，形成折旧费用，计入各期成本。市场经济是一种充满竞争的经济。企业迫于市场竞争压力而不得不把许多设备和机器提前报废，就会形成大量的无形损耗。减少以致避免这种无形损耗给企业带来损失的唯一方法，就是加速折旧。采取加速折旧不仅可以使企业避免损失，还可以尽快收回资金，使企业有充足的资金购置或开发新型设备，加强基础设施建设，增强企业发展的后劲。③因为折旧速度提高而缩短了折旧年限，企业在折旧期间的年折旧费用相应提高，从而减少了所得税开支，此时如果再结合税收手段的运用，就可以增强公司未来竞争和融资能力。④依据上述理论，固定资产加速折旧作为一种促进企业、产业发展的经济激励手段，其适用于循环经济领域势必为循环型企业、产业的发展提供支持。因此，循环经济的相关法律法规已经将其纳入法制化的轨道，使其成为经济激励机制当中的重要手段之一。例如，《天津市清洁生产促进条例》第十八条第二款

① 杨蔚林、姜琳：《以欧盟法为借鉴建立我国绿色公共工程采购法律机制》，载《政治与法律》2009 年第 5 期，第 3 页。
② 中国政府采购网：《2019 年禄劝绿色光亮工程采购及安装项目招标公告[修正公告]》，网址：http://www.ccgp.gov.cn/cggg/dfgg/gzgg/201910/t20191021_13151465.htm。
③ 刘雅：《为固定资产加速折旧点赞》，载《纺织机械》2014 年第 8 期，第 14 页。
④ 张立伟：《固定资产加速折旧一举两得》，载《21 世纪经济报道（广州）》2014 年 9 月 26 日，第 8 版。

规定，对列入清洁生产指南鼓励的项目，"采用清洁生产的机器、设备可以加速折旧，以原有固定资产折旧率为基数提高百分之三十"。

8. 基金

受全球经济形势及新冠疫情等多重因素的影响，单纯依靠财政投入开展污染防治、节能减排的投融资模式不仅可持续性受到影响，而且效益也有递减的趋势，亟待寻找新的生态环境保护投融资模式。在这个过程中，基金的出现能够促进公私部门合作，带动更多市场化资金投入资源环境类项目，使公共资金和市场资金各自发挥所长。尽管与企业推行循环经济所需的资金相比，基金所提供的资金规模仍相对有限，但其释放的经济激励信号对资金放大、吸引社会资金参与循环经济将起到助推作用。可以说，基金作为推动循环经济发展的"种子"，引导和撬动了更多政府和社会资金投入循环经济相关领域，对于解决资金缺口、缓解资金压力将起到四两拨千斤的作用。①例如，《河北省发展循环经济条例》第五十二条第四款规定，"鼓励依法设立循环经济创业投资、产业投资基金"。

实践中，青海省公共设施建设投资有限责任公司与国家开发银行青海分行等金融机构及社会资本共同发起设立了青海省循环经济发展基金。主要开展青海省重大基础设施、公共服务、脱贫攻坚、生态环保、循环经济及特色产业发展、新材料新能源技术等方面的投融资业务，重点支持投资规模较大、回收周期较长、有一定合理回报或循环经济发展急需的公益性、准公益性及市场化项目建设。除前述设立专门的循环经济发展类基金外，其他相关基金的设立和合理使用也可以起到引导和促进循环经济发展的作用。例如，我国《清洁生产促进法》第三十二条规定，"在依照国家规定设立的中小企业发展基金中，应当根据需要安排适当数额用于支持中小企业实施清洁生产"。中小企业发展基金原本主要是用于引导地方、创投机构及其他社会资金支持处于初创期的中小企业。如果能够利用该基金支持中小企业实施清洁生产，那么同样能够释放经济信号，引导和撬动政府和社会资金投入到清洁生产及循环经济事业中。

9. 押金

向购买具有潜在污染性的产品的消费者收取押金，约束消费者随意处置包装等废弃物的行为，引导消费者将废弃物交回指定回收系统以取回押

---

① 有关循环经济基金的具体情况，可参见齐建国、尤完、杨涛：《现代循环经济理论与运行机制》，新华出版社 2006 年版，第 358—360 页。

金。行为的成本由消费者个人承担，满足生态环境成本内部化的需求，从而能够达到预防污染的目的。[1]实践证明，押金在预防环境污染、提高固体废弃物回收率和利用率方面有着难以替代的作用。

从世界范围看，针对废弃物收取的押金主要有三种类型：①由生产者或销售者自行发起，仅在生产者或销售者与消费者之间具有相互约束力的押金。例如，在我国啤酒、奶制品等的零售环节中，部分零售商为配合生产企业回收酒瓶、酸奶瓶等包装物，会在啤酒、酸奶等的零售过程中要求消费者预先支付一定的押金。若消费者不接受这种押金，其可以自行选择其他不需要押金的零售商或其他品牌的产品。②通过立法或政府推动实施的具有强制力和普遍约束力的押金。例如，1978年挪威政府通过了针对废旧客车和废旧卡车实施环境押金制度的法案。按照法案的相关规定，每一辆新汽车的购买客户在购买新汽车时，需要在支付购买汽车本身和相关费用的基础上再支付一定数量的额外押金。当汽车由于老旧、破损、车祸等各种原因报废或不再使用时，只要车主将该汽车车体返还到政府指定的回收地点，根据相关的废旧汽车标准，车主就能领回相应的多于原押金的款额。[2]③立法或政府鼓励实施的押金。例如，我国《循环经济促进法》第46条规定，"国家鼓励通过以旧换新、押金等方式回收废物"。

四、创新机制

诚然，法律可以鼓励创新。例如，近年来我国在鼓励科学技术进步、优化营商环境、简政放权等方面的法治实践十分活跃。这无疑为相关领域乃至经济社会的创新营造了良好的法治环境、提供了有力的法治保障。但是，法律天然具有的稳定性、滞后性，也可能会阻碍创新。发展循环经济本身就是对经济社会发展模式的一种创新，而且这种模式创新还需要通过各层次、各领域不断"积累"创新来体现和实现。可以说，创新是循环经济发展永恒的驱动力。有鉴于此，循环经济法必须设法弥合法律与创新在循环经济领域的存在的张力甚至矛盾。据此，创新机制不仅是循环经济法的必要调整机制，相比其他部门法或法律领域而言也是一种"特色"的法律手段。其具体实现方式主要包括以下四个方面。

---

[1]　郑晓琴、刘琼：《论我国环境押金法律制度的构建》，载《昆明理工大学学报（社会科学版）》2007年第7期，第13页。

[2]　陈思思：《国外废旧汽车环境押金制度的实践及对我国的启示》，载《西安建筑科技大学学报（社会科学版）》2013年第5期，第24页。

（一）拓展法律的适用范围

从现象的角度看，循环经济的创新往往是从某一个"点"开始的。与之相适应，循环经济法对循环经济创新的支持和保障，也往往从该"点"入手取得突破。例如，1991 年德国的《包装条例》，首先在这一特定的领域内体现了循环经济立法理念；再如，我国 2002 年制定的《清洁生产促进法》，也开创了世界范围内为清洁生产专门立法的先河。如果循环经济法能够以该"点"的创新为基础，通过进一步扩展创新的范围以积累更多、更大的创新成果，无疑就发挥了法律对创新的促进作用。更何况，这种创新范围的拓展对于循环经济法而言是可以实现的。其原因在于，循环经济法中的许多法律概念、法律的适用范围本身具有弹性，如"废弃物""二次原料""清洁生产""循环经济活动"等。而且，随着技术的进步、商业模式的发展等，上述概念、范围也必然会随之发展变化。故通过法律制定、法律解释、法律修改等形式，完全存在扩展的空间与可能。

具体而言，拓展法律的适用范围可以包括两个层面：一是向外扩展。即原本在某一"点"上的创新，可以拓展至相关的"点""线"甚至"面"。例如，为包装物的循环利用立法后，电子垃圾、报废汽车、废旧轮胎等相关领域的立法也随之展开。二是自身扩展。即原本某一法律概念或某一法律的适用范围相对有限，经拓展后其本身的范围得以扩大。例如，前述清洁生产法的适用范围最早限于工业，此后则逐渐拓展到农业和服务业领域。

（二）提高法定标准

前文已述，标准是实现循环经济标准化管理的基础，也是评价和衡量循环经济相关活动重要的技术依据。故通过法律手段提高相关循环经济活动所适用的标准，势必会促使相关区域、产业、行业、企业等在技术、商业模式、管理等方面的创新，以适应标准提高背后守法"门槛"的提升。例如，欧盟《工业排放指令》第 14（4）条强调，成员国可以制定比使用"最佳可得技术"所能达到的更严格的许可要求。[①]据此，欧盟成员国国家（或区域）政府就可以超越"最佳可得技术"，在制定本国或本区域工业排放许可证标准的规则中提高要求，从而促进工业减量化技术的创新。再如，我国《武汉市实施〈中华人民共和国循环经济促进法〉办法》第三十一条规定，"企业应当采用先进或者适用的回收技术、工艺和设备，对生产过程中产生的工业废弃物和共伴生资源进行综合利用"。其中，"先进"和

---

①　Directive 2010/75/EU.

"适用"都是对标准的一种衡量。显然，从字面含义上理解，"先进"相比"适用"而言标准更高。

但同时，这种具体方式的实际操作过程中应当遵循如下原则：①应当提高功能和绩效标准而非简单、精确的技术标准。虽然提高标准的背后往往意味着技术的革新。但是，如果把提高标准等同于采用某项特定的技术要求（如使用某些生产方法、过滤器或其他技术），那么这可能会在更长的周期内阻碍创新。因为当获得某项特定技术而达到新的标准后，相关主体继续创新的动力往往也随之丧失。而提高功能和业绩标准则可避免人为地缩小竞争范围，并尽可能有利于创新。[①]②应当赋予相关主体寻找创新解决方案的最大自由。[②]换言之，提高标准的同时不应规定如何实现这些新的目标，而应留出足够的空间给相关主体以不同的方式遵守该标准。因为，寻找解决方案本身就是一个创新的过程。如果将解决问题的方式固定化，虽然暂时取得了一定的效果，但不利于长期、持续地循环经济创新。③应当充分保证标准提高的可预测性。可以想象，标准提高对于企业等主体而言，意味着需要耗费相当的人力、时间、资财等去实现（如技术改造、引进新设备等）。若标准的提高不具有可预测性，特别是朝令夕改、不当的层层加码等，势必给创新带来负面作用。不仅会影响正在进行的创新（如不当加码导致原本的创新工作半途而废），更会对未来可能的创新活动人为地制造更多的不确定因素（如朝令夕改影响创新的积极性）。

（三）实施行政指导

行政指导是指行政机关就其所掌之公共行政事务，对于特定之个人、公私法人或团体等，以非强制的手段取得相对人之同意与协力，以达到公共行政目的的一种行政活动形式。理论上，行政指导往往只有在取得相对人的同意之后才会实际发生作用，故其往往不具有直接的法律强制力。作为一种新型行政活动形式，行政指导的产生植根于现代市场经济的土壤之中，是现代公共行政和服务行政发展过程的必然产物。它的出现及应用使得原本对立的行政主体与相对人走向合作与协商，使得原本消极的行政积极服务于包括生态环境治理在内的社会公共事务。在日本，行政指导甚至被认为"乃是保证日本经济走向成功的一个极为重要的因素"。

发展循环经济最终还是需要依靠企业等非政府主体，故循环经济战略

---

① Chris Backes. Law for a Circular Economy. Eleven International Publishing. 2017, pp.56-57.

② Porter M E, Van der Linder C. Toward a New Conception of the Environment-Competitiveness Relationship. The Journal of Economic Perspectives. 1995, 9(4), pp.97-118.

和决策的落实除市场、社会的基础性影响外，还需要政府对企业的引导、促进或者施加强力。其中，行政指导手段属于引导、促进企业自愿开展循环经济的重要手段之一。相比而言，传统的行政管理手段往往具有强制性、固定性，容易引起相对人的抵触情绪。而行政指导则是更加灵活、柔性的管理手段，相对人在心理上更容易接受并积极配合。因此，在发展循环经济的过程中，世界各国普遍采用了行政指导的手段，通过相对柔性的方式实现发展循环经济的目标。①

在循环经济的法制实践中，行政指导手段具体可包括以下主要形式。①（狭义）指导，即行政主体针对发展循环经济中的某些问题具体指导相对人如何行为。例如，国家发改委、（原）环保部组织编制了《国家重点行业清洁生产技术导向目录》，引导企业采用先进的清洁生产工艺和技术。②鼓励，即行政主体采取鼓励的手段实施行政指导活动，以实现发展循环经济的目的。例如，国家发展改革委、商务部发布的《鼓励外商投资产业目录（2019年版）》中，新增"清洁生产技术开发与服务""循环经济技术开发与应用"等条目，以鼓励外商在上述领域投资。③树立模范典型，即通过树立循环经济领域的典型、模范以促使其他相对人效仿，从而带动相关企业、产业乃至全社会投身循环经济发展的积极性。例如，《深圳经济特区循环经济促进条例》第四十六条第一款规定，"市、区政府应当及时总结示范企业、示范园区、示范社区的试点情况，制定和完善相应的政策、措施，逐步推广"。④说服劝告，即通过陈述情理促使相对方自行停止或减少原本不利于发展循环经济的相关活动，在说服劝告不能奏效时才采取其他强力手段。例如，日本《资源有效利用促进法》规定，指定副产品经营者促进该指定副产品相关的再生资源的利用有明显不足的情况下，主务大臣对该指定副产品经营者，出示其判断的根据，并可以给予相应的劝告，使其采取必要的措施来促进该指定副产品的再生资源的利用。⑤建议，即行政机关根据发展循环经济的需要，将自己对实现循环经济的方法、途径等形成的看法传递给相对人，希望其在生产活动中响应其建议，从而有助于发展循环经济相关目标的达成。例如，日本《资源有效利用促进法》规定，"为促进指定再利用促进产品的再生资源或者再生零件的利用，主务大臣认为在必要的情况下，对指定再利用促进经营者……就促进再生资

---

① 例如，《湖南省实施〈中华人民共和国清洁生产法〉办法》规定："县级以上人民政府科学技术等行政主管部门对有利于环境保护与资源节约的产品、技术的研究开发和推广应当给予指导、支持"。再如，根据美国《污染预防法》等法律的规定，美国国家环保局及其他联邦政府制定和实施了一系列指导性计划，支持企业基于自愿的多项污染预防项目。

源或者再生零件的利用事宜，给予必要的指导和建议"。⑥帮助，即行政机关通过为相对人提供某种便利的条件，助力其实施符合循环经济发展目标的活动。例如，日本《循环型社会形成推进基本法》规定，"国家应制定并采取必要的措施向进行循环利用及处理的生产单位提供必要的材料或其成分及处理方法的信息"。

（四）采取自律性法律措施（自愿性协议）

传统意义上，行政主体与相对人之间是一种管理与被管理的关系，行政主体往往借助强力（如命令、许可、处罚、强制）对相对人实施监管。虽然，前文已述这种"压制型"手段对于守住循环经济活动的"底线"而言是必要的，但从创新发展的角度讲，相对人（如企业）实际上是循环经济不断发展的主要动力来源。若长期仅处于被"压制"的管控状态，不利于发挥其能动性实施发展创新。相比之下，自律性法律措施特别是自愿性协议被引入循环经济法领域，是解决上述问题的有效手段之一。例如，欧盟《生态设计指令》规定，如果自愿性协议能够以更快更经济的方式达到同等的法律要求，自愿性协议或其他自律措施可以作为监管（强制要求）的替代方法。①

所谓自愿性协议，是将权力因素与契约精神有效结合②，相对人在自愿的基础上就某项公共行政任务或目标与行政主体签订的一种协议。例如，《深圳经济特区循环经济促进条例》第三十三条规定，"鼓励企业与政府通过签订协议的方式，商定发展循环经济的措施、目标和实施计划等内容"；再如，美国《亚利桑那州废轮胎处置法》也规定，各县设立的废轮胎项目可以包括与私营企业为完成相关事宜（无论是单独完成还是合作完成）而签署的合约。③采取自愿性协议，可以鼓励政府和企业之间的对话和建立信任机制，有利于政府降低环境管理和实施的成本。④更为重要的是，自愿性协议减少了单方的行政命令和安排，在"底线"之上给予相对人更大的自主空间来实现循环经济的任务和目标。况且，虽然协议在形式上是"自愿"的，但这种包含公法因素的"自愿"实际上往往是有条件的。一方面，协议内容往往是在守法基础上对相对人设定的更高要求，如自愿节能减排、

① 参见徐玲：《欧盟生态设计指令解读》，载《信息技术与标准化》2013年第8期，第18—19页。
② 杜宏伟：《行政合同的基础理论与行政程序法的最新发展——第十五届海峡两岸行政法学学术研讨会综述》，载《行政法学研究》2014年第1期，第141页。
③ 参见环境保护部国际合作司、污染防治司巴塞尔公约亚太区域中心编译：《美国废轮胎管理法律法规选编》，中国环境出版社2015年版，第36页。
④ 王郁：《城市管理创新：世界城市东京的发展战略》，同济大学出版社2005年版，第353页。

提高污染物排放标准和要求等；另一方面，履行协议过程中往往伴随着行政主体的监管以及相应的经济激励措施等。在上述因素的共同作用下，更有利于以法律手段营造循环经济发展创新的外部环境、主观意愿和客观条件。

五、权力制约机制

从历史上看，权力既可以给人类带来福祉，又可能给人类带来创伤。根治权力的这种"创伤"必须对权力进行有效的制约。事实上，无论是经济发展模式的转型与升级，还是社会治理的优化，都需要通过建立健全权力的制约机制得以实现。从政治学角度看，"权力"既包括政党权力，又包括政府权力。故政治学意义上的"权力制约"既包括对政党权力的制约，也包括对政府权力的制约，还包括政党对政府权力的制约等较宽泛的内涵。但从法学角度讲，"权力"的概念基本上涉及立法、司法、行政、监察等宪法规定的国家基本权力。其中，近现代意义上的立法权普遍是由民主选举的代议制机关（如议会、人大等）行使的，故其具备最高的合法性。近现代意义上的司法权，其本质在于中立，宗旨在于公平、正义，实现方式在于个案裁判。故其在总体上出现失控的情况并不多见。唯独原本由君主发号施令以统治臣民的行动进化而来的近现代意义上行政权，其不仅存在天然失控的"基因"，更何况在行政权日益膨胀的现代社会，其失控的可能无疑最大。因此，在法治的视域内对"权力"的制约重点是对政府及其有关职能部门享有的行政权的制约，亦即《中共中央关于全面推进依法治国若干重大问题的决定》所提出的"强化对行政权力的制约和监督"。故本节所谓之"权力制约机制"，专指采取各种手段对行政权的行使依法进行监督、阻止、约束、纠偏等的动态过程。

（一）以权力制约权力

要防止行政权被滥用或被异化为少数人谋利的工具，必须通过有效的国家治理，使行政权力配置和运行处于一种受到监督制约的有序状态。在行政权配置过程中，国家作为人民意志的代表，用法律形式把公共资源、公共财政、公有资产等的配置、管理、使用的权力，授权给某些公共权力机构及其权力人，又通过法律授权另外一些独立机关对公共权力的运行予以制约，即"以权力制约权力"。[①]换言之，就是指以权力机关的立法权、

[①] 刘家义：《论国家治理与国家审计》，载《中国社会科学》2012年第6期，第62页。

司法机关的司法权、监察机关的监察权等权力对行政权进行有效的制约。需要说明的是，此处的立法权应从广义理解，其既包括狭义的制定法律的权力，也包括权力机关依法享有的其他可以制约行政权的权力；对司法权亦应作适度扩张的理解，其既包括一般意义上法院的司法审判权，还可以包括我国检察机关依据《宪法》所享有的法律监督权。[①]

1. 立法权对行政权的制约

（1）以（狭义）立法权制约行政权。基于主权在民的法治理念，无论什么样理由的行政，行政权的担当者（行政机关）都不能随意判断，只能根据由国民代表产生的议会（国会）所定的一般规则（法律）来进行。[②]因此，"依法律行政"成为行政权行使的基本原则。也就是说，权力机关依法对法律的立、改、废、释、撰（即狭义立法权），本身就是对行政权的一种制约手段。例如，全国人大常委会制定的《循环经济促进法》，将"负责组织协调、监督管理全国循环经济发展工作"授予"国务院循环经济发展综合管理部门"。对于该部门而言，这意味着明确了自身的法定职责；而对于其他部门而言，则意味着设定了自身权力行使的"禁区"。

（2）以重大事项决定权制约行政权。世界各国的权力机关除狭义的立法权外，往往还拥有一项重要的权力，即对本国家、本区域重大的经济社会发展事项的决定权。当发展循环经济成为本国、本地重大发展战略后，其自然亦应归属经济社会发展中的"重大事项"。此类事项的决策权，需依法经由权力机关行使。例如，《贵阳市建设循环经济生态城市条例》第十条曾规定，"建设循环经济生态城市总体规划由市人民政府提交市人大常委会审议通过"。在此决策过程中，政府是议题的发起者以及决策的具体实施者，而权力机关是决策的决定者。很显然，议题发起权、决策执行权与决定权的分离，不仅能够有效保障决策的合法性，更重要的是通过权力的合理分配形成了对行政权的必要制约，防止重大事项决策沦为政府的"一言堂"。

（3）以监督权制约行政权。除立法权和重大事项决定权外，权力机关通过法定的方式和程序行使监督权，如进行质询和询问、听取政府报告等，也是对行政权的有效制约手段之一。例如，《深圳经济特区循环经济促进条例》第十一条规定，"市、区人民代表大会常务委员会认为必要时，可

---

① 我国《宪法》第一百二十九条规定："中华人民共和国人民检察院是国家的法律监督机关"。
② 〔日〕藤田宙靖：《日本行政法入门》（第四版），杨桐译，中国法制出版社2011年版，第28页。

以要求同级政府专项报告发展循环经济目标和指标、政策、措施等的执行情况"；再如，韩国《韩国低碳绿色增长基本法》第 14 条规定，"政府在制定绿色增长国家战略时应立即向国会报告"[①]。

2. 司法权对行政权的制约

（1）司法裁判权制约行政权。司法裁判权对行政权的制约，主要体现在法院对行政活动合法性或合理性的个案审查。例如，德国《联邦行政法院法》规定："非宪法性质的所有公法争议，只要联邦法院没有明确规定由其他法院审理，均可诉诸联邦行政法院。"我国《行政诉讼法》第二条也规定，"公民、法人或者其他组织认为行政机关和行政机关工作人员的行政行为侵犯其合法权益，有权依照本法向人民法院提起诉讼"。例如，在"余火生与杭州市发展和改革委员会发展与改革行政监督上诉案"中，[②]无论是一审还是二审法院，均依据《循环经济促进法》的有关规定，对被告（被上诉人）有关"答复函"不是行政诉讼受案范围的答辩理由未予采纳，并将被告（被上诉人）向原告（上诉人）出具答复函的行为，纳入人民法院行政诉讼的受案范围。尤其本案的二审法院，还在判决中认定了被上诉人的行政行为"在程序上存在不当，予以指正"。此外，司法裁判权还表现在法院依法对行政强制执行申请等的个案裁决。行政主体对循环经济违法行为实施行政处罚或科处改正义务后，往往涉及处罚或义务的强制执行问题。如果法律未将行政强制权赋予行政主体，则做出处罚的行政主体需要依法在一定的条件下向法院申请强制执行。总之，无论是个案司法审查，还是个案司法裁决，司法裁判权行使的过程构成对行政权的有效制约。

（2）以法律监督权制约行政权。《中共中央关于全面推进依法治国若干重大问题的决定》把"完善检察机关行使监督权的法律制度，加强对刑事诉讼、民事诉讼、行政诉讼的法律监督"作为"加强对司法活动的监督"的首要任务，进行了全面部署。作为"保证公正司法，提高司法公信力"的重要组成部分，要求"检察机关在履行职责中发现行政机关违法行使职权或者不行使职权的行为，应该督促其纠正。"这不仅指明了优化职权配置进行"司法监督"的具体内容，而且阐明了"检察机关行使监督权"的

---

① 郑彤彤译、魏丽娇校：《韩国低碳绿色增长基本法（2013 年修订）》，载《南京工业大学学报（社会科学版）》2013 年第 3 期，第 36 页。

② 本案详细内容参见《余火生与杭州市发展和改革委员会发展与改革行政监督上诉案》（2014）浙杭行终字第 281 号，网址：http://www.pkulaw.cn/case/pfnl_1970324841328705.html?keywords=循环经济促进法&match=Exact。

另一种重要形态——对行政机关行使职权或者不行使职权进行制约和监督。无论是对涉循环经济活动的行政强制措施实行司法监督（检察监督），还是对负有循环经济相关监管职责的行政机关滥用职权或者不作为依法进行检察监督甚至提起行政公益诉讼，都是检察机关法律监督权的重要组成部分，构成"强化对行政权力的制约和监督"的"司法监督"的重要内容。①例如，福州市鼓楼区人民检察院开展规范再生资源回收经营检察公益诉讼专项活动，在实际排查中发现，部分经营者没有取得营业执照擅自从事再生资源回收活动。针对调查走访发现的问题，鼓楼区检察院立即向相关职能部门送达诉前检察建议书，督促其依法履行职责，对再生资源回收经营行业进行整治。②

3. 监察权对行政权的制约

监察是针对行政的一种监督措施，国家通过在其政权内部设立的职官或机构，对国家公共权力掌握者权力行使的监督，以防止其失职、渎职和滥用，从而提高行政效率，维护政治秩序。③政府在发展循环经济的过程中，其行政权的行使除需要接受立法权、司法权的监督制约外，也会受到来自监察权的监督制约。如实践中，《甘肃省循环经济试点实施方案（2008—2012 年）》提出"加强对各级领导干部执行生态环境资源及循环经济法律规章情况的监察监督，督促各有关部门在审批建设项目时，认真执行审批程序，严格把关"。无论采取议会监察专员制，还是在行政系统内设监察机关，依法保持监察机关的独立性已成为世界上许多国家监察权行使的普遍做法。例如，瑞典《政府组织法》第十二章第 6 条第一款规定，行政监察专员"负责根据议会的指示对公务员执行法律与其他法规的情况实施监督"。再如，英国为处理公民对"不良行政"的申诉，议会于

---

① 杨建顺：《完善对行政机关行使职权的检察监督制度》，载《检察日报》2014 年 12 月 22 日，第 3 版。例如，在"福建省清流县人民检察院诉清流县环保局行政公益诉讼案"中，因刘某胜污染环境罪案件事实不清，证据不足，清流县人民检察院于 2015 年 7 月 7 日作出不起诉决定，并于 7 月 9 日向县环保局发出检察建议，建议其对扣押的电子垃圾和焚烧后的电子垃圾残留物进行无害化处置。但县环保局逾期既未对扣押的电子垃圾和焚烧电子垃圾残留物进行无害化处置，也未对刘某胜作出行政处罚。清流县人民检察院遂以公益诉讼人身份向清流县人民法院提起行政公益诉讼，诉求法院确认清流县环保局怠于履行职责行为违法并判决其依法履行职责。最终，明溪县人民法院依法作出一审判决，确认被告清流县环保局处置危险废物的行为违法。参见《最高检第八批指导性案例之福建省清流县人民检察院诉清流县环保局行政公益诉讼案》，网址：http://www.yftianjin.jcy.gov.cn/dxal/201703/t20170320_1964353.shtml。

② 赖志昌、谢晶：《鼓楼检察院启动公益诉讼专项活动》，网址：https://m.gmw.cn/baijia/2020-05/13/1301219662.html。

③ 侯兆晓：《监察权的历史由来》，载《民主与法制》2017 年第 2 期，第 12 页。

1967 年通过了《议会行政监察专员法》，设立了议会行政监察专员，行政监察专员经首相提名由国王任命，任期内享有相当于法官一样的工作独立性。[①]

中国素有重视监察权的传统。作为最早建立监察制度的国家之一，自秦朝就形成了监察御史制度，代表国家行使监察权；唐朝以后，监察官都由皇帝直接任命；元明清时期，中央最高监察机关都是由皇帝直接领导。于 1997 年制定的《行政监察法》虽然在加强行政监督，促进法治政府和廉洁政府建设，保持政令畅通，提高政府工作效率等方面发挥了重要作用。然而，这种监察权本质上属于"行政监察权"，属于一种政府内部的权力制约机制。实践中，监察机关的干部人事、财务经费都由地方政府控制，监察机关在工作中缺乏应有的独立性，影响了监察的权威性。[②]为进一步加强对行政权的监督制约，党的十八届六中全会公报将国家监察委员会与"权力与立法机关""行政机关""司法机关"并提，其中透露出监察权与行政权分离、进一步增强监察权独立性的改革意涵。在经过国家监察体制改革试点取得经验后，2018 年 3 月第十三届全国人民代表大会第一次会议审议通过了《宪法》（修正案）中，在"第三章 国家机构"中新增"第七节 监察委员会"，从而使之前"行政检察权"正式升级为"国家监察权"。此次会议还通过了《中华人民共和国监察法》，对于国家监察权的运行做出了系统性规定。根据《监察法》的规定，国家监察权的行使意在"构建集中统一、权威高效的中国特色国家监察体制"，"加强对所有行使公权力的公职人员的监督，实现国家监察全面覆盖"[③]。至此，我国的监察权依法正式独立于行政权行使，监察权对发展循环经济过程中行政权的监督力度、能力、效果也得到进一步提升。例如，2019 年修正的《陕西省循环经济促进条例》第六十五条规定，"负有循环经济管理职责的部门及其工作人员违反本条例规定，违法审批、核准项目，或者应当作为不作为造成严重后果的，由所属单位或者监察机关给予处分"。

4. 审计权对行政权的制约

政府对行政权的行使，最终都会通过有关的经济活动表现出来。这些经济活动涉及财政、金融、建设、环保、社保等多个方面，范围广、情况复杂、技术性强，客观上需要有一个独立的、技术上能够胜任的专业机构，

---

① 刘卉：《国外行政监察专员制度可资借鉴》，载《检察日报》2015 年 3 月 24 日，第 3 版。
② 马怀德、张瑜：《通过修法完善国家监察体制》，载《学习时报》2016 年 7 月 14 日，第 4 版。
③ 参见《监察法》第 1、2 条。

专司对上述经济活动的决策、执行、管理等权力运行进行常态化监督。[①]审计就是这种专职和专业行为，是独立的、由专门机构和专职人员依法通过客观地收集、评价有关经济活动和事项的认定证据，以确定其认定与既定标准之相符程度并将其结果传递给利害关系人的系统过程。同时，在这一过程中，还会纠正经济活动及其相关责任人对规则、秩序和决策的背离和偏差。[②]例如，我国《宪法》第九十一条规定，"国务院设立审计机关，对国务院各部门和地方各级政府的财政收支，对国家的财政金融机构和企业事业组织的财务收支，进行审计监督"。可见，审计权作为国家以宪法或者法律形式明确的权力安排，也是制约行政权力运行的重要手段之一。[③]但需要说明的是，审计权行使主体的性质在不同国家或地区的差异性，也使得审计权作为权力制约机制的属性也非单一。例如，我国的审计署隶属于国务院，故我国的审计权依法属于一种行政权的内部制约机制；而美国审计总署（United States Government Accountability Office，GAO）是向国会负责的、独立于政府的国家机构[④]，故其审计权则属于一种行政权的外部制约机制。

从审计活动的内容看，审计权行使的基础或传统领域是对经济活动的真实性、合法性审计。例如，我国《审计法》第二条第四款规定，"审计机关对前款所列财政收支或者财务收支的真实、合法和效益，依法进行审计监督"。循环经济活动虽然是一类新型经济活动，但这一过程中的财政收支、财务收支，无疑也应当依法纳入真实性、合法性审计的职权范畴，成为审计权的效力范围不断扩充的具体表现。例如，美国《阿肯色州废轮胎项目规定及管理程序》第14.504条规定："如有必要，相关部门可以针对各个行政区进行项目实施审计，以确保废轮胎拨款得到适当的使用、记录，并向公众、轮胎销售商和其他废轮胎生产者提供了充分的废轮胎管理服务。"[⑤]

此外，从现代审计发展的角度看，审计的内容正在不断充实。其中，政府绩效审计是现代审计发展的新趋势。最高审计机关国际组织1986年在

---

① 参见王祥贵：《浅议国家审计对权力的监督和制约》，载《技术经济与管理研究》2005年第5期，第107-108页。

② 参见刘家义：《论国家治理与国家审计》，载《中国社会科学》2012年第6期，第64—65页。

③ 从广义上讲，审计既包括国家审计，还包括内部审计、社会审计等内容。本节从行政权力配置角度，将审计权视为一种制约行政权的机制。故本节所谓之审计及审计权，主要是指国家审计及国家审计权。但不可否认，内部审计、社会审计同样具有监督和制约行政权力的功能。

④ 美国1921年《预算与会计法》第301条规定，"应建立一个新的国家机构，即审计总署，其独立于行政部门，在审计长的监督和指导下工作"。

⑤ 环境保护部国际合作司、污染防治司巴塞尔公约亚太区域中心编译：《美国废轮胎管理法律法规选编》，中国环境出版社2015年版，第65页。

悉尼召开的第十二届会议发表的《关于绩效审计、公营企业审计和审计质量的总声明》对政府绩效审计的定义是："除了合规性审计，还有另一种类型的审计，它涉及对公营部门管理的经济性、效率性和效果性的评价，这就是绩效审计。"目前，西方主要发达国家的绩效审计已经成为政府审计的主要内容，有的甚至占其总工作量的 90%以上。我国审计署在 2008 年至 2012 年审计工作发展规划中也提出"坚持以真实性、合法性审计为基础，全面推进绩效审计"。可以说，绩效审计在一个国家和地区的重视和运用程度，已成为衡量该国或地区审计发展水平及审计是否具有活力的重要标志。①在此背景下，围绕前述的区域循环经济发展绩效而进行的审计，对现代审计而言是其内容和职能的不断发展，对循环经济活动中的行政权力行使而言则是进一步加大了监督制约力度。例如在实践中，湖南省审计厅在实施某公司原董事长任期经济责任审计中，关注循环经济和生态环保建设。通过审阅公司项目文件和财务资料、实地察看再生资源集散市场和加工示范基地项目等，对该公司循环经济板块业务发展现状进行了调查分析，有的放矢提出了审计建议。②

（二）以权利制约权力

以权力制约权力是一种"权力内部"的制约机制。以权利制约权力，则是通过科学的权利配置，以权利的深度、广度来制约权力的力度、强度。③概言之，"以权利制约权力"主要包括两个层次：首先是承认政府之外的多元主体所享有的合法权利。政府权力不能逾越它的法定界限而侵入相关主体的权利领域。这样，权利对于政府滥用行政权本身就会起到一种制约作用。更为重要的是，当政府逾越行政权的法定边界而从事不法行政活动时，多元主体依法享有的监督权、建议权、诉讼权等，可以预防、抵抗或者改变那些行政权不法行使的行为。④关于法律对多元主体权利的承认或确认，此为宪法、民法等传统法律领域的基础性问题，如宪法中的公民基本权利与义务、民法中的所有权等，本书不再赘述。在此，仅探讨行政权可能或已经"失控"的情况下，如何以权利制约权力的问题。

---

① 王学龙、郝斯佳、陈光明：《基于循环经济视角下的政府绩效审计研究》，载《财会研究》2009 年第 13 期，第 69 页。

② 参见《审计助推循环经济和生态环保建设》，网址：http://www.hunan.gov.cn/hnyw/bmdt/201307/ t20130701_4805540.html。

③ 胡玉鸿：《"以权利制约权力"辨》，载《法学》2000 年第 9 期，第 9 页。

④ 参见玄玉姬：《浅谈制约权力的法律监督机制》，载《经纪人学报》2006 年第 3 期，第 89—90 页。

1. 公民个人权利对行政权的制约

公民个人权利对行政权的制约主要表现为两个方面：一是公民个人通过行使自己的实体性和程序性权利，预防、抵抗违法行政活动对其合法权益的影响甚至侵犯。[①]例如，我国《行政复议法》第二条规定，"公民、法人或者其他组织认为具体行政行为侵犯其合法权益，向行政机关提出行政复议申请，行政机关受理行政复议申请、作出行政复议决定，适用本法"。显然，由公民个人（行政相对人）依法发起的行政复议，就对循环经济相关领域行政权的不法行使具有监督和制约作用。[②]二是公民个人依法把自己的意见和建议渗透、反映到政府的行政过程之中，促使行政权的行使沿着合法、适当的轨道进行。例如，我国《循环经济促进法》第十条规定，公民有权了解政府发展循环经济的信息并提出意见和建议。

2. 媒体权利对行政权的制约

当今社会特别是进入"自媒体时代"后，媒体具有强大的舆论监督力量，甚至被有些人称为"第四部门"，媒体所拥有的权利甚至被认为可以"转化为强大的社会公共权力"。知情权、参与权、表达权、监督权这四权是媒体权利的主要构成要件。其中，知情权和表达权是媒体赖以生存的基础；参与权和监督权则是媒体安身立命的价值所在。[③]媒体对循环经济相关活动的参与权，尤其是对政府在发展循环经济过程中的监督权，势必对行政权的行使形成强大的监督制约力量。例如，《山东省循环经济条例》第八条第三款规定，"新闻媒体应当开展循环经济法律法规知识宣传，对违法行为进行舆论监督"。其中所谓之"对违法行为进行舆论监督"，其内涵不仅包括企业等生产经营者的违法行为要受到媒体的舆论监督，政府行政权的不法行使亦应当受到媒体的舆论监督。

3. 社会组织权利对行政权的制约

实际上，无论是在发展中国家、发达国家还是国际社会中，无论从数量上还是从影响力上，社会组织的痕迹已渗透到社会生活的各个角落。[④]社会组织凭借其组织保障、技术支撑和社会影响等优势，在发展循环经济的

① 参见羊琴：《行政相对方权利制约行政权的若干思考》，载《法商研究》2000年第2期，第48页。
② 关于行政复议对行政权的制约作用，可参见匡西涛：《论行政复议在本质上的行政监督性——基于"非司法化"视角的探讨》，载《安阳师范学院学报》2013年第6期，第30—34页。
③ 郭道晖：《新闻媒体的公权利与社会权力》，载《河北法学》2012年第1期，第2页。
④ 刘桂云：《我国第三部门的发展及其法律环境》，载《河北法学》2010年第7期，第141页。

过程中能够与公民个人、媒体等相关权利主体形成对行政权监督制约的合力。例如，我国台湾地区"废弃物清理法"第 72 条规定，"公私场所违反本'法'或依本'法'授权订定之相关命令，而'主管机关'疏于执行时，受害人民或公益团体得叙明疏于执行之具体内容，以书面告知'主管机关'。'主管机关'于书面告知送达之日起六十日内仍未依法执行者，受害人民或公益团体得以该主管机关为被告，对其怠于执行职务之行为，直接向'高等行政法院'提起诉讼，请求判令其执行"。显然，书面告知和提起诉讼的主体不只是受害人，公益团体同样有权以上述方式对不法的行政权力行使形成社会制约。

六、责任追究机制

在传统的法理学以及部门法基本理论中，责任追究是最主要的法律调整机制（手段）。通过对违法主体课以否定性法律评价，来达到激励与引导行为人选择合法行为之调整目的。尽管这种机制对循环经济法调整循环经济社会关系而言效果有限且手段单一，但作为众多法律调整机制（手段）中的一类，其作用仍是不容忽视的。更何况，这种机制在循环经济法制实践中还有一定的发展，倒逼责任追究机制的理论对此给予必要之回应。

（一）强化对政府责任的追究

前文中已经反复强调，政府在发展循环经济的过程中，提供了必要的"初始动能"，发挥着组织者、领导者、监管者的重要作用。但实际上，政府对循环经济领域的全面介入可能未必能够收到意想中的效果，甚至可能引发"政府失灵"的新问题。政府在循环经济的决策、监管过程中，经常出现打着"公共利益"的旗号，谋求政府或政府职能部门、某些政府官员等自身利益、个别利益的情况，即实现"虚伪的公共性"。毫无疑问，上述情形对发展循环经济的破坏力，在程度和广度上远胜于少数企业、个人的违法行为。

造成"政府失灵"的主要原因在于，政府及其公务员在循环经济活动中本身也是一方利益主体，其存在追逐私利的可能性。依靠政府推动循环经济发展的前提是政府"一心为公"不谋私利。但在需要政府提供社会公共服务的现代社会，政府的利益虽然不与其国民的利益相悖，但二者毫无疑问是有区别的。[①]现实中，政府及其公务员本身也是利益主体，可能存在逐

---

① 〔法〕狄骥：《公法的变迁》，郑戈译，商务印书馆 2013 年版，第 34 页。

利的动机。法律的不断授权不仅没有实现其以"有形之手"推动循环经济发展的初衷，反而有可能助长政府不断对权力进行寻租和腐败。在权力腐败、异化可能出现的情况下，过于强调利益以及意志的一致，将政府自身的利益等同于公共利益，既会使此种"一致"蜕变为束缚、压制，甚至成为假公济私、以权谋私的借口①，又会因为过度的逐利心态导致决策出现"短视"的情况，忽视循环经济发展的长远考量。为了约束政府权力、促使政府在推动循环经济发展的过程中忠实履行职责，世界范围内的循环经济法普遍采用了两种机制：一是前文所述的权力制约机制，即通过权力、权利的监督制约促使政府忠实地履行其"第一性义务"；二是对政府的"第一性义务"预设否定性法律评价（即法律责任），即通过追究政府及其职能部门的主要负责人、主管人员、直接责任人等的"第二性义务"，对政府权力的不法行使起到震慑和制裁的作用。例如，法国《废弃物及资源回收法》第 25 条规定，"所有机构，或组织之行政部门，或管理部门，或领导部门之任何一位负责人，故意让属下藐视前述条文之各项规定者，施以第 24 条规定之罚则（刑罚罚则，作者注）"。

需要特别指出的是，"政府责任"并不完全等同于"政府法律责任"。从性质上讲，"政府责任"还可能包括政治责任、道德责任、行政责任等内容。②例如，引咎辞职就可以归为一种政治责任（领导责任）或道德责任，通报批评则属于行政责任的一类。鉴于政府在循环经济中的特殊地位和作用以及责任追究机制的重要功能，近年来我国的循环经济立法中出现了"政府责任法制化"的倾向。其表现是，在《刑法》《公职人员政务处分法》等法律规定的政府法律责任追究方式的基础上，原本在性质上属于政治责任、道德责任、行政责任的责任追究方式出现在了循环经济立法之中。例如，《深圳经济特区循环经济促进条例》第六条规定，"市、区人民政府应当将各部门促进循环经济发展的工作作为绩效考核的重要内容，并建立相应的行政责任追究机制"。理论上讲，这种倾向具有一定的合法性基础。因为无论是行政责任、道德责任还是政治责任，在当今法治政府的语境下都存在与法律责任范围交叉、内容重合的可能性。例如，依法行政、廉洁政府、责任政府分别是现代政府的基本行政原则、基本道德准则、

---

① 龙观华：《均衡结构与交涉机制：当代行政过程的法律特征》，载《求索》2011 年第 3 期，第 157 页。

② 有关政府责任性质的问题，可参见胡静：《地方政府环境责任冲突及其化解》，载《河北法学》2008 年第 3 期，第 34-36、46 页；田思源：《论政府责任法制化》，《清华大学学报：哲学社会科学版》2006 年第 2 期，第 129—136 页。

基本政治定位，又通过宪法、反贪腐类立法、公务员法等进一步提供了合法性支持。质言之，追究政府的行政责任、道德责任、政治责任的过程，不可避免地要借助法律责任追究机制加以实现；同时，对政府法律责任的追究又可能包括行政、道德、政治等方面评价、制裁的内涵。

但是，我们同样应当注意到政府责任法制化倾向中也隐含着一定的合法性危机。这是因为政治、道德、行政等类型的责任固然与法律责任存在关联性，但其相互之间毕竟还是存在较大的区别。例如，法律责任必须有法律的明文规定而政治责任不可能由法律明文精确地规定；法律责任有专门的认定机关而政治责任不能仅以专门机关来认定；政治责任与法律责任的承担方式不一样；法律责任不具有连带性而政治责任具有，等等。[①]有鉴于此，政治、道德、行政责任的过度法制化一方面可能使法律责任"泛化"，进而冲淡法律责任的特殊属性和专属功能；另一方面，政治、道德、行政等责任相比法律责任应具有一定的优先适用性，其应当是对政府履责水平的更高要求，而过度法制化或可能降低对政府不当履责的评价标准，反而不利于责任追究机制发挥其应有的功能。

（二）探索法律责任的承担方式

通常情况下，法律责任的承担方式分为民事法律责任承担方式、行政法律责任承担方式和刑事法律责任承担方式。并且，上述各类法律责任的具体追究方式均由相关法律做出明确的规定。例如，我国《民法典》中明确规定了民事法律责任的主要承担方式；再如，《公职人员政务处分法》《行政处罚法》等则设定了政务处分、行政处罚等行政法律责任的主要承担方式等。但正如前文所述，伴随着政治、行政、道德等责任的法制化，某些并非法律责任承担方式但却具有责任追究或否定性评价功能的"基因"被移植到循环经济法律责任追究机制中，这使得循环经济法在既有法律责任承担方式的基础上，又"探索"出某些新的法律责任"承担方式"。

例如，《江苏省循环经济促进条例》将"约谈"纳入"法律责任"一章："违反本条例第十条第二款规定，对未完成上级人民政府下达的能源和煤炭消费、主要污染物排放、碳排放、建设用地和用水总量控制指标的地区，由省人民政府相关主管部门会同监察机关约谈当地人民政府的主要负责人，并将约谈情况向社会公开。"从性质上讲，约谈是行政机关内部约谈主体约见未履行职责或履行职责不到位的被约谈主体，对其进行告诫

---

① 张贤明：《政治责任与法律责任的比较分析》，载《政治学研究》2000年第1期，第13页。

谈话、指出相关问题、提出整改要求并督促整改到位的一种行政措施。其既不在行政处分的范畴之内，也不属于行政主体对相对人的行政处罚。但是，在政府及其相关职能部门保护及合理开发资源环境的职责已经法定化、制度化的情况下，被约谈就意味着相关主体存在未履行或未充分履行第一性法律义务（职责）的情况。通过约谈，甚至是对约谈情况的公开，对被约谈者无疑已经起到了一种法律上否定性评价的作用。同时，虽然约谈本身没有在约谈者和被约谈者之间产生新的法律上的权利义务关系，但约谈之后被约谈者需要以履行义务的方式（如加大执法力度）落实约谈达成的"共识"或"承诺"。就这个意义上讲，虽然不能简单地认为约谈就是一种新的法律责任的承担方式，但其在实际效果上确实起到了类似于追究法律责任的功能。

（三）增加违法者的违法成本

增加违法成本，抑或是加大对违法者的制裁力度，可以发挥循环经济法的预测、评价功能，使相关法律主体在从事循环经济活动之前，因惧怕违法行为使自身付出高额的代价而慎重行事、自觉守法。例如，美国《爱达荷州废轮胎处置法》第 39-6507 条规定，"任何人士，如果违反了本章规定储存、运输或者处置废轮胎，每违反一次，会受到 500 美元以下的民事处罚，并按照《爱达荷州法典》第 39-108 节规定的环境保护和健康法进行处理。相关人士通过不恰当的方式每处置一条轮胎，就构成一次违反行为"①。显然，以一条轮胎作为一个计罚标准的法律规定，相比通常将大量处置多条轮胎的一次违法行为作为一个计罚标准对于违法者而言违法成本明显更高。不仅如此，在相关的循环经济司法裁判中，也体现出了对于情节严重的违法者加大违法制裁力度的趋势。

例如，在"田某国、厉某国污染环境案"中②，田某国非法收购废旧铅酸电池，利用火法冶金工艺非法进行炼铅。在非法处置过程中，产生的大量废水、废气均未经处理直接排放，溢出的粉尘用自制布袋收集，生产的成品铅锭露天堆放，造成严重污染。如果一审、二审两级人民法院依据相关司法解释中"三吨以上"的规定认定二被告行为属于"严重污染环境"在形式无疑是合法性的。但是，仅认定违法行为属于"严重污染环

---

① 环境保护部国际合作司、污染防治司巴塞尔公约亚太区域中心编译：《美国废轮胎管理法律法规选编》，中国环境出版社 2015 年版，第 19 页。

② 最高人民法院：《环境污染犯罪典型案例》，网址：http://www.court.gov.cn/zixun-xiangqing-33791.html。

境"并适用较低的量刑幅度,明显与违法行为的恶劣性质具有较大差距。因此,两级法院均依据司法解释中"其他后果特别严重的情形",做出了更加符合罪责刑相适应原则的司法裁判,从而增加了对违法者的刑事制裁力度。①

（四）增强法律责任裁量的科学理性

通常意义上,对违法责任的裁量主要是依据违法者的违法行为,而相关的违法情节（如违法地点、违法对象、违法持续时间、主观过错等）一般作为法定的裁量空间。例如,我国《循环经济促进法》第五十条第三款规定,"违反本法规定,进口列入淘汰名录的设备、材料或者产品的,由海关责令退运,可以处十万元以上一百万元以下的罚款"。但问题在于,涉及循环经济的相关违法行为往往首先作用于生态环境,其后再传导至人。这一传导过程中,不同违法行为对生态环境的影响程度存在差异,而这种差异直接导致最终传导至人的损害后果存在差异。例如,同样是违法处置废旧轮胎的行为,在人类活动相对密集的区域（如居民区、河流湖泊周围）与人类活动相对较少甚至鲜有人类活动的区域,其造成的损害程度或者风险大小必然存在差别。因此,如果对此传导过程可能造成的差异化结果不做出符合科学性的区分,对违法行为的惩罚难免存在裁量权使用失当甚至失控的可能。

有鉴于此,我们看到在循环经济法的责任追究机制中,高度关注生态环境作为中介与人作为主体之间的互动过程所存在差异性,并通过增强法律责任裁量的科学性体现这种差异性。例如,按照新修订的《行政处罚法》的要求,我国在资源环境领域的执法过程中大力推行行政处罚的自由裁量基准,坚持包容审慎的原则进行法律责任的追究,并建立了"轻微不罚""首违不罚"等创新机制。再如,美国《加利福尼亚州管理条例》第 18429节规定了废轮胎设施管理方面出现投诉之后的"惩罚程序"。所谓的"惩

---

① 尽管该案中对"其他条款"的适用具有目的合法性,或者说契合了罪责刑相适应原则。但需指出,人民法院在司法裁判的过程中,对于法律法规或者司法解释中的"其他"条款的适用应当极其慎重甚至不宜适用。其原因在于:其一,对"其他条款"的具体适用,事实上构成了"其他条款"的具体解释。而根据我国相关法律的规定,对立法或司法解释的解释,只能由立法者或司法解释的制定者作出,案件的具体裁判者无权作出具有法律效力的解释。其二,"其他条款"本身存在适用上的不确定性,在既有条款规定较为明确的情况下贸然适用,不免有违背"罪刑法定原则""疑罪从无"等基本法治理念之嫌。其三,从立法技术的角度讲,设定"其他条款"的目的主要在于使立法表述更加准确和完备,并不在于为执法者、司法者预留法律解释的空间。或言之,"其他条款"之前的条款已经完整地表达了立法者的全部或主要立法意图。因此,贸然适用"其他条款",还有违背立法者本意之嫌。

罚程序"，实际上是一套由"惩罚基数加风险系数"构成的量化处罚数额计算标准。[①]具体见表7-1。

表 7-1

储存/营运者类型 （废轮胎条数）	500～4999	5000～9999	10000～19999	20000～49999	50000
疏忽所致情况下的罚款					
未获许可	$500	$1000	$1500	$2000	$3000
未获许可 （第二次违反等）	$2000	$2500	$3000	$3500	$4000
故意所为情况下的罚款					
未获许可	$1000	$2000	$3000	$4000	$6000
未获许可（第二次违反）	$4000	$5000	$6000	$7000	$8000
未获许可（第三次违反）	$6000	$7000	$8000	$9000	$10000

该条例规定，根据表7-1判断这种行为是疏忽所致还是故意作为，以及是第一次、第二次还是第三次违反（指故意违反）。参照其场所内的轮胎数量，确定罚款基数。这一点与通常的罚款数额确定标准没有太大的区别，只是计罚标准更为细化、法定化，进一步控制了裁量空间。其特色或亮点在于，在确定罚款基数的基础上，还需要考虑违法行为从生态环境传导至人的风险问题，特别是风险大小的差异性如何评价的问题。该条例规定，用表7-2A或者表7-2B中相关的风险系数（取决于是疏忽所致还是故意所为）乘以惩罚基数，来确定罚款的最终数额。显然，差异化的风险系数体现了责任追究机制对不同类型违法行为（故意或过失）、违法行为作用于不同的生态环境，因而给公共健康、安全或生态环境造成的差异化影响做出了科学合理的评价和判断。

表 7-2A

倍数问题——疏忽行为	风险系数
对公共健康、安全或者环境构成严重威胁。居民区，高速公路/主干道，湖泊，河流，水道，以及机场等1000英尺以内	1.00
对公共健康、安全或者环境构成中等程度威胁。居民区，高速公路/主干道，湖泊，河流，水道，以及机场等1000英尺以外、1英里以内	0.75
对公共健康、安全或者环境没有潜在威胁	0.50

---

① 详见环境保护部国际合作司、污染防治司巴塞尔公约亚太区域中心编译：《美国废轮胎管理法律法规选编》，中国环境出版社2015年版，第94—96页。

表 7-2B

倍数问题——故意行为	风险系数
对公共健康、安全或者环境构成严重威胁。居民区，高速公路/主干道，湖泊，河流，水道，以及机场等 1000 英尺以内	1.50
对公共健康、安全或者环境构成中等程度威胁。居民区，高速公路/主干道，湖泊，河流，水道，以及机场等 1000 英尺以外、1 英里以内	1.25
对公共健康、安全或者环境没有潜在威胁	1.00

注：英尺、英里皆为度量单位，1 英尺 ≈ 0.3048 米，1 英里 ≈ 1.6093 千米

参 考 文 献

论著：

《法国环境法典》（第四至七卷），莫非等译，法律出版社 2020 年版。

《菲律宾环境保护法典》，岳小花译、李聚广校，法律出版社 2020 年版。

《马克思恩格斯选集》（第四卷），人民出版社 1995 年版。

《瑞典环境法典》，竺效等译，竺效、张燕雪丹等校，法律出版社 2018 年版。

〔美〕Brian Walker，David Salt：《弹性思维：不断变化的世界中社会-生态系统的可持续性》，彭少麟、陈宝明、赵琼等译，高等教育出版社 2010 年版。

〔英〕E.库拉：《环境经济学思想史》，谢扬举译，上海人民出版社 2007 年版。

〔美〕E.博登海默：《法理学：法律哲学与法律方法》，邓正来译，中国政法大学出版社 2017 年版。

〔美〕J.唐纳德·休斯：《世界环境史：人类在地球生命中的角色转变》（第 2 版），赵长风、王宁、张爱萍译，电子工业出版社 2014 年版。

〔美〕艾伦·杜宁：《多少算够：消费社会与地球的未来》，毕聿译，吉林人民出版社 1997 年版。

〔美〕爱德华·S.考文：《美国宪法的"高级法"背景》，强世功译，生活·读书·新知三联书店 1996 年版。

〔德〕奥托·迈耶：《德国行政法》，刘飞译，商务印书馆 2013 年版。

〔美〕巴里·康芒纳：《封闭的循环：自然、人和技术》，侯文蕙译，吉林人民出版社 1997 年版。

〔美〕保罗·霍肯、艾·拉维斯、亨·拉维斯：《自然资本论：关于下一次工业革命》，王乃粒、诸大建、龚义台译，上海科学普及出版社 2000 年版。

〔美〕保罗·霍肯：《商业生态学：可持续发展的宣言》，夏善晨、余继英、方堃译，上海译文出版社 2007 年版。

北京现代循环经济研究院：《产业循环经济》，冶金工业出版社 2007 年版。

〔美〕本杰明·N.卡多佐：《司法过程的性质》，苏力译，商务印书馆 1998 年版。

〔美〕本杰明·N.卡多佐：《法律的成长》，李红勃、李璐怡译，北京大学出版社 2014 年版。

〔英〕庇古：《福利经济学》，中国社会科学出版社 1999 年版。

〔德〕伯恩·魏德士：《法理学》，丁小春、吴越译，法律出版社 2003 年版。

蔡定剑：《公众参与：风险社会的制度建设》，法律出版社 2009 年版。

蔡守秋：《调整论：对主流法理学的反思与补充》，高等教育出版社 2003 年版。

查庆九：《现代行政法理念：以可持续发展为背景》，法律出版社 2012 年版。

陈金钊：《法理学：本体与方法》，法律出版社 1996 年版。

陈敏：《行政法总论》，三民书局 1999 年版。

陈泉生等：《循环经济法研究》，中国环境科学出版社 2009 年版。

陈新民：《德国公法学基础理论》（上、下），山东人民出版社 2001 年版。

陈云生：《权利相对论：权利和义务价值模式的建构》，人民出版社 1994 年版。

〔日〕池田大作、〔意〕奥锐里欧·贝恰：《21 世纪的警钟》，卞立强译，中国国际广播出版社 1988 年版。

〔日〕大桥洋一：《行政法学的结构性变革》，吕艳滨译，中国人民大学出版社 2008 年版。

戴明远：《基础信息论》，同济大学出版社 2003 年版。

〔美〕丹尼斯·米都斯等：《增长的极限：罗马俱乐部关于人类困境的报告》，李宝恒译，四川人民出版社 1983 年版。

邓宏兵、张毅：《人口、资源与环境经济学》，科学出版社 2005 年版。

〔法〕狄骥：《公法的变迁》，郑戈译，商务印书馆 2013 年版。

董溯战：《循环经济促进法中的政府责任研究》，立信会计出版社 2010 年版。

范小克、余斌、申琳：《可持续的经济之道：中国特色循环经济探论》，西苑出版社 2013 年版。

冯之浚：《循环经济导论》，人民出版社 2004 年版。

高鸿钧、王明远：《清华法治论衡》（第 22 辑），清华大学出版社 2014 年版。

高辉清：《效率与代际公平：循环经济的经济学分析与政策选择》，浙江大学出版社 2008 年版。

高建、佟德志：《中国式民主》，天津人民出版社 2010 年版。

郭道晖：《法理学精义》，湖南人民出版社 2005 年版。

〔美〕哈罗德·伯尔曼：《法律与宗教》，梁治平译，生活·读书·新知三联书店 1991 年版。

〔英〕哈特：《法律的概念》，张文显等译，中国大百科全书出版社 1996 年版。

〔英〕哈耶克：《法律、立法与自由》，邓正来等译，中国大百科全书出版社 2000 年版。

〔美〕赫尔曼·E.戴利：《超越增长：可持续发展的经济学》，诸大建、胡圣译，上海译文出版社 2001 年版。

洪远朋、卢志强、陈波：《社会利益关系演进论：我国社会利益关系发展变化的轨迹》，复旦大学出版社 2006 年版。

环境保护部国际合作司、污染防治司，巴塞尔公约亚太区域中心：《美国废轮胎管理法律法规选编》，中国环境出版社 2015 年版。

〔英〕霍布豪斯：《自由主义》，朱曾汶译，商务印书馆 1996 年版。

霍绍周编著：《系统论》，科学技术文献出版社 1988 年版。

姜明安主编：《行政法与行政诉讼法》，法律出版社 2003 年。

姜晓萍、陈昌岑：《环境社会学》，四川人民出版社 2000 年版。

金自宁：《风险规制与行政法》，法律出版社 2012 年版。

井涛：《法律适用的和谐与归一：论法官的自由裁量权》，中国方正出版社 2001 年版。

〔德〕卡尔·拉伦茨：《法学方法论》，陈爱娥译，商务印书馆 2003 年版。

〔美〕卡罗尔·佩特曼：《参与和民主理论》，陈尧译，上海世纪出版集团 2006 年版。

〔美〕凯斯·孙斯坦：《法律推理与政治冲突》，金朝武等译，法律出版社 2004 年版。

〔美〕肯尼思·博尔丁：《经济学与科学》，丁寒译，今日世界出版社 1979 年版。

〔美〕劳伦斯·M.弗里德曼：《法律制度：从社会科学角度观察》，李琼英、林欣译，中国政法大学出版社 1994 年版。

李德顺：《价值论》，中国人民大学出版社 2007 年版。

李惠宗：《行政程序法要义》，五南图书出版股份有限公司 2004 年版。

李岩：《日本循环经济研究》，经济科学出版社 2013 年版。

李玉基：《中国循环经济政策与法制发展报告》，中国社会科学出版社 2016 年版。

〔美〕理查德·A. 波斯纳：《超越法律》，苏力译，中国政法大学出版社 2001 年版。

〔美〕理查德·B. 斯图尔特：《美国行政法的重构》，沈岿译，商务印书馆 2011 年版。

刘莘：《立法法》，北京大学出版社 2008 年版。

〔美〕罗纳德·德沃金：《认真对待权利》，信春鹰、吴玉章译，中国大百科全书出版
　　社 1998 年版。

〔美〕罗斯科·庞德：《法理学》（第一卷），邓正来译，中国政法大学出版社 2004
　　年版。

〔美〕罗斯科·庞德：《通过法律的社会控制》，沈宗灵译，商务印书馆 2010 年版。

吕忠梅：《超越与保守：可持续发展视野下的环境法创新》，法律出版社 2003 年版。

吕忠梅：《环境法》，法律出版社 1997 年版。

吕忠梅：《环境法新视野》（第三版），中国政法大学出版社 2019 年版。

吕忠梅等：《流域综合控制：水污染防治的法律机制重构》，法律出版社 2009 年版。

吕忠梅：《环境法导论》（第三版），北京大学出版社 2015 年版。

吕忠梅：《环境法原理》（第二版），复旦大学出版社 2017 年版。

吕忠梅：《中华人民共和国环境保护法释义》，中国计划出版社 2014 年版。

〔美〕马斯洛：《动机与人格》，许金声等译，华夏出版社 1987 年版。

〔法〕孟德斯鸠：《论法的精神》（上册），张雁深译，商务印书馆 1997 年版。

〔英〕米尔恩：《人的权力与人的多样性：人权哲学》，夏勇、张志铭译，中国大百科
　　全书出版社 1995 年版。

〔英〕米切尔·黑尧：《现代国家的政策过程》，赵成根译，中国青年出版社 2004 年版。

〔日〕南博方：《行政法》（第六版），杨建顺译，中国人民大学出版社 2009 年版。

〔荷〕尼科·斯赫雷弗：《可持续发展在国际法中的演进：起源、涵义及地位》，汪习
　　根、黄海滨译，社会科学文献出版社 2010 年版。

牛桂敏：《循环经济发展模式与预测》，天津社会科学院出版社 2008 年版。

钱光人：《国际城市固体废物立法管理与实践》，化学工业出版社 2009 年版。

乔法荣、周林霞、冷元元：《循环经济：绿色发展伦理研究》，人民出版社 2017 年版。

邱本：《宏观调控法论》，中国工商出版社 2002 年。

全国干部培训教材审编指导委员会组织编写：《推进生态文明 建设美丽中国》，人民
　　出版社、党建读物出版社 2019 年版。

〔法〕让-克洛德·乐伟：《循环经济——迫在眉睫的生态问题》，王吉会、范晓虹译，
　　上海世纪出版集团 2012 年版。

〔日〕山村恒年：《自然的权利》，信山社 1996 年版。

沈宗灵、张文显：《法理学》（第二版），高等教育出版社 2004 年版。

史忠良：《新编产业经济学》，中国社会科学出版社 2007 年版。

世界环境与发展委员会：《我们共同的未来》，王之佳、柯金良等译，吉林人民出版
　　社 1997 年版。

〔日〕室井力：《日本现代行政法》，吴微译，中国政法大学出版社 1995 年版。

孙国华、朱景文：《法理学》，中国人民大学出版社 1999 年版。

孙国华、朱景文：《法理学》（第二版），中国人民大学出版社 2004 年版。

孙国强：《循环经济的新范式：循环经济生态城市的理论与实践》，清华大学出版社 2005 年版。

孙军工：《循环经济法治化探析》，法律出版社 2008 年版。

孙文营：《循环经济哲学维度研究》，光明日报出版社 2013 年版。

孙佑海、李丹、杨朝霞：《循环经济法律保障机制研究》，中国法制出版社 2013 年版。

孙佑海、王凤春、李丹：《〈循环经济促进法〉及其实施问题研究》，中国社会科学出版社 2015 年版。

孙佑海、张蕾等：《中国循环经济法论》，科学出版社 2008 年版。

王建芹：《第三种力量：中国后市场经济论》，中国政法大学出版社 2003 年版。

王金南：《环境经济学：理论、方法、政策》，清华大学出版社 1994 年版。

王名扬：《美国行政法》，中国法制出版社 1994 年版。

王明远：《清洁生产法论》，清华大学出版社 2004 年版。

王万华：《行政程序法研究》，中国法制出版社 2000 年版。

王锡锌：《公众参与和中国新公共运动的兴起》，中国法制出版社 2008 年版。

王曦：《国际环境法》，法律出版社 2005 年版。

翁岳生：《行政法》，中国法制出版社 2000 年版。

吴大华、邓琳君等编译：《瑞士生态环保法律法规译汇》，社会科学文献出版社 2015 年版。

吴德勤：《经济哲学：历史与现实》，上海大学出版社 2002 年版。

吴季松：《新循环经济学：中国的经济学》，清华大学出版社 2005 年版。

吴季松：《循环经济：全面建设小康社会的必由之路》，北京出版社 2003 年版。

习近平：《论坚持全面依法治国》，中央文献出版社 2020 年版。

谢晖、陈金钊：《法理学》，高等教育出版社 2005 年版。

雅克·马里旦：《自然法：理论与实践的反思》，鞠成伟译，中国法制出版社 2009 年版。

〔古希腊〕亚里士多德：《政治学》，吴寿彭译，商务印书馆 1965 年版。

〔日〕盐野宏：《行政法总论》（第四版），杨建顺译，北京大学出版社 2008 年版。

杨解君：《中国行政合同的理论与实践探索》，法律出版社 2009 年版。

杨震：《法价值哲学导论》，中国社会科学出版社 2004 年版。

叶俊荣：《环境政策与法律》，中国政法大学出版社 2003 年版。

叶俊荣：《面对行政程序法：转型台湾的程序建制》，元照出版公司 2002 年版。

应松年：《外国行政程序法汇编》，中国法制出版社 2004 年版。

于安：《外商投资特许权项目协议（BOT）与行政合同法》，法律出版社 1998 年版。

于建嵘：《岳村政治：转型期中国乡村政治结构的变迁》，商务印书馆 2001 年版。

俞金香、何文杰、武晓红：《循环经济法制保障研究》，法律出版社 2009 年版。

袁志刚：《碳达峰·碳中和：国家战略行动路线图》，中国经济出版社 2021 年版。

〔美〕约翰·罗尔斯：《正义论》，何怀宏等译，中国社会科学出版社 2009 年版。

〔英〕约瑟夫·绍尔卡：《法国环境政策的形成》，韩宇等译，中国环境科学出版社 2012 年版。

翟巍：《德国循环经济法律制度精解》，中国政法大学出版社 2017 年版。

湛中乐：《现代行政过程论——法治理念、原则与制度》，北京大学出版社 2005 年版。

张康之：《寻找公共行政的伦理视角》，中国人民大学出版社 2002 年版。

张婉如、王海澜、姜毅然：《日本循环经济法规与实践》，人民出版社 2008 年版。

张文显：《法理学》，高等教育出版社 1999 年版。

赵国青：《外国环境法选编》（上、下），中国政法大学出版社 2000 年版。

中共中央文献研究室：《习近平关于全面依法治国论述摘编》，中央文献出版社 2015 年版。

中共中央文献研究室：《习近平关于社会主义生态文明建设论述摘编》，中央文献出版社 2017 年版。

中共中央宣传部、国家发展和改革委员会：《习近平经济思想学习纲要》，人民出版社、学习出版社 2022 年版。

中共中央宣传部、中华人民共和国生态环境部：《习近平生态文明思想学习纲要》，人民出版社、学习出版社 2022 年版。

中共中央宣传部、中央全面依法治国委员会办公室：《习近平法治思想学习纲要》，人民出版社、学习出版社 2021 年版。

中共中央宣传部：《习近平新时代中国特色社会主义思想学习纲要》，学习出版社、人民出版社 2019 年版。

中关村国际环保产业促进中心：《循环经济：国际趋势与中国实践》，人民出版社 2005 年版。

中国科学院可持续发展战略研究组：《2006 中国可持续发展战略报告：建设资源节约型和环境友好型社会》，科学出版社 2006 年版。

中国清洁发展机制基金管理中心：《清洁发展机制与中国清洁发展机制基金（中英文版）》，经济科学出版社 2012 年版。

朱红伟：《经济循环和循环经济》，社会科学文献出版社 2009 年版。

朱立宇、叶传星主编：《立法学》（第四版），中国人民大学出版社 2015 年版。

祝铭山：《城市规划行政诉讼：典型案例与法律适用》，中国法制出版社 2004 年版。

Alexandre Morais da Rosa, Ana Luisa Schmidt Ramos. Circular economy, human behavior and law, in Stavros Syngellakis, Joaquín Melgarejo Moreno. Urban growth and the circular economy. WIT Press. 2018.

Chris Backes. Law for a Circular Economy. Eleven International Publishing. 2017.

David Pearce, Kerry Turner. Economics of natural resource and the environment.The Johns Hopkins University Press. 1990.

John Rawls. A Theory of Justice. Mass: The Belknap Press of Harvard University Press. 1971.

Kenneth Culp Davie. Administrative Law Text, 3rd edition. West Publishing Company. 1972.

Kenneth E. Boulding. No Second Chance for Man, In: The Progressive, College division of Scott, Foresman and Company, eds. The Crisis of Survive. Glenview: Foresman and Company. 1970.

Kenneth E. Boulding, Harold J. Barnett, et al. Environmental Quality in a Growing Economy: Essays from the Sixth RFF Forum. The Johns Hopkins Press. 1966.

Kirchherr J. Barriers to the circular economy: Evidence from the European Union (EU). Ecol. Econ. 2017.

Michael D. Bayles.Princiiples of Law, Reidel publishing Company. 1987.

Mika Sillanpää, Mohamed Chaker Ncibi. The Circular Economy: Case Studies about the Transition from the Linear Economy, Academic Press. 2019.

Robert Alexy. A Theory of Constitutional Rights. Oxford University Press. 2002.

The European Academies' Science Advisory. Council Indicators for a circular economy.The Clyvedon Press Ltd. 2016.

Walter R. Stahel. The circular economy: A user's guide.New York : Routledge. 2019.

Walter R. Stahel, Genevieve Reday-Mulvey. Jobs for tomorrow: The potential for substituting manpower for energy. New York: Vantage Press. 1981.

论文：

安东：《论法律的安全价值》，载《法学评论（双月刊）》2012 年第 3 期。

白保柱等：《清洁生产分析与评价实践》，载《环境科学与技术》2001 年第 5 期。

鲍琳·韦斯特曼、赵波译：《法律手段和法律目的》，载《学习与探索》2006 年第 3 期。

本刊编辑部：《〈中华人民共和国循环经济促进法〉解读》，载《法学杂志》2009 年第 3 期。

蔡守秋、蔡文灿：《循环经济立法研究——模式选择与范围限制》，载《中国人口·资源与环境》2004 年第 6 期。

蔡守秋、莫神星：《环境与发展综合决策的立法探讨》，载《中国人口·资源与环境》2004 年第 2 期。

蔡守秋：《论循环经济立法》，载《南阳师范学院学报》2005 年第 1 期。

蔡文灿、蔡守秋、胡靓：《我国循环经济立法模式选择》，载《云南环境科学》2004 年第 4 期。

常纪文：《国外环境资源行政起诉权的晚近发展及对我国的启示（之一）——兼论中国环境资源行政起诉权立法应采取的措施》，载《宁波职业技术学院学报》2003 年第 4 期。

常纪文：《欧盟循环经济立法经验及其对我国的启示》，载《当代法学》2005 年第 1 期。

唱潇然：《日本农业循环经济的发展模式及经验分析》，载《世界农业》2013 年第 6 期。

陈德敏、杜健勋：《循环经济理性下的资源安全制度创新研究》，载《中国人口·资源与环境》2009 年第 5 期。

陈二厚、刘铮、王立彬：《"计划"让位"规划" 一字之变传递三大信号》，载《金融信息参考》2005 年第 11 期。

陈泉生：《论可持续发展立法倾向》，载《福建政法管理干部学院学报》2001 年第 4 期。

陈泉生：《略论环境法的目的和作用》，载《福建论坛（经济社会版）》1999 年第 5 期。

陈思思：《国外废旧汽车环境押金制度的实践及对我国的启示》，载《西安建筑科技大学学报（社会科学版）》2013 年第 5 期。

陈映霞：《一种新型的生态人类中心主义——从两点论和重点论相结合的辩证观点看可持续发展》，载《怀化师专学报》2002 年第 3 期。

陈兆霞：《政府采购法律问题研究》，载《现代法学》2003 年第 2 期。

成红、张辉：《论循环经济法律调整机制》，载《社会科学》2006 年第 4 期。

大塚直著、张震等译：《日本环境法的理念、原则以及环境权构造》，载《求是学刊》2017 年第 2 期。

邓伟：《个人所得税法的立法目的条款构建》，载《学习与探索》2020 年第 1 期。

董翠华：《对国内外建筑节能评价方面的几点认识》，载《建筑学研究前沿》2012 年第 7 期。

董鹏、卓元：《国外电子废弃物回收利用之观》，载《环境保护与循环经济》2013 年第 11 期。

杜宏伟：《行政合同的基础理论与行政程序法的最新发展——第十五届海峡两岸行政法学学术研讨会综述》，载《行政法学研究》2014 年第 1 期。

杜健勋：《从权利到利益：一个环境法基本概念的法律框架》，载《上海交通大学学报（哲学社会科学版）》2012 年第 4 期。

杜寅：《美国再生水管理立法及其镜鉴》，载《生态经济》2016 年第 1 期。

段宁、邓华：《"上升式多峰论"与循环经济》，载《世界有色金属》2004 年第 10 期。

范红霞：《生态文明视阈下公众参与循环经济法治的对策——基于公众参与电子垃圾污染防治的调查》，载《人民论坛》2013 年第 20 期。

范进学：《论道德法律化与法律道德化》，载《法学评论》1998 年第 2 期。

冯晓星：《环境群体性事件频发 公众如何理性维权》，载《环境保护》2009 年第 17 期。

冯之浚：《关于〈中华人民共和国循环经济法（草案）〉的说明——2007 年 8 月 26 日在第十届全国人民代表大会常务委员会第二十九次会议上》，载《中华人民共和国全国人民代表大会常务委员会公报》2008 年第 6 期。

付子堂、宋云博：《对"法的目的"传统理论之批判与反思》，载《政法论丛》2014 年第 2 期。

高中路：《石油危机对日本经济的影响》，载《外国问题研究》1984 年第 1 期。

葛道顺：《中国社会组织发展：从社会主体到国家意识——公民社会组织发展及其对意识形态构建的影响》，载《江苏社会科学》2011 年第 3 期。

葛洪义：《法律原则在法律推理中的地位和作用—— 一个比较的研究》，载《法学研究》2002 年第 6 期。

龚培华：《创新与秩序——法律对社会发展的保障与促进》，载《政治与法律》2000 年第 4 期。

关保英：《论行政执法中的行政协助》，载《江淮论坛》2014 年第 2 期。

郭道晖：《新闻媒体的公权利与社会权力》，载《河北法学》2012 年第 1 期。

郭晓鸣、廖祖君、张鸣鸣：《现代农业循环经济发展的基本态势及对策建议》，载《农业经济问题》2011 年第 12 期。

郭延军：《立法是促进循环经济还是规范物质资源综合利用——以修订我国〈循环经济促进法〉为视角》，载《政治与法律》2017 年第 8 期。

郭忠：《道德法律化的途径、方式和表现形态》，载《道德与文明》2010 年第 3 期。

郭忠：《法律规范特征的两面性——从法律目的实现的角度分析》，载《浙江社会科学》2012 年第 6 期。

国家发改委经济体制与管理研究所《我国循环经济发展战略研究》课题组：《发展循环经济是落实科学发展观的重要途径》，载《宏观经济研究》2005 年第 4 期。

国家发展改革委环境和资源综合利用司：《关于德国发展循环经济的考察报告》，载《中国经贸导刊》2005 年第 7 期。

[德]哈贝马斯：《法的合法性——〈事实与规则〉要义》，许章润译，载《法哲学与法社会学论丛》2001 年卷，中国政法大学出版社 2001 年版。

韩挺进：《联合执法在行政管理中的利与弊》，载《国土资源》2009 年第 3 期。

郝大举、杨娟娟：《环境影响评价中清洁生产分析要点及方法》，载《北方环境》2010 年第 4 期。

何龙斌：《日本发展农业循环经济的主要模式、经验及启示》，载《世界农业》2013年第 11 期。

何佩佩、邹雄：《论生态文明视野下环境利益的法律保障》，载《南京师大学报（社会科学版）》2015 年第 2 期。

何志鹏：《法的和谐价值：可持续发展时期的新要求》，载《安徽大学法律评论》2002年第 1 期。

侯兆晓：《监察权的历史由来》，载《民主与法制》2017 年第 2 期。

胡静：《地方政府环境责任冲突及其化解》，载《河北法学》2008 年第 3 期。

胡启兵：《日本发展生态农业的经验》，载《经济纵横》2007 年第 21 期。

胡仙芝：《积极培育社会组织 构建社会矛盾调节体系——以社会中介组织为视角》，载《国家行政学院学报》2006 年第 6 期。

胡玉鸿：《"以权利制约权力"辨》，载《法学》2000 年第 9 期。

胡玉鸿：《法律的根本目的在于保障人的尊严》，载《法治研究》2010 年第 7 期。

黄婧：《〈菲律宾环境案件程序规则〉及其借鉴意义》，载《中国政法大学学报》2012年第 1 期。

黄涛：《论法的目的——以康德目的论哲学为视角》，载《哈尔滨工业大学学报（社会科学版）》2012 年第 2 期。

贾少学：《论和谐作为法价值的表现》，载《法制与社会发展》2006 年第 4 期。

江必新：《中国行政合同法律制度：体系、内容及其构建》，载《中外法学》2012 年第 6 期。

江国华：《立法模式及其类型化研究》，载刘茂林主编《公法评论》（第四卷），北京大学出版社 2007 年版。

蒋冬梅、赵湘军：《论循环经济促进法的基本原则》，载《广东第二师范学院学报》2013 年第 6 期。

蒋立山：《为什么有法律却没有秩序——中国转型时期的社会秩序分析》，载《法学杂志》2005 年第 4 期。

金福海：《论环境利益"双轨"保护制度》，载《法制与社会发展》2002 年第 4 期。

柯华庆：《科斯命题的博弈特征与法律实效主义》，载《中山大学学报（社会科学版）》2008 年第 2 期。

柯坚：《关于我国清洁生产法律规制的思考》，载《中国软科学》2000 年第 9 期。

柯坚：《论污染者负担原则的嬗变》，载《法学评论（双月刊）》2010 年第 6 期。

匡西涛：《论行政复议在本质上的行政监督性——基于"非司法化"视角的探讨》，载《安阳师范学院学报》2013 年第 6 期。

冷罗生：《日本应对面源污染的法律措施》，载《长江流域资源与环境》2009 年第 9 期。

李冰强：《循环经济发展中的公众参与：问题与思考》，载《中国行政管理》2008 年第 12 期。

李春生：《美国清洁生产法律制度及其对我国清洁生产的启示》，载《内蒙古财经学院学报（综合版）》2005 年 3 期。

李冬：《论日本的循环型经济社会发展模式》，载《现代日本经济》2003 年第 4 期。

李凡：《论 20 世纪七八十年代日本的石油危机对策》，载《世界历史》2003 年第 1 期。

李辉：《道德法律化的必要与限度》，载《中山大学学报（社会科学版）》2004 年第 4 期。

李慧明、廖卓玲：《中国古代哲学文化中的循环经济伦理思想探析》，载《贵州师范大学学报（社会科学版）》2007 年第 1 期。

李林：《试论法律废止》，载《宁夏社会科学》1991 年第 4 期。

李明光、陈新庚、王树功：《绿化政府行动：英国的环境与发展综合决策机制及启示》，载《环境保护》2001 年第 10 期。

李琦：《利益的法律分配及其保障——对现当代法律机制的整体性描述》，载《厦门大学学报（哲学社会科学版）》1998 年第 4 期。

李启家：《环境法领域利益冲突的识别与衡平》，载《法学评论（双月刊）》2015 年第 6 期。

李若君：《从法律方法到法律目的——吴经熊法哲学思想脉络梳理》，载南开法律评论编辑部编《南开法律评论（第十二辑）》，中国检察出版社 2018 年版。

李少军：《论安全理论的基本概念》，载《欧洲》1997 年第 1 期。

李双元、李赟：《构建国际和谐社会的法学新视野——全球化进程中的国际社会本位理念论析》，载《法制与社会发展》2005 年第 5 期。

李文杰：《环境利益流变考》，载《哈尔滨师范大学社会科学学报》2016 年第 1 期。

李幸祥：《美国"行政过程中的"信息公开制度研究与借鉴》，载《行政与法》2013 年第 2 期。

李雨：《美日农业立法原则及对中国的启示》，载《世界农业》2009 年第 9 期。

李重庵：《全国人民代表大会法律委员会关于〈中华人民共和国循环经济法（草案）〉审议结果的报告》，载《全国人民代表大会常务委员会公报》2008 年第 6 期。

梁上上：《利益的层次结构与利益衡量的展开——兼评加藤一郎的利益衡量论》，载《法学研究》2002 年第 1 期。

梁晓华：《法国政府提出"循环经济"构想》，载《能源研究与利用》2013 年第 6 期。

廖虹云、康艳兵、赵盟：《欧盟新版循环经济行动计划政策要点及对我国的启示》，载《中国发展观察》2020 年第 11 期。

林来梵、张卓明：《论法律原则的司法适用——从规范性法学方法论角度的一个分析》，载《中国法学》2006 年第 3 期。

林莉红：《行政奖励诉讼初探》，载《法学杂志》2002 年第 2 期。

刘冰、栾景和：《法律价值的二重性》，载《学习与探索》2006 年第 6 期。

刘福森、宋文新：《价值观的革命：可持续发展观的价值取向》，载《吉林大学社会科学学报》1999 年第 2 期。

刘桂云：《我国第三部门的发展及其法律环境》，载《河北法学》2010 年第 7 期。

刘鸿鹏：《〈清洁生产促进法〉相关问题访谈》，载《节能与环保》2002 年第 7 期。

刘华：《发达国家循环经济立法的模式及借鉴》，载《中国科技投资》2007 年第 7 期。

刘惠荣、苑银和：《环境利益分配论批判》，载《山东社会科学》2013 年第 4 期。

刘佳奇：《保障公众环境知情权需加大信息公开力度》，载《环境保护》2013 年第 12 期。

刘佳奇：《基于政治认同的"PX 事件"探析》，载《辽宁大学学报（哲学社会科学版）》2016 年第 1 期。

刘佳奇：《论大数据时代法律实效研究范式之变革》，载《湖北社会科学》2015 年第 7 期。

刘佳奇：《论环境公共利益的识别》，载《中南大学学报（社会科学版）》2021 年第 6 期。

刘佳奇：《论空间视角下的流域治理法律机制》，载《法学论坛》2020 年第 1 期。

刘佳奇：《日本农业循环经济的发展及启示》，载《农业经济问题》2015 年第 8 期。

刘家义：《论国家治理与国家审计》，载《中国社会科学》2012 年第 6 期。

刘剑文：《论领域法学：一种立足新兴交叉领域的法学研究范式》，载《政法论丛》2016 年第 5 期。

刘庆山：《开发利用再生资源，缓解自然资源短缺》，载《再生资源研究》1994 年第 10 期。

刘世强：《正确理解生态补偿必须明确几个问题》，载《环境保护与循环经济》2009 年第 12 期。

刘太刚：《公共利益法治论——基于需求溢出理论的分析》，载《法学家》2011 年第 6 期。

刘卫先：《环境法学中的环境利益：识别、本质及其意义》，载《法学评论（双月刊）》2016 年第 3 期。

刘云林：《道德法律化的学理基础及其限度》，载《南京师范大学学报（社会科学版）》2001 年第 6 期。

刘长兴：《环境利益的人格权法保护》，载《法学》2003 年第 9 期。

刘正峰：《法律的调整机制及其缺陷分析》，载《浙江学刊》2005 年第 5 期。

刘治斌：《立法目的、法院职能与法律适用的方法问题》，载《法律科学（西北政法大学学报）》2010 年第 2 期。

刘治斌：《论法律原则的可诉性》，载《法商研究》2003 年第 4 期。

龙观华：《均衡结构与交涉机制：当代行政过程的法律特征》，载《求索》2011 年第 3 期。

卢东、刘懿德、Ivan K. W. Lai、曾小桥：《分享经济下的协同消费：占有还是使用？》，载《外国经济与管理》2018 年第 8 期。

陆南泉：《前苏联经济增长方式评述》，载《经济学动态》1995 年第 11 期。

罗良国等：《国外农业清洁生产政策法规综述》，载《农业环境与发展》2011 年第 6 期。

吕晨光、周珂：《英国环境保护命令控制与经济激励的综合运用》，载《法学杂志》2004 年第 6 期。

吕晓君、刘伟生、董德明、张辉、杨宁宁：《完善环境影响评价制度是实现循环经济的保障》，载《环境科学研究》2006 年第 3 期。

吕忠梅、霍阳：《清洁生产法的立法构想》，载韩德培主编《环境资源法论丛》（第 2 卷），法律出版社 2002 年版。

吕忠梅、刘佳奇：《26 年后，野生动物保护法该怎么修》，载《环境经济》2016 年第 3 期。

吕忠梅、吴一冉：《中国环境法治七十年：从历史走向未来》，载《中国法律》2019 年第 5 期。

吕忠梅：《环境司法理性不能止于"天价"赔偿：泰州环境公益诉讼案评析》，载《中国法学》2016 年第 3 期。

吕忠梅：《环境与发展综合决策的法律思考》，载《甘肃社会科学》2006 年第 6 期。

吕忠梅：《论可持续发展与环境法的更新》，载《科技与法律》2005 年第 2 期。

吕忠梅：《论生态文明建设的综合决策法律机制》，载《中国法学》2014 年第 3 期。

吕忠梅：《论循环经济立法之定位》，载《法商研究》2007 年第 1 期。

麻宝斌：《公共利益与政府职能》，载《公共管理学报》2004 年第 1 期。

马骏：《经济、社会变迁与国家治理转型：美国进步时代改革》，载《公共管理研究》
（第 6 卷），上海人民出版社 2007 年版。

马陇平：《论和谐精神与法的价值实现的内在统一性》，载《甘肃社会科学》2011 年
第 6 期。

苗连营：《和谐社会的宪政之维》，载《法学评论》2006 年第 1 期。

莫于川、郭庆珠：《我国行政法学界关于行政规划的理论研究现状分析》，载《南都
学刊》2007 年第 1 期。

牟焕森、赵添乘、肖雪：《循环经济原则的新发展——基于协同消费研究的 4R 新原则》，
载《消费导刊》2013 年第 6 期。

牛睿：《生产者责任延伸制度的不足与完善》，载《人民论坛》2012 年第 17 期。

庞凌：《法律原则的识别和适用》，载《法学》2004 年第 10 期。

裴艳丽：《"人与自然和谐共生"的价值意蕴》，载《马克思主义哲学研究》2020 年
第 1 期。

彭峰、陈思琦：《欧盟"循环经济"立法：起源、概念与演进》，载《上海政法学院
学报（法治论丛）》2017 年第 6 期。

彭峰、闫立东：《环境与发展：理想主义抑或现实主义？———以法国〈推动绿色增
长之能源转型法令〉为例》，载《上海大学学报（社会科学版）》2015 年第 3 期。

彭峰：《资源、废物抑或产业推动——我国〈循环经济促进法〉修订路径反思》，载
《政治与法律》2017 年第 9 期。

戚建刚、李学尧：《行政合同的特权与法律控制》，载《法商研究》1998 年第 2 期。

钱炜江：《论法律中的目的》，载《甘肃政法学院学报》2016 年第 2 期。

钱杨、赵金辉：《环境影响评价要加强循环经济理念》，载《科技情报开发与经济》
2007 年第 19 期。

秦策：《法律原则裁判功能之限定》，载《江海学刊》2011 年第 6 期。

秦天宝：《论环境法在我国新型工业化进程中的作用——以〈清洁生产促进法〉为例》，
载《法学评论》2005 年第 5 期。

裘坚建：《行政补贴概念辨析》，载《行政法学研究》2005 年第 1 期。

曲格平：《从"环境库兹涅茨曲线"说起——北京大学〈中国青年环保大会〉上的讲
话》，载《环境教育》2006 年第 10 期。

曲格平：《发展循环经济是 21 世纪的大趋势》，载《中国环保产业》2001 年第 S1 期。

曲阳：《日本循环经济法管窥——以〈循环型社会形成推进基本法〉为中心》，载何
勤华主编《20 世纪外国经济法的前沿》，法律出版社 2002 年版。

屈幼姝、斯琴塔纳：《促进循环经济发展的绿色政府采购政策研究》，载《理论探讨》
2008 年第 3 期。

任一、周立群：《多元主义与合作主义——国家治理与我国商协会体制探索》，载《学
术研究》2008 年第 6 期。

盛玉华：《论循环经济法的定位》，载《西部法学评论》2016 年第 3 期。

石磊、钱易：《清洁生产的回顾与展望——世界及中国推行清洁生产的进程》，载《中
国人口·资源与环境》2002 年第 2 期。

史玉成：《环境利益、环境权利与环境权力的分层建构——基于法益分析方法的思考》，
载《法商研究》2013 年第 5 期。

舒国滢：《法律原则适用中的难题何在》，载《苏州大学学报（哲学社会科学版）》

2004 年第 6 期。

宋功德：《寻找均衡——行政过程的博弈分析》，载罗豪才主编《现代行政法的平衡理论》（第 3 辑），北京大学出版社 2008 年版。

宋瑞兰：《论法律调整机制》，载《法律科学》1998 年第 5 期。

苏苗罕：《行政计划诉讼问题研究》，载《行政法学研究》2004 年第 3 期。

苏显龙：《循环经济，立法以外的期待》，载《经营与管理》2008 年第 S1 期。

苏治：《法律原则的司法适用问题探讨》，载《理论探索》2007 年第 5 期。

孙国华、何贝倍：《法的价值研究中的几个基本理论问题》，载《法制与社会发展（双月刊）》2001 年第 4 期。

孙国华：《论法的和谐价值》，载《法学家》2008 年第 5 期。

孙国华：《再论法的和谐价值》，载《中共中央党校学报》2010 年第 1 期。

孙立伟、程会强：《生态安全视角下的循环经济研究》，载《再生资源与循环经济》2012 年第 12 期。

孙丽岩：《论对政府采购的法律调整》，载《当代法学》2001 年第 2 期。

孙佑海：《循环经济立法的新视野》，载《中国环境资源法学评论》（第 1 卷），中国政法大学出版社 2006 年版。

孙佑海：《关于起草〈中华人民共和国循环经济法〉的若干思考》，载《中州学刊》2007 年第 4 期。

孙佑海：《推动循环经济促进科学发展——〈中华人民共和国循环经济促进法〉解读》，载《求是》2009 年第 6 期。

孙佑海：《循环经济法的基本框架和主要制度论纲》，载《法商研究》2007 年第 3 期。

孙佑海：《制定一部适合中国国情的循环经济法》，载《南京农业大学学报（社会科学版）》2007 年第 2 期。

覃哲：《大众媒介在环境信息公开中的功能》，载《新闻爱好者》2012 年第 2 期。

谭江华、侯钧生：《环境问题的社会建构与法学表达——价值、利益博弈图景中的环境退化应对及环境法》，载《社会科学研究》2004 年第 1 期。

唐荣智、于杨曜：《循环经济法比较研究——兼评我国首部清洁生产促进法》，载《杭州商学院学报》2002 年第 5 期。

唐荣智：《论循环经济及其法律调整》，载《北京市政法管理干部学院学报》2001 年第 4 期。

唐子来：《英国城市规划核心法的历史演进过程》，载《国外城市规划》2000 年第 1 期。

田千山：《生态环境多元共治模式：概念与建构》，载《行政论坛》2013 年第 3 期。

田思源：《论政府责任法制化》，载《清华大学学报（哲学社会科学版）》2006 年第 2 期。

铁燕、蔡守秋：《日德循环经济法之合作机制比较研究》，载《宁夏社会科学》2009 年第 5 期。

万劲波、陈赛：《我国〈循环经济法〉立法模式的探讨》，载《上海政法学院学报：法治论丛》2006 年第 4 期。

王灿发、李丹：《循环经济法的建构与实证分析》，载《现代法学》2007 年第 4 期。

王灿发：《循环经济立法的必要性及其定位》，载《东南学术》2006 年第 3 期。

王成新、李昌峰：《循环经济：全面建设小康社会的时代抉择》，载《理论学刊》2003 年第 1 期。

王春磊：《法律视野下环境利益的澄清及界定》，载《中州学刊》2013 年第 4 期。

王干：《论我国生产者责任延伸制度的完善》，载《现代法学》2006 年第 4 期。

王慧：《日本农业法体系的变化——从〈农业基本法〉到〈食品、农业、农村基本法〉》，载《农业经济问题》2001 年第 6 期。

王来华、黄明健：《我国环境法基本制度探析》，载《水土保持研究》2004 年第 4 期。

王礼茂、郎一环：《中国资源安全研究的进展及问题》，载《地理科学进展》2002 年第 4 期。

王理：《探讨发展循环经济的标准化战略》，载《世界标准化与质量管理》2006 年第 3 期。

王利明：《论"买卖不破租赁"》，载《中州学刊》2013 年第 9 期。

王明远：《清洁生产法的含义与本质辨析》，载《现代法学》2006 年第 6 期。

王强、张森林：《马克思恩格斯关于环境利益的阐释》，载《中国青年政治学院学报》2010 年第 4 期。

王群：《我国循环经济立法模式探讨》，载《学术交流》2008 年第 3 期。

王荣、储从江：《日本节能经验及启示》，载《中国能源》2007 年第 5 期。

王锡锌、章永乐：《专家、大众与知识的运用——行政规则制定过程的一个分析框架》，载《中国社会科学》2003 年第 3 期。

王锡锌：《行政过程中相对人程序性权利研究》，载《中国法学》2001 年第 4 期。

王锡锌：《依法行政的合法化逻辑及其现实情境》，载《中国法学》2008 年第 5 期。

王祥贵：《浅议国家审计对权力的监督和制约》，载《技术经济与管理研究》2005 年第 5 期。

王旭：《论权衡方法在行政法适用中的展开》，载《行政法学研究》2010 年第 2 期。

王学龙、郝斯佳、陈光明：《基于循环经济视角下的政府绩效审计研究》，载《财会研究》2009 年第 13 期。

王毅、程多威：《关于修订循环经济促进法的几点思考》，载《中国人大》2018 年第 1 期。

王永生：《循环经济——实现小康社会资源安全的理想选择》，载《国土资源导刊》2005 年第 2 期。

王兆华、尹建华：《生产者责任延伸制度的国际实践及对我国的启示——以电子废弃物回收为例》，载《生产力研究》2008 年第 3 期。

魏和军：《法的和谐价值与法价值体系的重构》，载《中外企业家》2012 年第 3 期。

魏清沂：《试论法律调整机制》，载《甘肃政法学院学报》1997 年第 1 期。

文军：《中国社会组织发展的角色困境及其出路》，载《江苏行政学院学报》2012 年第 1 期。

乌尔斯·金德霍伊泽尔、陈璇：《法益保护与规范效力的保障——论刑法的目的》，载《中外法学》2015 年第 2 期。

吴鹏：《"联合执法"应纳入法治的轨道》，载《云南大学学报（法学版）》2005 年第 6 期。

吴绍中：《循环经济是经济发展的新增长点》，载毛如柏、冯之浚主编《论循环经济》，经济科学出版社 2003 年版。

吴唯佳：《德国城市规划核心法的发展、框架与组织》，载《国外城市规划》2000 年第 1 期。

吴晓凡：《论中国古代天人合一思想与循环经济》，载《能源与环境》2008 年第 3 期。

吴志强：《城市规划核心法的国际比较研究》，载《国外城市规划》2000 年第 1 期。

习近平：《努力建设人与自然和谐共生的现代化》，载《求是》2022 年第 11 期。

向玉乔：《国际环境利益矛盾的伦理分析》，载《道德与文明》2003 年第 3 期。

肖巍、钱箭星：《环境治理中的政府行为》，载《复旦学报（社会科学版）》2003 年第 3 期。

谢晖：《论法律规则》，载《广东社会科学》2005 年第 2 期。

徐成、林翎、陈利：《瑞士电子废物生产者责任延伸制度》，载《环境科学与技术》2008 年第 3 期。

徐玲：《欧盟生态设计指令解读》，载《信息技术与标准化》2013 年第 8 期。

徐孟洲：《论法的和谐价值与财政法核心理念》，载《重庆大学学报（社会科学版）》2008 年第 4 期。

徐祥民、时军：《论环境法的激励原则》，载《郑州大学学报（哲学社会科学版）》2008 年第 4 期。

徐祥民、王郁：《环境税：循环经济的重要手段》，载《上海政法学院学报》2006 年第 4 期。

徐祥民、朱雯：《环境利益的本质特征》，载《法学论坛》2014 年第 6 期。

徐祥民：《从现代环境法的发展阶段看循环型社会法的特点》，载《学海》2007 年第 1 期。

徐祥民：《论我国环境法中的总行为控制制度》，载《法学》2015 年第 12 期。

徐以祥：《德国环境行政许可制度及其对中国的启示》，载文正邦编《宪法与行政法论坛（第 4 辑）》，法律出版社 2010 年版。

许苏民：《正义即和谐：晚明西方政治哲学的东渐——以"西学治平四书"为主要文献依据的考察》，载《中山大学学报（社会科学版）》2012 年 6 期。

许晓春：《日本滋贺县爱东町农业循环经济考察研究》，载《经济问题》2007 年第 3 期。

玄玉姬：《浅谈制约权力的法律监督机制》，载《经纪人学报》2006 年第 3 期。

严法善、刘会齐：《社会主义市场经济的环境利益》，载《复旦学报（社会科学版）》2008 年第 3 期。

羊琴：《行政相对方权利制约行政权的若干思考》，载《法商研究》2000 年第 2 期。

杨承训、承谕：《"循环经济"升华：发展观的深刻革命——学习习近平总书记关于绿色发展方式的系列重要论述》，载《经济纵横》2017 年第 9 期。

杨建顺：《行政程序立法的构想及反思》，载《法学论坛》2002 年第 6 期。

杨茂钢、赵树旗、王乾勋：《国外再生水利用进展综述》，载《海河水利》2013 年第 4 期。

杨思斌、吕世伦：《和谐社会实现公平原则的法律机制》，载《法学家》2007 年第 3 期。

杨蔚林、姜琳：《以欧盟法为借鉴建立我国绿色公共工程采购法律机制》，载《政治与法律》2009 年第 5 期。

杨先明、黄宁：《环境库兹涅茨曲线与增长方式转型》，载《云南大学学报（社会科学版）》2004 年第 6 期。

杨宇涛、查丽：《电子电气产品生态设计与绿色评价指标体系》，载《信息技术与标准化》2017 年第 Z1 期。

杨雨：《国外循环经济发展经验模式及路径》，载《经济导刊》2007 年第 9 期。

姚建宗：《法律效力论纲》，载《法商研究》1996 年第 4 期。

叶喆喆、李艳斐：《行政奖励的司法审查》，载《人民司法》2012 年第 14 期。

尹萍：《行政规划中的公益权衡及以人为本的法价值指向——以松花江水污染事件为
　　例的分析》，载《山东大学学报（哲学社会科学版）》2007 年第 3 期。

应力文等：《国内外流域管理体制综述》，载《中国人口·资源与环境》2014 年第 S1 期。

尤麟：《构建与完善环境法律体系进一步发展循环经济——访韩国环境资源公社北京
　　代表处首席代表洪智善》，载《再生资源与循环经济》2009 年第 6 期。

尤麟：《构建与完善环境法律体系进一步发展循环经济——访韩国环境资源公社北京
　　代表处首席代表洪智善》，载《再生资源与循环经济》2009 年第 6 期。

于大伟：《论我国循环经济立法的构建模式》，载《经济论坛》2006 年第 11 期。

于粤、韩丽华：《环境标志计划与中国循环经济探讨》，载《环境保护科学》2006 年
　　第 2 期。

余少祥：《论公共利益的行政保护——法律原理与法律方法》，载《环球法律评论》
　　2008 年第 3 期。

余少祥：《什么是公共利益——西方法哲学中公共利益概念解析》，载《江淮论坛》
　　2010 年第 2 期。

俞金香、卢凡：《论循环经济法的部门法属性》，载《法制与社会》2015 年第 9 期。

俞金香、杨国平：《循环经济法视野下公众参与机制及其保障》，载《河南财经政法
　　大学学报》2012 年第 6 期。

郁乐：《环境问题中的价值选择与利益驱动》，载《吉首大学学报（社会科学版）》
　　2013 年第 2 期。

翟巍：《论德国循环经济法律制度》，载《理论界》2015 年第 5 期。

翟勇：《〈中华人民共和国循环经济促进法〉立法的相关问题试解》，载《印刷技术》
　　2010 年第 2 期。

翟勇：《循环经济与循环经济立法研究》，载《上海政法学院学报：法治论丛》2017
　　年第 6 期。

湛中乐、高俊杰：《作为"过程"的行政决策及其正当性逻辑》，载《苏州大学学报
　　（哲学社会科学版）》2013 年第 5 期。

湛中乐、杨君佐：《政府采购基本法律问题研究（上）》，载《法制与社会发展》2001
　　年第 3 期。

张保伟：《利益、价值与认知视域下的环境冲突及其伦理调适》，载《中国人口·资
　　源与环境》2013 年第 8 期。

张步峰：《论行政程序的功能——一种行政过程论的视角》，载《中国人民大学学报》
　　2009 年第 1 期。

张成福、李丹婷：《公共利益与公共治理》，载《中国人民大学学报》2012 年第 2 期。

张弘、刘佳奇：《论行政实体法的效率价值——以行政分权为研究视角》，载《东方
　　法学》2010 年第 5 期。

张慧君、景维民：《从经济转型到国家治理模式重构——转型深化与完善市场经济体
　　制的新议题》，载《天津社会科学》2010 年第 2 期。

张紧跟、庄文嘉：《从行政性治理到多元共治：当代中国环境治理的转型思考》，载
　　《中共宁波市委党校学报》2008 年第 6 期。

张军：《环境利益与经济利益刍议》，载《中国人口·资源与环境》2014 年第 S1 期。

张力红：《法的伦理性价值与和谐社会的构建》，载《河北法学》2009 年第 6 期。

张璐：《从利益限制到利益增进——环境资源法研究视角的转换》，载《法学评论》2004 年第 3 期。

张平华：《作为〈侵权责任法〉立法目的的"促进社会和谐稳定"》，载《政法论丛》2016 年第 2 期。

张通：《英国政府推行节能减排的主要特点及其对我国的启示》，载《经济研究参考》2008 年第 7 期。

张文显：《法律关系论纲——法律关系若干基本问题的反思》，载《天津社会科学》1991 年第 4 期。

张文显：《和谐精神的导入与中国法治的转型——从以法而治到良法善治》，载《吉林大学社会科学学报》2010 年第 3 期。

张贤明：《政治责任与法律责任的比较分析》，载《政治学研究》2000 年第 1 期。

张瑛：《政府绿色采购的国际经验与借鉴》，载《山东财政学院学报》2006 年第 3 期。

张志辽：《环境利益公平分享的基本理论》，载《社会科学家》2010 年第 5 期。

张忠民、侯志强：《环境法典中绿色发展理念的融入与表达——以〈循环经济促进法〉修订为视角》，载《东南大学学报(哲学社会科学版)》2022 年第 5 期。

章剑生：《现代行政法面临的挑战及其回应》，载《法商研究》2006 年第 6 期。

赵海燕：《循环经济法的环境法属性探析》，载《兰州大学学报（社会科学版）》2014 年第 1 期。

赵惊涛：《论实现清洁生产的法律保障》，载《当代法学》2006 年第 6 期。

赵鹏：《风险、不确定性与风险预防原则——一个行政法视角的考察》，载姜明安主编《行政法论丛》（第 12 卷），法律出版社 2009 年版。

赵维清：《日本村落营农组织发展动因及展开可能性分析》，载《现代日本经济》2011 年第 3 期。

赵云：《欧盟电子电器产品生态设计新法中的责任规范研究》，载《再生资源与循环经济》2021 年第 1 期。

郑俊田、本洪波：《公共利益研究论纲——社会公正的本体考察》，载《理论探讨》2005 年第 6 期。

郑少华：《人与自然和谐：循环经济法的意义》，载《法学》2007 年第 3 期。

郑彤彤译、魏丽娇校：《韩国低碳绿色增长基本法（2013 年修订）》，载《南京工业大学学报（社会科学版）》2013 年第 3 期。

郑文革：《法律的客观目的解释》，载陈金钊、谢晖主编《法律方法》（第 18 卷），山东人民出版社 2015 年版。

郑晓琴、刘琼：《论我国环境押金法律制度的构建》，载《昆明理工大学学报（社会科学版）》2007 年第 7 期。

钟玉秀：《水生态文明建设的实践路径认识及政策建议》，载《中国水利》2013 年第 15 期。

周宏春：《循环经济的几个相关问题》，载《环境保护与循环经济》2011 年第 9 期。

周珂、迟冠群：《我国循环经济立法必要性刍议》，载《南阳师范学院学报（社会科学版）》2005 年第 1 期。

周珂、王权典：《论国家生态环境安全法律问题》，载《江海学刊》2003 年第 1 期。

周晴：《清民国时期东苕溪下游的桑基鱼塘与水土环境》，载《中国农史》2013 年第

4 期。

周旺生：《论法律的秩序价值》，载《法学家》2003 年第 5 期。

周卫：《美国司法实践中的环境利益评价——以温特案为视角》，载《法学评论（双月刊）》2010 年第 6 期。

周颖、尹昌斌：《我国农业清洁生产补贴机制及激励政策研究》，载《生态经济》2009 年第 11 期。

朱静：《古代循环经济管理思想对现代的启示》，载《当代经济》2014 年第 13 期。

朱谦：《企业环境信息与银行信贷安全保障》，载《东方法学》2009 年第 1 期。

朱维究、阎尔宝：《程序行政行为初论》，载《政法论坛》1997 年第 3 期。

诸大建：《可持续发展呼唤循环经济》，载《科技导报》1998 年第 9 期。

竺效：《环境资源法之法律目的研究》，载吕忠梅、徐祥民主编《环境资源法论丛》（第 4 卷），法律出版社 2004 年版。

邹晶：《如何应对突发环境事故》，载《世界环境》2012 年第 2 期。

邹平学：《论法的六大基本价值》，载《当代法学》2003 年第 8 期。

Almas Heshmati . A review of the circular economy and its implementation. International Journal of Green Economics. 2017, 11 (3/4), pp. 251-288.

Amy DeLorenzo, Kate Parizeau, Mike von Massow. Regulating Ontario's circular economy through food waste legislation. Society and Business Review. 2019, 14(2), pp. 200-216.

Ana de Jesus, Paula Antunes, Rui Santos, Sandro Mendonça. Eco-innovation pathways to a circular economy: Envisioning priorities through a Delphi approach. Journal of Cleaner Production. 2019, 228(Aug. 10), pp. 1494-1513.

Ata Akcila, Ismail Agcasulua, Basudev Swainb. Valorization of waste LCD and recovery of critical raw material for circular economy: A review. Resources, Conservation and Recycling. 2019, 149(Oct.), pp. 622-637.

Bernd Bilitewski. The Circular Economy and its Risks. Waste Management. 2012, 32(1), pp. 1-2.

Bocken N, Olivetti E A, Cullen J M, Potting J, Lifset R. Taking the circularity to the next level: A special issue on the circular economy. J. Ind. Ecol. 2017, 21(3), pp. 476-482.

Brais Suarez-Eiroa, Emilio Fernandez, Gonzalo Mendez-Martínez, David Soto-Onate. Operational principles of circular economy for sustainable development: Linking theory and practice. Journal of Cleaner Production, 2019, 214(MAR. 20): pp. 952-961.

Christoph J. Velte, Katharina Scheller, Rolf Steinhilper. Circular economy through objectives– Development of a proceeding to understand and shape a circular economy using value-focused thinking. 25th CIRP Life Cycle Engineering Conference 2018: CIRP LCE 2018, Copenhagen, Denmark, 30 April - 2 May 2018, Part 2 of 2. 2018, pp. 775-780.

Claudio Sassanelli, Paolo Rosa, Roberto Rocca, Sergio Terzi. Circular economy performance assessment methods: A systematic literature review. Journal of Cleaner Production. 2019, 229 (Aug. 20), pp. 440-453.

Davide Polverinia, Ugo Mirettib. An approach for the techno-economic assessment of circular economy requirements under the Eco-design Directive. Resources, Conservation and Recycling. 2019, 150 (Nov.), p. 10.

Edurne A. Inigo, Vincent Blok. Strengthening the socio-ethical foundations of the circular economy: Lessons from responsible research and innovation. Journal of Cleaner Production. 2019, 233(Oct. 1), pp. 280-291.

Ehrenfeld J. Industrial ecology: A new field or only a metaphor? Journal of Cleaner Production. 2004, 12(8-10), pp. 825-831.

Erkki-Jussi Antero Nyléna, Jani Markus Salminen. How does the circular economy discourse affect policy-making? The case of streamlining waste utilisation in Finnish earthworks. Resources, Conservation & Recycling. 2019, 149(6), pp. 532-540.

Francesca Bassia, José G. Diasb. The use of circular economy practices in SMEs across the EU, Resources, Conservation and Recycling. 2019, 146 (Jul.), pp. 523-533.

Franco Donatia, Glenn A. Aguilar-Hernandeza, Carlos Pablo Sigüenza-Sáncheza, Arjan de Koninga, João F. D. Rodriguesa, Arnold Tukkera. Modeling the circular economy in environmentally extended input-output tables: Methods, software and case study. Resources, Conservation & Recycling. 2020, 152(1), pp. 1-12.

Geissdoerfer M. The circular economy—A new sustainability paradigm ?. Journal of cleaner production. 2017, 143(1), pp. 757-768.

Geng Y, Zhang P, Coté R P, Qi Y. Evaluating the applicability of the Chinese eco-industrial park standard in two industrial zones. The International Journal of Sustainable Development and World Ecology. 2008, 15(6), pp. 543-552.

Gillian Foster. Circular economy strategies for adaptive reuse of cultural heritage buildings to reduce environmental impacts. Resources, Conservation & Recycling. 2020, 152 (1), pp. 1-12.

Gustavo Moragaa, Sophie Huysvelda, Fabrice Mathieuxc, Gian Andrea Blenginic, Luc Alaertsd, Karel Van Ackerd, Steven de Meesterb, Jo Dewulfa. Circular economy indicators: What do they measure?. Conservation & Recycling. 2019, 146 (3), pp. 452-461.

Jean-Paul Peronard, Anne Gammelgaard Ballantyne. Broadening the understanding of the role of consumer services in the circular economy: Toward a conceptualization of value creation processes, Journal of Cleaner Production. 2019, 239(Dec. 1), pp. 1-9.

Judith E. Innes, David E. Booher. Re-framing public participation: strategies for the 21st century, Planning Theory and Practice. 2004, 5(4), pp. 419-436.

Kannan Govindan, Mia Hasanagic. A systematic review on drivers, barriers, and practices towards circular economy: A supply chain perspective. International Journal of Production Research. 2018, 56, (1-2), pp. 278-311.

Lead Industries Association Inc v. Environmental Protection Agency. 647 F. 2d 1130; 1980 U. S. App.

Leonidas Milios, Bledar Beqiri, Katherine A. Whalen, Simon H. Jelonek. Sailing towards a circular economy: Conditions for increased reuse and remanufacturing in the Scandinavian maritime sector. Journal of Cleaner Production. 2019, 225 (Jul. 10), pp. 227-235.

Luc Alaertsa, Karel Van Ackera, Sandra Rousseaub, Simon De Jaegerb, Gustavo Moragac, Jo Dewulfc, Steven De Meesterd, Steven Van Passele, Tine Compernollef, Kris

Bachusg, Karl Vranckenh, Johan Eyckmansb. Towards a more direct policy feedback in circular economy monitoring via a societal needs perspective. Resources, Conservation and Recycling. 2019, 149 (Jun.), pp. 363-371.

Virtanen M, Manskinen K, Uusitalo V, Syvanne J, Cura K. Regional material flow tools to promote circular economy. Journal of Cleaner Production. 2019, 235 (Oct. 20), pp. 1020-1025.

Porter M E, Van der Linde C, Toward a New Conception of the Environment-Competitiveness Relationship, The Journal of Economic Perspectives. 1995, 9(4), pp. 97-118.

Mark Esposito, Terence Tse, Khaled Soufani. Introducing a Circular Economy: Introducing a Circular Economy: New Thinking with New Managerial and Policy Implications. California Management Review. 2018, 60(3), pp. 5-19.

Martin Janicke, Helge Jorgens. Strategic Environmental Planning and Uncertainty: A Cross-National Comparison of Green Plans in Industrialized Countries, Policy Studies Journal. 2000, 28(3), pp. 612-632.

Neal Millar, Eoin McLaughlin, Tobias Börger. The Circular Economy: Swings and Roundabouts?. Ecological Economics. 2019, 158(Apr.), pp. 11-19.

Neeraj C. Hanumantea, Yogendra Shastrib, Andrew Hoadleyc. Assessment of circular economy for global sustainability using an integrated model. Resources, Conservation and Recycling. 2019, 151(12), p. 13.

Robert A. Frosch, Nicholas E. Gallopoulos. Strategies for Manufacturing. Scientific American. 1989, 261(9), pp. 144-152.

Sauve S, Bernard S, Sloan P. Environmental sciences, sustainable development and circular economy: alternative concepts for trans-disciplinary research. Environmental Development. 2016, 17(1), pp. 48-56.

Sean Thomas. Law, smart technology, and circular economy: all watched over by machines of loving grace?. Law Innovation and Technology. 2018, 10(2), pp. 230-265.

Sedikova I. Development of conceptual principles of the circular economy, Food Industry Economics. 2019, 11(2), pp. 47-51.

Simone Sehnema, Charbel Jose Chiappetta Jabbourb, Susana Carla Farias Pereirac, Ana Beatriz Lopes de Sousa Jabbourb. Improving sustainable supply chains performance through operational excellence: Circular economy approach. Resources, Conservation and Recycling. 2019, 149(Oct.), pp. 236-248.

Sue Lin Ngana, Bing Shen Howb, Sin Yong Tengc, Michael Angelo B. Promentillad, Puan Yatime, Ah Choy Erf, Hon Loong Lama. Prioritization of sustainability indicators for promoting the circular economy: The case of developing countries. Renewable and Sustainable Energy Reviews. 2019, 111 (5), pp. 314-331.

Thayla T. Sousa-Zomera, Lucas Magalhães, Eduardo Zancul, Lucila M. S. Camposa, Paulo A. Cauchick-Miguel. Cleaner production as an antecedent for circular economy paradigm shift at the micro-level: Evidence from a home appliance manufacturer. Journal of Cleaner Production. 2018, 185(1), pp. 740-748.

Theo Geerken, Jannick Schmidt, Katrien Boonen, Maarten Christis, Stefano Merciai.

Assessment of the potential of a circular economy in open economies — Case of Belgium. Journal of Cleaner Production. 2019, 227(4), pp. 683-699.

Thiago L. M. Albuquerque, Claudia A. Mattos, Gabriela Scur, Kumiko Kissimoto. Life cycle costing and externalities to analyze circular economy strategy: Comparison between aluminum packaging and tinplate. Journal of Cleaner Production. 2019, 234 (6), pp. 477-486.

Thomas J. de Römph, Geert Van Calster. REACH in a circular economy: The obstacles for plastics recyclers and regulators. Review of European, Comparative & International Environmental Law. 2018, 27(3), pp. 267-277.

United States International Trade Commission. Remanufactured Goods: An overview of the U. S. and global industries, markets, and trade (2012), Investigation No. 332-525, Publication 4356.

Vanessa Prieto-Sandoval, Carmen Jaca, MartaOrmazabal. Towards a consensus on the circular economy. Journal of Cleaner Production. 2018, 179(1), pp. 605-615.

Walter R. Stahel. The circular economy. Nature. 2016, 531(7595), pp. 435-438.

报纸:

刘旻、杨雨奇:《三大外卖平台被诉环境污染》,载《新京报》2017年9月24日,第10版。

白雪:《另一份议案:从〈循环经济促进法〉到〈资源综合利用法〉 实现经济社会发展与环境保护的"双赢"》,载《中国经济导报》2018年3月8日,第9版。

本报评论员:《依法推行清洁生产 实施可持续发展战略》,载《人民日报》2002年7月5日,第5版。

丁冬:《辽宁发布绿色信贷专供信息6家企业受到信贷预警,20家企业受到信贷限制》,载《中国环境报》2008年9月2日,第1版。

冯雪珺:《德国:垃圾分类,重立法更重执法》,载《人民日报》2017年3月27日,第22版。

甘晓、李晨阳:《"太阳休眠"说乃一家之言》,载《中国科学报》2015年7月16日,第1版。

国家税务总局:《我国将调整部分商品进出口关税税率》,载《上海证券报》2007年5月23日,第C6版。

何立峰:《高质量发展是全面建设社会主义现代化国家的首要任务》,载《人民日报》2022年11月14日,第6版。

何艳玲:《以社会治理体制改革促国家治理体系建设》,载《光明日报》2014年1月20日,第11版。

姜峰、刘雨瑞:《推进青藏高原生态保护和高质量发展取得新成就(沿着总书记的足迹·青海篇)》,载《人民日报》2022年6月28日,第1版。

李启家:《论环境法功能的拓发展——兼议中国第二代环境法的发展前景》,载《上海法治报》2009年3月11日,第B05版。

李兴华、窦延文:《政府采购要向循环经济产品倾斜》,载《深圳特区报》2007年11月22日,第2版。

李亦昕:《上世纪70年代石油危机曾经惊魂西方世界》,载《国际金融报》2004年

10 月 20 日，第 8 版。

李源：《"生产者责任延伸"为何停在纸上？》，载《中国环境报》2010 年 9 月 24 日，第 3 版。

李志青：《"环境库兹涅茨曲线"到底揭示了什么？》，载《文汇报》2015 年 3 月 24 日，第 5 版。

梁晓华：《法国政府提出建设"循环经济"构想》，载《光明日报》2013 年 10 月 8 日，第 8 版。

刘卉：《国外行政监察专员制度可资借鉴》，载《检察日报》2015 年 3 月 24 日，第 3 版。

刘克宏、李波：《"三同战法"攻克循环经济污染痼疾》，载《岳阳日报》2016 年 3 月 6 日，第 4 版。

刘秀凤：《什么是清洁生产？》，载《中国环境报》2009 年 6 月 23 日，第 8 版。

吕忠梅：《建立实体性与程序性统一的公众参与制度》，载《中国环境报》，2015 年 10 月 8 日，第 2 版。

马红漫：《"旧衣一扔"凸显循环经济软肋》，载《广州日报》2014 年 6 月 20 日，第 2 版。

马怀德、张瑜：《通过修法完善国家监察体制》，载《学习时报》2016 年 7 月 14 日，第 4 版。

马凯：《贯彻落实科学发展观　推进循环经济发展》，载《人民日报》2004 年 10 月 19 日，第 6 版。

马玲：《发改委出台多项举措推动循环经济发展》，载《金融时报》2021 年 7 月 8 日，第 4 版。

孟春、高伟：《建立扶持激励机制促进农业循环经济发展——黑龙江垦区发展农业循环经济的调查及启示》，载《农民日报》2013 年 5 月 7 日，第 3 版。

潘墨涛：《"公共性"应表现在哪》，载《学习时报》2016 年 7 月 28 日，第 5 版。

青木：《环保标志，德国不乱发》，载《环球时报》2003 年 8 月 8 日，第 15 版。

人民日报：《告别"循环不经济"》，载《人民日报》2013 年 8 月 12 日，第 23 版。

任国征、唐冬冬：《清洁生产的带动效应》，载《学习时报》2012 年 4 月 30 日，第 7 版。

申孟哲整理：《习近平论依法治国》，载《人民日报海外版》2014 年 10 月 17 日，第 9 版。

深圳特区报：《政府采购将"照顾"环保产品》，载《深圳特区报》2012 年 3 月 2 日，第 17 版。

宋煜萍：《健全生态文明建设中环境群体性事件应对机制》，载《中国社会科学报》2013 年 12 月 13 日，第 B04 版。

孙宝强：《应全面推广建设行政执法信息共享平台》，载《中国改革报》2009 年 2 月 4 日，第 6 版。

孙佑海：《国外循环经济立法的现状和借鉴（上）》，载《中国环境报》2005 年 11 月 10 日，第 3 版。

铁军：《人类环境宣言》，载《中国教育报》2005 年 2 月 19 日，第 3 版。

王景龙：《构筑人与自然和谐的社会制度》，载《中国环境报》2008 年 7 月 4 日，第 2 版。

习近平：《高举中国特色社会主义伟大旗帜　为全面建设社会主义现代化国家而团结奋斗——在中国共产党第二十次全国代表大会上的报告》，载《人民日报》2022 年

10 月 26 日，第 1 版。

习近平：《弘扬"上海精神" 深化团结协作 构建更加紧密的命运共同体》，载《人民日报》2020 年 11 月 11 日，第 2 版。

习近平：《坚持可持续发展 共建亚太命运共同体——在亚太经合组织工商领导人峰会上的主旨演讲》（2021 年 11 月 11 日），载《人民日报》2021 年 11 月 12 日，第 2 版。

习近平：《坚决打好扶贫开发攻坚战 加快民族地区经济社会发展》，载《人民日报》2015 年 1 月 22 日，第 1 版。

习近平：《决胜全面建成小康社会 夺取新时代中国特色社会主义伟大胜利——在中国共产党第十九次全国代表大会上的报告》（2017 年 10 月 18 日），载《人民日报》2017 年 10 月 28 日，第 1 版。

习近平：《深刻认识建设现代化经济体系重要性 推动我国经济发展焕发新活力迈上新台阶》，载《人民日报》2018 年 2 月 1 日，第 1 版。

徐风：《我国亟待建立电子电器产品回收利用标识制度》，载《中国质量报》2011 年 5 月 26 日，第 1 版。

杨建顺：《完善对行政机关行使职权的检察监督制度》，载《检察日报》2014 年 12 月 22 日，第 3 版。

杨杰：《灰霾迷城，我们付出多少健康代价》，载《中国青年报》2013 年 12 月 11 日，第 4 版。

张春燕：《禁止洋垃圾入境释放哪些信号？》，载《中国环境报》2017 年 4 月 28 日，第 6 版。

张立伟：《固定资产加速折旧一举两得》，载《21 世纪经济报道（广州）》2014 年 9 月 26 日，第 8 版。

张楠：《废弃电器等将"无选择性回收"》，载《北京日报》2021 年 7 月 21 日，第 5 版。

长白山日报：《白山市六届人大常委会关于批准〈白山市循环经济发展规划〉的决定》，载《长白山日报》2008 年 6 月 30 日，第 1 版。

中国经济导报：《循环经济的主要技术》，载《中国经济导报》2009 年 10 月 27 日，第 B03 版。

钟倩：《以"绿"为进，阔步迈向高质量发展新征程》，载《青海日报》2021 年 7 月 1 日，第 17 版。

诸大建：《循环经济呼唤三大变革》，载《新民晚报》2014 年 6 月 14 日，第 2 版。

电子资源：

《2003 年中国环境状况公报》，网址：http://www.gov.cn/test/2005-07/01/content_11691.htm。

《安徽法院网》，网址：http://218.22.2.189/gb/ahgy_2004/cpws/xz/userobject1ai22604.html.

《福建省清流县人民检察院诉清流县环保局行政公益诉讼案（检例第 31 号）》，载《最高人民检察院第八批指导性案例》，网址：http://www.spp.gov.cn/zdgz/201701/t20170104_177546_3.shtml。

《海南法院网》，网址：http://www.hicourt.gov.cn/juanzong/detail_new_ws.asp。

《荆州市危险废物处置中心建设项目二次简本公示》，网址：http://www.hbepb.gov.cn/wsbs/gsgg/hpgs/hpdwhp/201304/t20130425_60680.html。

《清洁发展机制基金在中国》，网址：http://www.hebcz.gov.cn/szzt/hotnewsCzt/qjjj/
　　201405/t20140519_202915.html。

《余火生与杭州市发展和改革委员会发展与改革行政监督上诉案》（2014）浙杭行终字第
　　281 号，网址：http://www.pkulaw.cn/case/pfnl_1970324841328705.html?keywords=
　　循环经济促进法&match=Exact。

《朱德玉与如东县住房和城乡建设局、如东县人民政府行政许可二审行政判决书》
　　（2015）通中行终字第 00475 号，网址：http://www.pkulaw.cn/case/pfnl_197032
　　4852700623.html?keywords=朱德玉与如东县住房和城乡建设局、如东县人民政府
　　行政许可二审行政判决书&match=Exact。

蔡守秋：《论处理水纠纷的方法》，网址：http://www.civillaw.com.cn/article/default.
　　asp?id=20200。

法制网：《电子废弃物将由生产者回收　责任延伸制度将出台》，网址：http://www.
　　legaldaily.com.cn/misc/2005-12/09/content_233002.htm。

法制网：《厦门设定出租车排气量门槛》，网址：http://www.legaldaily.com.cn/bm/
　　content/2005-08/22/content_184084.htm。

科技部：《欧盟发布循环经济行动计划实施综合报告》，网址：http://www.most.
　　gov.cn/gnwkjdt/201903/t20190314_145677.htm。

李存才：《创新为本多管齐下——美国政府采购政策透视》，网址：http://www.cfen.
　　com.cn/web/meyw/2007-10/24/content_387954.htm。

辽宁省环境保护厅，网址：http://www.lnepb.gov.cn/hjgl/qjsc/xhjj/xhjjgnwsj/201011/
　　t20101112_20286.html。

刘晓慧：《国外土地利用总体规划实施的经验与启示》，http://www.mlr.gov.cn/zljc/
　　201009/t20100913_763896.htm。

么新、朱黎阳：《深入学习领会习近平总书记对循环经济的系列重要论述》，网址：
　　http://www.cssn.cn/jjx/jjx_xzyc/202204/t20220408_5402749.shtml。

南方网：《佛山质监为企业申请的清洁生产项目获香港政府资助》，网址：
　　http://news.southcn.com/g/2009-09/30/content_5921126.htm。

全国人民代表大会环境与资源保护委员：《世界环境资源法数据库》，网址：
　　http://ifelsd.org/show.asp?id=774。

时立军：《加强环境法治　推进生态省建设》，网址：http://dzrb.dzwww.com/dzzb/
　　dzzb-jrgz/200309/t20030930_597353.htm。

新华社：《城市出租车排量一定要在 2.0 以上吗》，网址：http://www.xinhuanet.com/
　　chinanews/2005-08/14/content_4877802.htm。

新华社东京：《综述：日本垃圾分类回收促循环型社会发展》，网址：http://intl.ce.cn/
　　sjjj/qy/201704/13/t20170413_21921324.shtml。

新华网：《粗放型的经济增长方式该终结了》，网址：http://news.xinhuanet.com/
　　politics/2005-10/18/content_3641685.htm。

新华网：《香港宣传、征税"双管齐下"减少"白色污染"》，网址：http://news.xinhuanet.
　　com/newscenter/2008-06/06/content_8322828.htm?from=814e.com。

新华网：《最高人民法院发布环境公益诉讼典型案例》，网址：http://news.xinhuanet.
　　com/legal/2017-03/07/c_129503217.htm。

循环经济与清洁生产课题组：《中国推进循环经济和清洁生产的战略与机制研究》，

网址：http://www.china.com.cn/tech/zhuanti/wyh/2008-01/09/content_9505365.htm。

易再生网：《欧盟委员会正式通过一揽子循环经济计划》，网址：http://www.ezaisheng.com/news/show-30978.html。

翟巍：《德国如何处理"死猪"》，网址：http://www.legaldaily.com.cn/international/content/2013-03/19/content_4286442.htm。

张敏：《欧盟迈向零废弃垃圾管理机制》，网址：http://www.chinanews.com/gj/2017/03-20/8178226.shtml。

张志铭：《法的价值》，网址：http://www.jus.cn/ShowArticle.asp?ArticleID=3251。

中国政府采购报：《政府采购技术服务渐成趋势》，网址：http://www.ccgp.gov.cn/llsj/sjts/201312/t20131213_3202359.shtml。

中国政府采购网：《2019 年禄劝绿色光亮工程采购及安装项目招标公告》，网址：http://www.ccgp.gov.cn/cggg/dfgg/gzgg/201910/t20191021_13151465.htm。

中华人民共和国环境保护部：《钱左生和李惠兰等 6 人的行政复议决定书》，网址：http://www.zhb.gov.cn/gkml/hbb/qt/200910/t20091023_179549.htm。

中华人民共和国审计署网站：《江苏苏州高新区审计局开展循环经济绩效审计》，网址：http://www.audit.gov.cn/n1992130/n1992150/n1992454/2528495.html。

中华人民共和国驻德意志联邦共和国大使馆经济商务参赞处：《德国〈用能产品生态设计法〉介绍》，网址：http://de.mofcom.gov.cn/aarticle/ztdy/200709/20070905141299.html。

周生贤：《发达国家走过的环境老路中国走不起》，网址：http://www.chinanews.com/cj/2010/07-03/2379165.shtml。

周显志：《制定循环经济促进法若干问题探讨》，网址：http://cpc.people.com.cn/GB/34727/56414/56459/56506/4182378.html。

周子勋：《为固定资产加速折旧点赞》，网址：http://jjsb.cet.com.cn/show_317641.html。

最高人民法院：《环境污染犯罪典型案例》，网址：http://www.court.gov.cn/zixun-xiangqing-33791.html。

「第四次環境基本計画」（平成 24 年 4 月 27 日閣議決定），网址：http://www.env.go.jp/policy/kihon_keikaku/plan/plan_4/attach/pamph_ja-1.pdf。

「環境基本計画 —環境から拓く 新たなゆたかさへの道—」（平成 18 年 4 月 7 日閣議決定），网址：http://www.env.go.jp/policy/kihon_keikaku/kakugi_honbun20060407.pdf。

「環境基本計画」（平成 6 年 12 月 16 日閣議決定），网址：http://www.env.go.jp/policy/kihon_keikaku/plan/main.html。

環境と経済の好循環ビジョン～健やかで美しく豊かな環境先進国へ向けて～（平成 16 年 5 月 中央環境審議会答申），网址：http://www.env.go.jp/council/toshin/t024-h1601/t024-h1601.pdf。

日本國政府環境省：《アジア太平洋 3 R 推進フォーラム》，网址：http://www.env.go.jp/recycle/3r/index.html。

日本國政府環境省：《産業廃棄物に係る施策》，网址：http://www.env.go.jp/cn/recycle/index.html。

日本國政府環境省：《廃棄物・リサイクル対策》，网址：http://www.env.go.jp/recycle/。

日本國政府環境省：《廃棄物の処理及び清掃に関する法律》，网址：

http://www.env.go.jp/recycle/waste/laws.html。

日本國政府環境省：《水・土壤・地盤・海洋環境の保全——農薬対策》，网址：http://www.env.go.jp/water/noyaku.html。

日本國政府環境省：《推进绿色采购》，网址：http://www.env.go.jp/cn/policy/ index.html。

日本國政府環境省：《有害物質・処理困難物に係る施策》，网址：http://www.env.go.jp/recycle/poly/index.html。

日本國政府農林水產省：《食料・農業・農村基本計画》（平成 17 年 3 月），网址：http://www.maff.go.jp/j/keikaku/k_aratana/pdf/20050325_honbun.pdf。

日本國政府農林水產省林野庁：《きのこ・山菜等の放射性物質の検査結果について》，网址：http://www.rinya.maff.go.jp/j/tokuyou/kinoko/kensakekka.html。

Ellen MacArthur Foundation. Delivering the circular economy: A toolkit for policymakers. https://www.ellenmacarthurfoundation.org/assets/downloads/publications/EllenMacArthurFoundation_PolicymakerToolkit.pdf.

European Commission. Closing the loop – An EU action plan for the circular economy. https://eur-lex.europa.eu/legal-content/EN/TXT/?uri=CELEX:52015DC0614.

European Commission. EU industrial leadership gets boost through eight new research partnerships. https://ec.europa.eu/commission/presscorner/api/files/document/print/en/ip_13_1261/IP_13_1261_EN.pdf.

Jeff Dodick, Dan Kauffman. A Review of the European Union`s Circular Economy Policy. http://www.r2piproject.eu/wp-content/uploads/2017/04/A-Rview-of-the-European-Unions-Circular-Economy-Policy.pdf.